CAIXA DE PALAVRAS

José Roberto de Castro Neves

CAIXA DE PALAVRAS

POR QUE VOCÊ DEVE LER
(E O QUE LER)

PREFÁCIO
Merval Pereira

Editora
Nova
Fronteira

Copyright © 2023 by José Roberto de Castro Neves

Direitos de edição da obra em língua portuguesa no Brasil adquiridos pela Editora NOVA FRONTEIRA PARTICIPAÇÕES S.A. Todos os direitos reservados. Nenhuma parte desta obra pode ser apropriada e estocada em sistema de banco de dados ou processo similar, em qualquer forma ou meio, seja eletrônico, de fotocópia, gravação etc., sem a permissão do detentor do copirraite.

Editora NOVA FRONTEIRA PARTICIPAÇÕES S.A.
Rua Candelária, 60 — 7º andar — Centro — 20091-020
Rio de Janeiro — RJ — Brasil
Tel.: (21) 3882-8200

Dados Internacionais de Catalogação na Publicação (CIP)

N518p	Neves , José Roberto de Castro
	Caixa de palavras: por que você deve ler (e o que ler)/ José Roberto de Castro Neves; prefácio por Merval Pereira. — 1. ed — Rio de Janeiro: Nova Fronteira , 2023.
	400 p., 15,5 x 23cm
	ISBN: 978-65-5640-513-1
	1 . Autoconhecimento. I. Título
	CDD: 158.1
	CDU: 159.92

André Queiroz – CRB-4/2242

CONHEÇA OUTROS LIVROS DA EDITORA:

Quando éramos pequenos, meu pai dizia à minha irmã que todos nós tínhamos uma "caixinha de palavras" na cabeça. O conteúdo dela crescia à medida que escutávamos. Ao ouvir, acumulávamos um estoque de palavras. Por outro lado, nosso acervo diminuía quando falávamos. O perigo era falar demais e gastar todas as palavras de nossa caixa, porque, então, ficaríamos mudos. Para dar veracidade à história, meu pai fingia olhar, pela orelha da minha irmã, a "caixinha de palavras" dela, para verificar se ainda restavam muitas. Nós três, irmãos, ficávamos preocupados com esse exame — e, mais ainda, em ouvir ao invés de falar.

Meu pai faleceu enquanto eu escrevia as tantas histórias narradas neste livro, colhidas, ao longo da vida, enquanto buscava manter abastecida minha caixinha de palavras.

Pronto, pai, acho que minha caixa está cheia. Agora, já posso falar: este livro é para você.

SAPERE AUDE

SUMÁRIO

PREFÁCIO – MERVAL PEREIRA 15

OBRAS CITADAS 17

VOCÊ VAI COMEÇAR A LER... 25
Se um viajante numa noite de inverno, de Italo Calvino
Romance d'A Pedra do Reino e o Príncipe do Sangue do Vai-e-Volta, de Ariano Suassuna

CINCO MOTIVOS PARA LER E UM DEPOIMENTO 29
Em busca do tempo perdido, de Marcel Proust

PRIMEIRO MOTIVO: CONHECER A SI MESMO 35

Quem somos? 36
A hora da estrela, de Clarice Lispector
Gênesis
Discurso sobre a dignidade do homem, de Giovanni Pico Della Mirandola
Édipo Rei, de Sófocles
Confissões, de Santo Agostinho
Os ensaios, de Michel de Montaigne
"O espelho", de Machado de Assis
Bela do Senhor, de Albert Cohen
Sidarta, de Hermann Hesse
A sombra do vento, de Carlos Ruiz Zafón
Hamlet, de William Shakespeare
Os anos de aprendizado de Wilhelm Meister, de Wolfgang von Goethe
Eu, de Augusto dos Anjos
Istambul, de Orhan Pamuk
De amor e trevas, de Amós Oz
Quase memória, de Carlos Heitor Cony

Os vários "eus" 60
O retrato de Dorian Gray, de Oscar Wilde
O médico e o monstro, de Robert Louis Stevenson
A interpretação dos sonhos, de Sigmund Freud
"The Road not Taken", de Robert Frost
"Cantares", de Antonio Machado
Odes de Ricardo Reis, de Fernando Pessoa
"Retrato", de Cecília Meireles
"Soneto de Natal", de Machado de Assis

Os modelos 68
O cortesão, de Baldassare Castiglione
O sol é para todos, de Harper Lee
Um certo capitão Rodrigo, de Erico Verissimo
Orgulho e preconceito, de Jane Austen

O que queremos ser? 73
Cartas a um jovem poeta, de Rainer Maria Rilke
A relíquia, de Eça de Queirós
O apanhador no campo de centeio, de J.D. Salinger
O penitente, de Isaac Bashevis Singer
A consciência de Zeno, de Italo Svevo
O deserto dos tártaros, de Dino Buzzati
Tonio Kröger, de Thomas Mann
As aventuras de Pinóquio, de Carlo Collodi

SEGUNDO MOTIVO: APRIMORAR A COMUNICAÇÃO 86
As mil e uma noites
Cyrano de Bergerac, de Edmond Rostand
Mar morto, de Jorge Amado

Quem não se comunica se trumbica... 91
Ilíada e *Odisseia*, de Homero
O decamerão, de Giovanni Boccaccio
Gênesis
Billy Budd, de Herman Melville

A escolha da linguagem 102
Dhammapada
Vulgata, de São Jerônimo
A Bíblia de Martinho Lutero
Ensaio sobre a cegueira, de José Saramago
A megera domada, de William Shakespeare
Morte e vida severina, de João Cabral de Melo Neto

A força da palavra: que há num nome? 109
Gênesis
Rerum novarum, do papa Leão XIII
Carta aos Coríntios, de São Paulo
Um dia chegarei a Sagres, de Nélida Piñon
As brasas, de Sándor Márai
O professor e o demente, de Simon Winchester
Romeu e Julieta, de William Shakespeare
"À flor da língua", de Geraldo Carneiro
Cem anos de solidão, de Gabriel García Márquez
As rãs, de Mo Yan
Enterrem meu coração na curva do rio, de Dee Brown
Rumpelstilzchen, de Jacob e Wilhelm Grimm
Tao Te King, de Lao Tsé
A paixão segundo G.H., de Clarice Lispector
A condição humana, de Hannah Arendt
Como fazer amigos e influenciar pessoas, de Dale Carnegie
Carta de Pero Vaz de Caminha ao rei de Portugal D. Manuel

Sedução 134
Aula, de Roland Barthes
Ricardo III e *Hamlet*, de William Shakespeare
Manifesto do Partido Comunista, de Karl Marx e Friedrich Engels
O outono da Idade Média, de Johan Huizinga
"Como te amo?", em *Sonetos portugueses*, de Elizabeth Browning

Concisão 143
Como se faz uma tese, de Umberto Eco
Romeu e Julieta, de William Shakespeare
Cândido ou o Otimismo, de Voltaire

Dizer sem dizer: as ambiguidades 146
Júlio César, de William Shakespeare
"Soneto CXXXVIII", de William Shakespeare
"Posso escrever os versos mais tristes esta noite", em *Vinte poemas de amor e uma canção desesperada*, de Pablo Neruda
Viagens na minha terra, de Almeida Garret

A semiótica — o poder dos símbolos 152
Eneida, de Virgílio
A canção dos nibelungos
"Longe de ti", de Castro Alves
Orlando, de Virginia Woolf
O vermelho e o negro, de Stendhal

Os caminhos e os novos desafios da comunicação humana 162

TERCEIRO MOTIVO: INTERPRETAR 170

Ler é interpretar 170
Tristão e Isolda
Mahabharata
2001: uma odisseia no espaço, de Arthur C. Clarke
Eu, Robô, de Isaac Asimov
Livro de Daniel, do Velho Testamento

No princípio era o verbo 184
O Evangelho de São João

Ler e interpretar são a mesma coisa 187
Contos de Canterbury, de Geoffrey Chaucer

As muitas leituras de um mesmo texto 194
Fedro, de Platão
Os haicais de Matsuo Bashô
O paradoxo de Epimênides
Moby Dick, de Herman Melville
Dom Casmurro, de Machado de Assis

Traduttore — traditore! ... 202
The Cow Went to the Swamp, de Millôr Fernandes
Romeu e Julieta, de William Shakespeare

Interpretação intrínseca e interpretação extrínseca ... 206
Memórias póstumas de Brás Cubas, de Machado de Assis
Fedro, de Platão
Os Evangelhos de Marcos e Mateus
"Poema de sete faces", em *Alguma poesia*, de Carlos Drummond de Andrade

Cui bono? ... 212
A vida dos doze césares, de Suetônio
"Dentro do bosque" — "Yabu no Naka", de Ryūnosuke Akutagawa
Assim é (se lhe parece), Luigi Pirandello
Fábulas escolhidas, de Jean de La Fontaine
Dez dias que abalaram o mundo, de John Reed
Colapso: como as sociedades escolhem o fracasso ou sucesso, de Jared Diamond
Humanidade, de Rutger Bregman
A fogueira das vaidades, de Tom Wolfe

QUARTO MOTIVO: ENTENDER A HUMANIDADE ... 226
Gilgamesh
A marcha da insensatez, de Barbara W. Tuchman
Elogio da loucura, de Erasmo de Roterdã
Rei Lear, de William Shakespeare
Hamlet vs. *Otelo*

As biografias ... 236
Vida de Jesus, de Ernest Renan
Alexander Hamilton, de Ron Chernow

Experimentar ... 241
As pedras de Veneza, de John Ruskin
O leopardo, de Giuseppe Tomasi di Lampedusa
As cidades invisíveis, de Italo Calvino
A peste, de Albert Camus
Uma viagem sentimental, de Laurence Sterne

Fonte de empatia 249
Madame Bovary, de Gustave Flaubert
Anna Karenina, de Liev Tolstói
Germinal, de Émile Zola
Torto arado, de Itamar Vieira Júnior
Um defeito de cor, de Ana Maria Gonçalves
A vida pela frente, de Romain Gary
As brasas, de Sándor Márai
Pachinko, de Min Jin Lee
O filho de mil homens, de Valter Hugo Mãe

A morte dos outros 263
Vida, morte e outros detalhes, de Boris Fausto
Farsália, de Marco Lucano
"A Carolina", de Machado de Assis
"O anjo da guarda", "Irene no Céu" e "Poema de Finados", de Manuel Bandeira
Dona Flor e seus dois maridos, de Jorge Amado
Uma morte muito suave, de Simone de Beauvoir
Dois irmãos, de Milton Hatoum
Viagens na minha terra, de Almeida Garret
Tempos de guerra e de morte, de Sigmund Freud

O fruto proibido 271
Os sofrimentos do jovem Werther, de Wolfgang von Goethe
"Barba Azul", de Charles Perrault
As flores do mal, de Charles Baudelaire

O lado escuro da força 276
O príncipe, de Nicolau Maquiavel
"Como distinguir o bajulador do amigo", em *Moralia*, de Plutarco
Tartufo, de Molière
Como manter a calma, de Sêneca
O morro dos ventos uivantes, de Emily Brontë
"Carmen", de Prosper Mérimée
"Soneto do amor total", de Vinicius de Moraes

Voltar para casa 288
Odisseia, de Homero
Ulysses, de James Joyce
Omeros, de Derek Walcott
"Canção do Exílio", de Gonçalves Dias
O mágico de Oz, de L. Frank Baum

QUINTO MOTIVO: GUARDAR VALORES 293
Poema de Huexotzin, príncipe de Texcoco
Paideia: a formação do homem grego, de Werner Jaeger
"O gato de botas", em Contos da mamãe gansa, de Charles Perrault
Chapeuzinho Vermelho: um conto de fadas, de Jacob e Wilhelm Grimm
O último abraço da matriarca, de Frans de Waal
Os Analectos, de Confúcio
A parábola do bom samaritano do Evangelho de Lucas
Ética a Nicômaco, de Aristóteles
Talmude
Odisseia, de Homero

O diabo: poder sem moral 308
A divina comédia, de Dante Alighieri
A trágica história do doutor Fausto, de Christopher Marlowe
Paraíso perdido, de John Milton
Fausto, de Wolfgang von Goethe
O retrato, de Nikolai Gógol
O mestre e margarida, de Mikhail Bulgákov
Doutor Fausto, de Thomas Mann
Grande sertão: veredas, de João Guimarães Rosa
"O diabo", de Liev Tolstói
"A Igreja do Diabo", de Machado de Assis
O senhor dos anéis, de J.R.R. Tolkien
Os demônios, de Fiódor Dostoiévski

Manter vivo o espírito crítico: conosco e com a nossa sociedade 331
O coração das trevas, de Joseph Conrad
A marca humana, de Philip Roth

UMA PESSOA MELHOR 339

A reforma da natureza, de Monteiro Lobato
Zen e a arte da manutenção de motocicletas, de Robert M. Pirsig

Conhecimento é poder 344
O nome da rosa, de Umberto Eco
Fahrenheit 451, de Ray Bradbury

A capacidade de sonhar 348
Metamorfoses, de Ovídio
Dom Quixote, Miguel de Cervantes
Folhas de relva, de Walt Whitman
Harry Potter e a pedra filosofal, de J.K. Rowling

Estímulos para enfrentar dificuldades 359
"No meio do caminho", de Carlos Drummond de Andrade
"Cantares", de Antonio Machado
Os caminhos do rabino de Kotzker
Crônicas, de Jean Froissart
Corão
Os Lusíadas, de Luís de Camões
"Mar português", de Fernando Pessoa
"Canção do tamoio", de Gonçalves Dias
O velho e o mar, de Ernest Hemingway
"Conclusões de Aninha", de Cora Coralina
Eclesiastes

CODA: COMO LER E O QUE LER 369

Dez livros e seus autores, Somerset Maugham
Contra Amazon, de Jorge Carrión
Sobre a amizade, de Cícero
Ética a Nicômaco, de Aristóteles

AGRADECIMENTOS 381

LIVROS CONSULTADOS 383

CRÉDITOS DAS CAPAS 395

PREFÁCIO

Num momento em que a cultura é tão vilipendiada, relegada a plano secundário, quando não a inimiga das políticas governamentais, surge um livro que ressalta sua importância e, mais que isso, dá a ele, livro, a dimensão de um transformador de vidas, que é o que ele realmente é. José Roberto de Castro Neves, respeitado advogado e professor universitário, é o exemplo prático de como a leitura serve para aperfeiçoar o indivíduo, seja ele de que profissão for.

"A caixa de palavras" é uma metáfora que seu pai transmitiu aos filhos sobre a necessidade de manter sempre pleno de ideias e informações seus cérebros. Ficavam lotados quando se escutava as palavras, e iam se esvaziando quando se falava em excesso, aí também uma orientação para que não jogassem palavras fora da "caixinha" falando desnecessariamente. De tanto encher sua "caixinha de palavras", José Roberto, um estudioso de Shakespeare, sentiu necessidade de nos dar esse livro, presente que nos leva a querer sempre mais, e a entender o que de bom esse hábito fará na nossa vida.

Cada capítulo tem como título uma razão para se ler: conhecer-se, aprimorar a comunicação — importante em qualquer profissão —, interpretar, entender as pessoas, preservar valores. José Roberto vem se dedicando há anos a encher sua "caixa de palavras", e a esvaziá-la colocando-as no papel, através dos diversos livros que já escreveu ou organizou, da ficção à poesia, o ensaio histórico e ideias. E voltar a completá-la com mais leitura.

À capacidade de trabalho e ao bom gosto de José Roberto já devemos excelentes ensaios sobre Shakespeare, as artes plásticas, as conexões entre obras literárias e o mundo jurídico, e excelentes antologias temáticas que ele organiza com entusiasmo e método, reunindo estudiosos e personalidades da vida pública e cultural do Brasil das quais é admirador e amigo.

Neste livro José Roberto cumpre uma tarefa tão difícil quanto gratificante: seleciona e interpreta um expressivo conjunto de obras de variadas épocas, do mundo clássico ao contemporâneo, da Europa e do Brasil, mostrando para o leitor o caminho para que se transformem em guias para uma caminhada enriquecedora que vai ser útil a qualquer cidadão. Os livros nos ensinam a nos abrir à compreensão do outro, robustecer o espírito solidário e democrático, e a nos educar criticamente para saber identificar onde está a verdade dos fatos em meio a tanta desinformação e fake news veiculadas principalmente nas redes sociais da internet.

Apesar de sabermos que a verdade completa é filosoficamente inalcançável, nos preparamos para reconhecê-la, ou seus fluidos, quando nos deparamos com uma obra literária que exige de nós disposição para entender a complexidade da vida e das relações humanas. José Roberto acredita na potencialidade da literatura como instrumento na formação do caráter e da personalidade do homem.

Para ele, a boa leitura traz-nos também felicidade e resistência interior para enfrentar os percalços da existência, que quase sempre estão presentes nas grandes obras. "Viver é perigoso", dizia o Riobaldo de *Grande sertão: veredas*, de Guimarães Rosa. Seu livro é um roteiro múltiplo de leituras, com análises que muitas vezes beiram o *spoiler* de trechos importantes da obra, ou até mesmo seu desfecho. José Roberto pede desculpas se esses detalhes forem julgados inconvenientes para alguns de seus leitores, mas tem uma boa tese para compensar possíveis danos: um bom livro vale pela sua narrativa, pelo estilo do autor, mesmo quando seja um "não estilo", como em Joyce ou Guimarães Rosa.

Não por acaso, a literatura brasileira — Machado de Assis, Monteiro Lobato, Nélida Piñon, Geraldo Carneiro, Cecilia Meireles, Carlos Drummond de Andrade, Cony, e muitos outros grandes — está presente no roteiro que José Roberto organizou, pois, além de tudo, aprende-se português ao ler bons autores e aprofunda-se no conhecimento do país e do nosso povo. A interação amorosa entre o leitor e o livro, a relação tátil e olfativa com suas páginas, ganham a dimensão que têm no cotidiano de nossas vidas. O que é um livro se não o abrimos, pergunta Jorge Luis Borges. "Simplesmente um cubo de papel e couro." Mas muda a cada leitura, ganhando significados novos. Como dizia Proust, "cada leitor, quando lê, é o leitor de si mesmo".

Merval Pereira

OBRAS CITADAS

Séc. XXIX-XXIV a.C.	*Gilgamesh*
Séc. IX/VIII a.C.	*Ilíada* e *Odisseia*, de Homero
Séc. VI a.C.	Gênesis, o primeiro livro da Bíblia
	— Livro de Daniel, do Velho Testamento
	— *Os Analectos*, de Confúcio
458 a.C.	Oresteia, de Ésquilo
441 a.C.	*Antígona*, de Sófocles
430 a.C.	*Édipo Rei*, de Sófocles
387 a.C.	*Fedro*, de Platão
c. 350-250 a.C.	*Tao Te King*, de Lao Tsé
	— *Mahabharata*
c. 300 a.C.	*Ética a Nicômaco*, de Aristóteles
44 a.C.	*Sobre a amizade*, de Cícero
19 a.C.	*Eneida*, de Virgílio
8	*Metamorfoses*, de Ovídio
41	*Como manter a calma*, de Sêneca
c. 50	Evangelho de São Mateus
C. 60	*Farsália*, de Marco Lucano
c. 70	O Evangelho de São Marcos
c. 80	O Evangelho de São Lucas
c. 80-95	O Evangelho de São João
100	"Como distinguir o bajulador do amigo", em *Moralia*, de Plutarco
c. 121	*A vida dos doze césares*, de Suetônio
Séc. III	*Dhammapada* ou *O caminho do Darma*
Séc. IV	Vulgata, tradução de São Jerônimo
397	*Confissões* de Santo Agostinho
Sec. V	Talmude
Sec. VI	Digesto
Sec. VII	Corão
Sec. VIII	Boewulf
Sec. X	*As mil e uma noites*
Sec. XII	*O romance de Tristão e Isolda*
	A canção dos nibelungos

Sec. XIII	Zohar
1304-1321	*A divina comédia*, de Dante Alighieri
1348-1353	*O decamerão*, de Giovanni Boccaccio
Sec. XIV	*Crônicas*, de Jean Froissart
1476[1]	*Contos de Canterbury*, de Geoffrey Chaucer
1480	*Discurso sobre a dignidade do homem*, de Giovanni Pico Della Mirandola
c. 1484	Poema de Huexotzin, Príncipe de Texcoco
1500	Carta de Pero Vaz de Caminha ao rei de Portugal D. Manuel
1511	*Elogio da loucura*, Erasmo de Roterdã
1526	Novo Testamento vertido para o inglês por William Tyndale
1528	*O cortesão*, de Baldassare Castiglione
1532	*O príncipe*, de Nicolau Maquiavel
1534	Tradução alemã da Bíblia por Martinho Lutero
1572	*Os Lusíadas*, de Luís de Camões
1580	*Os ensaios*, de Michel de Montaigne
1585	*A Galateia*, de Miguel de Cervantes
1588	*O judeu de Malta*, de Christopher Marlowe
1592	*A trágica história do doutor Fausto*, de Christopher Marlowe
1595	*Romeu e Julieta*, de William Shakespeare
1597	*O mercador de Veneza*, de William Shakespeare
1599	*Júlio César*, de William Shakespeare
1601	*Hamlet*, de William Shakespeare
1605	*Dom Quixote*, de Miguel de Cervantes
1606	*Rei Lear*, de William Shakespeare
	Macbeth, de William Shakespeare
1664	*Tartufo*, de Molière
1667	*Paraíso perdido*, de John Milton
1668	*Fábulas escolhidas*, de Jean de La Fontaine
1672	*O jogo de conchas*, de Matsuo Bashô
1677	*Ética*, de Baruch Spinoza
1697	*Contos da mamãe gansa*, de Charles Perrault

---

[1] 1476 foi o ano da publicação. A obra foi iniciada em 1386 e termina com a morte de Chaucer, em 1400.

1748	*O espírito das leis*, de Montesquieu
1751-1772	*Encyclopédie*, de Jean d'Alembert e Denis Diderot
1759	*Cândido ou o Otimismo*, de Voltaire
1768	*Uma viagem sentimental*, de Laurence Sterne
1774	*Os sofrimentos do jovem Werther*, de Wolfgang von Goethe
1776	Declaração de Independência dos Estados Unidos, de Thomas Jefferson
1787/1788	Os artigos federalistas, de Alexander Hamilton, James Madison e John Jay
1795	*Os anos de aprendizado de Wilhelm Meister*, de Wolfgang von Goethe
1808	*Fausto*, de Wolfgang von Goethe
1810	*Michael Kohlhaas*, de Heinrich von Kleist
1812	*Contos infantis*, dos irmãos Jacob e Wilhelm Grimm
1813	*Orgulho e preconceito*, de Jane Austen
1818	*Frankenstein ou o Prometeu moderno*, de Mary Shelley
1830	*O vermelho e o negro*, de Stendhal
1835	*O retrato*, de Nikolai Gógol
1839	*História da grandeza e da decadência de César Birotteau*, de Honoré de Balzac
1843	"Canção do Exílio", de Gonçalves Dias
1845	"Carmen", de Prosper Mérimée
1846	*Viagens na minha terra*, de Almeida Garret
1847	*O morro dos ventos uivantes*, de Emily Brontë
1848	*Manifesto do Partido Comunista*, de Karl Marx e Friedrich Engels
1850	"Como te amo?", em *Sonetos portugueses*, de Elizabeth Browning
1851	*Moby Dick*, de Herman Melville
1851-1853	*As pedras de Veneza*, de John Ruskin
1856	*Madame Bovary*, de Gustave Flaubert
	Folhas de relva, de Walt Whitman
1857	"Canção do Tamoio", de Gonçalves Dias
	As flores do mal, de Charles Baudelaire
1864	*Vida de Jesus*, de Ernest Renan
	Como vencer um debate sem precisar ter razão, de Arthur Schopenhauer

1865	*Alice no país das maravilhas*, de Lewis Carroll
1866	*Crime e castigo*, de Fiódor Dostoiévski
1869	*Guerra e paz*, de Liev Tolstói
1871	"Longe de ti", de Castro Alves
1872	*Os demônios*, de Fiódor Dostoiévski
	A luta pelo Direito, de Rudolf von Jhering
1877	*Anna Karenina*, de Liev Tolstói
1881	*Memórias póstumas de Brás Cubas*, de Machado de Assis
1882	"O espelho", de Machado de Assis
1883	"A Igreja do Diabo", de Machado de Assis
	As aventuras de Pinóquio, de Carlo Collodi
1884	*As aventuras de Huckleberry Finn*, de Mark Twain
1885	*Germinal*, de Émile Zola
1886	*O médico e o monstro*, de Robert Louis Stevenson
1887	*A relíquia*, de Eça de Queirós
1889	"O diabo", de Liev Tolstói
	Sonata a Kreutzer, de Liev Tolstói
1891	*O retrato de Dorian Grey*, de Oscar Wilde
	Rerum novarum, do papa Leão XIII
1897	*Drácula*, de Bram Stoker
1898	*Acuso!*, de Émile Zola
1899	*Cyrano de Bergerac*, de Edmond Rostand
1899	*O coração das trevas*, de Joseph Conrad
	Dom Casmurro, de Machado de Assis
	A interpretação dos sonhos, de Sigmund Freud
1900	*Tristão e Isolda*, versão de Joseph Bédier
	O mágico de Oz, de L. Frank Baum
1903	*Tonio Kröger*, de Thomas Mann
1904	"A Carolina", de Machado de Assis
1912	*Eu*, de Augusto dos Anjos
1913-1927	*Em busca do tempo perdido*, de Marcel Proust
1915	*Odes de Ricardo Reis*, de Fernando Pessoa
	Tempos de guerra e de morte, de Sigmund Freud
1916	"The Road not Taken" — "A estrada que não trilhei", de Robert Frost
1917	*Assim é (se lhe parece)*, Luigi Pirandello

1919	*Dez dias que abalaram o mundo*, de John Reed
	O outono da Idade Média, de Johan Huizinga
1922	*Ulysses*, de James Joyce
	Sidarta, de Hermann Hesse
	"Dentro do bosque" — "Yabu no Naka", de Ryūnosuke Akutagawa
1923	*A consciência de Zeno*, de Italo Svevo
1924	*Billy Budd*, de Herman Melville (publicação póstuma)
	"Cantares", de Antonio Machado
	Vinte poemas de amor e uma canção desesperada, de Pablo Neruda
1925	*O processo*, de Franz Kafka
1928	*Orlando*, de Virginia Woolf
	"No meio do caminho", de Carlos Drummond de Andrade
	O amante de Lady Chatterley, de D.H. Lawrence
1929	*Cartas a um jovem poeta*, de Rainer Maria Rilke
1930	"O anjo da guarda", "Irene no Céu" e "Poema de Finados", em *Libertinagem*, de Manuel Bandeira
	"Poema de sete faces", em *Alguma Poesia*, de Carlos Drummond de Andrade
1933	*Casa-grande & senzala*, de Gilberto Freyre
1934	"Mar português", de Fernando Pessoa
1936	*Como fazer amigos e influenciar pessoas*, de Dale Carnegie
	Paideia: a formação do homem grego, de Werner Jaeger
	Mar morto, de Jorge Amado
1939	*O amor no Ocidente*, de Denis de Rougemont
	A reforma da natureza, de Monteiro Lobato
	"Retrato", de Cecília Meireles
1942	*O julgamento das nações*, de Christopher Dawson
	As brasas, de Sándor Márai
1945	*A revolução dos bichos*, de George Orwell
1946	*A questão da culpa*, de Karl Jaspers
1947	*Doutor Fausto*, de Thomas Mann
	A peste, de Albert Camus
1949	*1984*, de George Orwell
	O caso dos exploradores de caverna, de Lon Fuller

1950	*Eu, Robô*, de Isaac Asimov
1951	*O apanhador no campo de centeio*, de J.D. Salinger
	"Soneto do amor total", de Vinicius de Moraes
1952	*O velho e o mar*, de Ernest Hemingway
1953	*Fahrenheit 451*, de Ray Bradbury
1954	*O senhor dos anéis*, de J.R.R. Tolkien
	Dez livros e seus autores, de W. Somerset Maugham
	O senhor das moscas, de William Golding
1955	*Morte e vida severina*, de João Cabral de Melo Neto
1956	*Grande sertão: veredas*, de Guimarães Rosa
1958	*A condição humana*, de Hannah Arendt
	O leopardo, de Giuseppe Tomasi di Lampedusa
1959	*Memórias de um amante desastrado*, de Groucho Marx
1960	*O sol é para todos*, de Harper Lee
1963	*O deserto dos tártaros*, de Dino Buzzati
	Sobre a Revolução, de Hannah Arendt
1964	*Uma morte muito suave*, de Simone de Beauvoir
	A paixão segundo G.H., de Clarice Lispector
1966	*O mestre e margarida*, de Mikhail Bulgákov
	Dona Flor e seus dois maridos, de Jorge Amado
1967	*Cem anos de solidão*, de Gabriel García Márquez
1968	*2001: uma odisseia no espaço*, de Arthur C. Clarke
	Bela do Senhor, de Albert Cohen
1970	*Enterrem meu coração na curva do rio*, de Dee Brown
	Um certo capitão Rodrigo, de Erico Verissimo
1971	*Romance d'A Pedra do Reino e o Príncipe do Sangue do Vai-e-Volta*, de Ariano Suassuna
1972	*As cidades invisíveis*, de Italo Calvino
1974	*Zen e a arte da manutenção de motocicletas*, de Robert M. Pirsig
1975	*A vida pela frente*, de Émile Ajar (Romain Gary)
1977	*Como se faz uma tese*, de Umberto Eco
	A hora da estrela, de Clarice Lispector
1978	*Aula*, de Roland Barthes
1979	*Se um viajante numa noite de inverno*, de Italo Calvino
1982	*A casa dos espíritos*, de Isabel Allende
1983	*O penitente*, de Isaac Bashevis Singer
	"Conclusões de Aninha", de Cora Coralina

1984	*A marcha da insensatez*, de Barbara W. Tuchman
	A insustentável leveza do ser, de Milan Kundera
1987	*A fogueira das vaidades*, de Tom Wolfe
1988	*The Cow Went to the Swamp*, de Millôr Fernandes
1990	*Omeros*, de Derek Walcott
1992	*A enxada e a lança*, de Alberto da Costa e Silva
1995	*Quase memória*, de Carlos Heitor Cony
	Ensaio sobre a cegueira, de José Saramago
	"À flor da língua", em *Folias metafísicas*, de Geraldo Carneiro
1997	*Autoengano*, de Eduardo Giannetti
1998	*O professor e o demente*, de Simon Winchester
1999	*Harry Potter e a pedra filosofal*, de J.K. Rowling
2000	*A marca humana*, de Philip Roth
	Dois irmãos, de Milton Hatoum
2001	*A sombra do vento*, de Carlos Ruiz Zafón
2003	*Istambul*, de Orhan Pamuk
	De amor e trevas, de Amós Oz
	Equador, de Miguel Souza Tavares
2004	*Alexander Hamilton*, de Ron Chernow
2005	*Colapso: como as sociedades escolhem o fracasso ou sucesso*, de Jared Diamond
2006	*Um defeito de cor*, de Ana Maria Gonçalves
2009	*As rãs*, de Mo Yan
	Sabres e utopias, de Mario Vargas Llosa
2011	*O filho de mil homens*, de Valter Hugo Mãe
2017	*Pachinko*, de Min Jin Lee
2019	*Torto arado*, de Itamar Vieira Júnior
	O último abraço da matriarca, de Frans de Waal
2020	*Um dia chegarei a Sagres*, de Nélida Piñon
2021	*Humanidade*, de Rutger Bregman
	As doenças do Brasil, de Valter Hugo Mãe
	Vida, morte e outros detalhes, de Boris Fausto
2022	*Folias de aprendiz*, de Geraldo Carneiro

BAZAR JULIO CEZAR

A commissão organisadora d'esse bazar resolveu vender os 600 objectos que ainda existem, pelo modo de bilhetes no valor de 5$ cada um, os quaes, depois de vendidos, serão todos premiados. E, com effeito, desde que o numero de premios corresponde ao numero de bilhetes, a commissão venderá unicamente um numero igual de bilhetes.

Depois de vendidos serão annunciados no diario a hora em que se deverá fazer o sorteio, devendo unicamente entrar no bazar, n'esse dia, os portadores de taes bilhetes.

No entretanto, para que o publico não se persuada de que as prendas, que são as que entram em sorteio, são todos objectos de pouca importancia, a commissão não só mandou imprimir o catalogo d'estes objectos, o qual haverá acompanhar a cada um dos bilhetes que forem vendidos, como tambem resolveu abrir as portas do bazar no domingo 10 de corrente, das 6 ás 9 horas da noite, achando-se n'essa occasião em exposição todos estes objectos.

(J. do C.)

O Illustrado Sr. Carlos Jansen, cujos trabalhos na *Revista Brazileira* e em outras publicações o tornaram bastante e vantajosamente conhecido, está traduzindo para o allemão as *Memorias posthumas de Braz Cubas*, do nosso distincto amigo e notavel collaborador Machado de Assis.

Na rua da Candelaria foi hontem atropellado por uma carroça Antonio Luiz da Silva, que ficou ferido no pé direito.

O conductor da mesma, José Fernandes, foi conduzido á presença da auctoridade.

EXPOSIÇÃO MEDICA BRAZILEIRA

O Dr. Carlos Costa, subbibliothecario da faculdade de Medicina recebeu mais as seguintes obras para esta exposição:

Dr. Antonio Henriques Leal (do Maranhão).—Medicina forense. Da loucura instantanea e transitoria.

Idem.—Hygiene publica. Exame do cemiterio.

Dr. Gonzaga Filho.—Nota sobre um caso de hemorrhagia no bulho rachidiano, dystrophia periferica e dysphasia atactica.

Dr. João da Silva Ramos (de Pernambuco).—Considerações ácerca da febre amarella e seu tratamento.

Dr. Antonio de Castro Lopes.—Concernentes sobre a monorrhia.

Dr. Manoel Thomaz Cosilho.—Relatorio apresentado á Academia Imperial de Medicina sobre a memoria do Dr. L. Piontzauner: applicação do oleo de croton, das preparações opiadas e do vinho na dysenteria.

Idem.—Considerações geraes sobre as lupias e seus diversos tratamentos, etc.

Dr. Rodrigues dos Santos—Da cau...

A commissão organisadora d'esse bazar resolveu hontem mudar á 60° anniversario do Illustrado, recitou o Sr. Norberto de Souza Silva um...

Instituto Historico tem por... no por occasião do soldado nos campos do ainda hoje reunim em o prospero imperio

...nos dias de agora ...meneo grito que emancia em colonia, a qual para um novo o florescente mais mais livres insti...

...ericano, que se adianta olhos do universo...

BAZAR JULIO CEZAR

O Dr. Antonio José de Castro foi nomeado pela Junta de Hygiene membro da commissão sanitaria do 1° districto da freguezia do Espirito Santo.

Para o Asylo da Infancia Desvalida

da Candelaria subscreveram mais os seguintes senhores:

Barão de Itamaracandim...	200$000
Manoel de Mattos Souza Santo...	200$000
Moreira, Santos & C.....	200$000
Barão da Lagôa....	10:$000
Manoel Tavares Coelho de Azevedo.....	100$000
Quantia já publicada.....	49:318$000
	59:115$000

OMNIBUS

N'uma *soirée* disse um convidado a um dos seus vizinhos:

—Como se diz *um sandwich* ou *uma sandwich*?

—Francamente, não sei, respondeu o outro; ou cá, para evitar enganos, digo sempre:—Dê-me *tres sandwich*!

Entre dois bons *vivants* :
—Bom tempo, hein!
—Gosto mais do inverno.
—Porquê?
—No inverno come-se melhor.
—Porquê?
—Pois eu, apezar d'isso, prefiro o verão.
—Porquê?
—Porque no verão bebe-se mais.

No dia 31 de julho proximo passado foi installada na cidade da Casa Branca, em S. Paulo, uma loja maçonica com o titulo Trabalho e Honra, debaixo dos auspicios do Gr.*.Or.*. do Brazil no Valle do Lavradio.

O resultado dos exames geraes de preparatorios a que se procedeu no dia 4 do corrente, no externato do collegio de Pedro II, foi o seguinte:

Portuguez.—Approvados plenamente: Vicente Alves da Soccorro, Pedro Luiz da Silva e Christiano de Almeida; approvado, Carlos de Christoval Fernandez; reprovado 1.

Francez.—Approvados: D. Alice Vaz de Mello, Gaudencio da Silva Valle e...

...parece, a vista dos papeis que se lhe remetteu, sobre os principios e regras que convêm fixar para procedimento do poder executivo nos casos em que o texto impresso de uma lei divergir do texto autographado.

O Dr. 0157.°, Domingos José Marques, idem, pelo de conservação e limpeza da lagoa de Rodrigo de Freitas.

Hontem, á 1 1/2 hora da noite, houve um pequeno incendio na fabrica de moveis á rua do Senador Pompeu n. 27, originado por algumas fagulhas sahidas da machina, que cahiram em umas taboas.

Foi logo extincto pelos empregados do estabelecimento, não tendo o corpo de bombeiros, que não se cenorou em comparecer, necessidade de funcionar.

Recebemos os extractos do Banco de Credito Real de S. Paulo, approvados por decreto n. 8,617 de 19 do passado.

Pelo ministerio do imperio, solicitou-se da alfandega a expedição de ordem afim de que na alfandega de Pernambuco seja despachada livre de direitos uma caixão que deve vir da Europa, contendo instrumentos para a commissão que vai representar a marinha provincia á passagem de Venus pelo disco do sol.

Do ministerio da marinha, afim de que pela inspectoria do arsenal de marinha da mesma provincia seja prestado todo o auxilio de que necessita a referida commissão.

Ao hontem recolhido Francisco do Abreu Amaral e Sá, que ficou com o braço direito esmagado, em consequencia de uma roda do pistão, na Barra do Piraby, por uma machina da estrada de ferro de D. Pedro II.

Comprimentaram SS. MM. Imperiaes, na semana passada, os Srs.: Dr. Luiz Vianna, juiz de direito, Nicolau Picani, Cezar Ebeli, Luiz Martins Oliveira Veiga, Guvals Olivares a sua senhora, Glacinda Pezzana Gualtieri artista dramatica), Dr. Schüller, Dr. Continentino Junior, Dr. Felicinno Timbote de Bittencourt, J. de Oliveira Lacalle, José Ernesto Rodrocnchi, senador Lettão da Cunha e sua senhora, barão e baroneza de Wormeck, João L. Corvliro, Dr. F. M. de Araujo Goes, João Pedro de Aquino, viscondo de Bareena, sua senhora e sobrinho, Lourenço de Albuquerque e sua senhora, D. Jose Marcina da Silva, Dr. Santa Anna Nery, chefe de divisão Arthur Silveira da Motta, Dr. Pedro Victor Ronteiro, tenente coronel João Soares Neiva, major Miguel Maria Girard, José Soares da Silva de Suveroni, commissão da União Operaria, José Ponciano da Oliveira, Estavão Martins Santiago, Joaquim Lourenço de Prado Junior, Francisco Hostilio Cervantes e Antonio Antunes...

...dos no dia de limpeza nas praias, fundo de contractantes que na tesoureira geral do Rio de Janeiro a quantia de 200$, importancia de uma multa em que incorreram, por falta commetida na execução do dito serviço;

Publicou-se o 2° numero do jornal litterario *Quatorze de Agosto.*

VENENO OPHIDICO

O Illustrado Sr. Dr. Lacerda recebeu as seguintes communicações, que temos já além em registrar:

« Meu prezado amigo e collega.—Recebi hontem a sua delicada carta pedindo-me que lhe informe do que observei durante a minha excursão ás provincias do Norte ácerca do antidoto de V. descoberto para o veneno ophidico.

Declaro-lhe com o maior prazer que o nome de V. é lembrado em todo o Norte pelo grande serviço que prestou á humanidade e á sciencia, descobrindo esse antidoto tão permanganato de potassa.

Nas provincias da Bahia, Ceará, Pará e Amazonas ouvi muitos collegas, que com grande vantagem a teem empregado, e não só n'estas provincias, como nos jornaes de outras, publicam-se factos de curas obtidas.

Para mim era desnecessaria a confirmação dessas vantagens, que, sendo de grande alcance, era conhecida desde as primeiras experiencias, que por V. foram feitas em minha presença no Museu N acional.

Vôdo V. fazer o uso que julgar conveniente d'esta resposta, e permitta que lhe dê um aperto de mão pelos bons serviços que tem prestado, e pela dedicação de estudo, demonstrada em tantas occasiões.

De V. amigo affectuoso collega obrigado.—Conselheiro *Carlos Fredericos dos Santos Xavier*. 6 de setembro de 1812. »

« Illm.°. Sr. Dr. Lacerda.—E' possuido de indizivel prazer que venho trazer ao seu conhecimento mais um facto que dá prova da efficacia de permanganato de potassa contra o veneno ophidico.

Hontem, á uma e meia hora da tarde, foi mordido por uma jararaca pregueiça o Sr. Arthur Candido Machado, morador á rua do Barão do Bom Retiro n. 21 B, ás 3 1/2 horas, quando cheguei á casa do seu residencia, deparei com o Sr. Machado accusando dores agudas no dedo medio da mão direita e tendo synoopes umas após outras.

Apenas duas injecções com o poderoso antidoto foram sufficientes para de tal modo neutralisar a peçonha, que, hoje ás 7 horas da manhã, aqui veio o Sr. Ma...

... 5° estagio do ...ram que vem e horas das mais chlores da rua mais que se ach... Ban numer... Admira entre... da estação, o... não visse perpet... tar a estação. Como julga... lioia não o bis... lavames este t... S. Ex.

Abateram-se 275 rezes e 81 vendidas ao k... kilo.

A bibliotheca foi frequentada em o mez d... senda 626 diaris Foram consulta... sobre sciencias sobre sciencias mica... 21 publicações e... philosophia; por... italiana e latina.

Amanha deve... de Jury, a segui... anno; sito na Ex...

Pela freguezia... manto.—João Ma... rico Olinek, José Carvalho da Silva... Burhmann oil... Oliveira.

S. José.—Barão... Sant Rila... Alusoida.

Sant'Anna.—Cesar Antonio Victorino de Al... buquerque, Man... na, Bernardino X... S. Christovão... cidado, Dr. João Domingos de Sou... teneate-coronel... vicente de Paulo, Pedro Cantas, Dr. João n... Pedro Januario... Braganza Velh... Bernardino da v... reira de Aguiar... dos Santos Vill... Duarte Lima.

Gloria.—Martin Brilhante, Pedro Marcelino August... Augusto da Poun... Farquin Soares Espirito-Santo

---

devia ter sido á sensação. E enti phenomeno á sol andava; recobi enloqueecer.—cemmigo. E br gosto do muit m... tempo de decia... to; o gosto id s engaçado, mutu... tio-me, murmun... sioalo sem tesse... com estrepito, a... os batões, para d... quando em quand... para o espelho; diffusão de linhas de contornos... Subitamente por plicavel, por uni lembrou-me... —Diga.

Estava a cí uma persistencia templando so pre... das e inacabadas, nolicias, informes, mento... Não, não vinhar,

—Mas, diga, di

—Lembrou-me vos. Vestira-me como estava defre ... to os olhos, e... I do reproduzir en nonhuma linha do torno diverso; era achava, em. Essa alma ausente dispersa e fugidis recolhida no esp... em que, pouco a lethargo, abre o bigotes e meduz mente vim iom a os objectos, vos sob o echo! e o Folano, aque... uma cadeira, sili ... os que ora ántes do migo. Olhava par ouvi-lhe a vez, r cabeça, meditava sonta-se: eu olha ... sertava-mo diante ... olhando, meditar, trae horas, quatro tres regimen pur ...m do lonço!... a dormi...

Quando os m...

Você vai começar a ler...

"Você vai começar a ler o novo romance de Italo Calvino, *Se um viajante numa noite de inverno*. Relaxe. Concentre-se. Afaste todos os outros pensamentos. Deixe que o mundo a sua volta se dissolva no indefinido. É melhor fechar a porta; do outro lado há sempre um televisor ligado. Diga logo aos outros: 'Não, não quero ver televisão! Não quero ser perturbado!'. Com todo aquele barulho, talvez ainda não o tenham ouvido; fale mais alto, grite: 'Estou começando a ler o novo romance de Italo Calvino!'. Se preferir, não diga nada; tomara que o deixem em paz."

Assim inicia *Se um viajante numa noite de inverno*, romance de Italo Calvino.

Queria pedir ao leitor o mesmo quando começasse a ler estas páginas: aprecie a leitura e esqueça, ao menos enquanto o tem nas mãos, o telefone celular, a televisão, as mazelas da rotina e outros afazeres. A leitura, paradoxalmente, nos tira deste mundo, para, ao mesmo tempo, nos colocar mais atentos a ele.

Como se colherá ao longo de todas estas letras, a literatura nos municia de boas ideias, oferece inspirações, até mesmo a como iniciar um livro.

É justo, nesta introdução, advertir o leitor: este livro não acaba. Não consegui terminá-lo. Quando falamos de literatura, um texto chama outro, que, por sua vez, remete a outros tantos. A todo tempo, lembrava-me de uma passagem que não havia citado, mas que parecia pertinente, ou até fundamental. Ressentia-me de muitos autores que não havia lido. O leitor certamente terá a mesma impressão, lembrando-se de alguma obra. Talvez me condene por ter deixado de fazer referência a certo escritor ou título. Desculpe-me. Ou melhor, obrigado.

O fim destas páginas, portanto, demanda a sua ajuda. A sua lembrança reclamará alguma ausência, que, numa aparente contradição, passará a fazer parte de sua experiência de leitura. E, assim, estas linhas evocam uma característica perturbadora do universo, que é infinito, mas segue em expansão. Nossa relação com a literatura é parecida.

Se um texto nos emocionou de alguma forma, ele nunca acaba. Ao contrário, ele nos convida — por vezes, condena — a outras viagens, alargando horizontes, iluminando nossa estrada.

A Unesco, na década de 60 do século passado, definiu o livro como "uma publicação impressa, não periódica, que consta no mínimo de 56 páginas, sem contar as capas". Uma definição pragmática e comercial.

O livro pode ser apenas um bloco de papel, envolvido por uma capa, normalmente feita de um material mais resistente. Se não o abrimos, segundo o argentino Borges, "é simplesmente um cubo de papel e couro". Pode, igualmente, ser um agrupamento de palavras, com uma organização conferida pelo seu autor — isto é: uma caixa de palavras. Por vezes, ele servirá como uma cornucópia de informações, armazenando um sem-fim de dados. Pode, como também sabemos, prestar-se a estimular um diálogo entre o autor e o leitor, um formador de relação — ou de relações. O livro, potencialmente, ganha uma força mágica, mística, transformadora. Parece justo, portanto, defini-lo como uma possibilidade. Sua função depende, principalmente, do leitor: da sua sensibilidade, do seu interesse, da sua inteligência. Existem bons e maus livros. Porém, em última análise, somos nós que estabelecemos o que o livro pode ser. Em *Memórias póstumas de Brás Cubas*, de Machado de Assis, o narrador lava as mãos ao responsabilizar quem o lê: "O maior defeito desta obra és tu, leitor."

Portanto, ao começar a ler estas páginas, fique advertido: embora reconheça as limitações desta obra, o que ela tem a dizer depende mais de você, caro leitor.

Edição do *Romance d'A Pedra do Reino e o Príncipe do Sangue do Vai-e-Volta*.

Aproveito, ainda, para pedir desculpas pelas surpresas que vou antecipar. Isso porque, ao longo desta obra, conto muitas histórias e acabo, mesmo sem querer, por revelar seus desfechos. Nada, creio, que retire o prazer da leitura do original. Afinal, a boa narrativa já basta — ou, dito de outra forma: o caminho muitas vezes vale mais do que o destino.

A partir de agora, tal como Ariano Suassuna, no seu monumental *Romance d'A Pedra do Reino*, peço:

> Escutem, pois, nobres Senhores e belas Damas de peitos brandos, minha terrível história de amor e de culpa; de

sangue e de justiça; de sensualidade e violência; de enigma, de morte e disparate; de lutas nas estradas e combates nas Caatingas; história que foi a suma de tudo o que passei e que terminou com meus costados aqui, nesta Cadeia Velha...

Ainda em tempo: iniciei este projeto com a proposta de falar sobre direito e literatura. Desejava esmiuçar os muitos motivos pelos quais o profissional de direito deve ler — e como os estudos dessas duas matérias se complementam. Em dado momento, entre Kafka, Shakespeare, Goethe, Machado de Assis e tantos outros, percebi que as reflexões sobre os méritos da literatura valem para todas as pessoas, igualmente e sem exceção. Aí o trabalho deu uma guinada. Resolvi separar os temas. Ao menos, aqui, cesse tudo o que o juiz canta, que outro valor mais alto se alevanta.

Cinco motivos para ler e um depoimento

"Na realidade, cada leitor é, quando lê, o próprio leitor de si mesmo."

Marcel Proust

Ao ler, conversa-se consigo mesmo. Promove-se uma descoberta interna. A alma se alimenta de sabedoria. Somos desafiados a confessar, a expor, para nós mesmos, nossas opiniões, nosso caráter. Embarcamos, quase sem querer, num processo de autoconhecimento. Eis um primeiro motivo para ler: conhecer bem nosso melhor amigo — nós mesmos.

Apenas conseguiremos apresentar com precisão nossas ideias, oferecer argumentos de forma convincente — ou sermos sutis, quando necessário —, se soubermos nos expressar. Para nos comunicar, precisamos dominar o vernáculo. Quem lê se comunica bem. Com a leitura, alarga-se o vocabulário, tornam-se familiares as inúmeras formas de se manifestar. Aprende-se não ser necessário gritar para falar duro, nem sussurrar para ser elegante. Como a experiência mostra, o sucesso de uma história depende muito de como ela é contada.

Na vida em coletividade, é fundamental se comunicar, expressando uma ideia, transmitindo ou assimilando uma informação. A comunicação bem-feita costuma solucionar a maior parte dos problemas. Aliás, a boa comunicação muitas vezes evitará até mesmo que surja algum desentendimento. O contato com os livros protege o leitor de se expressar mal — evitando consequências muitas vezes desastrosas.

Ademais, não raro, mostra-se prudente e, até mesmo, educado dizer as coisas indiretamente, deixando-as subentendidas, valendo-se, por vezes, da ambiguidade, da sutileza, da ironia. Contudo, a distância entre a ironia e a grosseria é curta. A destreza para se afastar da descortesia se adquire através da leitura.

Aprender a se comunicar: eis mais um motivo para ler.

Um terceiro motivo encontra-se no desenvolvimento da habilidade de interpretar. Para nós, a vida seria mais simples se pudéssemos distinguir, com facilidade e de imediato, o bem e o mal. Muitos de nós — ou melhor, todos nós, ao menos em algum momento — fazemos julgamentos rápidos, para separar o certo do errado. Essas fáceis análises são (perigosamente) convenientes. Ocorre que, por meio desses juízos apressados, alimentamos preconceitos, ficamos apegados às aparências, agarrados a premissas por vezes emocionais e rasas. Num conluio com a praticidade, julgamos antes de compreender.

A literatura — e a arte de uma forma geral — nos ensina o contrário. Com tantas ambiguidades, somos forçados a abrir, eventualmente de forma violenta, nossa mente para enxergar outros pontos de vista. A literatura mostra que a compreensão antecede qualquer julgamento saudável. Com isso, ganhamos tolerância e humildade. Escapamos dos preconceitos. Como ensinou o grande crítico literário inglês Samuel Johnson, condenando essas aprovações precipitadas, "o próprio Deus, senhor, não se propõe a julgar o homem até o final de seus dias".

Ao ler, aguçamos o espírito crítico. Essa habilidade extravasa da literatura para nos acompanhar em tudo o mais: para compreender o sentido dos gestos, das artes, da conduta e do comportamento das pessoas. Assim, deve-se ler para aprimorar a interpretação — e compreender com mais clareza o que se passa no mundo.

Eis mais uma razão para ler: a leitura nos permite compreender melhor o ser humano. Afinal, as virtudes e os defeitos humanos são desnudados na literatura, permitindo ao leitor refletir sobre a nossa natureza. Vaidade, humildade, gratidão, ciúme, ganância, desprendimento, despeito, medo, honra, entre tantos outros sentimentos inerentes à nossa condição são dissecados nos romances, ensaios e livros de história. Por meio da literatura, nós nos aproximamos do que nos é comum. Ao mesmo tempo, nos é dado conhecer melhor aquilo que não nos é tão comum assim; tomamos ciência também do que distingue os seres humanos entre si.

Por fim, a literatura serve como um maná de valores. Por meio dela, recebemos cultura, isto é, o caldo de informações, com carga valorativa, que dá liga à humanidade. Ao seu redor se reúne a comunidade. Funciona como um amálgama. Aprendemos valores como liberdade, ética, justiça, respeito às diferenças. Dividindo a mesma cultura, as pessoas se emocionam, riem e choram juntas. Ao respeitar os mesmos valores, unem-se.

Para muitos, o verdadeiro conhecimento é humanístico. O conhecimento técnico guarda, claro, importância. Porém, isolado e despido de um propósito maior, não tem valia — pode até se revelar perigoso. Afinal, a ciência sem ética trouxe revezes e, ao longo da história, foi responsável por atrocidades. A literatura deve ser cultuada, também, como essa prodigiosa fonte de valores, de princípios, que nos torna mais humanos (os demais animais, tal como nós, se alimentam, respiram, defecam e se reproduzem. O ser humano segue sendo o único animal capaz de ler, o que faz dessa atividade um elemento de identificação da espécie. Portanto, ao ler, confirmamos nossa natureza humana; e, sem ler, nossa humanidade perde e se apequena).

Todos esses fatores tornam a leitura uma inesgotável fonte de prazer. O prazer passa pela certeza de que, por meio dela, nós nos transformamos positivamente.

Na altura dos meus 18 anos, coloquei na cabeça que tinha de ler *Em busca do tempo perdido*, obra maior de Marcel Proust. São sete livros, com grande dose autobiográfica, justamente aclamados como um dos grandes clássicos da literatura. Tinha que ler. Li, naquela ocasião, apenas umas cinquenta páginas de *No caminho de Swann*, o primeiro dos sete livros. Fui demovido a aguardar. Deveria estar mais maduro para compreender Proust.

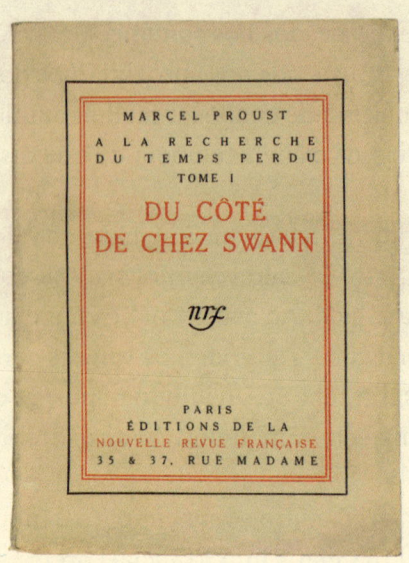
No caminho de Swann, primeira edição.

Não desisti. O tempo não estaria perdido, apenas postergado (Proust, diversas vezes, lamentou o título de sua obra, que considerava "infeliz", "enganadora" e "feia"). A empreitada foi levada adiante muitos anos depois, quando já estava na casa dos trinta. Uma leitura desafiadora. Segundo o irmão de Marcel, Robert Proust, o lado negativo de *Em busca do tempo perdido* é que o seu leitor deve estar gravemente adoecido ou com a perna quebrada, pois apenas assim teria oportunidade de desfrutar o livro. A obra exige uma entrega. Afinal, Proust torna rarefeita a noção de tempo relacionada à vida íntima. Passado e presente se unem. A ordem cronológica se relativiza. Esse redemoinho, se deixarmos, nos carrega.

O texto segue um ritmo lento, como um sussurro, um embalo de uma cantiga de ninar. São memórias, narradas em detalhes, desenroladas como se fosse um novelo de lã, com alto grau de subjetividade. Nem os matizes de uma manhã ficam de fora do livro, que relata, nas minúcias, os pratos de uma refeição e as obras de arte apreciadas pelo narrador (há referências diretas a mais de uma centena de pintores). Em determinados momentos, parece que participamos como testemunhas físicas da narrativa. Mergulhamos numa espiral. Sentimos o gosto da madalena molhada no chá. São sete volumes que seguem a mesma cadência, dominada por sutilezas.

A história de *Em busca do tempo perdido* se confunde com a de seu autor. Quando Marcel Proust conclui a obra, em abril de 1922, ele teria dito à sua governanta, Celeste Albaret, que já poderia morrer. De fato, acabou falecendo pouco depois, em dezembro daquele ano. Não conseguiu rever todos os sete volumes que compõem o grandioso trabalho. Teve tempo de reexaminar somente os dois primeiros.

Com frequência, lembro de uma passagem desse romance, que ocorre no seu começo, quando o narrador rememora a própria infância. Conta que, ainda menino, tinha fixação pela mãe. Inseguro, ficava ansioso quando ela não estava por perto. Com o pai, de outro lado, mantinha uma relação fria, distante. Uma das horas de maior angústia do narrador ocorria à noite. Queria, desesperadamente, que a mãe o colocasse para dormir. Entretanto, nessa mesma hora, o pai reclamava a atenção da esposa. Era seu rival. O menino tinha receio de chamá-la, pois poderia receber uma reprimenda do pai, a quem temia. A mãe, aos olhos do menino, se preocupava com que a carência desmesurada do filho irritasse o marido. Essa situação atormentava o pequeno.

Numa noite, num momento de profunda agonia, quando a mãe mandava ao filho que fosse imediatamente para o quarto, sem reclamações, o pai surge no corredor e vê a cena. Então, para surpresa do menino, o pai olha com ternura para ele e pede que a mãe fique com ele no quarto. Ela tenta dissuadi-lo, ponderando que o hábito de colocar o menino para dormir poderia ser nocivo. O pai responde: "Mas não se trata de habituar (...), bem vês que esse pequeno está aflito, tem um ar desolado essa criança; vejamos, afinal de contas nós não somos carrascos!"

Não fica claro se naquele momento, ou quando rememora o fato nas suas memórias, o narrador percebe que suas avaliações sobre as pessoas podem falhar. Seu pai não era um monstro gelado. Não era seu concorrente. Não havia razão para o medo. A mente do menino construíra um personagem que se distanciava da realidade.

Junto a Proust, quando li esse trecho do livro, tive vontade de rever meus conceitos sobre diversas pessoas. Olhá-las com mais generosidade. Buscar, nas minhas recordações, sinais. Talvez meus julgamentos estivessem todos equivocados.

Esse foi um presente que o livro me deu.

Tanto em Proust como em nossas vidas, memória e tempo disputam, entre si, o papel de proeminência. Por vezes, o tempo turva e apaga as lembranças. Noutras, é a memória quem se vinga do tempo, ora reconstruindo, ora mantendo vivo o passado.

Quando lemos, encontramos mais motivos para ler — e para tudo o mais. Proust ensinou: "A leitura nos permite descobrir o valor da vida."

Primeiro motivo:
conhecer a si mesmo

"Torne-se quem você é,
tendo apreendido o que é isso."

Nietzsche

A leitura é uma experiência solitária e pessoal. Trata-se de um ato de isolação amistosa. "Geograficamente", ela se concentra na cabeça do leitor. Na sua mente — e apenas nela — tudo acontece. Essa postura interativa do leitor se opõe à situação de quem vê um filme ou assiste à televisão, meros espectadores passivos. O leitor tem que criar contextos, imaginar a face das personagens, a entoação de suas falas, conceber, na sua mente, como estão vestidas, dando concretude a conceitos abstratos. Tudo acontece internamente.

Pode-se discutir a opinião de alguém sobre um livro (um hábito delicioso e engrandecedor), porém, parte-se sempre de uma apreciação particular e íntima.

Essa experiência nos aproxima de nós mesmos. Harold Bloom, numa melancólica reflexão, registra: "Lemos, penso eu, para sanar a solidão, embora, na prática, quanto melhor lemos, mais solitários ficamos."[2]

A reflexão da literatura nos afasta dos enganos — especialmente do mais nefasto deles: o autoengano. Como cantou Renato Russo, "mentir para si mesmo é sempre a pior

---

[2]   Harold Bloom, *Onde encontrar a sabedoria*, Rio de Janeiro, Objetiva, 2005, p. 121.

mentira". Criar uma mentira para si pode ser um caminho fácil para a sensação de escapar de muitos problemas, mas que, na verdade, leva à alienação, à falsidade e, com o tempo, ao distanciamento. Admitir a verdade pode ser um processo doloroso. No entanto, no decurso do tempo, traz boas compensações.

O amadurecimento costuma ser áspero. Ele pode ser traduzido como a perda da inocência, o reconhecimento da distância entre a teoria e a prática, o sepultamento dos heróis. Ainda assim, amadurecer dá sentido à vida.

Visto de outro ângulo o mesmo fenômeno, por meio da literatura somos expostos à natureza problemática da humanidade e, ao nos familiarizar com essas dificuldades, aprendemos a aceitá-las, sem que elas nos derrotem. Vale, aqui, registrar a máxima de Santo Agostinho: *si fallor, sum*. "Se me engano, existo", ou, ainda, nos nossos erros reconhecemos nossa mais profunda e verdadeira existência.

Quem somos?

> Desculpai-me, mas vou continuar a falar de mim que sou meu desconhecido, e ao escrever me surpreendo um pouco pois descobri que tenho um destino. Quem já não se perguntou: sou um monstro ou isto é ser uma pessoa?
>
> Quero antes afiançar que essa moça não se conhece senão através de ir vivendo à toa. Se tivesse a tolice de se perguntar 'quem sou eu?' cairia estatelada e em cheio no chão. É que 'quem sou eu?' provoca necessidade. E como satisfazer a necessidade? Quem se indaga é incompleto.

Eis uma perturbadora passagem de *A hora da estrela*, de Clarice Lispector. Nesse livro, publicado em 1977, ano da morte da sua autora, é narrada a história de Macabéa, uma nordestina ingênua, cheia de aspirações, que chega ao Rio de Janeiro para tentar a vida. A personagem precisa, antes de seguir adiante, compreender quem ela é.

Clarice Lispector nasceu na Ucrânia, em 1920. Apenas nasceu lá. Sua família de judeus russos logo perderia tudo na sua terra de origem. O local foi somente uma passagem — a escritora dizia que nunca havia pisado no solo natal, pois, com a idade que tinha quando saiu, foi carregada no colo. Com dois anos, Clarice desembarca no Brasil. Primeiro em Maceió. Depois, Recife. Aos 14 anos, logo após a morte prematura da mãe, a jovem se muda para o Rio de Janeiro. Com tantas origens — russa, judia, ucraniana, recifense, carioca,... —, é natural que ela, tal como sua personagem, se questionasse: "Quem sou eu?"

Clarice Lispector.

Quando Adão e Eva, no Paraíso, cometem o primeiro pecado, afastando-se da única restrição que, até então, receberam — experimentaram o fruto proibido, o que lhes era vedado —, Deus pergunta ao homem: "Onde estás?"

Ora, Deus, para os redatores da Bíblia, é onipresente. Ele sabia muito bem o que ocorreu. Tratava-se de uma pergunta retórica, que serve não apenas para aquele momento, para aquela situação específica, mas deve ser repetida diuturnamente por nós pecadores. Onde estamos? Quem somos? O que estamos fazendo?

A literatura, possivelmente antes de outra manifestação artística, colocou o homem como protagonista da discussão. Em *Discurso sobre a dignidade do homem*, o multitalentoso Giovanni Pico Della Mirandola oferece um marco do movimento humanista — no que, para muitos, serve como o mais emblemático documento do início do Renascimento.

Lançado em 1480, o *Discurso* do florentino fixa a dignidade do homem no centro do mundo. Inicia-se, com ele, o antropocentrismo. O homem é o milagre da criação, o mediador entre o céu e a terra.

Após a sua longa e pujante defesa da primazia da humanidade, Pico Della Mirandola, revelando seu espírito combativo e presunçoso, termina a exposição com um desafio:

> Mas certamente — e di-lo-ei, embora não seja modesto da minha parte e seja contra a minha índole — di-lo-ei, contudo, porque a isso me obrigam os invejosos e me forçam os detractores: quis nesta assembleia mostrar não tanto que sei muitas coisas, mas que sei coisas que os outros ignoram. E para que isto agora, ó Venerandos Padres, seja manifesto a partir da realidade dos factos, para que o meu discurso não empate muito mais o vosso desejo, excelentíssimos doutores que vejo, prontos e preparados, esperando a contenda, e não sem grande prazer, com um bom augúrio, como ao som da trompa de guerra, venhamos agora à batalha.

O primeiro cuidado das pessoas deveria ser o de compreender a sua própria "máquina": suas qualidades e limites, seus melhores predicados, seus pontos fracos. Em outras palavras, conhecer a si mesmas.

Essa não é uma tarefa simples. Para começar, como observa Brutus, personagem shakespeariano de *Júlio César*, "o olho a si mesmo não se enxerga, senão pelo reflexo em outra coisa"[3]. Não somos bons julgadores de nós mesmos.

---

[3] "... for the eye sees not itself, / But by reflection, by some other things." (Ato I, Cena 2).

Para permitir o autojulgamento, devemos refletir sobre a nossa essência. O templo de Delfos, o centro religioso do mundo grego clássico, tinha, na sua entrada, os dizeres: "Conhece-te a ti mesmo." Eis a mais fundamental regra para se atingir o bem-estar, embora o caminho seja tortuoso. Sabidamente, o autoconhecimento costuma ser doloroso e complexo. Trata-se de tarefa que, bem vistas as coisas, nunca termina.

Eduardo Giannetti, em *Autoengano*, registra que mesmo a ideia de "conhecer algo" oferece dificuldades. O filósofo comenta que o conceito depende do nosso grau de exigência, e, para desenvolver sua discussão, oferece o seguinte exemplo: se uma pessoa passa uma tarde visitando uma cidade, dirá que a conhece. Caso, entretanto, passe alguns meses na mesma cidade, irá adquirir outras informações, como a mudança de clima, por exemplo, o que lhe permitirá descobrir ainda mais particularidades do local. Numa terceira hipótese, a de a pessoa residir durante anos na tal cidade, estudando a sua história, pesquisando a arquitetura daquela localidade, os costumes de seus habitantes, perceberá que ainda falta muito a saber. Perguntando a essa pessoa, que, por anos, estudou diversos aspectos da cidade, se a conhece, possivelmente dirá que ainda há muito por aprender antes de afirmar que sim.

Paradoxalmente, quanto mais se descobre e se aprofunda, percebe-se que há mais a descobrir. Dito de outra forma, quanto mais se aprende algo, maior é a impressão de que menos se conhece desse tema... Como na máxima de Descartes — hoje um clichê —, "penso, logo existo". Pensar é estar vivo.

O autoconhecimento funciona exatamente assim. É importante saber que essa estrada não tem fim. Afinal, não basta apenas viver, mas viver consciente da existência. Mais conhecimento traz consigo mais dúvidas.

Numa das mais conhecidas histórias da civilização ocidental, oriunda de uma lenda grega antiga, eternizada numa peça teatral escrita por volta de 430 a.C. pelo ateniense Sófocles, conta-se a sina de Édipo.

Entre outras acepções, *Oedipous*, no grego da época, significa, ao mesmo tempo, "eu sei" e "dois pés" — dois pés designariam, claro, o ser humano. A clássica peça cuida precisamente dessa busca do autoconhecimento.

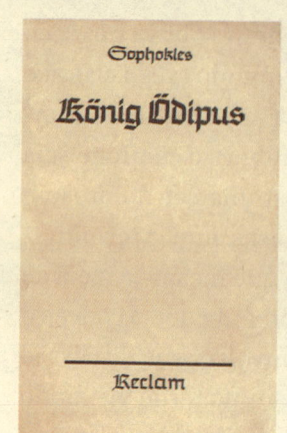

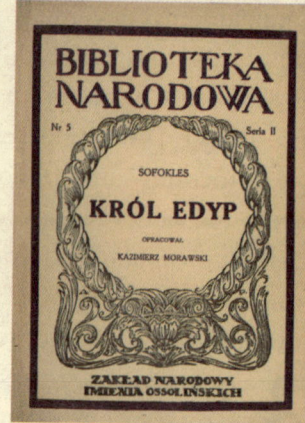

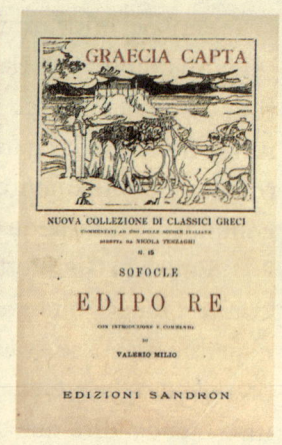

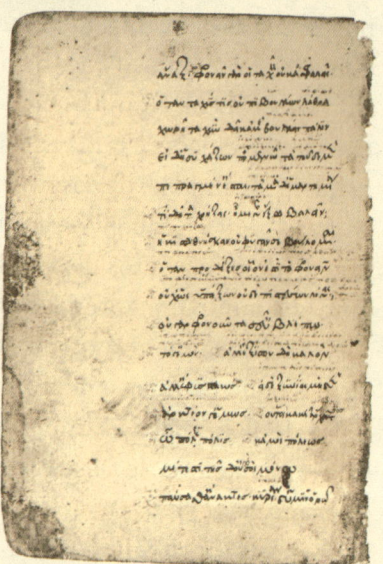

Édipo Rei ao redor do mundo.

    Os gregos acreditavam no destino. Para eles, nossas histórias já se encontram escritas nas estrelas. Não importa o quanto tentemos nos afastar, o destino sempre prevalecerá.

    Édipo era filho de Laio, rei de Tebas, e de sua jovem esposa Jocasta. Ao nascer, um vidente garantiu que ele seria a causa da desgraça da família. Por isso, seu pai determinou a execução da criança. Contudo, o guarda, responsável por sacrificar o recém-nascido, tomado de piedade, não o mata, mas o entrega a um pastor, que cuidava dos rebanhos de Políbio, rei de Corinto. Édipo acaba criado por Políbio e Mérope, soberanos de Corinto, cidade um pouco distante de Tebas. Ele desconhece sua verdadeira origem. Acredita ser filho natural de seus pais adotivos.

Quando completa 18 anos, um bêbado lhe diz que não é filho dos seus pais. Aquilo deixa Edipo intrigado. Ele procura a ajuda do oráculo de Delfos, a grande autoridade na profecia do futuro e na revelação da verdade. Suas profecias eram expressas por meio de sentenças enigmáticas, com sentidos ocultos e dúbios.

O oráculo vaticina: Édipo está fadado a matar seu pai e a desposar a própria mãe. Horrorizado com seu futuro, Édipo decide não voltar para casa, mas tomar a direção oposta, rumando para a cidade de Tebas. Mal sabia que, dessa forma, ele se aproximava dos verdadeiros pais — e do implacável destino.

Numa encruzilhada, Édipo se desentende com um séquito que passava. O arrogante homem ocupante da liteira, que marchava em direção oposta, ordena rudemente que Édipo saia do caminho. O jovem herói desafia a bruta determinação. Enfrenta fisicamente o grupo. Na luta, mata a todos, inclusive aquele que seguia carregado na liteira. Sem saber, Édipo matou Laio, líder de Tebas, seu pai — o petulante homem que o mandara sair da estrada.

Nessa passagem, fica claro que o destino de Laio era o de morrer pelas mãos do filho, que ele tentou, sem sucesso, "tirar de seu caminho", mais de uma vez.

Édipo segue para Tebas, que, naquela época, se encontrava dominada por uma esfinge: um monstro alado, com corpo de leão e cabeça de mulher. A esfinge controlava o portão da cidade e desafiava quem pretendesse cruzar suas portas. Lançava um difícil enigma. Se o desafiante não acertasse a resposta, era prontamente devorado pelo monstro. O lema da esfinge era: "Decifra-me ou te devoro." A cidade vinha sendo dizimada.

Édipo aceita o desafio. A esfinge, então, lhe pergunta: qual animal possui quatro patas pela manhã, duas à tarde e três à noite; em outras palavras, qual animal é *dípous*, *trípous* e *tetrápous* — isto é, bípede, trípede ou quadrúpede? Édipo prontamente responde: o homem. Quando nasce, ele engatinha em quatro apoios. Depois, consegue caminhar com seus dois pés. Finalmente, na velhice, ele se vale de uma bengala para andar. Édipo — o que sabe — decifra o enigma e a esfinge se mata em seguida. Com isso, libera Tebas do tormento.

Como antes se disse, "dois pés" é outra possível tradução de *Oedipous*. Sob esse ângulo, sua resposta para a esfinge é: "sou eu, o ser humano", pois somos o animal de dois pés. Interessante notar que, como *Oi* é uma negação em grego, o nome do herói também pode significar "sem pés" — logo, alguém inseguro, sem chão.

A população da cidade de Tebas, feliz e agradecida ao seu salvador, oferece a ele o trono. Para isso, Édipo deveria casar-se com a rainha, que recentemente se tornara viúva, embora ainda relativamente jovem. Era Jocasta. Desconhecendo os fatos, Édipo desposa a própria mãe. Cumpre-se, assim, a profecia, embora sem que ninguém, naquele momento, dela se desse conta.

(Na história original, não há qualquer referência à atração física ou paixão entre mãe e filho. Os dois se casam por uma circunstância. O incesto foi introduzido com sutileza.)

Por algum tempo, Édipo e Jocasta foram felizes. Tiveram quatro filhos. A felicidade existia porque ignoravam a realidade. Porém, uma peste caiu sobre Tebas. Uma desgraça. Como era costume, procuraram o oráculo, a fim de compreender o fenômeno. Foi esclarecido, então, que a praga que castigava Tebas se devia ao fato de que a morte de Laio ainda não fora aplacada. O assassino do falecido rei seguia sem punição.

É nesse ponto que começa *Édipo Rei*, peça imortal de Sófocles.

Édipo, ignorante da realidade, procura apurar os fatos. Aos poucos, a realidade vem à tona. Uma realidade terrível: o filho matara o pai e desposara a mãe. Ao conhecer a verdade, Jocasta se mata e Édipo se cega. Seus filhos se desentendem, e com a morte dos herdeiros de Édipo e Jocasta, termina a ordem em Tebas — em *Antígona*, outra peça de Sófocles, narra-se a triste sina desses personagens.

De um lado, a clássica história de Édipo fala do destino como uma força absoluta. Afinal, não controlamos completamente os acontecimentos. De outro, a obra deixa clara a importância do autoconhecimento. Pelo que sabe, Édipo derrotou a esfinge. Pelo que não sabe, Édipo cometeu duas violações à natureza: matou o pai e desposou a mãe. Seus erros, embora cometidos em ignorância, condenaram sua existência. Somos levados a indagar o que é melhor para nossas vidas: a ignorância feliz dos alienados ou a angústia constante das reflexões decorrentes do discernimento?

Em 399 a.C., poucos anos depois do lançamento de *Édipo Rei*, Atenas acompanha um dos mais representativos julgamentos da história. Sócrates, filósofo idolatrado pelos jovens atenienses, enfrenta um júri por acusação de crime de impiedade — seria responsável por "desviar" a juventude. Dois de seus pupilos registraram o evento: Xenofonte e Platão.

Sócrates, irônico e arrogante, desafia os jurados e, por isso, é condenado a morrer por ingestão de cicuta, forte e mortal veneno. Os aliados do filósofo tentam convencê-lo a fugir, mas ele se recusa. Preferia cumprir a norma a violá-la.

A filosofia de Sócrates tinha por ponto primordial a máxima: "Conhece-te a ti mesmo" — o mesmo adágio escrito no portal do templo do oráculo de Delfos.

Essa guinada para dentro, ou seja, a análise da filosofia atenta aos temas humanos, foi o grande salto dos filósofos, os "amantes da sabedoria". Conhecer a si próprio é o único caminho para a autoaceitação, permitindo que se identifique o que faz feliz o ser humano — aqui entendida não uma felicidade momentânea, porém um estado mais profundo e estável de contentamento.

Na virada para o século V, Santo Agostinho, que assistia a seu mundo, o mundo romano, ruir, relatou em suas *Confissões*, na primeira pessoa, seu caminho, com erros e acertos, até a sua conversão ao cristianismo.

> Por que houve tempo de minha adolescência em que ardi em desejos de me fartar das coisas mais baixas e ousei animalizar-me com vários e sombrios amores, e se murchou minha beleza, e me transformei em podridão diante de teus olhos, para agradar-me a mim e desejar agradar aos olhos dos homens.

Assim, Agostinho, no início de suas *Confissões*, fala da mocidade. O santo conta como se deu sua transformação pessoal, na busca por compreender o bem e o mal. Uma viagem introspectiva a que todos nós deveríamos nos sujeitar.

Edição d'*Os ensaios* que pertenceu a Fernando Pessoa.

"O tópico deste livro sou eu mesmo", registra Michel de Montaigne em seu livro *Os ensaios*, publicado em 1580. Nessa reunião de pensamentos, o culto Montaigne, nascido na França e formado em direito, trata de uma série de assuntos, lançando pérolas de sabedoria, como: "Se puder, evitarei que minha morte diga algo que minha vida não tenha dito primeiro"; ou: "Os homens (diz uma antiga máxima grega) são atormentados pelas ideias que têm das coisas, e não pelas próprias coisas"; ou, ainda: "É uma prova admirável de fraqueza de nosso julgamento que se valorizem as coisas pela rareza ou pela novidade, ou ainda pela dificuldade, quando a excelência e a utilidade não estão incorporadas nelas." Ao falar de si, Montaigne, um homem que se orgulhava de cometer erros, cuida de todos nós.

A Biblioteca Municipal de Bordeaux guarda uma relíquia: um exemplar d'*Os ensaios* que Montaigne mantinha ao lado de sua cama, no qual rabiscava correções e adendos ao seu texto. Num de seus ensaios, ele lamenta profundamente a morte de Étienne de la Boétie, seu grande amigo, falecido precocemente em 1563, aos 33 anos. Registrando o enorme afeto que guardava por Étienne, Montaigne escreveu: "Quando insistem para que diga por que o amava, sinto que não há como expressá-lo." Assim, terminava sua reflexão. Contudo, vê-se escrita, de próprio punho, no mencionado exemplar, uma continuação: ", senão dizendo, porque era ele." Em seguida, com outra tinta, mas a mesma caligrafia, foram adicionadas mais quatro palavras: "e porque era eu."

Em 1592, na última edição publicada em vida do autor, seu famoso livro ganhou os acréscimos, para chegar à redação definitiva: "Quando insistem para que diga por que o amava, sinto que não há como expressá-lo, senão dizendo, porque era ele e porque era eu." Até mesmo a forma como amamos passa pela nossa essência.

Com refinada ironia, Machado de Assis examina essa "busca por si próprio" no conto "O espelho". Nessa história — colorida com citações de Shakespeare —, um sujeito de origem humilde, ainda jovem, é nomeado alferes da guarda nacional, cargo importante. Passa, então, a ser o orgulho da família.

O alferes é chamado pela tia abastada para uma visita. Ela morava numa fazenda isolada. Feliz com a nomeação, pede que o jovem leve sua farda de alferes. Ela não parava de adulá-lo. "E sempre alferes; era alferes para cá, alferes para lá, alferes a toda hora." Aos poucos, "o alferes eliminou o homem". Como ele próprio reconheceu, "A única parte do cidadão que ficou comigo foi aquela que se entendia com o exercício da patente; a outra dispersou-se no ar e no passado."

Machado de Assis.

    No conto de Machado de Assis, a tia teve que viajar às pressas para cuidar de um assunto urgente, deixando o sobrinho sozinho na fazenda. Isolado, sem companhia, sem ter com quem conversar, o alferes sentia o enorme peso da solidão. Chegou a ter medo de enlouquecer.
    Havia, na casa, um grande espelho, no qual o homem se via todos os dias. Aquela visão o deprimia ainda mais. Foi então que teve uma ideia: vestiu sua farda de alferes e se postou na frente do espelho. Só então se reconheceu e encontrou alguma paz. Todos os dias, repetia a mesma liturgia: vestia a farda e ficava defronte ao espelho, sentado ou de pé. Sozinho. Depois de duas ou três horas, despia-se novamente. Assim, enfrentou a solidão.
    O que somos verdadeiramente? Nossos títulos, cargos, galardões? O que isso fala, na essência, de nós mesmos? Eis o questionamento a que esse conto de Machado de Assis remete.

Edição brasileira da *Bela do Senhor*.

    Desceu do cavalo e caminhou entre as aveleiras e roseiras silvestres, acompanhado pelos dois animais que o cavalariço levava pelas rédeas, caminhou nos estalidos do silêncio, torso nu sob o sol do meio-dia, sorrindo, estranho e principesco, certo da vitória. Por duas vezes, ontem e anteontem, perdera a coragem, não ousara. Hoje, nesse primeiro dia de maio, ia ousar e ela o amaria.

Eis o irresistível começo de *Bela do Senhor,* livro de Albert Cohen. Uma história de amor, porém um amor que consome totalmente, a ponto de os amantes perderem a própria identidade.

Tudo começa em Genebra, nos anos 30 do século passado. O judeu Solal é um funcionário graduado da recém-criada Liga das Nações — órgão inaugurado, após a Primeira Guerra Mundial, com vistas a fomentar a paz e a boa relação entre os países. Um propósito não atingido, pois, pouco tempo depois, eclode a Segunda Grande Guerra.

O idealista Solal conhece a loura e rica Ariane, mulher de um funcionário subalterno. De imediato, cai de amores por ela. Aproveitando-se de uma viagem que ele próprio organizara para o marido de Ariane, Solal vai à sua casa e pede que ela o escute, por duas horas. Ele faz um discurso de amor. Solal vence.

Ambos, lindos e jovens, se apaixonam perdidamente. Escapam do mundo, para viver numa redoma. Ariane deixa o marido para trás. Este, desesperado, tenta o suicídio. Solal abandona os salões sociais, a vida de solteirão cobiçado.

Na verdade, amam acima de tudo a imagem que projetam um no outro. Tanto Solal como Ariane buscam preservar uma idealização daquela paixão avassaladora, a ponto de jamais se deixarem conhecer intimamente. Ambos sempre se embelezavam para que o outro não os visse como realmente eram, mas como imaginavam que deveriam ser. Procuravam as palavras certas, com o propósito de corresponder ao que o outro gostaria de ouvir. Tornaram-se escravos dessa imagem.

Uma paixão poderosa transforma. Mas será que uma relação resiste à constante tentativa, por parte de cada um, de ser o objeto de adoração do outro?

Com o tempo, a paixão arrefece. Os protagonistas passam a ver as coisas sem o filtro turvo da emoção inebriante. A perfeição não existe. O mundo real não é o que se dispuseram a amar. Caso não se consiga colher esse amadurecimento, a existência se torna áspera, insuportável.

Melhor sermos amados pelo que realmente somos.

Hermann Hesse foi um precursor da contracultura. Um hippie *avant garde*. Seus pais passaram um período como missionários protestantes na Índia, antes de o autor nascer. Hesse fez uma viagem a esse país em 1911, o que marcaria sua produção literária. Ainda jovem, o escritor se rebela contra sua família, extremamente religiosa. Abandona sua casa. Ao longo da vida, foi sempre um doce questionador, negando-se a aceitar os padrões.

Em *Sidarta*, lançado em 1922 — ano maravilhoso na história da literatura —, Hesse conta a história de um nobre indiano, um brâmane, que, apesar de reconhecido e respeitado pelos seus pares, buscava encontrar um sentido mais profundo para a sua existência. Trata-se de um *Bildungsroman*, um "romance de formação", na tradução literal do alemão. São histórias que contam o processo de formação da personagem. Os bons *Bildungsromans* se apresentam em mão dupla: não apenas narram a educação do protagonista, mas nos carregam com eles, servindo para a nossa formação também.

Sidarta deixa seu povoado para viver uma série de experiências, das espirituais às mundanas. Conhece o sexo e ganha dinheiro. Tem um filho. Entretanto, sua vocação se direciona para a vida introspectiva, de contemplação, de sincera humildade.

O caminho do encontro consigo mesmo é feito através de erros e acertos, perdas e ganhos. Ao fim, a iluminação não é uma dádiva ou uma ciência estudada, mas uma experiência adquirida com a vida. Sidarta conclui: "Os conhecimentos podem ser transmitidos, mas nunca a sabedoria."

Numa bela reflexão sobre os encontros, ele pondera:

> Quando alguém procura muito — explicou Sidarta — pode facilmente acontecer que seus olhos se concentrem exclusivamente no objeto procurado e que ele fique incapaz de achar o que quer seja, tornando-se inacessível a tudo e a qualquer coisa porque sempre só pensa naquele objeto, e porque tem uma meta, que o obceca inteiramente. Procurar significa: ter uma meta. Mas achar significa: estar livre, abrir-se a tudo, não ter meta alguma. Pode ser que tu, ó Venerável, sejas realmente um buscador, já que, no afã de te aproximares da tua meta, não enxergas certas coisas que se encontram bem perto dos teus olhos.

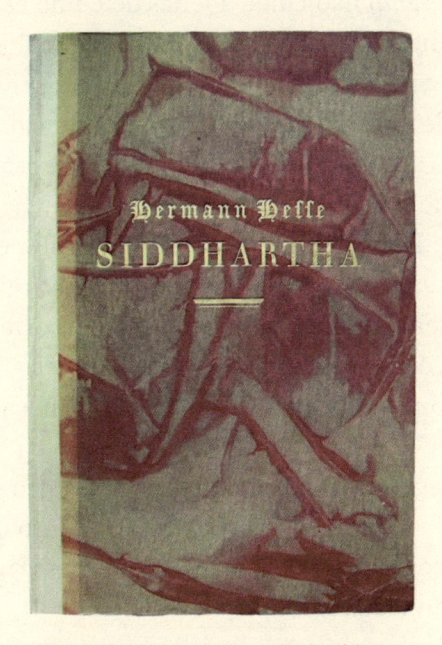

Edição de luxo e numerada de *Sidarta*.

Hesse, de forma pioneira na literatura ocidental, criticou o materialismo. Embora tenha sido agraciado com o prêmio Nobel de Literatura em 1946, ele apenas recebe aclamação dos leitores após a morte. A geração do *flower power*, nos anos 1960, fez dele um de seus gurus. Seus livros eram lidos pela juventude que queria, tal como *Sidarta*, liberdade para escolher seu próprio caminho — o que só se mostra possível a partir do autoconhecimento.

No romance *A sombra do vento*, de Carlos Ruiz Zafón, um menino, na Barcelona de logo após a Segunda Grande Guerra, fica profundamente angustiado porque não consegue mais se lembrar do rosto de sua falecida mãe. Uma bela metáfora para a perda da identidade, ou mesmo da busca por ela. O pai, então, leva a criança a um lugar misterioso e secreto, o cemitério dos livros esquecidos. Nele, encontram-se livros abandonados.

O garoto se interessa por um título, de autoria de Julián Carax. Quem seria ele? O interesse se transforma em obsessão. O protagonista quer saber mais, e nessa busca toma conhecimento de que todas as obras desse escritor foram, por uma razão desconhecida, queimadas.

A sombra do vento não cuida apenas de como esse mistério é desvendado, mas, principalmente, da força transformadora da literatura. A história de Carax e a do garoto se conectam. Afinal, a leitura deu um sentido para a vida do menino que se sentia abandonado e desprovido de identidade. Como se registra nessa obra, "os livros são como espelhos: neles só se vê o que possuímos dentro".

Para muitos, Hamlet, personagem que dá nome à cultuada peça de William Shakespeare, é um dos papéis mais difíceis e complexos da dramaturgia ocidental. Certamente, um dos mais extensos, pois só esse personagem tem, ao longo da peça, sete solilóquios — nos quais conversa diretamente com a plateia. O mais famoso começa com o famosérrimo "ser ou não ser".

Não se consegue definir qual o tema específico de *Hamlet*. É um "poema ilimitado", segundo o crítico literário Harold Bloom. Mas, seguramente, entre os mais importantes objetos dessa peça se encontra a busca pelo autoconhecimento.

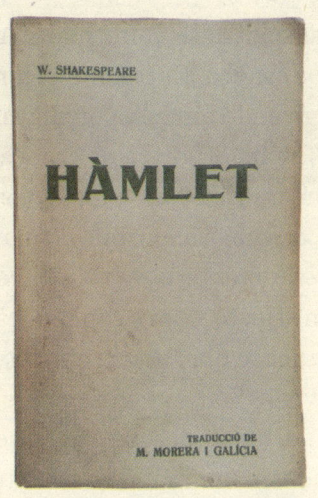

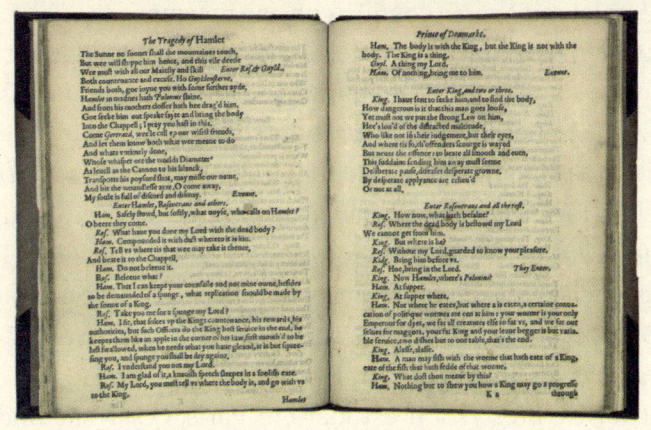

Hamlet na União Soviética, em catalão e em 1611.

    O príncipe dinamarquês Hamlet se vê forçado a voltar para casa — estudava na Universidade de Wittenberg, a mesma que formou Martinho Lutero e onde esteve, na ficção, o personagem Fausto da peça de Christopher Marlowe. Hamlet retorna por conta da repentina morte do pai, o rei, que também se chamava Hamlet.

    Ao chegar à fria Dinamarca, Hamlet toma ciência de que seu tio Cláudio, o irmão de seu pai, agora se sentava no trono e havia desposado sua mãe, Gertrudes. Hamlet, cerebrino e ávido leitor, desconfia que seu tio tramara tudo: planejara o assassinato de seu pai, para, assim, usurpar o trono e lhe tomar a mulher.

As suspeitas se confirmam. A monstruosidade do ato de Cláudio reclama vingança. Entretanto, Hamlet não é um carniceiro. O príncipe, embora vivendo ainda na medieval Dinamarca da peça, possuía outros valores. Ele incorporara as crenças do homem renascentista. Mas, afinal, quem era ele? Que valores o príncipe deveria seguir? A tradição de seu país, de sua origem, que clamava por vingança pelas próprias mãos, ou, diferentemente, os novos conceitos de justiça, que demandavam um julgamento justo, com a condenação ordenada pelo Estado?

Hamlet se questiona sobre como agir e reagir. Devemos ser ativos ou passivos? "Ser ou não ser... Eis a questão. Que é mais nobre para a alma: suportar os dardos e arremessos do fado sempre adverso, ou armar-se contra um mar de desventuras e dar-lhes fim tentando resistir-lhes?"[4] Hamlet relata esse conflito consigo mesmo.

Esse dilema o consome e se estende a todos nós. Hamlet se sente responsável pela ordenação do mundo. "Com o mundo fora da ordem, que sina a minha ter que consertar tudo!"[5]

O príncipe dinamarquês busca entender a si próprio, a fim de descobrir a melhor forma de reagir, sem violar sua essência, aos desafios que a vida lhe apresenta. Uma tarefa dolorosa. Esse processo é longo. Por vezes, as circunstâncias exigem uma reação mais rápida do que estamos preparados. Como reconhece o dinamarquês, "o estar pronto é tudo".

Numa passagem de *Hamlet*, Polônio oferece preciosos conselhos ao filho Laertes, prestes a ir estudar em Paris. O sermão finda com a principal recomendação:

> Acima de tudo, sê fiel a ti mesmo,
> Disso se segue, como a noite ao dia,
> Que não podes ser falso com ninguém.[6]

---

4 "To be, or not to be, that is the question,/ Whether 'tis nobler in the mind to suffer/ The slings and arrows of outrageous fortune,/ Or to take arms against a sea of troubles." (Ato III, Cena 1).

5 Tradução livre para: "The time is out of joint. O cursed spite/ That ever I was born to set it right!"

6 "This above all: to thine ownself be true,/ And it must follow, as the night the day,/ Thou canst not then be false to any man." (Ato I, Cena 3).

Considerado um marco da evolução do romance moderno, *Os anos de aprendizado de Wilhelm Meister*, livro lançado por Goethe em 1795 — época histórica turbulenta, logo após a Revolução Francesa —, conta a história da formação, como ser humano, do personagem que dá nome à obra.

Goethe, na época de sua juventude, havia publicado, anos antes, em 1774, *Os sofrimentos do jovem Werther*, que se tornou um sucesso imediato. A obra se inseria num movimento protorromântico denominado *Sturm und Drang*, literalmente, "tempestade e ímpeto". Werther, um rapaz apaixonado, mas não correspondido, suicidou-se — o que detonou uma onda de suicídios entre jovens no final do século XVIII. O livro tornou-se um ícone do Romantismo, garantindo fama instantânea ao autor.

Já *Os anos de aprendizado de Wilhelm Meister* se revela como obra arquetípica do conceito de *Bildungsroman*, histórias nas quais se narra o caminho da formação — tanto no campo social como no psicológico — de uma pessoa. *Bildung*, em alemão, significa "formação", mas sua origem etimológica e seu primeiro sentido estão em *Bild*: imagem. É nesse livro que se encontra o verso "Conheces o país em que florescem os limoeiros", utilizado por Gonçalves Dias como epígrafe de sua "Canção do Exílio". Obviamente, Goethe fala da sua terra, enquanto Gonçalves Dias relata a saudade da nossa.

Wilhelm Meister, proveniente de uma família abastada, decide virar ator, engajando-se numa companhia teatral itinerante, que percorre o interior da Alemanha. Ao optar pela vida do palco, Wilhelm promove a reflexão que resume o livro: "De que me serve fabricar um bom ferro, se o meu próprio interior está cheio de escórias? E de que me serve também colocar em ordem uma propriedade rural, se comigo mesmo me desavim?" Em seguida, conclui o projeto de "formar-me plenamente, tornando-me tal como existo".

Tudo, na trama, acontece entre os anos de 1770 e 1780. Passam-se por diversas situações, entre elas a de planejar uma exibição de *Hamlet*, clássico de Shakespeare — aquele que "nos decifrou todos os enigmas". O próprio Goethe esclarece que o nome de seu personagem é uma referência a William Shakespeare.

Aos poucos, o jovem percebe sua falta de vocação para as artes cênicas. Ao ponderar sobre sua insatisfação no grupo teatral, Wilhelm desabafa:

Estou sendo punido demais! — exclamou Wilhelm. — Não me recordo de onde venho nem para onde vou. Fala-se muito do teatro, mas quem não esteve nele não pode fazer a menor ideia do que é. O quanto ignoram completamente a si mesmos esses homens, de que modo exercem sem qualquer discernimento suas atividades, e quão ilimitadas são suas pretensões, disso ninguém tem a menor noção. Não só cada um quer ser o primeiro, como também o único; todos excluiriam, com prazer, os demais, sem ver que, mesmo com todos juntos, mal poderiam realizar alguma coisa; todos se imaginam maravilhosamente originais e, no entanto, são incapazes de descobrir no que quer que seja algo que esteja fora da rotina, o que os leva a sentir um eterno desassossego por algo de novo. Com que violência agem uns contra os outros! E só o mais mesquinho amor-próprio, o mais tacanho egoísmo fazem unir-se um ao outro. Não há que se falar de um comportamento recíproco; perfídias secretas e palavras infames sustêm uma eterna desconfiança; quem não vive licenciosamente, vive como um imbecil. Todos reclamam a mais incondicional estima, e todos são sensíveis à menor crítica. Há muito que sabe disso, melhor que ninguém! E por que, então, faz sempre o contrário? Sempre necessitado e sempre desconfiado, parece não temer nada senão a razão e o bom gosto, nem procura ater-se a outra coisa que não o direito majestoso de seu capricho pessoal.

Wilhelm tomou fôlego, para prosseguir sua litania, quando uma risada desmedida de Jarno o interrompeu.

— Pobres atores! — exclamou ele, atirando-se a uma poltrona enquanto ria. — Pobres e bons atores! Pois saiba, meu amigo — prosseguiu, depois de haver-se recomposto um pouco —, o que me descreveu não foi o teatro, mas o mundo, e poderia eu encontrar em todas as classes sociais personagens e ações suficientes para suas duras pinceladas. Perdoe-me, mas só me resta continuar rindo, já que realmente crê que essas belas qualidades sejam exclusivas dos palcos.

O protagonista condena aqueles que dirigem a vida por motivos fúteis, guiados pela inveja, cobiça ou vaidade. Contudo, reconhece que mesmo as experiências frustrantes servem de alimento para o aprendizado. Além disso, *Os anos de aprendizado de Wilhelm Meister* deixa claros os muitos ensinamentos que se colhem das artes, mais especificamente do teatro. Ao absorver essas lições, Wilhelm percebe que já se encontra preparado para enfrentar a vida.

Na sua trilha de amadurecimento, Wilhelm recebe uma "Carta de Aprendizado", cheia de cativantes ensinamentos:

> Longa é a arte, breve a vida, difícil o juízo, fugaz a ocasião. Agir é fácil, difícil é pensar; incômodo é agir de acordo com o pensamento. Todo começo é claro, os umbrais são o lugar da esperança. O jovem se assombra, a impressão o determina, ele aprende brincando, o sério o surpreende. A imitação nos é inata, mas o que se deve imitar não é fácil de reconhecer. Raras as vezes em que se encontra o excelente, mais raro ainda apreciá-lo. Atraem-se a altura, não os degraus; com os olhos fixos no pico caminhamos de bom grado pela planície. Só uma parte da arte pode ser ensinada, e o artista a necessita por inteiro. Quem a conhece pela metade, engana-se sempre e fala muito; quem a possui por inteiro, só pode agir, fala pouco ou tardiamente. Aqueles não têm segredos nem força; seu ensinamento é como pão cozido, que tem sabor e sacia por um dia apenas; mas não se pode semear a farinha, e as sementes não devem ser moídas. As palavras são boas, mas não são o melhor. O melhor não se manifesta pelas palavras. O espírito, pelo qual agimos, é o que há de mais

elevado. Só o espírito compreende e representa a ação. Ninguém sabe o que ele faz quando age com justiça; mas do injusto temos sempre consciência. Quem só atua por símbolos é um pedante, um hipócrita ou um embusteiro. Estes são numerosos e se sentem bem juntos. Sua verborragia afasta o discípulo, e sua pertinaz mediocridade inquieta os melhores. O ensinamento do verdadeiro artista abre o espírito, pois onde faltam as palavras, fala a ação. O verdadeiro discípulo aprende a desenvolver do conhecido o desconhecido e aproxima-se do mestre.

O protagonista, ao fim, encontra seu real desejo: a vida simples, com a constituição de uma família. Cuidar de seu filho, amar sua mulher. Isso vale mais do que um reino, conclui com razão. Assim, ao entender a si próprio, Wilhelm acha a felicidade.

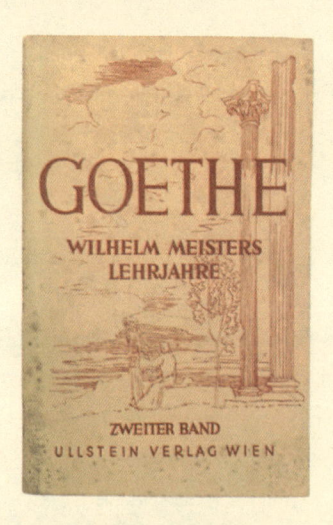

Edição de 1947.

O paraibano Augusto dos Anjos se formou em direito, pela Faculdade de Recife, em 1907. Porém, sua verdadeira vocação eram as letras. Abandona a terra natal para vir morar no Rio de Janeiro, buscando o reconhecimento de seu talento. Experimenta, contudo, uma vida miserável. Morre cedo, aos trinta anos de idade.

Um amigo conterrâneo, Orris Soares, reúne alguns de seus amargos poemas e lança, novamente, o livro *Eu*, que fora publicado, pela primeira vez, em 1912, pouco antes da morte do poeta. Inicialmente, o livro não alcança a projeção merecida.

Segundo Orris, "O título do livro [*Eu*] vale por uma autopsicologia. É um monossílabo que fala. (...) O *Eu* é Augusto, sua carne, seu sangue, seu sôpro de vida. É ele integralmente, no desnudo gritante de sua sinceridade, no clamor de suas vibrações nervosas, na apoteose de seu sentir, nos alentos e desalentos de seu espírito." O amigo de Augusto dos Anjos ainda diz: "Analisem-lhe as poesias, e em tôdas, como numa lâmina de aço polido, encontrarão a imagem do trágico poeta."

O *Eu* de Augusto dos Anjos para muitos é motivo de estarrecimento. O poeta externa, sem pudor, toda a sua angústia. Começa com um soneto: "Falas de amor, e eu ouço tudo e calo!/ O amor da humanidade é uma mentira." E termina: "E haja só amizade verdadeira/ Duma caveira para outra caveira,/ Do meu sepulcro para o teu sepulcro?!".

Um de seus mais conhecidos poemas, "Versos íntimos", é um soco no estômago:

> Vês! Ninguém assistiu ao formidável
> Enterro de tua última quimera.
> Somente a Ingratidão — esta pantera —
> Foi tua companheira inseparável!
>
> Acostuma-te à lama que te espera!
> O Homem, que, nesta terra miserável,
> Mora entre feras, sente inevitável
> Necessidade de também ser fera.
>
> Toma um fósforo. Acende teu cigarro!
> O beijo, amigo, é a véspera do escarro,
> A mão que afaga é a mesma que apedreja.
>
> Se a alguém causa inda pena a tua chaga,
> Apedreja essa mão vil que te afaga,
> Escarra nessa boca que te beija!

A poesia de Augusto dos Anjos — um "protopunk" —, embora corrosiva, traduz um encontro consigo mesmo. Contudo, por mais árduo que possa ser esse encontro, ele sempre traz proveitos.

Vencedor do Nobel de Literatura, o turco Orhan Pamuk fala de sua infância e adolescência no livro *Istambul*, nome da cidade em que nasceu. Abordando sua relação com o local, ele declara: "descrevo Istambul quando me descrevo, e (...) me descrevo quando descrevo a cidade." Semelhante noção teve Thomas Mann, que, exilado nos Estados Unidos por conta do nazismo, disse que onde ele estivesse seria a Alemanha.

O local onde crescemos se incorpora à nossa existência. Faz parte de nós. Já se disse que não haveria Balzac se ele tivesse nascido numa família de esquimós. Não conseguimos contar nossa história sem falar de onde viemos.

De amor e trevas: primeira edição.

O israelense Amós Oz faz a mesma viagem introspectiva, na qual funde a pessoa ao local, em *De amor e trevas*. Nesse livro, Oz conta de Israel dos anos 1940 e 1950 do século XX. Pelos progenitores do autor, oriundos da Polônia, narra-se o nascimento do país construído por imigrantes, fugidos dos horrores da Segunda Grande Guerra.

O pai de Amós Oz era um professor brilhante, mas jamais conseguiu se projetar no novo lar porque, ao chegar a Israel, somou-se às gerações de extraordinários judeus, expoentes em suas áreas, que haviam imigrado para o mesmo lugar. Assim, a Universidade de Tel Aviv tinha à sua disposição os professores dos professores dos professores. O pai de Oz não se estabeleceu.

De amor e trevas fala da criação desse mundo, com expectativas e frustrações que culminaram com o suicídio da sua mãe, quando ele contava apenas 12 anos. Narrando as doloridas lembranças, Amós Oz estabelece a sua identidade. Afinal, o passado ilumina o futuro.

Numa passagem, Oz narra uma conversa tida com seu avô, um senhor de quase cem anos, dono de um "hebraico particular", tratando da morte. "Mas na minha idade [dizia o avô] é difícil deixar certos hábitos, muito, muito difícil: passear na rua todas as manhãs já é um hábito muito, muito antigo. E a ducha fria — também é hábito. E viver? Viver, para mim, também é um hábito. E então, depois dos cem anos, quem vai poder mudar assim de repente uns costumes tão antigos?"

Nos livros autobiográficos, ainda mais através da pena de grandes autores, encontramos um pouco de nós na vida dos outros.

Carlos Heitor Cony, em *Quase memória*, fala das lembranças de seu pai já falecido. Ou melhor, as memórias do que viveu com seu pai. Através dessas reminiscências, embarcamos nesse rico encontro.

O livro termina com o autor, só, narrando uma série de feitos do pai sonhador e bom. "... tudo enfim nesta noite que não termina nunca, enseada escura onde a memória é âncora e luz, noite que vai adormecer todas as coisas que ele assinou, mas só por algum tempo, até que chegue o amanhã onde as grandes coisas são feitas."

Quem, para falar de si, não tem uma história para contar de seus pais? Falando deles, falamos de nós também.

Os vários "eus"

Pela literatura, percebemos as dimensões do "eu".

Em 1891, o irlandês Oscar Wilde publica seu único romance: *O retrato de Dorian Gray*. De pronto, vê-se que o personagem central, Dorian Gray, apresenta um nome dúbio, pois o prenome Dorian se refere a algo dourado, ou mesmo "de ouro", enquanto o sobrenome, Gray, remete à cor cinza. Uma contradição.

O protagonista do livro, um belo e vaidoso jovem, membro da burguesia inglesa, tem sua imagem retratada num quadro. Ao longo do tempo, o rapaz mantém-se belo, enquanto sua pintura envelhece e se degrada. É como se a verdadeira imagem do protagonista tivesse trocado de lugar com a obra de arte.

À medida em que o tempo se vai e Dorian faz escolhas moralmente reprováveis, sua pintura passa a mostrar uma figura repugnante, o oposto dele, que segue lindo e jovial. A partir de determinado momento, Dorian esconde a pintura de todos. O quadro, como o protagonista percebe, representa a prova viva de seu deficiente caráter, de sua decrepitude ética.

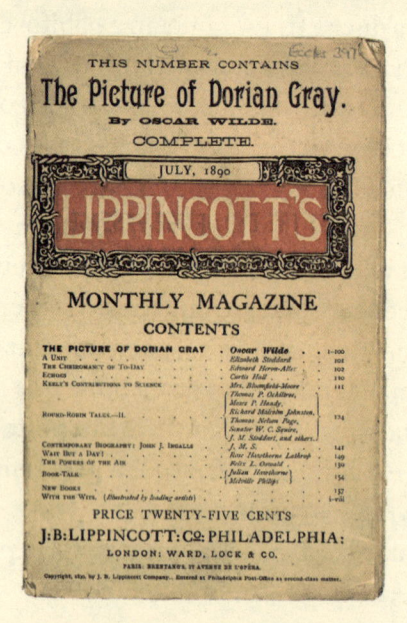

O retrato de Dorian Gray publicado na *The Monthly Magazine*.

Atormentado, Dorian decide destruir o retrato. Apunhala o quadro. Quem sente a estocada, contudo, é ele próprio.

Quem é o verdadeiro "eu": o garboso Dorian que desfila na rua ou a asquerosa imagem no quadro? A obra de Wilde revela assustadora atualidade, numa sociedade na qual as pessoas apresentam excessiva preocupação com a imagem, enquanto a verdadeira identidade, que se guarda oculta, definha. A sina dos nossos dias parece ser esse extremo zelo com a aparência externa, com desregrada exposição em redes sociais, sem cuidado semelhante com o nosso desenvolvimento interior. Quantos Dorian Grays encontramos por aí...

Muitos conhecem o perturbador romance *O médico e o monstro*, de Robert Louis Stevenson. Uma história que começa falando de um melancólico e taciturno advogado, o senhor Utterson. Este, por razões profissionais, é o responsável pela guarda e futura execução do testamento do dr. Henry Jekyll, que, além de médico, possui títulos de bacharel em ciências jurídicas e doutor em direito civil. No seu testamento, o dr. Jekyll dispõe que, caso morra ou "desapareça", seus bens — era dono de considerável fortuna — deveriam ser entregues ao sr. Hyde.

O advogado Utterson conhecia havia anos o dr. Jekyll, mas nunca ouvira falar do tal sr. Hyde. Além disso, a indicação de que o testamento deveria ser cumprido inclusive em caso de "desaparecimento" levantava suspeita.

O advogado, então, inicia uma busca particular para identificar o misterioso destinatário da herança. Depois de algum esforço, encontra a figura desagradável do sr. Hyde, com quem tem um rápido e ríspido diálogo. Dr. Jekyll, por sua vez, revela-se cada vez mais arredio e recluso.

Com o desenrolar da narrativa, o sr. Hyde é identificado como autor de um assassinato — ele dera uma surra até a morte em outro cliente de Utterson. Os acontecimentos se precipitam. Num ritmo acelerado, os fatos vêm à tona. O dr. Jekyll, buscando conhecer melhor a si próprio e a partir da ideia de que existe mais de um ser no mesmo homem — mais especificamente, haveria um bom e outro mau —, dedicava-se a promover experimentos consigo mesmo.

Arriscando a própria vida, ele começara a ingerir substâncias químicas que o "transformavam". A partir daí, o dr. Jekyll se tornava o malvado sr. Hyde, numa clara referência à palavra inglesa *hide*, isto é, escondido. Aos poucos, dr. Jekyll e o sr. Hyde passam a lutar entre si, sem que nenhum deles obtenha efetivo controle do corpo e da mente daquele ser humano.

Nos momentos em que o Sr. Hyde dominava o corpo, ele queimava as cartas do dr. Jekyll, rabiscava blasfêmias em seus livros e destruía retratos do pai. O respeitável cavalheiro, herdeiro, médico e doutor em direito e o desprezível monstro assassino conviviam, conflituosamente, na mesma pessoa.

Entre o H de Hyde e o J de Jekyll, está a letra I — em inglês, "eu". Eis possivelmente mais uma metáfora do perturbador romance de Stevenson. O "Doutor" Jekyll possui, no seu próprio nome, a palavra *kill*, ou seja, "matar" em inglês, ao passo que "sr. Hyde", a criatura ameaçadora, significa, como se disse, "senhor escondido".

Dr. Jekyll, bem vistas as coisas, desejava apenas se conhecer melhor, mas não conseguiu conviver com o seu lado antissocial, doente e sombrio.

O livro foi lançado em janeiro de 1886. Ele antecipa, em pouco mais de dez anos, *A interpretação dos sonhos* de Sigmund Freud, publicado em 1899 (embora datado de 1900). Freud, por ter explicado o papel do subconsciente, que orienta a nossa conduta, mesmo que não nos demos conta disso, é considerado o pai da psicanálise. Tal como no romance de Robert Louis Stevenson, todos temos um lado que não dominamos, um "monstro", pronto para escapar. A leitura dos dois livros trilha o autoconhecimento.

Stevenson teve uma vida curta e intensa. Nascido em 1850, na Escócia, formou-se em direito pela Universidade de Edimburgo. Depois, saiu pelo mundo. Casou-se com uma americana, bem mais velha que ele. Diagnosticado com tuberculose, foi, primeiro, para a Suíça. Depois, num veleiro, partiu para o sul do Oceano Pacífico. Estabeleceu-se, junto da mulher, nas ilhas Samoa, onde morre em 1894, com apenas 44 anos. Condenado pela doença, Stevenson se dirigiu para um dos lugares mais inacessíveis do mundo — e, possivelmente, um dos mais belos.

Em *O médico e o monstro*, tal como em Édipo, conhecer a si mesmo revela um risco. Em contrapartida, a alienação nos condena a uma vida sem propósito. Quem é o verdadeiro eu: o médico, o monstro, ou alguém entre os dois?

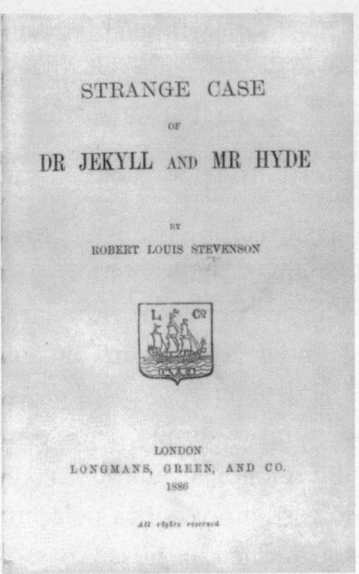

O autor e a obra, em sua primeira edição.

Como a nossa vivência é apenas uma, mas nossas aspirações e ambições por vezes nos levam a outros rumos, a leitura é o caminho para chegar aonde jamais iremos (nesse paradoxo reside uma das mágicas da literatura). Afinal, muitos dos nossos "eus" vivem apenas na nossa imaginação.

Não conseguiremos viver todas as vidas que sonhamos ou planejamos. Ao ler, como disse Proust, saímos um pouco de nós mesmos. Por meio da literatura, percorremos essas muitas estradas pelas quais, na vida real, escolhemos não passar, ou disso não tivemos oportunidade.

Robert Frost fala lindamente da estrada não trilhada — "The Road Not Taken", no original. Ele começa dizendo:

> Duas trilhas divergiam sob árvores amarelas
> E eu triste porque não podia percorrer as duas[7]

---

[7] "Two roads diverged in a yellow wood,/ And sorry I could not travel both."

E termina:

> Eu contarei isso enquanto suspiro
> Em algum lugar, de tempos em tempos:
> Duas trilhas divergiam em um bosque, e eu,
> Eu tomei aquela menos percorrida,
> E isso fez toda a diferença.[8]

Assim como a trilha escolhida faz toda a diferença, com os livros, de certa maneira, conseguimos, pelo menos, imaginar como seria o caminho não percorrido, as vidas que não tivemos. Conseguimos ver que somos também aquela parte de nós que sonhou outros percursos. Proust, no *Em busca do tempo perdido*, esclarece: "Graças à arte, em vez de contemplar um só mundo, o nosso, vemo-lo multiplicar-se."

Livros nos levam de um caminho a outro, clareando horizontes, sendo responsáveis ora pela mudança de nossos rumos, ora por dar mais segurança aos nossos passos. Alguns livros nos condenaram à profunda meditação. Outros permitirão nossa absolvição.

O poeta espanhol Antonio Machado, por conta da opressão política em seu país — e da guerra civil ali travada —, peregrinou por vários lugares. Primeiro, na própria Espanha, deixando Madri por Sevilha e, depois, Barcelona, até o exílio, na França, onde morre em 1939. Em "Cantares", com alguns de seus mais conhecidos poemas, ele registra nosso poder de dirigir nossas vidas, de escolher nossa trajetória, sem volta:

> Tudo passa e tudo fica
> porém o nosso é passar,
> passar fazendo caminhos
> caminhos sobre o mar
>
> (...)

---

[8] "I shall be telling this with a sigh/ Somewhere ages and ages hence:/ Two roads diverged in a wood, and I —/ I took the one less traveled by,/ And that has made all the difference."

> Caminhante, são teus passos
> o caminho e nada mais;
> caminhante, não há caminho,
> faz-se caminho ao andar
>
> Ao andar se faz caminho
> e ao voltar a vista atrás
> se vê a senda que nunca
> se voltará a pisar
>
> Caminhante não há caminho
> senão há marcas no mar...[9]

Os franquistas, então detentores do poder na Espanha, buscaram ofuscar o talento de Antonio Machado. Felizmente, a força da palavra, ao longo do tempo, sempre se mostrou mais poderosa do que a das baionetas.

Nesse poema, ele fala que nosso caminho é feito na medida em que se anda. Depois de percorrido, torna-se passado. Somos nós quem deixamos marcados nossos passos.

Conhecer a si mesmo é também saber até onde podemos ir, sem perder o entusiasmo. "De tanto lidar com sonhos, eu mesmo me converti num sonho. O sonho de mim mesmo", diz Fernando Pessoa, por via de Bernardo Soares.

---

[9] "Todo pasa y todo queda,/ pero lo nuestro es pasar,/ pasar haciendo caminos,/ caminos sobre el mar. (...) Caminante son tus huellas/ el camino y nada más;/ caminante, no hay camino/ se hace camino al andar./ Al andar se hace camino/ y al volver la vista atrás/ se ve la senda que nunca/ se ha de volver a pisar./ Caminante no hay camino/ sino estelas en la mar..."

À esquerda, Fernando Pessoa. À direita, a primeira edição do *Livro do desassossego*.

    Fernando Pessoa criou vários heterônimos, ou seja, nomes fictícios, com os quais assinava prosas e poesias. Não se trata de um pseudônimo, que seria um nome falso usado pelo autor. Fernando Pessoa não quer esconder-se, mas apenas explorar os diversos "eus" que existem nele.

    O genial escritor português estabelece para esses heterônimos características próprias. Chega a fazer um mapa astral para cada um deles. Os mais conhecidos são Alberto Caeiro, Álvaro de Campos e Ricardo Reis.

    Fernando Pessoa, através de Ricardo Reis, apresenta em *O livro do desassossego* grande ensinamento:

> Para ser grande, sê inteiro: nada
> Teu exagera ou exclui.
> Sê todo em cada coisa. Põe quanto és
> No mínimo que fazes.
> Assim em cada lago a lua toda
>   Brilha, porque alta vive.

    Por fim, na procura da identidade, a literatura também serve para mostrar que, ao longo do tempo, mudamos. Talvez não na essência, mas em tudo o mais, sim, mudamos. Essas metamorfoses constituem algumas das mais belas passagens da vida. Cecília Meireles tratou disso em seu poema "Retrato":

> Eu não tinha este rosto de hoje,
> assim calmo, assim triste, assim magro,
> nem estes olhos tão vazios,
> nem o lábio amargo.
>
> Eu não tinha estas mãos sem força,
> tão paradas e frias e mortas;
> eu não tinha este coração
> que nem se mostra.
>
> Eu não dei por esta mudança,
> tão simples, tão certa, tão fácil:
> — Em que espelho ficou perdida
> a minha face?

Cecília Meireles.

Machado de Assis conseguiu, no "Soneto de Natal", tratar de forma tocante essa mudança a que estamos sujeitos:

> Um homem, — era aquela noite amiga,
> Noite cristã, berço do Nazareno, —
> Ao relembrar os dias de pequeno,
> E a viva dança, e a lépida cantiga,
>
> Quis transportar ao verso doce e ameno
> As sensações da sua idade antiga,
> Naquela mesma velha noite amiga,
> Noite cristã, berço do Nazareno.
>
> Escolheu o soneto... A folha branca
> Pede-lhe a inspiração; mas, frouxa e manca,
> A pena não acode ao gesto seu.
>
> E, em vão lutando contra o metro adverso,
> Só lhe saiu este pequeno verso:
> "Mudaria o Natal ou mudei eu?"

Os modelos

Em 1528, o conde e diplomata Baldassare Castiglione publica *O cortesão*. A obra tinha por objetivo fornecer modelos de conduta ao cavalheiro. Ele devia ser moderado, modesto, humilde, identificar seu local na hierarquia social. Cabia ao homem elegante aprimorar sua cultura, expandindo seu conhecimento para a literatura e as artes. Estimulava-se o desenvolvimento de capacidades físicas e espirituais. O livro, que considera a conversação uma forma de arte, chega a mencionar alguns chistes rápidos, de que o homem educado, de forma discreta, poderia valer-se para alegrar o ambiente. Castiglione exalta, também, o silêncio, fundamental em certas ocasiões. Assim, transformaria positivamente a sua comunidade.

O livro foi muito bem-sucedido. No século XVII, o seguinte ao de sua publicação, *O cortesão* ganhou 125 edições, em diversas línguas.

Da literatura colhemos modelos. O poeta Rainer Maria Rilke — nascido em Praga, mas de língua alemã — disse que o homem moderno seguia Orfeu, o mitológico poeta e músico. Segundo a lenda, Orfeu, capaz de encantar com a arte, desceu ao inferno para resgatar sua mulher, Eurídice, mas falhou, arrebatado pela ansiedade. Tentou olhar para a amada antes de sair do inferno, deixando de seguir a recomendação de apenas vê-la quando deixassem a terra dos mortos. A inquietação do poeta selou o seu destino.

Freud, o pai da psicanálise, via o homem como Édipo, querendo compreender a si próprio (inclusive com uma relação de amor malresolvida com a mãe). Albert Camus nos via como Sísifo, outro personagem mitológico, condenado a rolar, morro acima, uma grande pedra, apenas para que, ao chegar ao cume, ela desça novamente, obrigando Sísifo a recomeçar seu serviço, repetido diuturnamente. Viveríamos todos submetidos a um esforço inútil, despido de propósito.

São exemplos metafóricos. Por isso mesmo, potentes imagens da nossa condição. Todos colhidos da literatura. Todos nos fazem pensar em quem somos.

Segundo o dândi Oscar Wilde, a vida imita a arte muito mais do que a arte imita a vida. Concordo. Esses grandes ícones da literatura servem como arquétipos, tornam-se referências.

Ainda jovem, no colégio, li *O sol é para todos*, de Harper Lee. O livro trata da história de um pacato advogado, que vivia numa pequena cidade do estado do Alabama, no sul dos Estados Unidos — o "profundo" sul, como dizem por lá —, nos anos 30 do século passado.

Nessa comunidade, conservadora e racista, um homem negro, Tom Robinson, é acusado de violentar uma mulher branca. O juiz da cidade nomeia o advogado Atticus Finch para representá-lo, pois o réu não tem quem o defenda. O advogado percebe a inocência de seu cliente, mas a cidade inteira, tomada de preconceito, quer ver o homem negro condenado. O abnegado Atticus Finch se coloca contra a sua comunidade, sem nada temer, porque está seguro de fazer a coisa certa.

Arte da primeira edição de *O sol é para todos*.

    O livro é narrado pela filha de Atticus, uma menina que acompanha, cheia de emoção, todos os acontecimentos. Atticus Finch é um homem bom, honesto, comprometido com seus princípios. Logo no começo do romance, ele ensina: "Você só consegue entender uma pessoa de verdade quando vê as coisas do ponto de vista dela."

    Adiante, quando seus filhos indagam por que toda a cidade está contra ele no julgamento de Tom Robinson, Atticus explica: "Essas pessoas certamente têm o direito de pensar assim, e têm todo o direito de ter a sua opinião respeitada." O advogado prossegue: "Mas antes de ser obrigado a viver com os outros, tenho de conviver comigo mesmo. A única coisa que não deve se curvar ao julgamento da maioria é a consciência de uma pessoa."

Apesar da dedicada atuação de Atticus para demonstrar a farsa do julgamento, Tom é condenado. Antes que pudesse tentar uma reversão do injusto veredicto, o acusado, buscando escapar da prisão, é baleado e morto. Ainda assim, Atticus consegue demonstrar a parcialidade da decisão. Afinal, os julgamentos injustos nunca acabam.

Atticus se transformou no herói de várias gerações de jovens. A sensação de fazer a coisa certa, de dedicação às boas causas, dá um sentido maior à vida. Esse poderoso exemplo chegou pela literatura. Ele vale para o advogado — afinal, essa é a profissão de Atticus —, mas também para qualquer outra atividade — até mesmo para um menino de colégio —, pois, de uma forma ou de outra, a vida é formada de opções — as tais trilhas de que falou Robert Frost.

O idealista advogado Atticus Finch, de *O sol é para todos*, serviu e serve como inspirador de retidão.

Um certo capitão Rodrigo.

Um certo capitão Rodrigo, do gaúcho Erico Verissimo, caiu nas minhas mãos quando era criança. Caiu nada. Minha mãe me deu o livro.

Disse que eu ia adorar. Talvez eu já não fosse tão criança. Não lembro. Lembro-me do livro. O capitão, protagonista da história, rapidamente se transformou no meu ídolo. Sua imensa coragem, espírito livre e seu puro amor por Bibiana Terra — apesar de suas fraquezas — fazem com que o leitor se identifique — e deseje ser um capitão Rodrigo.

No romance, passado em meados do século XIX, o capitão surge na cidade de Santa Fé, no Rio Grande do Sul, logo deixando a marca de sua personalidade fortíssima. Magnetiza as atenções e acaba casando-se com Bibiana, que estava prometida ao filho do líder local. O capitão Rodrigo é uma força. Determinado, viril, dominador.

Outro marcante modelo é mr. Darcy, de *Orgulho e preconceito*, de Jane Austen. O livro, desde a sua edição em 1813, tornou-se um dos preferidos do grande público, tendo recebido diversas releituras e adaptações. Austen escreveu uma série de best-sellers adorados até hoje. Todos gravitavam ao redor da mesma pergunta: com quem ela vai casar?

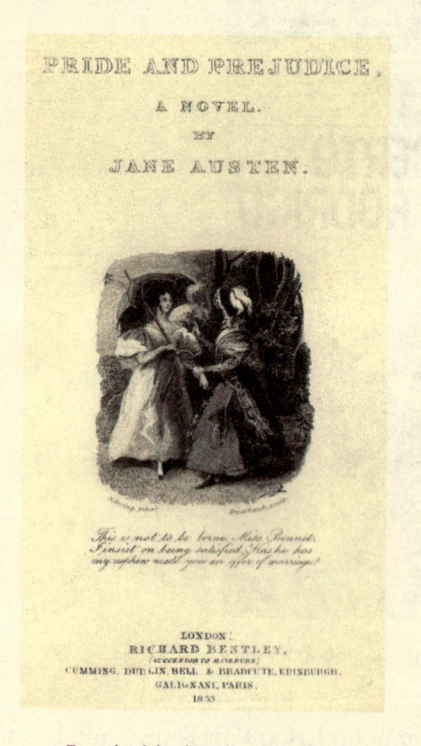

Frontispício da primeira edição ilustrada e ilustração para a edição de 1895.

Orgulho e preconceito inicia com uma frase que se tornou famosa: "É uma verdade universalmente reconhecida que um solteiro na posse de uma boa fortuna deve estar na necessidade de uma esposa." Pois, no caso, esse solteiro abastado é mr. Darcy.

Uma história de amor que começa com desencontros ditados, exatamente, por "orgulho e preconceito". Mr. Darcy, um aristocrata discreto, apenas fala o necessário, sempre de modo oportuno. Contido, bonito, rico sem afetação, elegante, educado, prova seu amor de forma sutil, sem afobações. O homem mais *cool* que pode haver, embora Jane Austen, no início do século XIX, não conhecesse esse conceito. Consegue domar a alma livre de Elizabeth — Lizzy —, que, de começo, o desprezava.

No início do romance, mr. Darcy, embora discretamente, considera-se superior a todos, por conta de sua posição social. Elizabeth denuncia essa arrogância — demonstra-se, nessa história de amor, que a pessoa certa para nós não é necessariamente quem nos mima e nos mantém numa situação de conforto, mas, muitas vezes, aquela que nos provoca, revela nossas fraquezas, e, dessa forma, nos fortalece. Orgulho e preconceito são vencidos pelo amor. Como resistir a uma história como essa?

A inglesa Jane Austen — infelizmente falecida precocemente aos 37 anos — idealizou esse modelo de homem cortês.

Mais recentemente, cientistas ingleses deram a uma proteína encontrada na urina dos ratos o nome *darcin*, em homenagem ao personagem mr. Darcy, exatamente porque essa substância — o feromônio — era a responsável por atrair as ratas fêmeas para um macho em particular. Mr. Darcy despertava essa atração irresistível. Servia de padrão.

O que queremos ser?

Segundo o crítico literário Harold Bloom, em *Como e por que ler*, "uma das funções da leitura é nos preparar para uma transformação".[10] A literatura nos faz refletir sobre o que queremos ser.

---

[10] Harold Bloom, *Como e por que ler*, Rio de Janeiro, Objetiva, 2001, p. 17.

Franz Xaver Kappus tinha 19 anos e desejava tornar-se poeta. Entretanto, como é natural, alimentava dúvidas de toda ordem, que começavam pela incerteza de seu talento, de sua vocação.

Em 1902, ele decide escrever uma carta ao consagrado poeta Rainer Maria Rilke, junto à qual envia alguns de seus trabalhos. Desejava receber críticas. Mais ainda, pedia orientações. Em fevereiro de 1903, Rilke responde ao jovem. Ao todo, foram dez cartas escritas pelo poeta a Kappus. Em 1929, três anos após a morte de Rilke, essas missivas foram compiladas para formar um livro: *Cartas a um jovem poeta*.

Educadamente, Rilke se recusou a criticar o trabalho de Kappus. Fez melhor ao fornecer valiosas lições: "Ninguém pode aconselhá-lo e ajudá-lo, ninguém. Só há um caminho. Procure entrar em si mesmo. Investigue o motivo que o manda escrever; examine se estende suas raízes pelos recantos mais profundos de sua alma; confesse a si mesmo: morreria, se lhe fosse vedado escrever?"

Rilke sugeria ao jovem uma autoinvestigação, uma viagem introspectiva. Em resumo, o poeta disse: "Liberte-se! Seja você!"

Sobre essas extraordinárias transformações a que estamos sujeitos, vale citar *A relíquia* de Eça de Queirós.

Eça de Queirós.

Eça foi o grande nome da literatura portuguesa do final do século XIX. Inteligente, culto, irônico, sarcástico, cosmopolita, era um aguçado crítico da hipocrisia da sociedade portuguesa em que viveu. Começando sua vida como advogado e jornalista, o romancista foi ainda diplomata, ocupando postos em Havana, Paris e Londres.

Em *A relíquia*, o escritor conta a história de Teodorico Raposo, bacharel em direito — assim como o próprio Eça de Queirós —, órfão de pai e mãe, que aspirava herdar os bens de sua rica e carola tia, dona Maria do Patrocínio, a Titi. Na sua juventude, Raposão, como era chamado, pensava, antes de tudo, nas escapadas sexuais e na farra. Contava, entretanto, com a fortuna de Titi.

Um dia, contudo, recebe a informação de que tem um rival quanto à herança:

> — A titi tem-lhe amizade — atalhou com a boca cheia o magistrado — e você é o seu único parente... Mas a questão é outra, Teodorico. É que você tem um rival.
> — Rebento-o! — gritei eu, irresistivelmente, com os olhos em chamas, esmurrando o mármore da mesa.
> O moço triste, lá ao fundo, ergueu a face de cima do seu capilé. E o dr. Margaride reprovou com severidade a minha violência.
> — Essa expressão é imprópria dum cavalheiro, e dum moço comedido. Em geral não se rebenta ninguém... E além disso o seu rival não é outro, Teodorico, senão Nosso Senhor Jesus Cristo!
> Nosso Senhor Jesus Cristo? E só compreendi, quando o esclarecido jurisconsulto, já mais calmo, me revelou que a titi, ainda no último ano da minha formatura, tencionava deixar a sua fortuna, terras e prédios, a Irmandades da sua simpatia e a padres da sua devoção.
> — Estou perdido! — murmurei.

A partir daí, Raposão traça um plano de se colocar, aos olhos de Titi, como um profundo devoto. E, assim, inicia seu projeto:

Ao ouvir, no silêncio da casa, estas lúgubres lamentações de arrastada penitência, a titi veio à porta do oratório, espavorida.

— Que é isso, Teodorico, filho que tens tu?...

Abati-me sobre o soalho, aos soluços, desfalecido de paixão divina.

— Desculpe, titi... Estava no teatro com o dr. Margaride, estivemos ambos a tomar chá, a conversar da titi... E vai de repente, ao voltar para casa, ali na rua Nova da Palma, começo a pensar que havia de morrer, e na salvação da minha alma, e em tudo o que Nosso Senhor padeceu por nós, e dá-me uma vontade de chorar... Enfim, a titi faz favor, deixa-me aqui um bocadinho só, no oratório, para aliviar...

Muda, impressionada, ela acendeu reverentemente, uma a uma, todas as velas do altar. Chegou mais para a borda uma imagem de S. José, favorito da sua alma, para que fosse ele o primeiro a receber a ardente rajada de preces que ia escapar-se, em tumulto, do meu coração cheio e ansioso. Deixou-me entrar de rastos. Depois, em silêncio, desapareceu, cerrando o reposteiro com recato. E eu ali fiquei sentado na almofada da titi, coçando os joelhos, suspirando alto — e pensando na viscondessa de Souto Santos ou de Vilar-o-Velho, e nos beijos vorazes que lhe atiraria por aqueles ombros maduros e suculentos, se a pudesse ter só um instante, ali mesmo que fosse, no oratório, aos pés de ouro de Jesus, meu Salvador!

Raposão, passando a frequentar assiduamente missas e encontros religiosos, faz com que a tia veja nele os mais elevados valores da virtude. Puro engodo, pois Raposão segue sua vida profana e devassa, encontrando-se amiúde com prostitutas.

Numa passagem, ao chegar na casa da tia rica, vindo de uma dessas farras amorosas, Teodorico Raposão queimou um incenso ao seu lado, a fim de que o cheiro impregnasse sua roupa. Assim, "purificado", ao se aproximar, via sua velha tia farejar: "Jesus, que rico cheirinho de Igreja!". Pronto! Raposão apenas respondia, suspirando: "Sou eu, Titi".

A tia manda-o em peregrinação a Jerusalém. No caminho, conhece e se envolve com a inglesa Mary, que, depois de tórridos encontros, lhe dá de recordação sua camisola, com o apaixonado bilhete: "Ao meu Teodorico, meu portuguesinho possante, em lembrança do que muito gozamos! M.M."

Quando retorna a Lisboa, Raposão, por engano, dá a Titi o embrulho errado. Ao invés de oferecer o pacote com a "relíquia" trazida da Terra Santa, entrega à devota e pia Titi o embrulho com a camisola da amante inglesa, junto com o impetuoso bilhete. A farsa se revela. O protagonista é imediatamente expulso da casa da tia rica.

Raposão reflete sobre sua hipocrisia. Como ele mesmo reconhece, para abocanhar a herança, fingiu-se de devoto, embora incrédulo, "casto sendo devasso; caridoso sendo mesquinho; e simulaste a ternura de filho tendo só a rapacidade de herdeiro...". Assim conversa com sua consciência (que aparece com C maiúsculo na obra de Eça). Amadurecido, Raposão ganha integridade e passa a agir de forma sincera, o que lhe traz uma série de proveitos: constitui família e se estabelece. Transforma-se numa pessoa melhor.

Ao final, o personagem toma ciência de que um clérigo, frequentador da casa de Titi, que a bajulava e se colocava como grande devoto, acabou por herdar a fortuna. Esse clérigo, contudo, não passava de um cínico, pois era amante de Amélia, uma antiga namorada de Raposão. Ou seja, Titi fora redondamente enganada e a hipocrisia triunfara. O protagonista, então, lamenta sua covardia. Deveria, quando a tia abriu o embrulho errado, ter jurado que o "M.M.", assinado na carta, eram as iniciais de Maria Madalena, a santa, com quem ele tivera um encontro místico... O lugar de proeminência no testamento de Titi estaria salvo.

Esse último pensamento de Raposão no romance garante a reflexão sobre a nossa "salvação". Seremos capazes de uma plena regeneração?

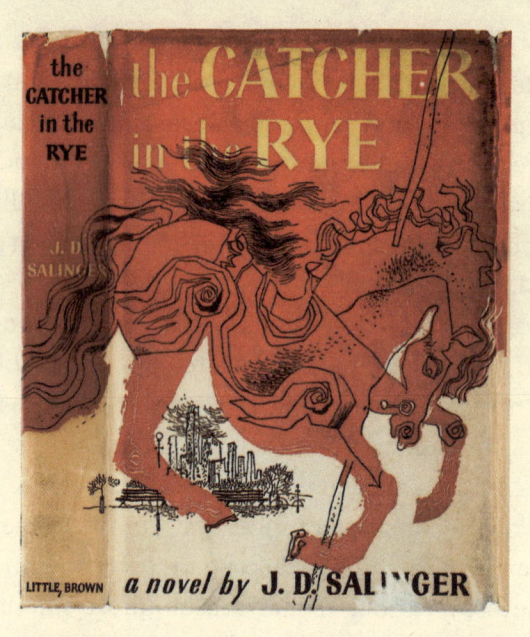

Célebre capa da primeira edição de *O apanhador no campo de centeio*.

Já se disse que *O apanhador no campo de centeio*, obra de J.D. Salinger, é um livro para se ler quando jovem. Talvez seja. O protagonista Holden Caulfield, um adolescente aborrecido e sem planos para o futuro, conversa conosco, contando como foi expulso da escola em função de seu péssimo desempenho nos estudos. Toda a narrativa ocorre num final de semana. Holden se prepara psicologicamente para dar aos pais as notícias desastrosas vindas do colégio. São acontecimentos banais de um garoto pensando na vida, sem maiores propósitos. Holden tem empatia e certa doçura, embora a ausência de objetivos em sua existência nos perturbe. Pelo talento do escritor, somos tomados de compaixão pelo garoto sem rumo, num livro que se tornou cult.

Numa passagem macabra da história de como *O apanhador no campo de centeio* influenciou o comportamento de alguns de seus leitores, o assassino de John Lennon, Mark Chapman, disse que havia encontrado, no livro, mensagens subliminares, indicando que deveria matar o ex-Beatle. Essa revelação foi responsável pela venda de mais quinze milhões de exemplares, servindo para demonstrar que, muitas vezes, uma obra pode ser tremendamente mal interpretada.

Tornar-se um adulto não é tarefa fácil. Holden Caulfield, personagem de *O apanhador no campo de centeio*, nos leva a conjecturar sobre quem gostaríamos de ser.

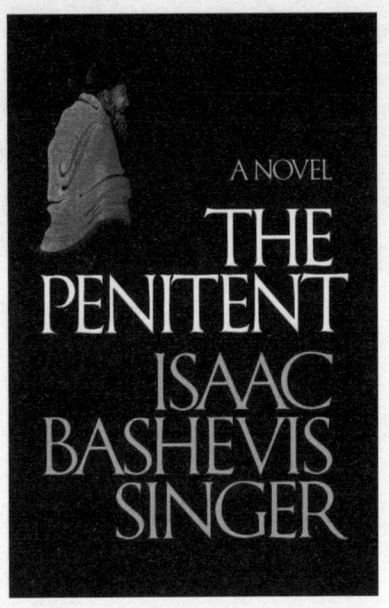

Singer e a primeira edição de *O penitente*.

Em 1978, a Academia Sueca concedeu a Isaac Bashevis Singer, o autor polonês que migrara para os Estados Unidos em 1935, o Nobel de Literatura. Singer apenas escrevia em ídiche, sua língua natal. Como vinha de uma família de rabinos, seus temas se relacionavam sempre às suas memórias e reflexões sobre o homem e a religião. Uma obra de extrema sensibilidade.

Em *O penitente*, Singer narra, na primeira pessoa, a história de um judeu, Joseph Shapiro, que imigrara para os Estados Unidos fugido do nazismo — como também fizera o autor —, e que, depois de ganhar dinheiro e se estabelecer, percebe que sua vida, costumes, hábitos não apresentam qualquer valor. Era uma existência vazia. Ele não possuía nenhuma fé. Casou-se, mas mantinha uma amante. Vivia em conflito com as pessoas que o cercavam — e consigo mesmo, pois não encontrava sentido em nada: no trabalho, na família, nos amigos.

Perdido, Shapiro busca refúgio na religião de seus pais.

O livro passa a narrar a entrega de Shapiro ao judaísmo. Aos poucos, na busca de valores, procurando encontrar a si próprio, Shapiro inicia uma imersão no universo judaico. Acaba por abandonar toda a vida pregressa. Muda-se para Israel. Torna-se um ortodoxo. Casa-se novamente e constrói uma nova família. Shapiro reflete: "Toda vida moderna é uma série de provas para determinar quem é o mais alto, o maior, o mais forte; capaz de atuar melhor que os outros." O anti-herói abdica de tudo. Desapega. Para ele, "quando você não tem fé, não vê os milagres".

Na introdução, Isaac Bashevis Singer explica sua motivação para escrever *O penitente*:

> Eu discutia muitas vezes com meu irmão sobre a falta de dignidade e a degradação do homem moderno, sua precária vida familiar, sua avidez pelo luxo e pelos artifícios, seu desprezo pelo velho, sua reverência diante do jovem, sua fé cega na psiquiatria, sua sempre crescente tolerância em relação ao crime. As angústias e desilusões de Joseph Shapiro podem, em algum grau, provocar uma auto-avaliação em ambos, crentes e céticos. Os remédios que ele recomenda podem não curar as feridas de todos mas a natureza da doença será, eu espero, reconhecida.

Essa busca pela essência trilha, como ocorre em Édipo e em tantos outros depois dele, um caminho inverso em nossa vida, a fim de encontrar, no nosso passado, as principais chaves dessa complexa experiência.

O mesmo caminho interno foi percorrido pelo tristino Italo Svevo em *A consciência de Zeno*. Nele, Zeno conta ao seu médico, o Doutor S. — possivelmente uma brincadeira com o nome Sigmund Freud —, suas memórias. Trata-se de uma longa sessão de terapia, na qual Zeno desnuda suas fraquezas. "A doença é uma convicção, e eu nasci com essa convicção." O narrador é absolutamente neurótico, mas peculiarmente engraçado. Por meio dessa narrativa, acessamos situações que vivenciamos e, assim, encontramos a nós mesmos.

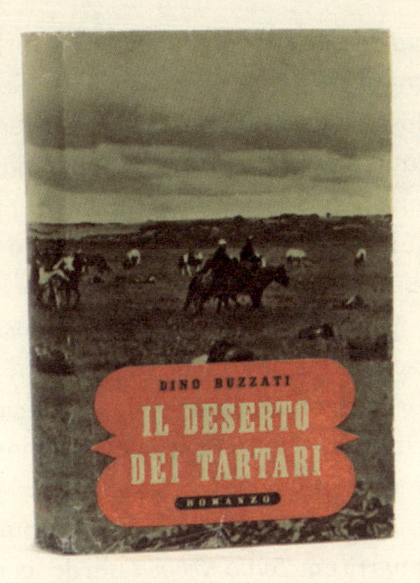

A primeira edição italiana do clássico de Dino Buzzati.

    Naturalmente, buscamos dar sentido às nossas existências. Em *O deserto dos tártaros*, do italiano Dino Buzzati, conta-se a história de um jovem militar, Giovanni Drogo, designado para servir num forte situado em lugar ermo e distante, na fronteira com a região habitada pelos tártaros. Sua missão consiste em resistir à tentativa de invasão daquele povo. Drogo passa seu tempo preparando-se para essa eventual investida. O ataque, entretanto, não acontece... e Drogo deixa a vida passar.

    De certa forma, o protagonista encontra um sentido para sua existência: ele se mantém pronto, em vigília constante, para combater os invasores. Esse momento, contudo, nunca chega. Já velho e dispensado de suas funções, Drogo percebe que o mundo girou ao seu redor, enquanto ele se manteve afastado de tudo, imaginando cumprir uma missão, que jamais se efetivou, deixando, ao fim, sua vida sem propósito.

    As sentinelas do forte repetem diversas vezes, ao longo do romance, a mesma pergunta a quem aparece nas portas da fortificação: "Quem vem lá?" É a indagação feita no começo da icônica peça *Hamlet*. Dino Buzzati, assim como o dramaturgo inglês, falava conosco: afinal, somos nós, os leitores, que estamos do outro lado dessa indagação.

O deserto dos tártaros serve de poderosa alegoria para que todos nós avaliemos nossos planos. Qual o sentido deles? Será que damos corretos destinos às nossas vidas? Ou nossa sina é a de nos prepararmos eternamente para lutas que não vamos travar? É importante questionar nossas crenças. Apenas dessa forma elas se fortalecem.

A felicidade é uma conquista. Ninguém, dotado de consciência, é simplesmente feliz. A felicidade se constrói, com esforço, a partir da identificação de projetos de vida saudáveis, que possam funcionar levando em consideração as peculiaridades de cada um.

O próprio amor harmonioso, bem vistas as coisas, não é um caminho para sermos felizes, mas uma espécie de prêmio para aqueles que conseguiram atingir essa felicidade.

Passar pela vida aguardando a invasão tártara é pura perda de tempo.

Thomas Mann narra em *Tonio Kröger*, um de seus primeiros livros — o escritor tinha apenas 25 anos quando o elaborou —, a história desse rapaz, filho de um comerciante respeitado em sua pequena cidade no norte da Alemanha. Sua mãe, Consuelo, por sua vez, era uma mulher do sul — possivelmente um toque autorreferente de Mann, cuja mãe, Julia da Silva-Bruhns, nasceu em Paraty, estado do Rio de Janeiro, mudando-se para a Alemanha ainda pequena. Tonio tinha os olhos escuros, como os de sua mãe, ao contrário da maioria das pessoas de sua cidade, louras de olhos claros.

O alto e pensativo pai, vestido sempre de forma apurada, se dedicava ao trabalho e cobrava boas notas escolares do filho. Um puritano. Já a mãe, que tocava piano e bandolim, estimulava o lado artístico do menino e mantinha-se indiferente ao seu desempenho escolar.

Tonio, cheio de talento e curiosidade, sempre se sentiu diferente dos demais. Com o falecimento da avó, mãe do pai e matriarca, e, em seguida, com o do próprio pai, a sua família entrou num estágio de desagregação. A mãe de Tonio contrai novas núpcias com um músico italiano, com quem segue para "as lonjuras azuis". Tonio, então, se muda para Munique, para se dedicar à literatura, "o poder do espírito e das palavras, que reina sorrindo sobre a vida inconsciente e muda".

Edição de 1913.

Em Munique, o personagem encontra um grupo de artistas e intelectuais, que se sentiam superiores às pessoas menos instruídas — principalmente as pessoas comuns, como as que viviam na pequena cidade natal de Tonio. Acontece que ele também se identifica com a gente simples com quem crescera, embora reconheça nelas a falta de refinamento. Ao mesmo tempo, esse grupo de artistas vê Tonio como um burguês "desencaminhado" e não o aceita completamente.

Tonio, passados treze anos, visita sua cidade de origem. Sua casa se transformou na biblioteca pública. Na ocasião, ele é confundido pela polícia com um estelionatário que fugira de Munique. Com dificuldade, consegue explicar sua verdadeira identidade. Tornou-se um desconhecido.

Tonio, o *bourgeois manqué*, enfrenta o dilema de entender a qual mundo pertence: o dos "supostos" intelectuais ou o da "gente simples" de sua pequena vila. De certa forma, transforma-se num estrangeiro, um marginal, onde quer que esteja. Ele próprio reflete: "Estou entre dois mundos, em nenhum dos dois estou em casa e, por conta disso, tenho uma vida muito difícil."

Tonio compreende o impasse e, a partir daí, garante uma relativa serenidade interior.

Conhecer a si próprio requer saber identificar os seus valores, seus princípios. Reconhecidas nossas crenças, conseguimos adotar um comportamento em sintonia com nossa consciência. Ficamos em paz (ou, ao menos, mais longe das turbulências).

Pinóquio, de Carlo Collodi.

As aventuras de Pinóquio, do italiano Carlo Collodi, foi lançado em capítulos, entre 1881 e 1883, num jornal infantil.

O autor, de chiste, inicia seu trabalho assim:

> Era uma vez...
> — Um rei! — dirão imediatamente meus pequenos leitores.
> — Não, crianças, estão enganadas. Era uma vez um pedaço de pau.

Conta-se a história de um pedaço de madeira falante, que chega a um pobre carpinteiro, Gepeto. Este, que vive em estado de miséria, faz da madeira um boneco que nomeia Pinóquio, mas quer transformá-lo num menino de verdade.

Pinóquio tem dificuldades para amadurecer. Recusa-se a colaborar. Evita qualquer obrigação. Não vai à escola. Deixa-se enganar por aproveitadores. Não toma seus remédios. Mente. Foge com o amigo Pavio para a "Terra dos brinquedos", local apenas de diversão, onde, aos poucos, seus moradores vão ganhando orelhas de burro, até desaprenderem a falar, passando a relinchar e zurrar como asnos. É o destino de quem não assume responsabilidades. Pinóquio vê o próprio nariz crescer quando conta uma mentira e nota quando surgem suas orelhas de burro. Ele percebe que seu caminho não terminará bem.

Amadurecendo — contando, por vezes, com os valiosos conselhos de um grilo falante —, Pinóquio encontra Gepeto na barriga de uma baleia. O carpinteiro havia largado tudo para procurar o desaparecido Pinóquio. Ele ajuda Gepeto a escapar do gigantesco cetáceo, levando-o a salvo para casa.

Ao fim, o boneco de pau de se transforma num menino de verdade.

A simbologia contida em Pinóquio é belíssima. Justifica a fama da obra. Não basta falar para se tornar uma "pessoa". É preciso mais. Uma pessoa "de verdade" tem consciência, assume responsabilidades, fala a verdade, tem empatia. Os erros fazem parte do amadurecimento apenas quando os reconhecemos. Se nada aprendemos com os desacertos, seguiremos errando. Pinóquio se transforma num menino "de verdade" somente quando compreende as consequências de suas escolhas. Assim, deixa de ser uma marionete e passa a dirigir sua vida para onde quer ir. Conosco não é diferente — e a literatura nos mostra que é melhor ser uma pessoa de verdade.

Segundo motivo: aprimorar a comunicação

"Em cada palavra brilham muitas luzes."
Zohar, III, 202a

O príncipe persa Chahzenã encontrou sua mulher dormindo na cama com outro. Imediatamente, com um só golpe de seu sabre, o príncipe "fez passar os traidores do sono para a morte". Em seguida, tomado de melancolia e humilhação, seguiu para o castelo de seu irmão, o sultão Chahriar.

Ao comentar seu infortúnio com o irmão, este, elogiando a reação violenta de Chahzenã, afirma que, se algo semelhante se passasse com ele, mandaria matar não apenas a sua mulher, mas outras mil.

Certo dia, porém, o sultão sai para caçar, e então o príncipe Chahzenã testemunha a rainha — a sultana, mulher de seu irmão — se entregando a outro homem, o escravo negro Massud. O príncipe relata a infidelidade ao seu irmão, que, depois, escondido, vê tudo com seus próprios olhos.

Irado, o poderoso Chahriar manda matar não apenas a sua mulher, mas todo o séquito da rainha. A partir de então, por não confiar nas mulheres, passa a desposar uma diferente a cada noite. Pior, ao fim da noite, manda executar a mulher com quem dormiu. Dessa forma, jamais seria traído de novo.

A conduta do sultão, cruel e desumana, gera grande consternação. Todos lamentavam o destino das moças levadas ao leito do soberano.

O grão-vizir, principal assessor do monarca, tinha uma linda e inteligente filha, Cheherazade. Ela própria pede ao pai para ser entregue ao soberano persa. O grão-vizir, que amava sua filha, tenta demovê-la da ideia, mas a determinada Cheherazade insiste. Busca, ao ser apresentada ao grande sultão, deter a barbaridade.

Obstinada, Cheherazade é levada ao sultão persa. Passada a noite, ela começa a contar uma história, que capta de imediato a curiosidade do sultão. Antes do desfecho, a mulher solicita a permissão para continuá-la no dia seguinte. Dessa forma, consegue evitar a morte na primeira noite. Como as histórias são cativantes, prendendo o interesse do rei, noite após noite, Cheherazade consegue adiar a ordem fatal. Assim se passam mil e uma noites. Ao fim delas, o sultão já está apaixonado por Cheherazade, com quem, nesse período, teve três filhos. Convencido da sua lealdade, Chahriar faz de Cheherazade sua sultana — e, felizmente, não há mais qualquer execução.

Os contos narrados por Cheherazade compõem um dos clássicos da literatura mundial: *As mil e uma noites*. Nessa compilação, há histórias famosas, como a de *Ali Babá e os quarenta ladrões* e *Aladim e a lâmpada mágica*.

São inúmeras histórias e lendas colhidas da tradição árabe, a partir de "contadores de histórias" muito populares naquela cultura. As grandes cidades como Cairo, Damasco e Constantinopla tinham sindicatos desses contadores de histórias, tamanha a importância social dessas figuras. As pessoas se reuniam para ouvir relatos, com narrativas emocionantes, que empolgavam a audiência.

Num dos contos, uma jovem e formosa mulher, coberta por um véu de musselina, contrata um pobre homem para acompanhá-la, como carregador, pelas lojas da cidade de Bagdá. Logo no começo da jornada, os dois compram de um cristão de barba branca uma jarra de excelente vinho. Em seguida, param na banca das frutas, onde encontram maçãs de Shami, marmelos de Osmani, pêssegos de Omã, pepinos cultivados no Nilo, limas do Egito, laranjas e limões do Sultanato, além de jasmim de Aleppo, mirtilos perfumados, nenúfares de Damasco, flores de alfena e camomila, anêmonas vermelhas de sangue, flores de violeta e romã, madressilvas e narcisos. Adiante, compram muitas libras de carne e visitam uma mercearia. Lá, adquirem pistache, funchos, passas de Tihamah e amêndoas. Depois, chegam ao doceiro, onde pegam almíscar, bolos de sabão, rolos de limão, compotas de melão, além de outros doces e guloseimas. Não satisfeita, a mulher ainda vai à perfumaria, para comprar velas de cera de Alexandria, cravos-da-Índia, um bloco de incenso, âmbar cinzento, rosas aromatizadas, flores de laranjeira, flores de salgueiro, nenúfar, dez tipos de água, entre outros. Por fim, param para as verduras: azeite, azeitonas, estragão, além de requeijão e queijo sírio. Esse exagero — sofisticado — se torna uma orgia também com apelo sexual quando o carregador chega à magnífica casa da rica mulher de Bagdá e lá conhece suas duas irmãs, igualmente belas. Como não se seduzir com essa narrativa?

Cheherazade, pelo seu talento em contar histórias, sobrevive. Consegue demonstrar ao sultão seu desatino, pondo fim à matança. A comunicação bem-feita salvou o dia.

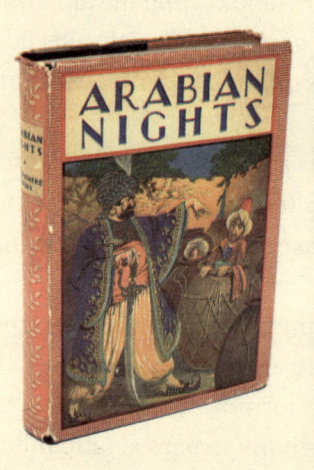

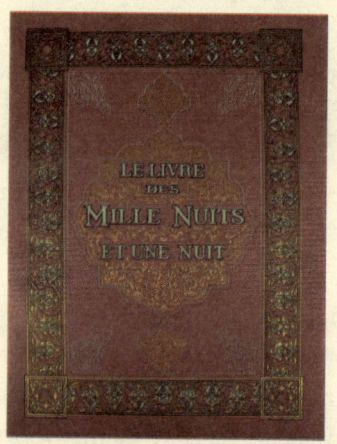

Duas edições de *As mil e uma noites*.

Na peça *Cyrano de Bergerac*, Edmond Rostand narra as desventuras de um escritor francês que viveu no começo do século XVI. Cyrano, além de ter talento com as letras, se notabilizou como exímio duelista, manejando magistralmente a espada. Partindo dessa interessante figura histórica, Rostand, em 1899, escreve um clássico do teatro universal.

Cyrano possuía um nariz disforme, longo e avantajado, dando-lhe um aspecto peculiar. Diante de sua feiura, acreditava que jamais ganharia reciprocidade no amor. (Uma pena ele não conhecer Proust, que, jocosamente, sugeriu: "Deixemos os homens bonitos para as mulheres sem imaginação.")

O poeta e espadachim se apaixona, em segredo, pela bela Roxane, cortejada por muitos. Entre os pretendentes dela, havia Christian, que, apesar de boa aparência, ao contrário de Cyrano, não tinha qualquer dom para as palavras. O escritor, sem esperança de conquistar Roxane, passa a ensinar Christian a expressar seu afeto por ela. Funciona como um *ghost-writer* do pretendente.

A estratégia funciona. Roxane se apaixona. Mas, afinal, por quem, ou pelo quê, ela se apaixona? Pela imagem de Christian ou pelos versos de Cyrano?

Por conta de um terceiro e poderoso candidato, os dois pretendentes são enviados para o front da guerra. Cyrano segue escrevendo para Roxane, como se fosse Christian. Este morre em batalha, o que determina a ida da jovem para um convento.

Anos depois, Cyrano, com seus dias contados, vai até o convento, para despedir-se de sua amada. Confessa, então, ser ele o autor dos discursos e das cartas de amor. Roxane, ao perceber o verdadeiro motivo do sentimento, expressa, em desespero, seu amor pelo poeta. Já era tarde.

O amor, muitas vezes, entra pelo ouvido.

Cyrano de Bergerac.

> Agora eu quero contar as histórias da beira do cais da Bahia. Os velhos marinheiros que remendam velas, os mestres de saveiros, os pretos tatuados, os malandros sabem essas histórias e essas canções. Eu as ouvi nas noites de lua no cais do mercado, nas feiras, nos pequenos portos do Recôncavo, junto aos enormes navios suecos nas pontes de Ilhéus. O povo de Iemanjá tem muito que contar.
>
> Vinde ouvir essas histórias e essas canções. Vinde ouvir a história de Guma e de Lívia que é a história da vida e do amor no mar. E se ela não vos parecer bela, a culpa não é dos homens rudes que a narram. É que a ouvistes da boca de um homem da terra, e, dificilmente, um homem da terra entende o coração dos marinheiros. Mesmo quando esse homem ama essas histórias e essas canções e vai às festas de dona Janaína, mesmo assim ele não conhece todos os segredos do mar. Pois o mar é mistério que nem os velhos marinheiros entendem.

Assim Jorge Amado começa seu *Mar morto*. De início, adverte o leitor: se a história narrada não parecer bela, a culpa é dele, escritor, que não tem a sensibilidade dos homens do mar e, logo, não consegue se expressar com a profundidade necessária.

O escritor Jorge Amado.

Como pondera o crítico Antonio Candido, "toda obra literária pressupõe esta superação do caos, determinada por um arranjo especial de palavras e fazendo uma proposta de sentido".[11] Quando nos comunicamos, vencemos o caos.

Quem não se comunica se trumbica...

Comumente, ouvimos alguém falar, quando se instaura uma confusão, que tudo não passou de um mal-entendido. É comum escutar a desculpa de que o autor de alguma afirmação se expressou mal. Nós mesmos, quantas vezes, lamentamos a forma como nos manifestamos. Pensamos em dizer uma coisa, mas acabamos por dizer outra. Comunicar-se bem é uma grande vantagem, enquanto a comunicação malfeita gera todo tipo de problema. "Nascemos sem saber falar e morremos sem ter sabido dizer... e em torno disto, como uma abelha em torno de onde não há flores, paira ignóbil um inútil destino", escreveu um amargo Fernando Pessoa.

Em 2003, o então presidente do Brasil, Luiz Inácio Lula da Silva, no seu discurso de despedida de uma viagem diplomática à Namíbia, registrou: "Quem chega em Windhoek [capital da Namíbia] não parece que está em um país africano. Poucas cidades do mundo são tão limpas, tão bonitas arquitetonicamente e têm um povo tão extraordinário como tem essa cidade."

Lula preferiu falar de improviso, ao invés de seguir o texto preparado pelos seus assessores. Sua intenção era boa: desejava elogiar o país que visitava. O resultado, contudo, foi desastroso e constrangedor. Evidentemente, o presidente brasileiro desejava enaltecer a Namíbia, mas acabou por depreciar todo o resto do continente africano. Afinal, ao dizer que aquele lugar não parecia a África porque era limpo, deixava implícito que o restante do continente era sujo.

---

[11] Antonio Candido, "O direito à literatura", *in Livros para todos*, Rio de Janeiro, Nova Fronteira, 2021, p. 22.

Como "buzinava" o grande comunicador Chacrinha, que comandou um popular programa de auditório nos anos 1970, quem não se comunica se trumbica...

Os dois primeiros poemas conhecidos do Ocidente são *Ilíada* e *Odisseia*, datados, possivelmente, do século IX a.C. (para muitos, a *Ilíada* é ainda mais antiga). Segundo Borges, "A poesia é, em todo caso, anterior à prosa. Parece que o homem canta antes de falar."[12] Os dois longos poemas são atribuídos a um poeta cego, Homero, natural da ilha de Quios (nessa região, *homeros* significa "mendigo cego"), que vivia de esmolas. De início, eles foram transmitidos oralmente por muitas gerações. O poeta, naquela época, funcionava como um educador do povo. Já se disse que toda grande obra literária ou é a *Ilíada*, ou é a *Odisseia*. Se não está tudo nelas, sobrou pouco.

A cegueira desse poeta semimítico funciona como metáfora, pois ele vê o que os demais não conseguem enxergar. Borges, que adulto perdeu a visão, ponderou: "Quem pode se conhecer mais do que um cego? Já que este perdeu o mundo das aparências." Uma das mais belas metáforas da cegueira se encontra em *Rei Lear*, de Shakespeare. O duque de Gloucester, traído pelo filho, teve os olhos arrancados. Passou a compreender melhor o mundo depois de cego, a ponto de reconhecer: "Tropecei quando enxergava." Ao perder a visão, Gloucester ganha consciência.

Diz-se que a *Ilíada* foi escrita para os homens, e a *Odisseia*, para as mulheres. São, claro, estereótipos. A primeira trata da guerra, enquanto a segunda cuida do retorno do guerreiro para casa. Numa, valoriza-se o trabalho, enquanto, na outra, a família. Na *Ilíada*, o principal herói grego é Aquiles, que se singularizava pela força, enquanto, na Odisseia, o protagonista Ulisses, o mestre da palavra, se destaca pela astúcia. A *Ilíada* trata de um período curto da Guerra de Troia, ao passo que a *Odisseia* narra uma jornada, de muitos anos. Já nas suas primeiras frases, as duas obras — irmãs que se complementam — revelam suas diferenças. "Canta-me a Cólera — ó deusa! — funesta de Aquiles

---

[12] Jorge Luis Borges, *Curso de literatura inglesa*, São Paulo, Martins Fontes, 2006, p. 7.

Pelida",¹³ inicia a *Ilíada*. A *Odisseia*, por sua vez, começa assim: "Musa, reconta-me os feitos do herói astucioso que muito peregrinou."

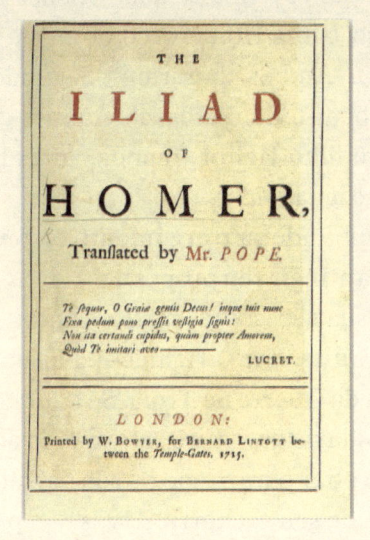

O poeta Alexander Pope traduziu a *Ilíada* para o inglês no século XVIII.

A *Ilíada* narra acontecimentos ocorridos na Guerra de Troia, na qual os gregos enfrentaram os troianos, a fim de recuperar a bela Helena, que fugira de seu marido com Páris, o príncipe troiano.

Os gregos se referiam à cidade de Troia como Ílion, daí decorre o nome do poema. Na *Ilíada*, não se conta toda a guerra, apenas parte dela. Os versos vão de um confronto entre os líderes gregos — o irado Aquiles, o mais valoroso combatente, se retira da guerra por se indispor com Agamenon, chefe da missão —, até o funeral de Heitor, príncipe dos troianos e o maior dos seus guerreiros. Deuses e homens interagem no conflito.

Na *Ilíada*, há diversas passagens emocionantes, como a que conta a ida do velho rei de Troia, Príamo, ao acampamento grego pedir a Aquiles o corpo de seu filho Heitor. Aquiles o havia matado em batalha. Heitor era inimigo de Aquiles não apenas por ser troiano, mas também porque matara Pátroclo, seu amigo inseparável. O rei Príamo, para reaver o cadáver do filho, beija as mãos do assassino — "essas mãos que a

---

13   Qualifica-se Aquiles como "Pelida" por conta de seu pai, Peleus.

meus filhos à morte levaram". Contudo, mais do que o gesto humilhante, o que convence Aquiles a restituir o corpo é o discurso do velho rei. Príamo suplica que Aquiles tenha piedade e pense no próprio pai, Peleu. As palavras do ancião, conta Homero, comoveram o guerreiro. Aquiles sente saudade do pai. "Ambos choraram". Segundo o poema, "o choro dos dois pela tenda bem-feita ressoava". Aquiles deixa que o velho rei leve o cadáver de seu filho Heitor (manda, antes limpá-lo). Nessa dor, vencido e vencedor se igualam.

O rei Príamo soube adotar o argumento certeiro — a referência ao pai de Aquiles — para atingir seu propósito.

A *Odisseia*, por sua vez, conta, em 24 "cantos", as aventuras do herói grego Ulisses — Odisseu no original —, na sua jornada de retorno para casa, após o fim da Guerra de Troia. Se a *Ilíada* fala do homem em guerra, a *Odisseia* cuida do guerreiro retornando ao seu lar, pois o desejo do protagonista é voltar para o lado de sua fiel mulher Penélope e seu filho Telêmaco, além de seu cachorro, Argos — o primeiro a reconhecê-lo quando o herói finalmente chega a seu destino.

Ulisses se destaca pela sagacidade. Ele se distingue entre os heróis não pela força ou pela sabedoria, mas pela astúcia. Numa conhecida passagem da *Odisseia*, ele e seus companheiros são aprisionados numa ilha por um ciclope chamado Polifemo — uma criatura gigantesca, de fisionomia parecida à dos homens, porém com apenas um olho, localizado no meio da testa.

Os ciclopes, apesar de fortes, eram broncos e rudes. Viviam em cavernas. A simbologia de contar com apenas um olho é evidente: quem vê apenas sob um prisma, sem enxergar o tema de forma ampla, deixando de confrontar pontos de vista, fica condenado à ignorância.

Foi por conta de sua astúcia que Ulisses conseguiu escapar. Primeiro, prisioneiro do gigante, ele se apresentou ao ciclope como "ninguém" — *Oútis*, no original — e assim passou a ser chamado. Temos aí um jogo de palavras. Isso porque, em grego, *ou* e *me* são negações. *Oútis* significa "ninguém", ao passo que *Métis* quer dizer "astúcia". Segundo a mitologia, Métis era a deusa da prudência, mas também estava relacionada à esperteza. Ao dizer que era "ninguém", Ulisses arquitetava um engenhoso plano de fuga, mas, ao mesmo tempo, indicava a sagacidade de sua conduta.

Ulisses, o cerebrino — alcunhado *polimétis*, "o homem dos mil ofícios" —, ganha a confiança do ciclope. Como peculiar forma de gratidão, ele promete que Ulisses será o último a ser devorado.

O herói oferece vinho ao gigante, que, desconhecendo os efeitos do seu excesso, fica bêbado. Aproveitando-se do estado de embriaguez de Polifemo, Ulisses consegue furar e queimar seu único olho. Diante da cegueira e da raiva do gigante, Ulisses e seus companheiros sobreviventes — alguns haviam sido devorados pelo ciclope — escapam.

Ao perceber a evasão, Polifemo corre pedindo, aos berros, ajuda aos demais ciclopes para que não deixem Ulisses fugir. Quando eles perguntam quem lhe fez mal, Polifemo responde: "ninguém". Este, afinal, era o nome de quem o havia cegado e liderado a fuga. Entretanto, ao escutarem que "ninguém" fez mal a Polifemo, os demais gigantes entendem que nada havia acontecido.

A confusão nessa comunicação garantiu o tempo necessário para que Ulisses conseguisse chegar até sua embarcação e zarpasse da ilha. Do lado de Polifemo, o uso de um nome "ninguém", que tem uma acepção conhecida, retirou do gigante a oportunidade de expressar aos demais ciclopes o que havia ocorrido. Sem se comunicar adequadamente, não conseguiu evitar a fuga. Por meio desse sagaz estratagema — uma armadilha na comunicação —, o herói escapou.

Outra importante passagem da literatura acerca da comunicação é colhida da Bíblia, mais especificamente no seu primeiro livro, o Gênesis.

Não se sabe identificar o escritor inicial do Gênesis. Estudiosos acreditam que uma pessoa, por volta do ano 900 antes da era cristã, elaborou os textos básicos do Gênesis, do Êxodo e de Números. Estes compõem a Torá. Deu-se a essa pessoa, que não se sabe se foi homem ou mulher, o nome de J, ou Javista. Esses textos foram compilados por volta de 550 a.C., quando os judeus se encontravam exilados na Babilônia.

Início do Gênesis na Bíblia de Gutenberg.

Um dos aspectos fascinantes dessa obra — e o mesmo pode ser dito de poucas outras, como as de Homero — é sua originalidade. Seus autores não leram outras fontes para se inspirar ou para tomar como referência. Ela é "a" fonte.

Numa das conhecidas histórias narradas no Gênesis, os construtores da monumental torre de Babel recebem uma punição divina: cada um deles passa a falar uma língua própria. Com isso, não se compreendem mais. A colossal construção, trabalho complexo e necessariamente coletivo, se torna inviável. A história guarda um ensinamento profundo:

Naquele tempo, toda a humanidade falava uma só língua. Deslocando-se e espalhando-se em direção ao oriente, os homens descobriram uma planície na terra de Sinar e depressa a povoaram. E começaram a falar em construir uma grande cidade, para o que fizeram tijolos de terra bem cozida, para servir de pedra de construção e usaram alcatrão em vez de argamassa. Depois, eles disseram: "Vamos construir uma cidade com uma torre altíssima, que chegue até aos céus; dessa forma, o nosso nome será honrado por todos e jamais seremos dispersos pela face da Terra!"

O Senhor desceu para ver a cidade e a torre que estavam a levantar. "Vejamos se isto é o que eles já são capazes de fazer; sendo um só povo, com uma só língua, não haverá limites para tudo o que ousarem fazer. Vamos descer e fazer com que a língua deles comece a diferenciar-se, de forma que uns não entendam os outros."

E foi dessa forma que o Senhor os espalhou sobre toda a face da Terra, tendo cessado a construção daquela cidade. Por isso, passou a chamar-se Babel, porque foi ali que o Senhor confundiu a língua dos homens e espalhou-os por toda a Terra.

Falar a mesma língua é um fator de união. Se as pessoas não se comunicam corretamente, qualquer trabalho em conjunto se embaraça. A mensagem da Bíblia, bem entendida, examina a soberba humana, aborda a sua busca por se superar, mas também deixa clara a impossibilidade de "construir" algo quando as pessoas não se entendem.

O decamerão em edição de 1492, publicada em Veneza.

Para muitos, Giovanni Boccaccio possui o mérito de produzir a primeira obra literária com o propósito exclusivo de entreter, criando, assim, um modelo de narrativa. Entre 1348 e 1353, Boccaccio escreve *O decamerão*. A denominação se explica por ser um grupo de cem contos, narrados por dez pessoas, sete mulheres e três homens.

Uma das importâncias de *O decamerão* reside em se descolar de qualquer ideia moral, notadamente relacionada aos valores pregados pela Igreja, que dominavam os registros escritos na Idade Média. Enquanto a obra de Dante, na geração anterior, glorificava a religião, Boccaccio fazia troça da Igreja e dos membros do clero. Era uma "comédia humana".

No livro, dez pessoas, em Florença, buscando escapar da Peste bubônica, que dizimava a população, se refugiam num local isolado no campo. Lá, para passar o tempo, decidem que cada uma delas contará às outras dez histórias, com o fim de divertir e passar o tempo. As histórias, portanto, não têm uma relação entre si. Em comum, verifica-se o realismo. Uma novidade. Tanto foi assim que essas narrativas ganharam uma designação: as *novellae*, pois eram novas formas de contar uma história.

Logo o primeiro conto, narrado por Pampineia, relata um caso hilário, de um tal Ciappelletto, mentiroso contumaz, que "não se importava em jurar em falso", um "blasfemador de Deus e dos santos". Jogador, guloso, beberrão, sem amigos, vivia de golpes. Contudo, antes de morrer, ele, que jamais se confessara, encontra um ingênuo padre, a quem, sem nenhum constrangimento, se apresenta como um homem santo.

Quando o padre pergunta ao moribundo Ciappelletto se já havia infringido o pecado da gula, o mentiroso confessa, dissimulando candura, que sua grande violação moral era tomar água, mas com o prazer igual ao do vinho. O padre se emociona diante de tanta pureza. Adiante, indagado pelo clérigo se já havia, em toda a sua vida, cometido algum pecado, Ciappelletto, entre lágrimas de crocodilo, depois de obter a garantia que o padre o perdoaria, responde em voz baixa:

— Meu frade: uma vez que o senhor promete suplicar a Deus por mim, eu o direi. Saiba o senhor que, quando eu era pequenino, blasfemei, certa ocasião, contra minha mãe!

Feita essa admissão, Ciappeletto passa a chorar convulsivamente. O padre, profundamente comovido, absolve o homem, crendo ser ele um poço de bons valores, e ainda promete que, quando falecer, será sepultado num local santo.

Assim ocorre. Ciappelleto morre naquela mesma noite. O padre faz uma grande vigília, velando o corpo do hipócrita. No dia seguinte, o clérigo sobe ao púlpito para enaltecer o falecido, ressaltando sua fé e seu caráter. Os fiéis se impressionam. Chegam a pegar retalhos da roupa do morto como relíquias. Aos poucos, o túmulo de Ciappelleto torna-se local de peregrinação. Venerado, passam a chamá-lo de santo.

A narradora Pampineia, claro, acha engraçada toda essa história — na qual, por ignorância e ingenuidade, se reverencia um canalha.

Já na sétima novela da sexta jornada de *O decamerão*, Elisa, outra que se recolhe para narrar casos, conta que, na cidade de Prato, havia uma regra legal rigorosa e lamentável, segundo a qual, sem qualquer chance de defesa ou recurso, a mulher encontrada por seu marido na cama com um amante deveria ser queimada viva.

Segundo Elisa, uma linda mulher, chamada Filipa, foi encontrada em seu quarto, pelo marido, com o amante. Contendo-se para não matar os adúlteros com as próprias mãos, o marido traído dá queixa de Filipa e de seu amante ao tribunal, suplicando a aplicação da severa lei pratense.

Na frente dos julgadores, Filipa, sem se desconcertar "com voz muito agradável" se defende:

> — Senhor, é verdade que Rinaldo é meu marido e que ele, na noite passada, me encontrou nos braços de Lazarinho, braços estes nos quais muitas vezes tenho estado, devido ao grande e perfeito amor que nutro para com ele; nunca eu negaria tal fato. Contudo, como estou certa de que o senhor o sabe, as leis devem ser comuns, aplicáveis a todos, e feitas com o consentimento daqueles aos quais devem ser aplicadas. Ora: nada disso acontece com a lei à qual o senhor se refere; essa lei obriga tão somente as mulheres pobrezinhas e infelizes, as quais, muito melhor do que os homens, poderiam dar satisfação a muitos. Além disso, não somente mulher alguma lhe deu o seu consentimento quando essa lei se fez, mas também nenhuma foi sequer chamada a se manifestar. Por todas estas razões, pode-se dizer que se trata de lei má. Se o senhor quiser, em prejuízo do meu corpo e da alma do senhor mesmo, tornar-se executor dessa lei, está em suas mãos decidir; mas, antes que o senhor proceda ao julgamento de seja lá o que for, peço-lhe que me conceda uma pequena graça; consiste a graça em perguntar o senhor, ao meu marido, se eu me entreguei, toda, por inteiro, ou não, a ele, todas as vezes e quantas vezes ele o quis, sem jamais dizer que não.

A isto, Rinaldo, sem esperar que o podestade lhe formulasse a pergunta, prontamente respondeu que, sem dúvida alguma, a esposa, a todo seu pedido, lhe havia concedido o prazer que fora de seu agrado.

— Portanto — continuou rapidamente a mulher —, sou eu quem pergunta ao senhor podestade: se ele sempre recebeu e tomou de mim aquilo de que teve necessidade que foi de seu agrado, que é que eu devo fazer com aquilo que lhe sobra? Devo eu atirar isso aos cães? Pois então não é muito melhor servir a um gentil-homem, que a gente ama bem mais do que a si mesma, do que permitir que se perca aquela sobra, ou mesmo deixar que se deteriore?

A defesa de Filipa, de pronto, fez todos os presentes rirem muito. Concordaram, em seguida, que a mulher tinha razão. Filipa foi absolvida devido à sua capacidade de se expressar. Mais ainda, segundo *O decamerão*, os habitantes da cidade decidiram alterar a lei draconiana.

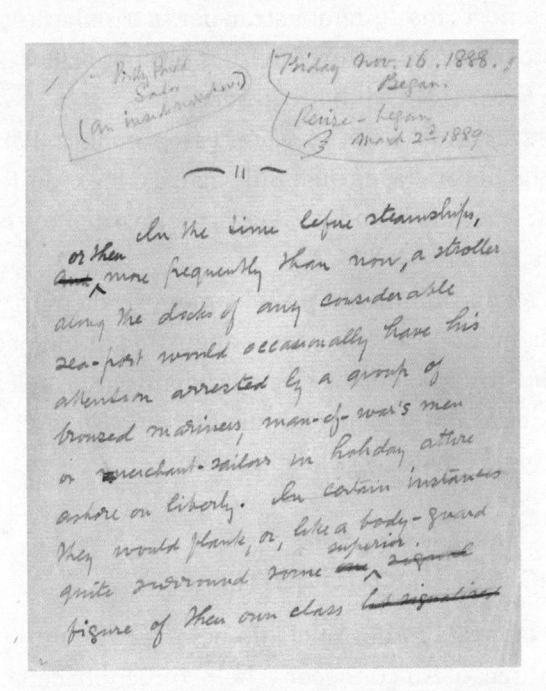

Primeira folha do manuscrito de *Billy Budd*, com anotações de Melville a lápis.

No romance inacabado de Herman Melville, *Billy Budd*, conta-se a história do "belo marinheiro" Billy, que, com 21 anos, se alista na marinha inglesa no período das Guerras Napoleônicas. Billy tinha dificuldade de se manifestar nos momentos de tensão; é injustamente acusado de liderar um motim no navio.

Incapaz de se defender, pela limitação em se comunicar verbalmente, Billy, angustiado e aflito diante da falsa imputação, acaba por golpear, no camarote do capitão, o acusador, Claggart. Este, contramestre do navio, invejava os dotes naturais de Billy.

O forte soco desferido por Billy mata Claggart e, assim, o protagonista é levado a julgamento do conselho de guerra, presidido pelo próprio capitão Vere, por quem Billy tem fascinação. A afeição entre os dois é mútua.

O tribunal fica inclinado a absolver o marinheiro, mas o capitão Vere lembra a todos que golpear um superior em tempo de guerra representa um crime capital. Embora Billy fosse claramente inocente da acusação inicial, pois não incitara qualquer rebelião no navio, o tribunal decide condená-lo, como forma de demonstrar, para a tripulação, a rigidez da lei.

Billy, antes da execução, profere suas últimas palavras: "Deus abençoe o capitão Vere!". O marinheiro perdoa.

Há diversas formas de interpretar esse romance. Para muitos, trata-se de uma fábula cristã, na qual Billy ocupa o lugar de Jesus, sacrificado para expiar o pecado de todos. Claggart seria o diabo, e o capitão Vere, uma metáfora de Deus.

De toda forma, a injustiça do julgamento e da morte de Billy nos toca profundamente — assim como a angústia por ele não ter exposto suas razões de forma adequada. De nada adiantou sua beleza, nem a boa relação que tinha com o principal juiz do seu caso: o marinheiro não soube falar, comprometendo a própria defesa.

A escolha da linguagem

Platão exaltava a importância do belo. A beleza nos convida a seguir em sua direção. Ao conhecer o belo, o reconhecemos como bom, identificamos uma fonte de prazer e, a partir daí, aspiramos por nos tornarmos belos. Estabelecemos um padrão. A beleza, portanto, possui uma função terapêutica.

A escolha da linguagem, da forma de narrar um fato, segue esse mesmo roteiro. Há formas potentes, belas, sedutoras, de contar uma história.

Numa entrevista, o vencedor do Nobel de Literatura Isaac Bashevis Singer revela sua "regra sagrada": para contar uma história, o escritor não deve explicar demais, "fazer psicologia". Singer anota que seria ridículo se Homero fosse explanar o que ocorre na cabeça dos seus personagens. Ele apenas narra o fato. Não fosse assim, Homero teria ficado esquecido. Ninguém o leria.

Dhammapada em Mandalai, na Birmânia.

Os ensinamentos de Buda, o "desperto", que viveu no sul do Nepal e no norte da Índia, por volta do século V a.C., foram compilados, provavelmente por volta do século III a.C., no *Dhammapada*, também conhecido como "O caminho do Darma" ou "A senda da virtude".

Um dos primeiros versículos reza: "Porque o ódio nunca cessa através do ódio: o ódio cessa através do amor, esta é a única regra." O grande sucesso desses ensinamentos, além de seu extraordinário conteúdo, se dá porque foram escritos de forma simples, a fim de que qualquer um pudesse compreendê-los — em vez de serem acessíveis apenas a uma classe sofisticada. Essa, aliás, era uma das críticas de Buda aos sacerdotes brâmanes, com suas manifestações herméticas. A mensagem tinha que chegar ao maior número de pessoas possível — e não ficar limitada a uma elite intelectual.

A mesma escolha fez São Jerônimo ao traduzir a Bíblia para o latim, no século IV. Jerônimo, original da Dalmácia, se converteu ao catolicismo aos 18 anos. Foi estudar latim em Roma. Mais tarde, aos trinta anos, dirigiu-se para a Síria, para aprender hebreu. Nesse período, viveu entre eremitas do deserto próximo de Antioquia. Em seguida, de volta a Roma, tornou-se padre. Muito culto, passou a ser o secretário do papa Dâmaso I. Foi incumbido de revisar a tradução latina do Novo Testamento. Jerônimo, contudo, não se limitou a rever. Fez muito mais. Estudou os temas. Ao invés de verter do grego para um latim sofisticado, adotado pela elite, preferiu o latim vulgar, de fácil acesso ao povo. A sua versão ficou conhecida como Vulgata e a sua escolha garantiu a difusão das Sagradas Escrituras.

Ao escrever *A divina comédia*, Dante se valeu do dialeto da Toscana, correntemente falado naquela região. Preferiu não usar o latim, adotado pela Igreja, os estudiosos e a elite. Assim, seu poema se tornava acessível. Até mesmo os iletrados poderiam aproveitar o livro se alguém o lesse para eles. A obra tornou-se conhecida também por facilidade de compreensão. Por conta dela, segundo muitos, o dialeto toscano utilizado em *A divina comédia* se tornou a base para o italiano falado hoje.

Martinho Lutero, ao traduzir a Bíblia do latim para a sua língua, em 1534, escolheu o alemão comum, corrente, falado pela gente simples. Na prática, essa versão se estabeleceu como modelo para o alemão moderno. Antes disso, para garantir o acesso aos seus sermões, Lutero abandonara a pregação em latim, língua oficial da Igreja e, até então, obrigatória, para se expressar no alemão corrente, usado nas ruas. Assim, todos podiam entendê-lo e a comunicação se aperfeiçoava.

Primeira edição de *Ensaio sobre a cegueira*.

    O domínio da língua e da forma de como se expressar confere poder. Isso fica claro para quem lê José Saramago. O escritor português desenvolveu uma forma peculiar de escrita, na qual há poucos sinais de pontuação. O texto segue uma fluência própria, envolvente. Não há travessões para iniciar uma frase dita por alguém. No entanto, Saramago se faz não apenas compreensível, mas penetrante.

    Em *Ensaio sobre a cegueira*, o escritor narra a história de uma pandemia que torna as pessoas cegas — uma cegueira branca. Sem explicação, uma mulher, entretanto, não é contaminada. Vemos, principalmente a partir dela, a humanidade sendo despedaçada, pois não reage bem a essa aflição e dificuldade. As cegueiras real e metafórica se unem.

    O livro nos faz refletir sobre nossas limitações. Além disso, o texto nos coloca numa frequência de ansiedade e aflição distintas. Isso não se dá apenas porque a história é angustiante. Aos poucos, percebemos que o ritmo da leitura, direto, sem indicação de pausas, vírgulas ou pontos finais, nos remete a uma inquietação. Saímos da zona de conforto. Essa forma de linguagem torna a experiência do livro ainda mais profunda.

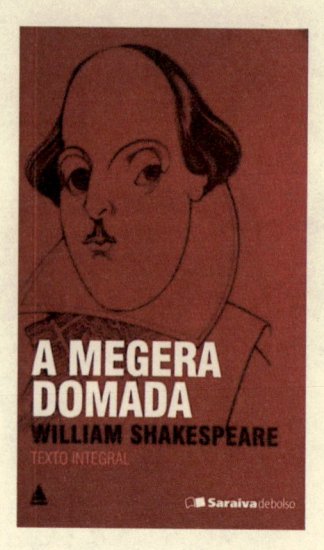

Popular edição brasileira de *A megera domada*.

Consagrou-se, entre nós, chamar de *A megera domada* a peça *The Taming of the Shrew*, de William Shakespeare. A tradução do título não é muito feliz. Para começar, *shrew*, em inglês, tem várias acepções. Na época de Shakespeare, a mais difundida era a de "musaranho": um pequeno mamífero, menor do que um rato, que se alimenta sem parar — e pode atacar. Também se dizia que *shrew* era uma mulher de má índole, de trato difícil, uma megera.

Principalmente, a tradução para o português falha porque a peça não trata de uma mulher domada, como o título original indica. Cuida-se, na realidade, da forma como ela é *domada*. A tradução literal seria "A domação da megera", que estaria mais consentânea com a trama da comédia de 1594.

A história, bem popular, conta do velho Baptista, pai de duas belas filhas, Catarina e Bianca. A mais velha, Catarina, é dona de um gênio difícil de lidar. Rebelde, dá respostas atravessadas ao pai e não se submete a ninguém. Isso afasta todos os pretendentes. Muitos desejam desposar sua irmã mais jovem, a doce e subserviente Bianca. O pai informa que Bianca, como irmã caçula, apenas se casará depois de Catarina. Reunidos, os pretendentes de Bianca encontram um marido para Catarina, o grosseirão Petrucchio.

De início, Catarina, como era de se esperar, repudia Petrucchio. Este, imune às malcriações da mulher, demonstra a ela que, para se colocar e ter a opinião considerada, é fundamental saber se comunicar.

De nada adianta a Catarina fazer cenas e xingar todos ao redor. Dessa maneira, ninguém a escutará. Catarina aprende que há um jogo social, uma liturgia a ser seguida, a fim de se integrar e, assim, participar da vida em coletividade. Tudo começa com o modo com o qual ela se comunica.

Catarina aprende a se comunicar e acaba por formar, com Petrucchio, o casal mais apaixonado de todo o cânone shakespeariano.

A forma da comunicação pode fazer toda a diferença. Shakespeare, permita-me recorrer ao Bardo novamente, dava bons exemplos disso. Quando, em *Romeu e Julieta*, os jovens apaixonados se falam, eles apenas se expressam em versos, rimados entre si. Suas falas compõem uma única poesia e, não raro, um completa o outro, de forma que a harmonia somente existe quando os dois falam juntos — e a linguagem acompanha a identidade dos sentimentos. O mesmo não ocorre quando outros personagens, na mesma peça, se expressam, pois conversam em prosa, sem a mesma cadência, para deixar claro que os amantes se comunicam numa sintonia particular.

Shakespeare se vale do mesmo recurso outras vezes, como em *Rei Lear*, na passagem no final da peça, na qual o velho rei encontra o fiel duque de Gloucester.[14] Como a alma de Lear está inquieta, o rei fala em prosa, enquanto um conformado e sereno Gloucester se manifesta em verso.

Com efeito, o emissor da informação conta com diferentes meios de se expressar. Cabe a ele escolher qual deles melhor cumprirá sua função. Shakespeare escrevia tanto em prosa como em verso. De forma criteriosa, identificava qual seria o meio mais eficaz.

"Prosa", palavra originada do latim *prorsus*, quer dizer "em frente", "em linha reta". É o discurso que segue em frente, coordenado, de natureza expositiva, para chegar a um fim. "Verso", por sua vez, vem de *versus*, que significa "voltar", "retornar". Não há necessariamente um processo, com um começo e um final, sequer necessariamente uma

---

14   Ato IV, Cena 4.

conclusão. Convencionou-se que a escrita em verso seria a poética, na medida em que não segue uma linha reta. A poesia tem uma natureza transgressora, pois retira da palavra sua acepção natural. Como disse o poeta mexicano Otavio Paz, "a criação poética se inicia como violência sobre a linguagem. O primeiro ato dessa operação consiste no desenraizamento das palavras. O poeta arranca-as de suas conexões e misteres habituais: separados do mundo informativo da fala, os vocábulos se tornam únicos, como se acabassem de nascer."[15]

O escritor pode valer-se desses meios de comunicação. Já se disse que a prosa é a marcha, enquanto a poesia a dança. Dependendo do que queira expressar, o verso ou a prosa terá mais força, mais possibilidade de atingir o resultado desejado por quem emite a mensagem.

Primeira edição.

João Cabral de Melo Neto conta, em *Morte e vida severina*, a trajetória do retirante Severino — "O meu nome é Severino,/ não tenho outro de pia" —, que sai do sertão do Nordeste do Brasil rumo a Pernambuco.

---

15 Octavio Paz, *O arco e a lira*, Rio de Janeiro, Nova Fronteira, 1982, p. 47.

O caminho é marcado pela miséria, pelas mortes, pelas dificuldades de toda sorte.

> E se somos Severinos
> iguais em tudo na vida,
> morremos de morte igual,
> mesma morte Severina:
> que é a morte de que se morre
> de velhice antes dos trinta
> de emboscada antes dos vinte,
> de fome um pouco por dia.

Muitos concordam com o alemão Hölderlin, para quem "o que permanece é a obra dos poetas". João Cabral de Melo Neto escolheu a poesia para falar do retirante. Poderia, se quisesse, ter narrado em prosa a saga de Severino. Atingiria o mesmo efeito?

A força da palavra: que há num nome?

A comunicação, como percebemos, pode dar-se de diversas formas. Um olhar, uma piscadela ou um movimento da sobrancelha têm, por vezes, mais poder de expressar o que acontece do que um livro inteiro. Uma imagem ou mesmo um singelo sinal com os dedos também podem transmitir com veemência a mensagem. Entretanto, a palavra, escrita ou falada, se revela como o meio mais preciso para se transmitir uma ideia.

Logo, dominar a palavra — a palavra correta e adequada — é a primeira chave para a comunicação. Por outro lado, o que ignoramos é inominado.

Os redatores da Torá quiseram marcar especialmente o primeiro de seus livros, que conhecemos como Gênesis, dando a ele por título um *hápax* — palavra que só seria usada uma única vez em toda a obra, destacando-a, assim, do texto. Escolheu-se *Beréshit*. Tratava-se de uma palavra singular, um neologismo, cujo sentido, algo misterioso, se revelou inesgotável, pois pode significar "aquilo que está no início", como também "aquilo que está na cabeça".

A primeira ou as primeiras palavras desses textos tinham, ademais, uma importância maior porque, comumente, elas davam nome ao documento. O primeiro livro da Torá é conhecido como *Beréshit*, porque inicia com essa palavra: "No princípio [*Beréshit*, no original], Deus criou o céu e a terra."

O mito babilônio da criação, *Enuma Elish*, texto cujas origens se encontram perdidas no tempo, tem seu nome também em decorrência das suas primeiras palavras — *enuma eliš la nabuú šámaum* —, que significam: "Quando no alto não se nomeava o céu." Interessante que se interpreta essa frase também como uma alusão à inexistência do céu, pois, figurativamente, as coisas apenas começariam a existir quando recebessem um nome.

Leão XIII, autor da *Rerum novarum*.

Até os nossos dias, as bulas e encíclicas papais guardam o nome de suas primeiras palavras, como é o caso da encíclica *Rerum novarum* — "Das coisas novas" —, do papa Leão XIII, de 1891, que denunciava a falta de princípios éticos na relação entre capital e trabalho. O Sumo

Pontífice via, já naquele tempo, as desigualdades grassando no incipiente modelo capitalista. Buscava, com sua carta aberta aos cristãos, proteger a classe operária, constituída de pessoas pobres, muitas vezes oprimida e abusada. O nome *Rerum novarum* passou a simbolizar o zelo com os problemas sociais.

Para Fernando Pessoa, "A palavra é, numa só unidade, três coisas distintas — o sentido que tem, os sentidos que evoca, e o ritmo que envolve esse sentido e estes sentidos."[16] Não se pode, portanto, ignorar ou menosprezar sua força. Escolher o vocábulo certo, compreendendo a sua potência, faz toda a diferença.

A palavra tem por objetivo libertar o pensamento, mas, paradoxalmente, uma vez expressa, ela o escraviza. Esse pensamento, assustador, é do juiz da Suprema Corte norte-americana Benjamim Cardoso.[17] O fato é que as palavras também alternam sua força e seu sentido, amoldando-se ao discurso e ao valor que a sociedade lhes dá.

Confúcio, nos *Analectos* (*Lun Yu*), uma compilação de ensinamentos do século IV a.C., registra: "Quem não compreende palavras é incapaz de compreender os homens." Para Confúcio, "compreender palavras" ou "conhecer a linguagem", mais do que uma competência linguística que permite comunicar-se com os homens ou saber interpretar aquilo que realmente querem dizer, é "a expressão do caráter moral do indivíduo, da sua veracidade e senso de adequação". Já no hinduísmo, chamam-se os demônios de *asuras*, aqueles "seres desprovidos de palavras".

Conhecer os nomes e seu significado é fundamental. "Se você não sabe o que é o fascismo, como pode lutar contra o fascismo?", provoca George Orwell.

É bem verdade que, por vezes, nada há de relevante no que ouvimos ou lemos. Como alertou Goethe, em *Fausto*, "normalmente o homem, ao escutar apenas palavras, acredita que também deve haver nelas algo

---

16   Fernando Pessoa, *Obras em prosa, idéias estéticas*, Rio de Janeiro, Nova Aguilar, 1986, p. 262.
17   Berkey v. Third Ave. Ry. Co, 244 N.Y. 84, 94, 155 N.E. 58, 61 (1926).

para pensar". Contudo, para reconhecer essa ausência de sentido, faz-se necessário, ainda assim, examinar o que se diz e como.

Goethe tinha razões para se preocupar com as palavras. A língua alemã, por ele adorada, admite a junção de termos para formar outros, criando vocábulos gigantescos (e curiosos): *Kraftfahrzeugsteuerbescheidverfahren*, por exemplo, são "informações sobre o procedimento referente aos impostos sobre automóveis". Essas megapalavras, altamente específicas, dão pouca margem para algo além da interpretação literal.

Ainda assim, a força da palavra pode existir apenas na mente das pessoas. Quando eu era criança, subindo a serra de Teresópolis, no banco traseiro do carro com minha avó Tauti, ouvi dela uma explicação. No alemão, língua da minha avó, *wald* significava floresta. Contudo, ela dizia, a *wald* não tinha nada a ver com a floresta daquela serra. Na Alemanha, seu país de origem, a floresta compunha-se de árvores — muitas vezes um mesmo tipo de árvore — que guardavam relativa distância umas das outras. Havia uma aparente organização da natureza, que permitia às pessoas passear pela floresta. Já na floresta nativa brasileira, muito mais exuberante, árvores diferentes se amontoavam, desordenadamente, uma sobre as outras, criando um local impenetrável. A palavra "floresta" dela era outra coisa.

Um mesmo nome pode ser vazio ou representar o mundo todo. A palavra "amor", dependendo do contexto, tem como ser nada — pior, um nada melancólico e cruel, como na letra da música "For No One" dos Beatles —, mas pode ser tudo — o sentimento mais poderoso experimentado pelo ser humano.

Amor ou caridade: como traduzir *Caritas*? Amor universal? Na famosa Carta aos Coríntios (13-16), São Paulo prega:

> Ainda que eu fale as línguas dos homens e dos anjos, se não tiver amor, serei como o sino que ressoa ou como o prato que retine.
>
> Ainda que eu tenha o dom de profecia, saiba todos os mistérios e todo o conhecimento e tenha uma fé capaz de mover montanhas, se não tiver amor, nada serei.

> Ainda que eu dê aos pobres tudo o que possuo e entregue o meu corpo para ser queimado, se não tiver amor, nada disso me valerá.

São Paulo, embora falasse aramaico, redigiu suas cartas em grego, na época a língua mais culta e conhecida. Com isso, atingiria um número maior de pessoas. No grego, a palavra "amor" era *ágape*. Significava o amor puro da entrega, um sentimento abnegado, altruísta. Para a afeição, os gregos usavam o termo *philia*. Havia, ainda, *eros*, referente à sensualidade, que se poderia relacionar ao objeto amado.

No século IV, São Jerônimo verteu a Carta de São Paulo do grego para o latim. Traduziu a *ágape* grega para a latina *caritas*. Na acepção do Novo Testamento, é o amor divino pelos homens. Esse termo, em português, pode ser traduzido tanto como amor, como por caridade.

Embora o amor e a caridade sejam sentimentos elevados, as duas palavras guardam acepções distintas. O amor consiste numa afeição forte por alguém ou algo, enquanto a caridade é um sentimento de bondade e empatia pelo próximo.

A linda Carta de São Paulo termina com a seguinte pregação:

> Assim, permanecem agora estes três: a fé, a esperança e o amor. O maior deles, porém, é o amor.

Tanto "amor" como "caridade" funcionam na tradução do belo texto. Valendo-se de qualquer das duas palavras, chega-se à conclusão semelhante acerca da ideia que São Paulo deseja transmitir.

Todavia, não custa lembrar: semelhante não é igual (embora, paradoxalmente, a caridade transforme a semelhança e até as diferenças em igualdade).

Em 1952, a revista *Vie et Langage* promoveu um concurso para eleger as dez mais belas palavras da língua francesa. Seus idealizadores fizeram uma pesquisa meticulosa, em que, por mais de um ano, se entrevistou um sem-fim de professores, escritores, artistas e leitores.

As dez palavras vencedoras foram *cristal, marjolaine, amour, maman, aurore, murmure, libellule, azur, émeraude* e *gazelle*. Eram todas palavras de uso comum. Havia palavras que remetiam ao afeto — mamãe e amor. Duas nomeiam minerais vistosos — esmeralda e cristal. Belos animais — gazela e libélula —, uma planta — manjerona —, uma cor — azul —, um espetacular fenômeno da natureza — aurora — e um som agradável, tipicamente humano — murmúrio.

Embora a sonoridade possa ter influenciado na escolha, claramente o sentido da palavra foi o fator determinante para elegê-la como a mais bela. O conteúdo venceu a forma. Nomes com sentido negativo ou desagradável — vocábulos foneticamente lindos como "tristeza" e "melancolia" — não constam da lista. Em resumo, as mais belas palavras são as mais belas pelo que elas representam. A palavra apenas existe a partir do momento em que ela passa a representar algo.

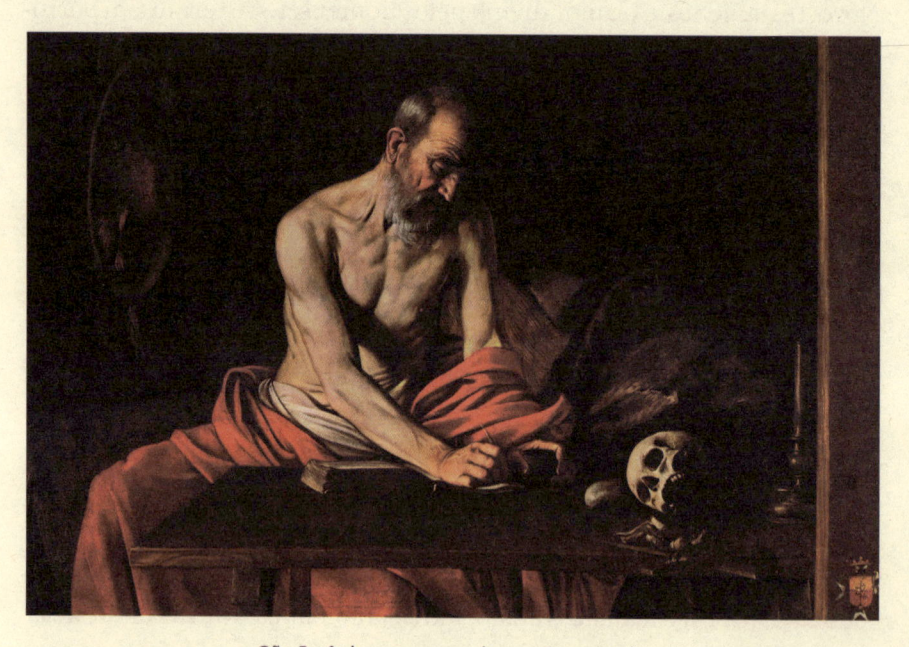

São Jerônimo escrevendo, por Caravaggio.

No romance *Um dia chegarei a Sagres*, de Nélida Piñon, narra-se, na primeira pessoa, a história de um homem simples, mas de profunda sensibilidade. O protagonista relata: "Aprendi ao longo da vida que o verbo é o que fazemos com ele." Assim, ele conta a lição aprendida de seu avô: "As palavras é que nos governam."

As palavras certas compõem um elemento fundamental da comunicação. Contudo, muitas vezes, os vocábulos se revelam insuficientes, não bastam. É necessário algo mais, como, por exemplo, faz Sándor Márai em *As brasas*, que termina seu livro com a descrição de um beijo. "Mas como todos os beijos humanos, este também, por seu jeito carinhoso e grotesco, é a resposta a uma pergunta que é impossível confiar às palavras."

A criança pequena, segundo Fernando Pessoa, não diz "tenho vontade de chorar", como se manifestaria um adulto, mas fala apenas: "Tenho vontade de lágrimas." As lágrimas são o efeito concreto do choro, da emoção. Numa linguagem mais simples, como a da criança, a consequência avulta: a palavra ganha uma nova acepção, mais direta.

Os sinônimos servem como boa forma de demonstrar a força da palavra. Conceitualmente, sinônimos são palavras que possuem a mesma acepção, como os advérbios "só" e "apenas", ou os substantivos "noivos" e "nubentes". Porém, comumente, palavras sinônimas guardam forças distintas. "Gládio" e "espada", por exemplo, significam o mesmo. No entanto, o termo "gládio" é raramente utilizado. Muitas pessoas sequer o conhecem. A sua adoção pode revelar erudição, mas também dificultar a compreensão do que se pretende expressar. Bem vistas as coisas, não existe um sinônimo perfeito: sempre haverá a palavra mais adequada para a ocasião. Em algumas frases, "belo" soa melhor do que "bonito".

O poeta Geraldo Carneiro, em *Folias de Aprendiz*, conta que, certa vez, encontrou seu amigo Tom Jobim num bar. Como os dois adoravam Guimarães Rosa, iniciaram uma discussão sobre sua obra *Grande sertão*. O poeta afirmou que o diabo era, na nossa língua, a palavra com maior número de sinônimos. O maestro Tom Jobim discordou. Para ele, o órgão genital masculino ganhava a disputa. Os dois iniciaram a contenda: cada um faria uma lista dos sinônimos. Geraldo rapidamente arrolou vinte e poucos nomes: Capiroto, Cujo, Cão, Coisa-ruim... Tom Jobim, por sua vez, chegou com um rol de 55: peru, piroca, pífaro leiteiro, marzapo... Nesse concurso, ganharam o bom-humor e a certeza de que as palavras, ao fim, têm um poder maior do que seu sentido (ainda que, paradoxalmente, tenham o mesmo sentido).

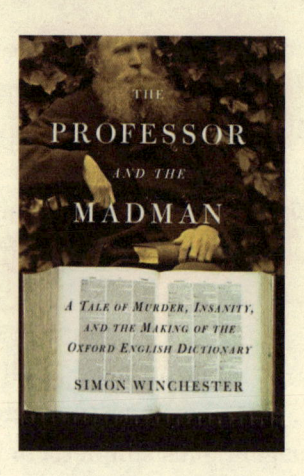

O professor e o demente.

Em *O professor e o demente*, Simon Winchester conta a história verídica da organização do Dicionário Oxford, possivelmente o mais importante dos léxicos da língua inglesa. Um trabalho árduo, aparentemente infindável. Foi levado a cabo no século XIX, muito antes do surgimento dos computadores e da facilidade que eles proporcionam. Contou com a colaboração de abnegados admiradores das palavras e de seus significados.

O autor fala da criação desse dicionário a partir de dois homens. O primeiro, o professor de Oxford James Murray, foi responsável por liderar o processo de compilação das palavras, a partir de 1879. Ele convocava quem quer que fosse a enviar sugestões de termos, que deveriam constar do dicionário em construção.

Uma das mais valiosas ajudas, com inúmeras sugestões de termos e vocábulos raros, curiosos e, pela maioria, esquecidos, veio de um certo William Minor — este, o segundo protagonista do livro.

Minor oferecia contribuições sofisticadas, que impressionavam o professor de Oxford pela profundidade e erudição. Ambos procuravam entender a origem das palavras, a sua formação, o momento em que foram incorporadas ao idioma inglês. As pesquisas se revelavam um ato de louvação à língua.

O tal William Minor jamais comparecia às reuniões para as quais os principais colaboradores eram convocados. O professor Murray, curioso e agradecido, decide ir ao seu encontro. Para sua surpresa, descobre que Minor vivia num manicômio judicial, no interior da Inglaterra. Era considerado louco. Possuía, todavia, uma história de vida riquíssima. Formado pela Universidade de Yale, fora capitão-cirurgião do exército norte-americano e lutara na Guerra Civil daquele país. Estava preso por assassinato, embora fosse considerado mentecapto.

A devoção à "palavra" unia o professor e o demente. Ambos, por conta desse interesse comum, se tornaram amigos, apesar das muitas diferenças em suas vidas. O principal elo entre eles era, claro, a fascinação pelo "nome".

Já se disse que *Romeu e Julieta*, a famosa peça de Shakespeare, poderia ser chamada de "a tragédia do nome". No enredo, os jovens vivem uma avassaladora paixão proibida. Os familiares de cada um deles, os Montéquio e os Capuleto, inimigos mortais, jamais tolerariam o romance. Haveria tragédia se fossem Romeu da Silva e Julieta dos Santos? Possivelmente, não. Seja porque, assim, não haveria o ódio entre as famílias dos namorados, que aceitariam o romance, seja porque talvez os jovens sequer se interessassem por um amor permitido. O nome dá causa ao drama.

Na icônica cena do balcão, o tema do nome (e da perda da identidade) é aprofundado:

> Julieta: Ó Romeu, Romeu! Por que és Romeu? Renega teu pai e recusa teu nome; ou, se não quiseres, jura-me somente que me amas e não mais serei uma Capuleto.
>
> Romeu: (*À parte.*) Continuarei a ouvi-la ou vou falar-lhe agora?
>
> Julieta: Somente teu nome é meu inimigo. Tu és tu mesmo, sejas ou não um Montequio. Que é um Montequio? Não é mão, nem pé, nem braço, nem rosto, nem outra parte qualquer pertencente a um homem. Oh! sê outro nome! Que há em um nome? O que chamamos de rosa, com outro nome, exalaria o mesmo perfume tão agradável; e assim, Romeu, se não se chamasse Romeu, conservaria essa cara perfeição que possues sem o título. Romeu, despoja-

> -te de teu nome e, em troca de teu nome, que não faz parte de ti, toma-me toda inteira!
> Romeu: Tomo-te a palavra. Chama-me somente "amor" e serei de novo batizado. Daqui para diante, jamais serei Romeu.
> Julieta: Que homem és tu, assim oculto pela noite, que surpreendes de tal modo meus segredos?
> Romeu: Com um nome, não sei como dizer-te quem sou eu! Meu nome, santa adorada, é odioso para mim mesmo, porque é teu inimigo; e se o tivesse escrito, teria despedaçado a palavra.[18]

"Que há num nome?" O nome pode conter tudo, assim como pode não significar nada. "O que chamamos de rosa, com outro nome, exalaria o mesmo perfume tão agradável." Os jovens, como falamos, querem perder a identidade. Romeu, por conta de seu sentimento por Julieta, deseja ser chamado apenas de "amor" e abandonar seu nome.

Eis uma das mais belas metáforas da paixão. O sentimento apresenta-se com tamanha força que o jovem abdica de sua própria identidade, para ser outra coisa.

> Julieta: O sentimento, mais rico em matéria do que em palavra, se glorifica de tua substância e não de seu orna-

---

[18] "Juliet: O Romeo, Romeo! wherefore art thou Romeo?/ Deny thy father and refuse thy name;/ Or, if thou wilt not, be but sworn my love,/ And I'll no longer be a Capulet./ Romeo: [Aside] Shall I hear more, or shall I speak at this?/ Juliet: 'Tis but thy name that is my enemy;/ Thou art thyself, though not a Montague.
What's Montague? it is nor hand, nor foot,/ Nor arm, nor face, nor any other part/ Belonging to a man. O, be some other name!/ What's in a name? that which we call a rose/ By any other name would smell as sweet;/ So Romeo would, were he not Romeo call'd,/ Retain that dear perfection which he owes/ Without that title. Romeo, doff thy name,/ And for that name which is no part of thee/ Take all myself./ Romeo: I take thee at thy word:/ Call me but love, and I'll be new baptized;/ Henceforth I never will be Romeo./ Juliet: What man art thou that thus bescreen'd in night/ So stumblest on my counsel?/ Romeo: By a name/ I know not how to tell thee who I am:/ My name, dear saint, is hateful to myself,/ Because it is an enemy to thee;/ Had I it written, I would tear the word."(Ato II, Cena 1).

mento. Só os mendigos podem contar suas riquezas. Meu verdadeiro amor cresceu até ao excesso, de tal modo que não mais posso somar a metade de meu tesouro.[19]

Quando Romeu informa ao frei Lourenço que se apaixonou perdidamente por Julieta, este indaga o que houve com Rosalinda, até há pouco a destinatária do amor do jovem. Romeu responde:

Esqueci esse nome e da amargura desse nome.[20]

Há uma outra passagem dessa peça na qual o "nome" ganha especial importância. Ela acontece ao ser necessário interpretar a sentença de morte proferida pelo príncipe de Verona. A situação começa a se desenrolar logo no começo da trama, com o primeiro conflito entre seguidores dos Capuleto e dos Montéquio. O príncipe de Verona, repudiando o incidente, determina que o responsável pela próxima baixa decorrente dessas disputas será punido com a morte. Entretanto, quando, mais adiante na trama, Romeu mata Teobaldo (primo de Julieta), o príncipe interpreta sua ordem, transformando a morte física em morte civil: o jovem apaixonado é banido da cidade. Romeu "morreria" para Verona, pois seria exilado.

Frei Lourenço: (...) Trago-te notícias da sentença do príncipe!
Romeu: Pode ser menos do que sentença de morte a sentença do príncipe?
Frei Lourenço: Uma sentença mais branda saiu de seus lábios. Não a morte do corpo, mas o banimento do corpo.
Romeu: Ah! Banimento! Tende compaixão! Dizei que condenou à morte, porque na realidade, o exílio é mais aterrador, muito mais, do que a morte! Não digais "banimento"!

---

[19] "Conceit, more rich in matter than in words,/ Brags of his substance, not of ornament:/ They are but beggars that can count their worth;/ But my true love is grown to such excess/ I cannot sum up sum of half my wealth." (Ato II, Cena 5).
[20] "I have forgot that name, and that name's woe." (Ato II, Cena 2).

Frei Lourenço: Foste desterrado de Verona. Sê paciente, pois o mundo é vasto e espaçoso.

Romeu: Não existe mundo fora dos muros de Verona, mas purgatório, tortura, o próprio inferno! Banido daqui é ser banido do mundo e o exílio do mundo é a morte! Logo, "banimento" é a morte sob um falso nome! Chamando a morte de "banimento", cortais minha cabeça com um machado de ouro e sorris do golpe que me assassina.

Frei Lourenço: Oh! pecado mortal! Oh! negra ingratidão! Segundo nossas leis, deverias morrer; mas o bondoso príncipe, interessando-se por ti e torcendo a lei, troca em desterro essa negra palavra "morte" e tu não agradeces o imenso favor.

Romeu: É suplício e não favor! O céu está onde Julieta viver;[21]

O príncipe de Verona, por uma conveniência política, deu ao termo "morte" uma acepção mais branda, a morte civil. O apaixonado Romeu identifica esse jogo de palavras. Ele denuncia: banimento é apenas outro vocábulo para a morte. Shakespeare deixa claro que o mesmo nome pode ter alcances distintos. Certamente por um cuidado de Shakespeare, o príncipe de Verona não é nominado. Ele é referido apenas pelo seu título.

O poeta Geraldo Carneiro, talvez embalado por Shakespeare (de quem é profundo conhecedor), tratou do "nome" em "À flor da língua":

---

[21] "Friar Laurence: (...) I bring thee tidings of the prince's doom./ Romeo: What less than dooms-day is the prince's doom?/ Friar Laurence: A gentler judgment vanish'd from his lips,/ Not body's death, but body's banishment./ Romeo: Ha, banishment! be merciful, say 'death';/ For exile hath more terror in his look,/ Much more than death: do not say 'banishment'./ Friar Laurence: Hence from Verona art thou banished:/ Be patient, for the world is broad and wide./ Romeo: There is no world without Verona walls,/ But purgatory, torture, hell itself./ Hence-banished is banish'd from the world,/ And world's exile is death: then banished,/ Is death mis-term'd: calling death banishment,/ Thou cutt'st my head off with a golden axe,/ And smilest upon the stroke that murders me./ Friar Laurence: O deadly sin! O rude unthankfulness!/ Thy fault our law calls death; but the kind prince,/ Taking thy part, hath rush'd aside the law,/ And turn'd that black word death to banishment:/ This is dear mercy, and thou seest it not./ Romeo: 'Tis torture, and not mercy: heaven is here,/ Where Juliet lives;" (Ato III, Cena 3).

> uma palavra não é uma flor
> uma flor é seu perfume e seu emblema
> o signo convertido em coisa-imã
> imanência em flor: inflorescência
> uma flor é uma flor é uma flor
> (de onde talvez decorra
> o prestigio poético das flores
> com seus latins latifoliados
> na boca do botânico amador)
> a palavra não: é só floriléfio
> ficção pura, crime contra a natura
> por exemplo, a palavra amor

O educador e biólogo e filósofo suíço Jean Piaget — possivelmente influenciado por seu pai, que fora professor de literatura medieval — defendia que as crianças deveriam tardar para aprender os nomes, porque esse conhecimento, de alguma forma, limitava o desenvolvimento da criatividade e da capacidade de aprender. Isso porque, segundo o suíço, quando ensinamos a uma criança o que é uma árvore, acabamos por restringir, no entendimento dela, o conceito do que poderia ser uma árvore, pois existem vários tipos de árvore. Denominamos genericamente de árvore tanto o carvalho como a amendoeira, o pau-brasil, a jaqueira... O nome, segundo Piaget, encarcerava nossa mente. Para os beduínos, há várias palavras para o animal que nós apenas chamamos de "camelo", aplicáveis de acordo com as suas características. Da mesma forma, os esquimós têm diversas palavras para "neve". Os beduínos e os esquimós aprendem, desde cedo, que há distintos tipos de camelos e de neve, cada qual merecendo seu próprio nome. Ao aprender primeiro o nome, somos "educados" a desconsiderar essas diferenças, qualificando tudo pelo gênero.

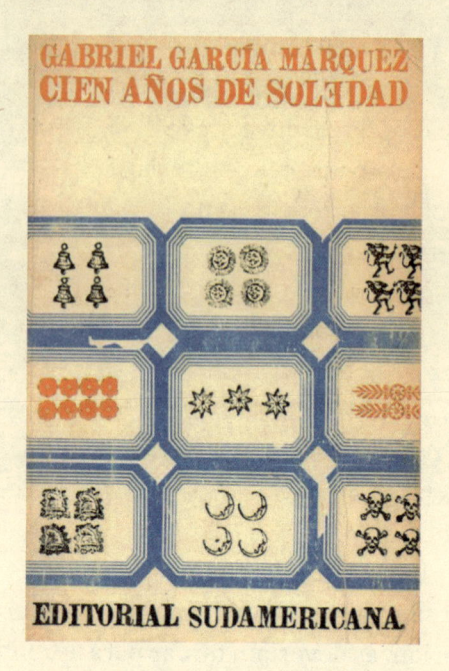

Capa da segunda edição.

    Logo no início do romance *Cem anos de solidão* — para o vencedor do Nobel de Literatura Mario Vargas Llosa, "a imaginação, aqui, rompeu com todas as suas amarras e saiu galopando, desembestada, febril, vertiginosa, autorizando a si mesma todos os excessos, derrubando todas as convenções do realismo naturalista, do romance psicológico, até delinear no espaço e no tempo, com o fogo da palavra"[22] —, o bacharel em direito Gabriel Gárcia Márquez explica como era a vida na recém-criada aldeia de Macondo:

> O mundo era tão recente que muitas coisas careciam de nome e para mencioná-las se precisava apontar o dedo.

Temos necessidade de dar nomes.
Johan Huizinga, em *O outono da Idade Média*, explica que, no século XIV, era comum aos habitantes de uma cidade darem nomes aos

---

[22] Mario Vargas Llosa, *Sabres e utopias*, Rio de Janeiro, Objetiva, 2010, p. 337.

sinos das igrejas. A gorda Jaqueline, o pontual Rolando... Ao nomear, as pessoas se sentiam mais próximas das coisas.

Como aponta o escritor português Valter Hugo Mãe — mais um que abandonou o direito para se entregar às letras —, "a literatura quer competir com Deus pelo direito de criar pela palavra".

A primeira edição chinesa.

Mo Yan é o pseudônimo de um escritor chinês, ganhador do prêmio Nobel de Literatura em 2012. *Mo Yan* significa "não fale", exatamente para denunciar a censura que existe em seu país. Seu notável romance *As rãs* trata da política de controle de natalidade adotada no passado pelo governo da China: "Um não é pouco; dois é bom; três é demais." O autor começa exatamente falando dos nomes:

> Professor, tínhamos em nossa aldeia um costume bem antigo de batizar as crianças com o nome de partes do corpo humano, como Chen Nariz, Zhao Olho, Wu Intestino, Sun Ombro... Nunca procurei saber a origem dessa prática, talvez tenha surgido por acreditarem que um nome humilde daria vida longa, ou pelo fato de as mães considerarem o filho parte da própria carne. Esse é um costume que caiu em desuso. Os pais de hoje não querem mais dar nomes estranhos aos filhos. As crianças da aldeia agora recebem nomes sofisticados de personagens de novelas de Hong Kong, Taiwan, Japão ou Coreia. Quem tinha o nome à maneira antiga, na maioria dos casos, acabou optando por outro mais elegante.[23]

Nomes ganham força se vestem um significado maior.

Dee Brown, um bibliotecário e historiador norte-americano com enorme interesse na história do velho oeste dos Estados Unidos, lança, em 1970, *Enterrem meu coração na curva do rio*. Nele, conta como os nativos americanos foram humilhados até a sua destruição pelo processo de colonização. A triste história se encerra na batalha de Wounded Knee, em 1890, com o massacre de centenas de índios.

Enterrem meu coração na curva do rio fala da organização da vida pacata dos indígenas norte-americanos, que não admitiam a propriedade da terra e se relacionavam de forma próxima com a natureza. Dee Brown fazia um grande contraponto com a contemporânea sociedade norte-americana.

O livro surgiu quando os Estados Unidos travavam a Guerra do Vietnã, conflito que contrariava a opinião de grande parcela dos norte-americanos. O relato denunciava ainda o racismo, a falta de tolerância, a covardia. O homem branco é descrito como um traidor, que viola sucessivamente os acordos celebrados com os indígenas, que sequer conheciam o conceito de propriedade. Virou um título *cult*.

---

23   Mo Yan, *As rãs*, São Paulo, Companhia das Letras, 2015, p. 11

Dentre outros temas, conta-se que os indígenas norte-americanos escolhiam o seu nome em função de algum feito, alguma ocasião especial ou fenômeno que os distinguia. As pessoas não eram chamadas de Guilherme, João ou Maria, porém de Dez Ursos, Cavalo Doido, Aquele-com-medo-de-seus-cavalos, Nuvem Vermelha, Touro Sentado, Lobo Solitário, Pássaro Saltador, entre outros. Todos esses nomes se deviam a fatos relacionados àquelas pessoas. O nome delas ganhava outra dimensão, uma razão de ser. Era um nome conquistado. (Ao ler *Enterrem meu coração na curva do rio* ainda no colégio, divagava: qual seria o meu nome se fosse um sioux? Pela agitação e valentia própria dos dezesseis anos, imaginei-me um lépido "Flecha Ligeira"...)

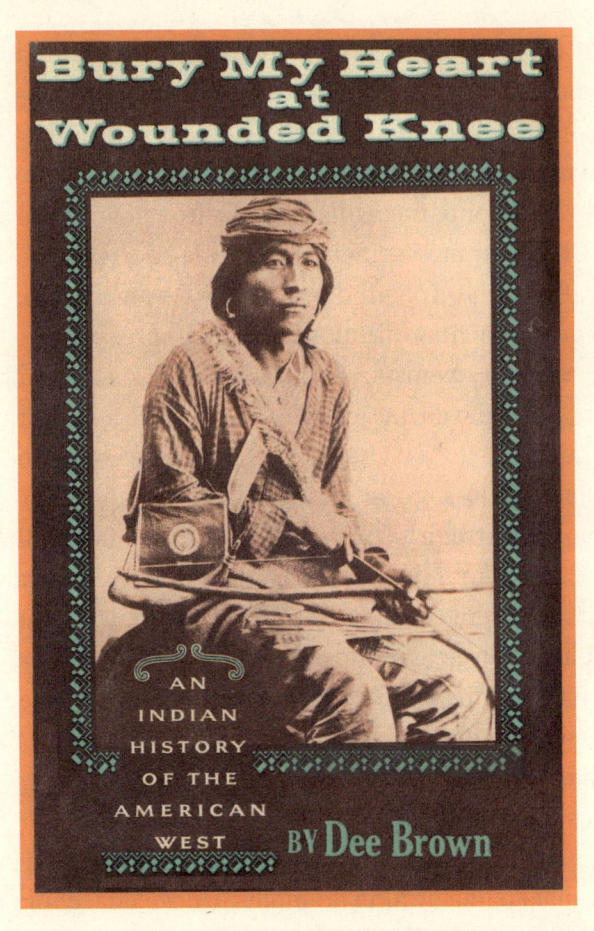

Enterrem meu coração na curva do rio.

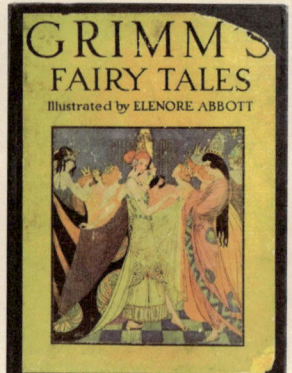

Os irmãos Grimm em antigas edições em língua inglesa.

Em 1812, os irmãos Jacob e Wilhelm Grimm, nascidos no sul da Alemanha, publicam diversas histórias populares por eles compiladas. Os irmãos Grimm eram advogados e estudiosos do mundo jurídico, seguidores de uma corrente — a Escola Histórica do Direito — que via no costume a grande fonte formadora do direito. "João e Maria", "Branca de Neve", "Chapeuzinho Vermelho" e "A bela adormecida" são algumas dessas narrativas, que, a partir de então, ganharam mundo.

Numa delas, um humilde moleiro, para impressionar o rei, que buscava encontrar uma jovem para se casar, diz que sua filha tinha o dom de transformar, por meio da fiação, palha em ouro. Era mentira. O moleiro acreditava que o rei, ao ver a bela moça, iria esquecer a suposta aptidão mágica, apaixonando-se prontamente. Ledo engano. A primeira coisa que ele faz ao encontrar a filha do moleiro é trancá-la sozinha numa sala com uma roca e um monte de palha, a fim de que opere a transformação.

A moça, só e sem o poder alquímico, desata a chorar. Estava perdida. Nessa hora, surge, por encanto, um gnomo. O homenzinho verde diz poder ajudar a filha do moleiro, desde que ela lhe dê seu colar. Sem alternativa, a jovem entrega o colar ao gnomo, que passa a fiar a palha e a transforma em ouro.

No dia seguinte, o rei, ao ver o resultado do trabalho, fica maravilhado. Mas não se contenta. Trancafia a moça numa outra sala, ainda maior, com mais palha. A filha do moleiro, desolada, chora ainda mais forte. O gnomo, então, volta a aparecer. Desta vez, pede o anel da moça em retribuição pelo seu trabalho. A moça reluta, pois o anel era a última lembrança de sua falecida mãe. Sem opção, acaba entregando a joia. O gnomo, de novo, fia a palha e a transforma em ouro.

O rei, mais uma vez, fica estupefato. Leva a filha do moleiro para uma sala ainda maior, com ainda mais palha. Antes de fechar a porta, diz que se a palha se tornar ouro, ele se casará com a moça. Mais uma vez, a bela jovem desata a chorar. O homenzinho verde surge outra vez. Agora, contudo, ela já não tem nada a dar ao gnomo. Este, então, apresenta uma estranha proposta: tornará toda aquela palha em ouro se a jovem, depois que se tornar rainha, lhe entregar seu primeiro filho. A moça, atordoada, vendo-se sem alternativa, aceita a oferta. O gnomo se põe a trabalhar e cumpre sua parte do acordo.

O rei se casa com a filha do moleiro, tornando-a rainha. Os dois têm um filho. Quando a criança nasce, o gnomo aparece cobrando a dívida. A rainha havia até se esquecido daquele pacto. Desespera-se. O gnomo, compadecido, oferece uma oportunidade para ela reverter a situação. Ele dá três dias para que descubra seu nome.

A tarefa se revela dificílima. Na primeira noite, o gnomo aparece para a rainha, que tenta diversos nomes que conhece. Nenhum deles é o certo. O gnomo, cada vez mais feliz, regozija-se com os sucessivos erros da rainha na tentativa de descobrir seu nome. Na segunda noite, outros tantos nomes são mencionados, mas, igualmente, nenhum deles é o correto.

Falta apenas uma noite. Uma derradeira rodada de tentativas. A rainha, desesperada, envia mensageiros por todo o reino, a fim de descobrir o nome do homenzinho verde. Felizmente, pouco antes de o gnomo chegar, um criado do rei aparece com uma preciosa informação. Havia visto, numa clareira da floresta, um gnomo pulando e cantando — e nessa cantoria dizia que seu nome era Rumpelstilzchen.

Quando o homúnculo aparece para a rainha, questionando-a se ela descobriu seu nome ou se receberá a criança, a filha do moleiro, depois de algum suspense, diz: Rumpelstilzchen.

Segundo o conto dos Irmãos Grimm, o gnomo, ao ter seu nome revelado, bate com tanta raiva seu pé no chão, que abre uma fenda — e nela desaparece.

O nome era a chave da força do gnomo. Afinal, saber seu o nome significava conhecê-lo. O mágico homenzinho verde perde o poder quando tem sua essência desvendada.

Um conto infantil cravejado de significados. O "nome" é a fonte do poder do gnomo e, ao mesmo tempo, liberta a rainha de Rumpelstilzchen.

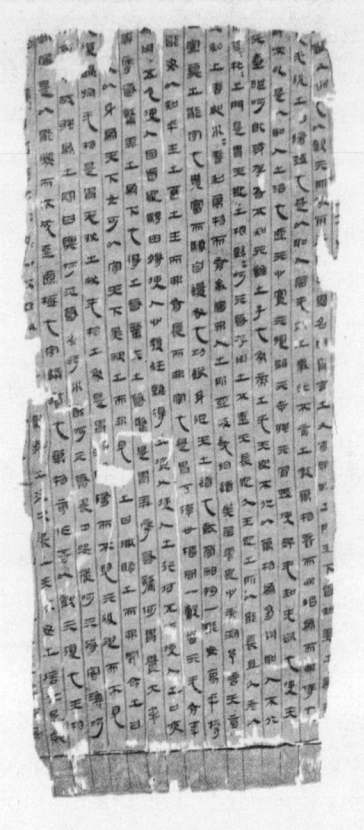

Parte de um manuscrito taoísta, século II a.C.

O *Tao Te King* apresenta os ensinamentos de Lao Tsé, filósofo da antiga China. Lao Tsé significa "velho mestre", ao passo que *Tao Te King* quer dizer "o caminho da virtude". Esse grupo de apontamentos filosóficos chineses data de alguns séculos antes da era cristã. Lao Tsé é uma figura semimítica, alguém conhecido como o "sábio oculto". Logo em sua primeira lição, registra: "Um nome que pode ser pronunciado não é o Nome eterno." Dito de outra forma: o que não tem nome é eterno.

O nome desmistifica. Pelo "nome" — ou pela palavra precisa — dominamos as coisas.

Em muitas religiões, não se admite pronunciar o nome de Deus, como forma de proteger o sagrado. No Velho Testamento, quando luta com o anjo, Jacó indaga como se chama seu opositor e recebe a resposta contundente: "Não deves perguntar meu nome!". Por ter vencido o duelo, Jacó ganha um novo nome: Israel. Mais ainda, faz questão de nomear o lugar onde se deu o combate: Fanuel.

Baal Shem Tov, o fundador, no século XVIII, do movimento hassídico, que prega a espiritualidade, valorizando o misticismo no judaísmo, era conhecido como "Mestre do Nome", exatamente porque conhecia o "nome" divino, dotado de poderes mágicos. *Baal Shem Tov*, por sua vez, significa "o possuidor de bom nome".

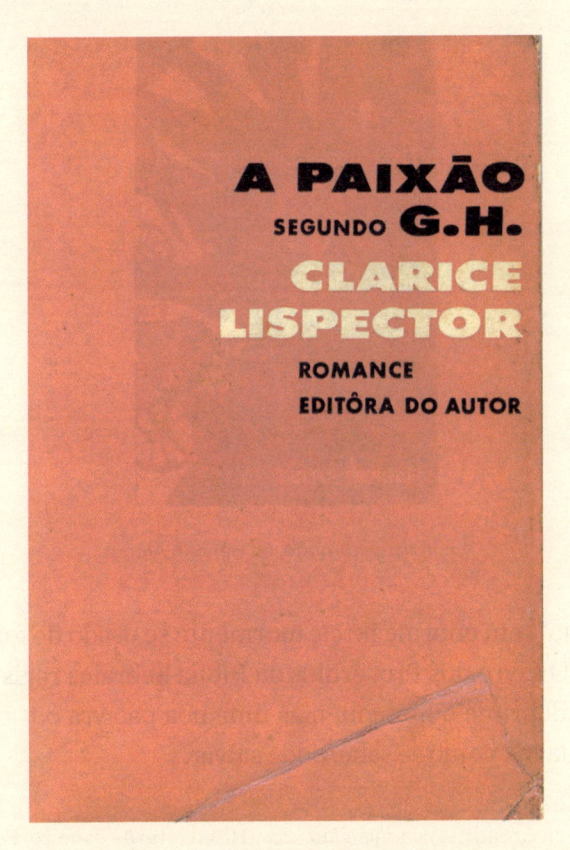

O quinto romance de Clarice Lispector.

Clarice Lispector, em *A paixão segundo G.H.*, explica: "Mas é a mim que caberá impedir-me de dar nome à coisa. O nome é um acréscimo, e impede o contato com a coisa. O nome da coisa é um intervalo para a coisa. A vontade do acréscimo é grande — porque a coisa nua é tão tediosa."

Percebeu-se o fetiche do nome. Dar o nome desmistifica e nos torna cúmplices.

Em *A condição humana,* Hannah Arendt declara: "O poder só é efetivado onde as palavras e o ato não se divorciam, onde as palavras não são vazias e os atos não são brutais, onde as palavras não são empregadas para velar intenções, mas para desvelar realidades, e os atos não são usados para violar e destruir, mas para estabelecer relações e criar novas realidades."[24] Eis um alerta de como as palavras podem perder vigor, quando divorciadas de um comportamento condizente.

A condição humana, de Hannah Arendt.

O "nome" tem enorme força, mormente se usado de forma correta e oportuna. O Livro dos Provérbios da Bíblia hebraica registra: "O coração ansioso deprime o homem, mas uma boa palavra o tornará alegre" (12.25). A palavra, como se sabe, pode salvar.

---

[24] Hannah Arendt, *A condição humana*, 11ª ed., Rio de Janeiro, Forense Universitária, 2011, p. 249.

Oscar Wilde e Alfred Douglas em 1893.

O irlandês Oscar Wilde tinha um talento cintilante. Com um metro e noventa de altura, Wilde escandalizou Londres a partir de 1880, em virtude de sua energia contestadora. Escritor, teatrólogo, boêmio e provocador, estava à frente de seu tempo. Grande frasista, tinha tiradas impagáveis, como a de que "toda poesia medíocre é sincera".

A conservadora Inglaterra do final do século XIX não o entendia perfeitamente. Perseguido pelo marquês de Queensberry — o nobre que criou as regras do boxe (!) e pai de seu amante —, Wilde foi condenado judicialmente por ser homossexual, por devassidão e imoralidade. Depois de cumprir a pena — preso, ficou confinado num cubículo, sem livros e em solidão —, fugiu para a França, onde morreu, falido e sifilítico, em 1900. Jamais se recuperou.

A grande paixão de Wilde foi o poeta e nobre Alfred Douglas — Bosie, como era chamado —, filho do mencionado marquês. Era um relacionamento proscrito, transgressor. Wilde tinha 37 quando iniciou sua relação com Bosie, que tinha, então, apenas 21 anos de idade.

Em 1894, no auge do romance, Alfred Douglas lança o poema "Dois amores" — "Two Loves". No original, termina assim: "Eu sou o amor que não se atreve a dizer seu nome."[25] O proibido não pode ser nomeado, mas nem por isso deixa de existir.

O norte-americano Dale Carnegie tornou-se um fenômeno como um *"coach"* de relacionamentos interpessoais. Seu livro — com o agressivo título — *Como fazer amigos e influenciar pessoas*, lançado em 1936, segue, até hoje, vendendo como água.

No seu trabalho, Carnegie oferece algumas dicas para que se tenha sucesso ao se relacionar. Entre elas, encontra-se a de saber o nome das pessoas. Dale Carnegie ensina: se quiser conquistar alguém, saiba o nome daquela pessoa; se quiser perdê-la, não lembre como ela se chama.

De certa forma Montaigne havia registrado o mesmo em seu livro *Os ensaios*, ao reconhecer que "apenas pela palavra somos homens e nos ligamos uns aos outros".

Com tamanha força, o nome pode ser perigoso, mormente se utilizado de forma divorciada de sua essência.

Para começar, quando o nome limita, ele reduz e — pior — cria preconceitos.

O sueco Carlos Lineu, pai da taxonomia — a disciplina da biologia responsável por definir os organismos, dando-lhes nome —, registrou, em 1758, as quatro espécies de *homo sapiens*. O *homo europeus*, com "olhos azuis e governado por leis", era branco e forte. O *homo asfer*, por sua vez, tinha "cabelos crespos e pele sedosa, mulheres sem vergonha". Ademais, era preguiçoso. O *homo asiaticus*, de "cabelos negros e governado por opiniões", tinha por característica a ganância. Por fim, o *homo americanos* era vermelho e possuía um mau temperamento. Essa nomenclatura fomentava preconceitos. Nomes são perigosos.

Em 1474, os portugueses, na sua aventura marítima, atingiram um ponto na costa da África no qual passaram a rumar para o sul. Não haviam ainda atingido o ponto ao extremo sul do continente, mas tinham

---

25   "I am the love that dare not speak its name."

cruzado a linha do Equador e ingressado na "barriga" que o Atlântico faz na África depois da Guiné. Ao passar pelo Equador, os navegadores perderam a vista da *polaris*, a estrela do Polo Norte, a mais iluminada da constelação da Ursa Menor, visível apenas do hemisfério norte. Essa estrela servia de guia e referência para os navegantes de então. A partir daí, os portugueses estavam perdidos, não havia mais a referência dos céus. Nasceu, assim, a palavra "desnorteado", para significar alguém sem rumo, que não sabe para onde vai. Felizmente, os bravos portugueses não desistiram. Seguiram na direção sul, onde encontraram outras estrelas, que formam o Cruzeiro do Sul, e novos paradigmas foram estabelecidos.

Mais adiante nessa jornada, em 1487, os lusitanos chegaram ao extremo sul do continente, numa área particularmente turbulenta, onde o oceano Atlântico encontra o Índico e os barcos são forçados a enfrentar os ventos alísios de sudeste. Bartolomeu Dias, líder da expedição, batizou o local como cabo das Tormentas. Um nome que refletia a experiência dos primeiros europeus que conheceram a região.

Ao retornar para Portugal e narrar a aventura ao rei João II, este preferiu dar outro nome ao acidente geográfico: Cabo da Boa Esperança.

Evidentemente, o rei queria incentivar os navegadores a seguir buscando o caminho das Índias. "Cabo das Tormentas", por óbvio, passava uma péssima ideia.

Palavras servem para expressar e criar conceitos.

Talvez seja um exagero, mas, de certa forma, o Brasil é "descoberto" em decorrência dessa estratégia de marketing do monarca João II, que cria um conceito a partir de um nome — cabo da Boa Esperança — mais amigável a quem planejasse atravessá-lo. Os navegadores portugueses, animados com o transpasse do cabo da Boa Esperança, seguiram singrando os mares e chegaram às Américas em 22 de abril de 1500.

Na esperança de que isso seja uma premonição, o Brasil nasce pela letra. O escrivão a bordo da caravela portuguesa que aportou no Brasil, Pero Vaz de Caminha, produz a certidão de nascimento da nação. Ele redige uma carta ao então rei de Portugal, Manuel I, contando o que viu quando desembarcou no Novo Mundo. O "achamento" do país.

Pero Vaz de Caminha relata a dom Manuel I as impressões que tivera dos nativos: "Parece-me gente de tal inocência que, se nós entendêssemos a sua fala e eles a nossa, eles se tornariam, logo cristãos, visto que não aparentam ter nem conhecer crença alguma."

O escrivão notava como era importante aprimorar a comunicação.

Ao fim da missiva, Pero Vaz de Caminha aproveita para pedir um favorzinho ao rei: "A Vossa Alteza peço que, por me fazer singular mercê, mande vir da Ilha de São Tomé meu genro, Jorge de Osório — mercê que receberei muito obrigado. Beijo as mãos de Vossa Alteza."[26]

Lamenta-se, mas nossa história nasce condenada à escuridão. Como as rotas marítimas eram, na época de Caminha, assunto mantido em segredo, o rei dom Manuel I, logo após receber a carta dando conta do "achamento" do Brasil, determinou que a missiva fosse guardada nos arquivos da Torre do Tombo, em Lisboa, onde ficou por mais de três séculos, sem que ninguém mais dela soubesse. A carta de Caminha apenas se tornou de conhecimento público séculos depois de seu envio.

Como a história registra, o objetivo de esconder a "palavra" numa torre não foi suficiente.

Sedução

Uma pessoa pedia esmola na rua, segurando na mão um papel no qual se lia: "Cego de nascença." Um poeta que passava lhe sugeriu que substituísse os dizeres no papel, e escrevesse a seguinte frase: "A primavera vem aí, não a verei." Com a mudança do texto, o cego passou a receber moedas sem parar...

O poeta, com sua sensibilidade, percebeu que a evocação da primavera, com suas cores e exuberância visual, despertaria maior compaixão, comovendo quem lesse a placa. Era uma forma eficaz de angariar a empatia.

O ser humano quer convencer, fazer valer sua vontade, seu ponto de vista. Por vezes, manipula o interlocutor. A vida é mais fácil quando as pessoas ao seu redor concordam com você. A linguagem, para esse fim, é a sua primeira ferramenta.

---

[26] Pero Vaz de Caminha, *A carta do descobrimento: ao rei D. Manuel*, Rio de Janeiro, Nova Fronteira, 2017, p. 88.

Roland Barthes, no livro chamado *Aula*, explicita: "Mas a nós, que não somos nem cavaleiros da fé nem super-homens, só resta, por assim dizer, trapacear com a língua, trapacear a língua. Essa trapaça salutar, essa esquiva, esse logro magnífico que permite ouvir a língua fora do poder, no esplendor de uma revolução permanente da linguagem, eu a chamo, quanto a mim: literatura."

O escritor deve seduzir. Ao libertar (ou aprisionar) uma ideia, aquele que escreve quer ser lido. Mais ainda: ele quer persuadir. Para isso, cumpre enfeitiçar o leitor: maravilhá-lo, intrigá-lo, cativá-lo, apaixoná-lo. Afinal, "as conclusões da paixão são as únicas dignas de fé", ensinou Kierkegaard.

Na tradição hassídica, uma história bem-contada opera milagres. Eis um exemplo, segundo a narrativa de um experiente rabino: "Meu avô era paralítico. Certa vez, pediram a ele que contasse uma história sobre seu mestre. Ele, então, começou a dizer que seu mestre, o homem santo Baal Schem, costumava saltitar e cantar enquanto rezava. Enquanto contava, meu avô, ergueu-se, animado com a narrativa e, sem se dar conta, passou a saltitar e dançar, como seu mestre fizera. Foi assim, a partir daquele momento, que ele se curou da paralisia. É assim que se conta uma história!"

Wilhelm von Humboldt (irmão mais velho de Alexander von Humboldt, que revolucionou o estudo da geografia) era filósofo, diplomata e linguista prussiano. Amigo de Schiller e Goethe, estabeleceu as bases para o estudo da língua alemã. No campo de batalha de Waterloo, Humboldt vaticinou: "Perecem os impérios, mas um bom verso sempre perdura." Eis o poder de uma boa história.

Nesse jogo de sedução, a forma de iniciar o texto guarda enorme importância. O começo da leitura costuma ser o momento mais importante dessa captura. Os grandes escritores, cientes disso, cultivam essa tática de encanto.

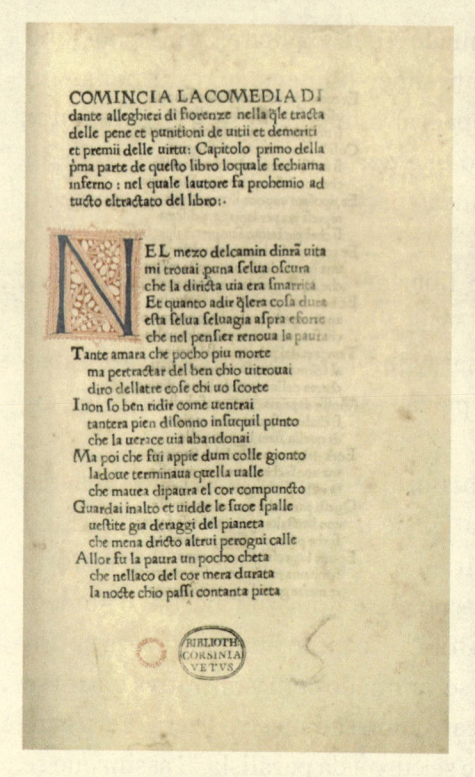

Primeira edição impressa de *A divina comédia*, à esquerda.
À direita, *Dante segurando* A divina comédia, por Domenico di Michelino.

Dante Alighieri inicia sua obra monumental, *A divina comédia*, citando versos de cadência tão linda, a ponto de emocionar mesmo quem não conhece — como é o meu caso — o italiano medieval:

> Nel mezzo del cammin di nostra vita
> Mi ritrovai per una selva oscura
> Ché la diritta via era smarrita.

"No meio do caminho da nossa vida/ Encontrei-me numa selva obscura/ Que a estrada reta fora perdida." A beleza e a cadência das palavras impedem que o leitor abandone a obra. Dante se vale da *terza rima*, na qual a primeira e a terceira frases se encontram sonoramente numa rima, enquanto a segunda frase, por sua vez, fará rima com a primeira e a terceira frases da estrofe seguinte.[27]

Shakespeare, da mesma forma, tinha o cuidado de iniciar suas peças com frases de efeito, com o propósito de mesmerizar sua plateia.

"Agora, é o inverno de nossa desventura"[28] — diz Ricardo III, abrindo a peça que tem seu nome, enquanto encara os espectadores de forma sombria. Com isso, ele captura a atenção da plateia, logo na primeira frase do espetáculo.

Não é difícil imaginar a balbúrdia entre os espectadores antes do início das peças de Shakespeare, nos sujos teatros londrinos do final do século XVI. Os ingressos mais baratos davam direito a assistir ao espetáculo de pé, à frente ou ao lado do tablado. As pessoas se amontoavam. Quem pagasse mais poderia ver a peça de um plano superior, onde também havia uma grande lotação. Para aquietar tanta gente, garantindo o silêncio da plateia, era necessário um começo arrebatador.

Hamlet, por exemplo, começa com um:

Quem vem lá?

"Quem vem lá?" — ou quem está aí.[29] A resposta a essa pergunta pode ser: somos nós, os espectadores! Mas, claro, queremos saber; afinal, quem vem lá?

A peça *Coriolano* começa: "Antes de seguirmos, ouça o que tenho a dizer." Em *Henrique IV*, Parte 2, o Rumor — num traje composto de línguas pintadas — entra no palco para proferir o prólogo advertindo: "Abri vossos ouvidos." Em seguida, o Rumor reconhece que de suas "línguas

---

27   Eis como começa o Canto I, no qual Dante usa *terza rima* (aba, bcb, cdc,...):
"Nel mezzo del cammin di nostra vita/ mi ritrovai per una selva oscura/ ché la diritta via era smarrita.
Ahi quanto a dir qual era è cosa dura/ esta selva selvaggia e aspra e forte/ che nel pensier rinova la paura!
Tant'è amara che poco è più morte;/ ma per trattar del ben ch'i' vi trovai,/ dirò de l'altre cose ch'i' v'ho scorte."

28   "Now is the winter of our discontent."

29   "Who's there", no original.

escapam contínuas calúnias". Em *Henrique V*, pretende-se, no início do espetáculo, estabelecer um pacto entre atores e público, para que imaginem juntos tudo o que passou, transformando, pela fantasia comum, o tablado daquele teatro de madeira nos campos verdejantes da França. Por meio desse acordo, vincula-se o espectador à história.

Seduzir o ouvinte ou o leitor, não raro, faz toda a diferença. Isso vale também para o ser humano apaixonado, com o propósito de encantar o objeto de sua afeição.

O *Manifesto do Partido Comunista*, de Karl Marx e Friedrich Engels, publicado em 1848, caiu como uma bomba. Naquele momento, a Europa estava tomada de conflitos entre donos dos meios de produção e seus empregados. A Revolução Industrial potencializava abismos sociais e, a partir daí, surgiam novos agentes. Assistia-se a uma reorganização da luta de classes. Nesse contexto, Marx e Engels denunciam, pelo *Manifesto comunista*, a opressão ao proletariado pela burguesia, no que acabou por se tornar, muito possivelmente, o mais influente tratado político da história do Ocidente.

O *Manifesto* começa de forma arrebatadora:

> Um espectro ronda a Europa — o espectro do comunismo. Todas as potências da velha Europa unem-se numa Santa Aliança para conjurá-lo: o papa e o czar, Metternich e Guizot, os radicais da França e os policiais da Alemanha.
>
> Qual partido de oposição não foi acusado de comunista pelos seus adversários no poder? Que partido de oposição, por sua vez, não lançou aos seus adversários de direita ou de esquerda a alcunha infamante de comunista?
>
> Duas conclusões decorrem desses fatos:
>
> 1ª O comunismo já é reconhecido como força por todas as potências da Europa.
>
> 2ª É tempo de os comunistas exporem, à face do mundo inteiro, o seu modo de ver, os seus fins e as suas tendências, opondo um manifesto do próprio partido à lenda do espectro do comunismo. (...)

> A história de todas as sociedades que existiram até os nossos dias tem sido a história das lutas de classes. (...)

O tom é ameaçador. Porém, ao mesmo tempo, a leitura parece irresistível. Que fantasma seria esse, tão poderoso, que ameaça a Europa? Segundo Marx, trata-se do comunismo, que, ao menos conceitualmente, carrega uma ideia belíssima: a sociedade saudável é aquela na qual seus integrantes mais fracos têm uma vida decente. Se isso não ocorre, há abuso entre os seres humanos, justificando-se a eclosão da mencionada luta de classes.

A força dessa ideia, aliada à contundente redação do *Manifesto* — o final dessa obra de Marx tornou-se icônico: "Trabalhadores do mundo, uni-vos, vós não tendes nada a perder a não ser vossos grilhões" —, fez desse documento o responsável pelos maiores abalos políticos da história contemporânea da humanidade. Imagine, caro leitor, se ele tivesse sido mal escrito. Com certeza, seu impacto seria menor — e a história do Ocidente não teria sido a mesma.

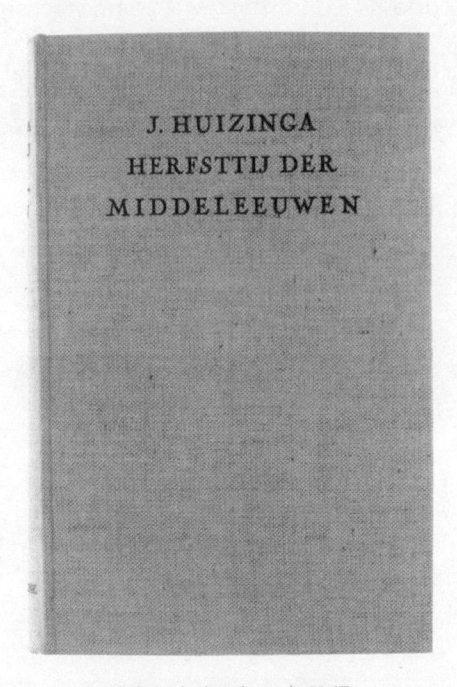

Edição holandesa de 1947.

O historiador holandês Johan Huizinga lança, em 1919, *O outono da Idade Média*, no qual examina a vida no século XIV, nas áreas da Borgonha e dos Países Baixos. O trabalho meticuloso, que se vale de fontes originais, trouxe novas luzes ao estudo do final da Idade Média, demonstrando que nela já se encontram semeados os frutos que se colherão no Renascimento. Até mesmo o movimento Romântico tem raízes na tradição do cavalheirismo, com seu amor idealizado e de impossível concretização, numa tônica melancólica. A partir dessa obra, a ideia de que a Idade Média foi um período puramente de trevas passou a ser questionada.

O livro inicia de forma magnífica, condenando o leitor a não mais abandoná-lo:

> Quando o mundo era cinco séculos mais jovem, tudo o que acontecia na vida era dotado de contornos bem mais nítidos que os de hoje. Entre a dor e a alegria, o infortúnio e a felicidade, a distância parecia maior do que para nós; tudo que o homem vivia ainda possuía aquele teor imediato e absoluto que no mundo de hoje só se observa nos arroubos infantis de felicidade e dor. Cada momento da vida, cada feito era cercado de formas enfáticas e expressivas, realçado pela solenidade de um estilo de vida rígido e perene. Os grandes fatos da vida — o nascimento, o matrimônio, a morte — eram envoltos, por obra dos sacramentos, no esplendor do mistério divino. Mas também os menores — uma viagem, uma tarefa, uma visita — eram acompanhados de mil bênçãos, cerimônias, ditos e convenções.

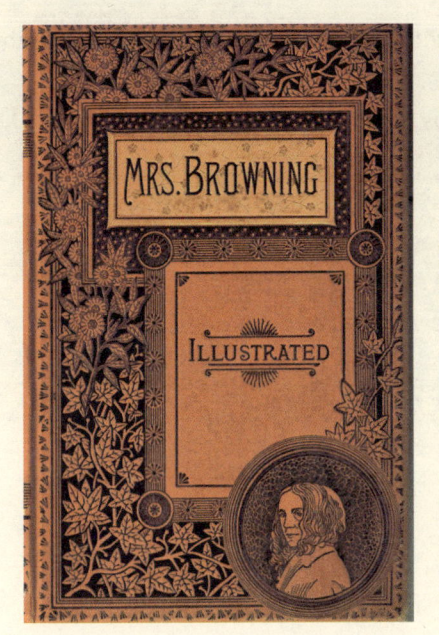

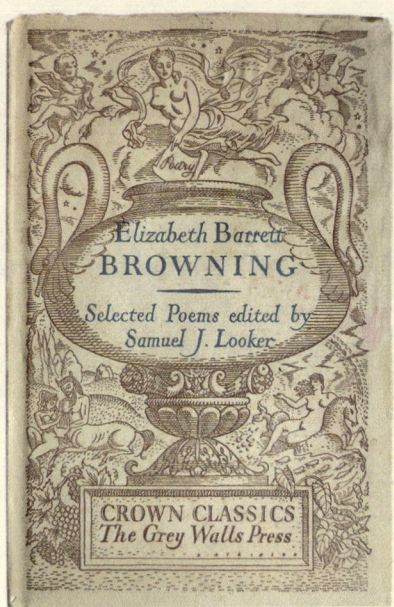

Edições de Elizabeth B. Browning.

    A poesia possui força mística. Uma potência e uma capacidade de sedução difíceis de explicar racionalmente. A boa poesia nos carrega, nos emociona.

    Elizabeth Barrett Browning, poeta inglesa que viveu no século XIX, foi uma criança prodígio, que, muito jovem, se destacou por dominar o grego e o hebraico, além de escrever poemas. A fortuna do pai provinha das plantações de cana-de-açúcar na Jamaica, nas quais se explorava o trabalho escravo. Elizabeth, apesar disso, aderiu à campanha antiescravagista, fazendo poemas para denunciar tamanha brutalidade. E em 1833, com a abolição da escravidão nas colônias britânicas, a fortuna de sua família sofreu um revés. Elizabeth ainda se empenhou na luta contra o trabalho infantil nas minas de carvão. Era uma mulher engajada.

    Na sua Londres natal, ela se apaixona, em 1845, pelo também poeta Robert Browning, mais novo que ela. A família não aprova a relação, até mesmo porque a poeta tinha uma saúde frágil. Os dois se casam secretamente. Deserdada, a pequena Elizabeth (segundo os relatos, ela tinha baixa estatura) escapa da Inglaterra conservadora, na companhia de

Robert e seu cachorro, o spaniel bretão Flush. Vão viver em Ravello, na costa amalfitana.

Em 1850, ela publica os *Sonetos portugueses*.

> Como te amo? Deixa-me contar as muitas maneiras.
> Amo-te até ao mais fundo, ao mais amplo
> e ao mais alto que a minha alma pode alcançar
> buscando, para além do visível dos limites
> do Ser e da Graça ideal.
> Amo-te até às mais ínfimas necessidades de todos
> os dias; à luz do sol e à luz das velas.
> Amo-te com liberdade, como os homens lutam
> pela Justiça;
> Amo-te com pureza, enquanto se afastam da lisonja.
> Amo-te com a paixão das minhas velhas mágoas
> e com a fé da minha infância.
> Amo-te com um amor que me parecia perdido — quando
> perdi meus santos — amo-te com o fôlego, os
> sorrisos, as lágrimas de toda a minha vida!
> E, se Deus quiser, amar-te-ei melhor depois da morte.[30]

Num outro poema, dessa mesma série, Elizabeth começa dizendo: "Ama-me por amor do amor somente"[31] — na bela tradução de Manuel Bandeira. O conceito remete a Santo Agostinho, para quem o apaixonado ama, acima de tudo, o amor.

---

[30] "How do I love thee? Let me count the ways./ I love thee to the depth and breadth and height/ My soul can reach, when feeling out of sight/ For the ends of being and ideal grace./ I love thee to the level of every day's/ Most quiet need, by sun and candle-light./ I love thee freely, as men strive for right./ I love thee purely, as they turn from praise./ I love thee with the passion put to use/ In my old griefs, and with my childhood's faith./ I love thee with a love I seemed to lose/ With my lost saints. I love thee with the breath,/ Smiles, tears, of all my life; and, if God choose,/ I shall but love thee better after death."

[31] "If thou must love me, let it be for nought/ Except for love's sake only."

A poeta morre em 1861. Robert sobrevive em muitos anos sua mulher. Ele apenas falece em 1889. Permaneceu, contudo, fiel ao seu amor. Como negar idolatria e fidelidade eterna a quem lhe dedicou poemas assim?

Concisão

O polímata Blaise Pascal finalizou uma carta se lamentando: "Desculpe-me tê-lo cansado com uma carta tão longa, mas não tive tempo para escrever-lhe uma carta breve." Já um nada humilde Nietzsche gabou-se: "Orgulho-me pelo fato de dizer em dez frases o que qualquer outro não diz em um volume."[32]

A concisão prova inteligência e educação.

Em *Como se faz uma tese*, Umberto Eco explica que, depois de identificar para quem falamos — ou seja, a quem dirigimos nossa mensagem —, devemos atentar em como falar. Ele aconselha: "Não imite Proust. Nada de períodos longos. Se ocorrerem, registre-os, mas depois desmembre-os. Não receie repetir duas vezes o sujeito. Elimine o excesso de pronomes e subordinadas."

O jornalista e crítico literário norte-americano William Zinsser elaborou, no começo dos anos 1970, *Como escrever bem*, que se tornou uma obra clássico para profissionais do texto. O autor começa alegando que "O excesso é o mal da escrita americana." E segue: "Somos uma sociedade sufocada por palavras desnecessárias, construções circulares, afetações pomposas e jargões sem nenhum sentido." Pouco adiante, oferece o remédio: "o segredo da boa escrita é despir cada frase até deixá-la apenas com seus componentes essenciais."[33]

No prólogo de *Romeu e Julieta* toda a história é dita de forma resumida. Antes do início da peça, um ator sobe ao palco para recitar oito linhas. Por meio delas, o espectador toma ciência do que vai acontecer.

---

[32] Friedrich Nietzsche, *Crepúsculo dos ídolos*, 5ª ed, Rio de Janeiro, Nova Fronteira, 2017, p. 177.

[33] William Zinsser, *Como escrever bem*, São Paulo, Fósforo, 2021, p. 19.

Um grande *spoiler* ou um convite a saber como tudo ocorreu? Alia-se o poder de concisão com o lirismo, ambos no seu ápice:

> Duas famílias, iguais em dignidade,
> Na linda Verona, onde se passa esta cena,
> Levadas por antigos rancores, desencadeiam novos distúrbios,
> Nos quais o sangue civil tinge mãos cidadãs.
> Da entranha fatal desses dois inimigos, ganharam vida,
> Sob adversa estrela, dois amantes,
> Cuja desventura e lastimoso fim enterraram,
> Com a morte, a constante sanha de seus pais.[34]

Pronto. Em oito linhas conta-se tudo, mas isso não serve como desestímulo para seguir adiante. Ao revés, o leitor fica cativo, quer saber mais.

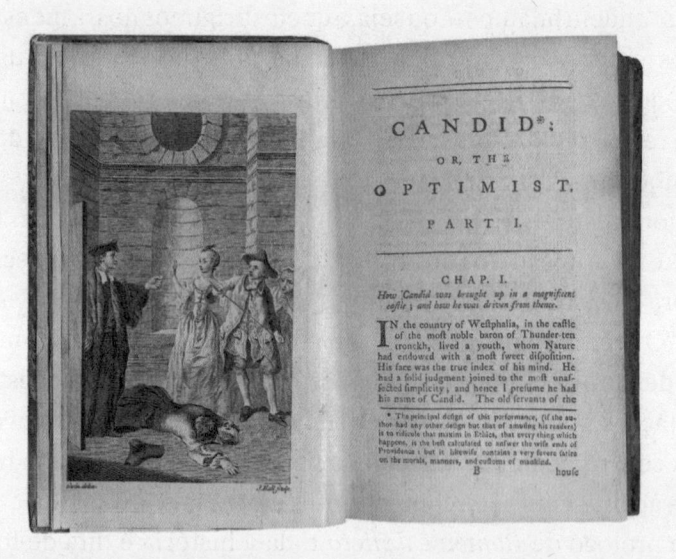

Frontispício e primeira página de uma antiga tradução inglesa de *Cândido*, 1762.

---

[34] "Two households, both alike in dignity,/ In fair Verona, where we lay our scene,/ From ancient grudge break to new mutiny,/ Where civil blood makes civil hands unclean./ From forth the fatal loins of these two foes/ A pair of star-cross'd lovers take their life;/ Whose misadventured piteous overthrows/ Do with their death bury their parents' strife." (Prólogo).

Cândido ou o Otimismo é um livro curto. Desses que se lê numa disparada, segurando a respiração. Tudo acontece rapidamente. O herói, o jovem e ingênuo Cândido, em cada página, está envolvido em novas aventuras.

Voltaire, seu autor, apresenta uma hilária crítica aos clichês do Romantismo e da filosofia, colocando tudo no campo do ridículo.

Nascido num castelo, Cândido é protegido por um barão e pupilo do professor e filósofo Pangloss — para quem vivemos no melhor dos mundos possíveis. Eis a curiosa lição do filósofo:

> Está provado, dizia, que as coisas não podem ser de outra maneira, porque, sendo tudo feito para um fim, tudo existe necessariamente para o melhor dos fins. Observai que os narizes foram feitos para apoio dos óculos; e por isso temos óculos. As pernas são visivelmente instituídas para o uso dos calções, e inventaram-se calções. O destino das pedras foi o de serem talhadas, para a edificação de castelos; assim é que Monsenhor tem o seu castelo muito lindo: ao principal barão de uma província deve caber a melhor casa; e, sendo feitos os porcos para serem comidos, comemos porco o ano inteiro: por conseguinte, aqueles que afirmaram que está tudo muito bem, disseram uma tolice; era preciso que dissessem que tudo vai da melhor forma.

Cândido, contudo, por beijar Cunegundes, a filha do barão, é expulso do castelo. A partir daí, experimenta uma série de dissabores, inclusive o de reencontrar o filósofo Pangloss, desgraçado pela sífilis. Nas suas andanças, acha Cunegundes, que se prostituíra depois da derrocada do pai. Cândido vai para a América, onde peregrina da Argentina até as terras do Eldorado. Fica rico e empobrece. Volta para a Europa, indo para Constantinopla, onde encerra a narrativa. Cândido acaba por se casar com a rabugenta Cunegundes, embora esta já tivesse perdido todos os seus encantos.

Ao fim, termina nos ensinando: "É preciso cultivar nosso jardim."

A deliciosa história, contada de forma ágil, oferece uma lição: a concisão não dá espaço para que o leitor escape da leitura. A narrativa concisa, embora cheia de informações pertinentes, escraviza o leitor.

Dizer sem dizer: as ambiguidades

Dominar a comunicação permite abordar um tema, sem necessariamente fazer a ele uma referência expressa. Por vezes, esse caminho é o único que resta.

Com frequência, qualifica-se *Júlio César*, de Shakespeare, como uma aula de política e engenho retórico. Entre outros temas, a peça trata da conspiração que resultou no assassinato do general e líder popular romano. Alguns desejam matá-lo por inveja, outros por temer que ele se transforme num tirano. Consumado o ato, morto César a facadas no Senado, os conspiradores, também políticos, festejam o sucesso do seu propósito.

Uma estarrecida população romana comparece ao funeral. O povo, que idolatrava o imperador, busca compreender o que aconteceu. Por que mataram César, a quem todos amavam?

Primeiro, Brutus, um dos conspiradores — embora o adorasse — oferece ao povo uma explicação racional para o ocorrido. No seu discurso, ele esclarece que foi necessário matar César para proteger a liberdade dos romanos, já que o general se transformaria num tirano. De forma racional, Brutus esclarece que, embora amado, ele representava um risco à liberdade. A população, ouvindo-o, compreende sua conduta radical.

Depois, entretanto, Marco Antônio, outro político que não participara do grupo que planejou e executou o assassinato, pede a palavra. Os conspiradores admitem que fale, desde que se comprometa a não enaltecer o falecido. Obviamente, os líderes da conspiração não querem insuflar a massa.

Após ouvirem Brutus, o povo comenta:

> Primeiro Cidadão: Esse César foi um tirano!
> Terceiro Cidadão: Sim, não há dúvida. Foi uma benção para nós que Roma se tivesse libertado dele.

Segundo Cidadão: Silêncio! Vamos ouvir o que Antônio tem para dizer.
Marco Antônio: Nobres romanos!...
Todos: Silêncio! Vamos ouvi-lo.[35]

Marco Antônio, então, diz o que não pode dizer:

Amigos, romanos, compatriotas, prestai-me atenção! Estou aqui para sepultar César, não para glorificá-lo. O mal que fazem os homens perdura depois deles! Frequentemente, o bem que fizeram é sepultado com os próprios ossos! Que assim seja com César! O nobre Brutus vos disse que César era ambicioso. Se assim foi, era uma grave falta e César a pagou gravemente. Aqui, com a permissão de Brutus e dos demais (pois Brutus é um homem honrado, como todos os demais são homens honrados), venho falar nos funerais de César. Era meu amigo, leal e justo comigo; mas Brutus diz que era ambicioso; e Brutus é um homem honrado. Trouxe muitos cativos para Roma, cujos resgates encheram os cofres do Estado. César, neste particular, parecia ambicioso? Quando os pobres deixavam ouvir suas vozes lastimosas, César derramava lágrimas. A ambição deveria ter um coração mais duro! Entretanto, Brutus disse que ele era ambicioso e Brutus é um homem honrado. Todos vós o vistes nas Lupercais: três vezes eu lhe apresentei uma coroa real e, três vezes, ele a recusou. Isto era ambição? Entretanto, Brutus disse que ele era ambicioso, e, sem dúvida alguma, Brutus é um homem honrado. Não falo para desaprovar o que Brutus disse, mas aqui estou para falar sobre aquilo que conheço! Todos vós já o amastes, não sem motivo. Que razão, então, vos detém agora, para pranteá-lo?

---

35 "First Citizen: This Caesar was a tyrant.
Third Citizen: Nay, that's certain:/ We are blest that Rome is rid of him.
Second Citizen: Peace! let us hear what Antony can say.
ANTONY: You gentle Romans, —
Citizens: Peace, ho! let us hear him." (Ato III, Cena 2).

Oh! Inteligência, fugiste para os irracionais, pois os homens perderam o juízo!... Desculpai-me! Meu coração está ali com César, e preciso esperar até que ele para mim volte![36]

O discurso, cheio de emoção, comove a plateia. Marco Antônio consegue transmitir perfeitamente o que intenciona dizer, embora sem denunciar diretamente o absurdo do ato cometido pelos conspiradores. Elogia César de forma indireta, demonstrando inteligência e domínio da linguagem.

Os romanos reagem às refletidas palavras de Marco Antônio. Lamentam a morte de César, compreendem a jogada política e passam a perseguir aqueles que o assassinaram. A grandiloquência sela o destino da república. A mensagem de Marco Antônio, mesmo feita de forma indireta — e seguindo as restrições que lhe foram impostas —, atinge o seu propósito.

O "Soneto CXXXVIII", de William Shakespeare, começa com os seguintes versos: *"When my love swears that she is made of truth,/ I do believe her, though I know she lies"*. A tradução mais simples parece ser:

---

[36] "Friends, Romans, countrymen, lend me your ears;/ I come to bury Caesar, not to praise him./ The evil that men do lives after them;/ The good is oft interred with their bones;/ So let it be with Caesar. The noble Brutus/ Hath told you Caesar was ambitious:/ If it were so, it was a grievous fault,/ And grievously hath Caesar answer'd it./ Here, under leave of Brutus and the rest —/ For Brutus is an honourable man;/ So are they all, all honourable men —/ Come I to speak in Caesar's funeral./ He was my friend, faithful and just to me:/ But Brutus says he was ambitious;/ And Brutus is an honourable man./ He hath brought many captives home to Rome/ Whose ransoms did the general coffers fill:/ Did this in Caesar seem ambitious?/ When that the poor have cried, Caesar hath wept:/ Ambition should be made of sterner stuff:/ Yet Brutus says he was ambitious;/ And Brutus is an honourable man./ You all did see that on the Lupercal/ I thrice presented him a kingly crown,/ Which he did thrice refuse: was this ambition?/ Yet Brutus says he was ambitious;/ And, sure, he is an honourable man./ I speak not to disprove what Brutus spoke,/ But here I am to speak what I do know./ You all did love him once, not without cause:/ What cause withholds you then, to mourn for him?/ O judgment! thou art fled to brutish beasts,/ And men have lost their reason. Bear with me;/ My heart is in the coffin there with Caesar,/ And I must pause till it come back to me." (Ato III, Cena 2).

"Quando meu amor jura que é feita de verdade,/ Eu acredito nela, apesar de saber que é mentira".

O Bardo, aqui, fazia um jogo de palavras, que permitia mais de uma acepção ao texto. *"Made of truth"* — "feita de verdade" — possui a mesma fonética de *"Maid of truth"*, ou seja, "moça de verdade", que, por sua vez, significaria "virgem, intocada, pura". No segundo verso, a palavra *"lies"* quer dizer, ao mesmo tempo, "mentira", mas também designa o ato de se "deitar". Diante disso, o mesmo soneto pode ser lido, por meio de um elaborado truque de ambiguidades linguístico, como "Quando meu amor jura que é virgem,/ Acredito nela, embora saiba que ela se deita [com outros]".

Diz-se uma coisa que pode muito bem significar outra.

Em 1924, o chileno Pablo Neruda, com vinte anos, lança *Vinte poemas de amor e uma canção desesperada*. O poema 20, uma marcha fúnebre, conta de um amor perdido:

> Posso escrever os versos mais tristes esta noite.
> Escrever, por exemplo: a noite está estrelada,
> E cintilam azuis, os astros, desde longe.
>
> O vento da noite gira no céu e canta.
> Posso escrever os versos mais tristes esta noite.
> Eu a quis, e às vezes ela também me quis.
>
> Nas noites como esta a tive entre meus braços.
> Beijei-a tantas vezes sob o céu infinito.
>
> Ela me quis, às vezes eu também a queria.
> Como não haver amado seus grandes olhos fixos.
>
> Posso escrever os versos mais tristes esta noite.
> Pensar que não a tenho. Sentir que a perdi.
>
> Ouvir a noite imensa, mais imensa sem ela.
> E o verso cai na alma como ao pasto o orvalho.
>
> Que importa que meu amor não possa guardá-la
> A noite está estrelada e ela não está comigo.

Isso é tudo. Muito longe alguém canta. Muito longe.
Minha alma não se contenta em havê-la perdido.

Como para aproximá-la meu olhar a busca.
Meu coração a busca, e ela não está comigo.

A mesma noite que faz branquear as mesmas árvores.
Nós, os de então, já não somos os mesmos.

Já não a quero, é certo, mas quanto a quis.
Minha voz buscava o vento para tocar seu ouvido.

De outro. Será de outro. Como antes de meus beijos.
Sua voz, seu corpo claro. Seus olhos infinitos.

Já não a quero, é certo, mas talvez a queira.
É tão breve o amor e é tão longo o esquecimento.

Porque, em noites como esta, a tive entre meus braços,
minha alma não se contenta em havê-la perdido.

Ainda que esta seja a última dor que ela me causa,
e estes sejam os últimos versos que eu lhe escrevo.[37]

---

37 "Puedo escribir los versos más tristes esta noche./ Escribir, por ejemplo: "La noche está estrellada,/ y tiritan, azules, los astros, a lo lejos"./ El viento de la noche gira en el cielo y canta./ Puedo escribir los versos más tristes esta noche./ Yo la quise, y a veces ella también me quiso./ En las noches como ésta la tuve entre mis brazos./ La besé tantas veces bajo el cielo infinito./ Ella me quiso, a veces yo también la quería./ Cómo no haber amado sus grandes ojos fijos./ Puedo escribir los versos más tristes esta noche./ Pensar que no la tengo. Sentir que la he perdido./ Oir la noche inmensa, más inmensa sin ella./ Y el verso cae al alma como al pasto el rocío./ Qué importa que mi amor no pudiera guardarla./ La noche está estrellada y ella no está conmigo./ Eso es todo. A lo lejos alguien canta. A lo lejos./ Mi alma no se contenta con haberla perdido./ Como para acercarla mi mirada la busca./ Mi corazón la busca, y ella no está conmigo./ La misma noche que hace blanquear los mismos árboles./ Nosotros, los de entonces, ya no somos los mismos./ Ya no la quiero, es cierto, pero cuánto la quise./ Mi voz buscaba el viento para tocar su oído./ De otro. Será de otro. Como antes de mis besos./ Su voz, su cuerpo claro. Sus ojos infinitos./ Ya no la quiero, es cierto, pero tal vez la quiero./ Es tan corto el amor, y es tan largo el olvido./ Porque en noches como ésta la tuve entre mis brazos,/ mi alma no se contenta con haberla perdido./ Aunque éste sea el último dolor que ella me causa,/ y éstos sean los últimos versos que yo le escribo."

O poeta a perdeu. Já não a quer, mas talvez a queira. O poeta diz que não a ama mais, mas suas palavras podem indicar o oposto. Há uma dolorosa ambiguidade na sua manifestação, deixando clara a inquietude de sua alma. Busca-se conformar com o fim do relacionamento, mas sofre a dor da ausência. A lembrança do amor, do amor que já não se tem, que se perdeu, permite ao poeta escrever os versos mais tristes.

Às vezes — numa aparente contradição —, ao não dizer, diz-se o que se deve dizer. Comumente, ouvimos alguém, num pouco inspirado discurso, dizer: "Faltam-me palavras..." para isso ou aquilo. O palestrante quer passar a ideia de que o fato é tão extraordinário que não há como expressá-lo em algum termo. Infelizmente, esse recurso de oratória tornou-se um clichê. Será mesmo que não é possível expressar o sentimento, ou essa incapacidade se deve à falta de talento do orador?

A incapacidade de definir, se sincera e bem colocada, passa perfeitamente a mensagem, num reconhecimento do limite das palavras diante de um fenômeno superlativo. Eis como o romancista português Almeida Garrett, em *Viagens na minha terra*, fala do amor:

> Eu não tinha amado.
> Há três espécies de mulheres neste mundo: a mulher que se admira, a mulher que se deseja, a mulher que se ama.
> A beleza, o espírito, a graça, os dotes de alma e do corpo geram a admiração.
> Certas formas, certo ar voluptuoso criam o desejo.
> O que produz o amor não se sabe; é tudo isto às vezes, é mais do que isto, não é nada disto.
> Não sei o que é; mas sei que se pode admirar uma mulher sem a desejar, que se pode desejar sem a amar.
> O amor não está definido, nem o pode ser nunca.

Almeida Garrett define pela impossibilidade da definição. Assim, a mensagem é perfeitamente transmitida.

A semiótica — o poder dos símbolos

Semiótica é o estudo dos signos, simbologias, metáforas, alegorias no âmbito da comunicação.

A linguagem se compõe de diversos elementos. Por meio deles, criam-se e recriam-se significados. A palavra, no seu sentido literal ou simbólico, pode alcançar os mais distintos sentidos. "Símbolo" é um nome de origem grega, *symballein*, significando, literalmente, "lançar junto". Isso porque, no começo da civilização ocidental, via-se, em muitas coisas, a presença do divino. Uma pedra não era apenas uma pedra, mas também algo divino. O mesmo se podia dizer de uma árvore, de um rio ou das estrelas. As coisas não se separavam de sua dimensão espiritual e divina. Eram símbolos.

Notadamente a partir do século XVIII, desenvolveu-se uma análise científica da história. A atenção passou a se dirigir ao que, de fato, concretamente, teria ocorrido. Contudo, antes, num mundo que precedeu a Revolução Científica e a modernidade, a atenção se dirigia mais ao sentido dos eventos históricos, ao seu significado, do que ao fato concreto. Na mitologia cristã, Jesus nasceu de uma virgem e ressuscitou três dias após sua crucificação. A concretude desses fatos é, diante de sua simbologia, pouco relevante. Da mesma forma, a efetiva factualidade da constituição de Adão a partir de barro e de Eva como proveniente da costela de Adão é menos importante — ou melhor, irrelevante — diante do simbolismo carregado nessas histórias. Nesses casos, parece perda de tempo discutir os fatos — investigar os significados será mais rico e engrandecedor.

De modo geral, o ser humano contemporâneo se afastou da análise simbólica dos fenômenos, privilegiando uma observação racional. Perdemos com isso. A literatura, entretanto, resiste.

A literatura se constrói pelos símbolos. A mitologia grega e romana, por exemplo, existe e se justifica pela sua simbologia. A narrativa crua, isolada de seu significado, diz pouco. Todas as lendas e todos os mitos guardam um sentido cuja compreensão demanda do leitor um aprofundamento. Resistiram ao tempo precisamente por conta dessa carga valorativa que carregam.

O herói Hércules — os gregos o conheciam por Herácles — luta contra o gigante Anteu, mais forte que ele, e cujas forças se renovam toda vez que seu corpo encosta no chão — afinal, Anteu era filho de Gaia, divindade que representa a própria Terra.

Hércules, percebendo a fonte do poder de Anteu, suspende o gigante no ar, esmagando-o com os braços. Assim, consegue derrotá-lo. Hércules fragiliza seu oponente quando retira dele suas raízes, privando-o do contato com a mãe. Nós todos, em regra, perdemos força quando nos afastamos de nossas origens. Essa história, sem atentarmos à sua simbologia, chega a ser tola: uma luta banal, na qual um dos contendores esmaga o outro. Quando se incorpora à interpretação o sentido de demonstrar os danos decorrentes de quando abandonamos nossa essência, o mesmo relato ganha encanto e um significado muito mais profundo.

A *Eneida*, por exemplo, um dos importantes poemas da literatura ocidental, influenciou diretamente outras obras icônicas, como *Beowulf*, *A divina comédia*, *Paraíso perdido*, entre outras. Terminada pouco antes do ano 1 da era cristã, não pode ser compreendida fora de seu contexto e propósito. Virgílio, seu autor, pretendia, a partir do modelo das epopeias de Homero — a *Ilíada* e a *Odisseia* —, glorificar o Império Romano, notadamente o imperador Augusto.

No longo poema, conta-se que Eneias, um nobre troiano (citado brevemente na *Ilíada*), depois da queda de suas cidades para os gregos, escapa, carregando o pai nas costas e o filho pelas mãos. Eneias é filho da deusa Vênus, a Afrodite dos gregos, que o protege na sua peregrinação em busca de um novo lar.

Logo no primeiro canto do poema, Eneias chega a Cartago, na costa da África no Mediterrâneo. A rainha de Cartago, Dido, rapidamente se apaixona pelo herói — e eles fazem amor numa caverna. Contudo, Eneias é advertido pelos deuses de que não pode ficar com Dido, a fim de que cumpra seu destino: criar uma poderosa nação. Ele, então, vai embora, sem se despedir, deixando a rainha totalmente desolada. Ferida emocionalmente, Dido constrói uma pira funerária. Ela se apunhala e se joga na pira, sem não antes amaldiçoar Eneias. Dido jura uma eterna inimizade entre Cartago e os descendentes de Eneias. De sua embarcação, o herói observa a fumaça da pira funerária da amante.

Eneias, adiante, chega ao Lácio, para fundar Roma.

Dessa forma, Virgílio cria uma história para justificar as Guerras Púnicas, nas quais os romanos derrotaram seus rivais cartagineses, dando ao evento um significado mítico. Além disso, no episódio, Eneias ressalta que, antes do amor, o herói — o arquétipo do homem romano — deve colocar os seus deveres com o Estado. Ele deixou sua amante por conta de seu comprometimento com Roma. Virgílio, na *Eneida*, garante uma origem nobre e divina aos romanos, descendentes dos deuses olímpicos. As alegorias estão em toda parte; são muito mais interessantes do que aquilo que, de fato, ocorreu.

As lendas mitológicas, possivelmente mais do que qualquer outro gênero, são intensamente carregadas de alegorias. A força desses símbolos, uns mais evidentes e outros escondidos, garantiu a sobrevivência das histórias ao longo dos séculos. *A canção dos nibelungos* — ou *A saga dos volsungos* —, poema épico da mitologia nórdica, escrito por volta dos séculos XII e XIII, inspirou Richard Wagner a compor seu ciclo de óperas *O anel dos nibelungos: o ouro do Reno, As Valquírias, Siegfried* e *O crepúsculo dos deuses*.

O enredo da ópera começa com a história do anão Alberich — rei dos nibelungos, anões donos de valioso tesouro —, que descobre o ouro protegido por ninfas do rio Reno. Explica-se ao anão que quem forjar um anel com aquele ouro será o rei do universo. Contudo, para que isso se concretize, o ourives terá que renunciar ao amor. O anão Alberich, ávido por poder, aceita.

A imagem é bem clara. Ela fala das renúncias que se deve fazer para atingir o poder. A narrativa ganha um contorno profundo quando se verifica seu significado: a abdicação dos poderosos ao amor, como condição de seu propósito de dominar. Este é o preço da ambição.

O filósofo espanhol José Ortega y Gasset foi preciso: "A metáfora é provavelmente a potência mais fértil que o homem possui." Adiante, ele elabora o pensamento, indicando a infinita dimensão dessa ferramenta: "Todas as demais potências mantêm-nos circunscritos ao real, ao que já é. O que podemos fazer, além disso, é somar ou subtrair algumas das coisas. Só a metáfora facilita-nos a evasão, criando, entre as coisas reais, arrecifes imaginários, florescimento de ilhas suspensas."[38]

Ainda adolescente, li o poema de Castro Alves intitulado "Longe de ti", que começa assim:

> Quando longe de ti eu vegeto
> Nestas horas de largos instantes,
> O ponteiro, que passa os quadrantes
> Marca sec'los, s'esquece de andar.
> Fito o céu — é uma nave sem lâmpada.
> Fito a terra — é uma várzea sem flores.
> O universo é um deserto de dores
> Se a madona não brilha no altar.

A força da imagem me impressionou: "quando longe de ti eu vegeto". O poeta dizia que, quando distante de sua amada, ele vegetava, era nada. Que sentimento poderoso!

Jan Skacel identifica o fenômeno:

> Os poetas não inventam os poemas
> O poema está em algum lugar do passado
> Há muito tempo ele está lá
> O poeta apenas o descobre

O poeta não trata do que não existe, apenas diz o que já sentíamos, mas não conseguimos expor. Quando reconhecemos na linguagem poética esse sentimento, revelado pela sensibilidade, ocorre uma poderosa identificação. Nós nos tornamos cúmplices. Nessa missão do poeta, sua arma é a metáfora.

---

[38] José Ortega y Gasset, *A desumanização da arte & outros escritos*, Campinas, Vide editorial, 2021, p. 43.

A primeira edição de *Orlando*.

Muitas vezes, não basta, para expressar uma ideia, a sua mera explicação, tal como seria a tarefa de ensinar uma receita de bolo. Não raro, a força da comunicação se encontra numa imagem, numa metáfora ou mesmo numa forma sensível de se expressar.

Imagine que uma pessoa totalmente desprovida de paladar te pergunte a diferença entre o gosto da maçã e o da banana. Você sabe perfeitamente distinguir essas duas frutas, mas colocar em palavras as peculiaridades de cada uma é tarefa dificílima (talvez impraticável), se não for possível recorrer às próprias frutas. Afinal, banana tem sabor de banana e maçã tem sabor de maçã. Se o autor da pergunta tem paladar, a melhor forma de explicar a diferença entre as duas não será com palavras, mas entregando um pedaço de maçã e um de banana para que prove ambas. A experiência gustativa será mais eficaz do que qualquer outra explicação.

Será possível conter a grandeza e complexidade dos sentimentos no papel? Se pensarmos apenas no conceito, uma primeira resposta seria negar a possibilidade de definir sentimentos humanos com precisão.

Logo no primeiro diálogo entre os protagonistas de *Antônio e Cleópatra*, de Shakespeare, a mimada rainha do Egito indaga a seu amante: "Se me amas de verdade, dizei-me quanto." Diante da difícil pergunta, Antônio sai pela lateral: "Muito miserável é o amor que pode ser medido."[39]

A solução para essa dificuldade é valer-se de símbolos, imagens, ambiguidades, reticências. Virginia Woolf, no seu instigante romance *Orlando*, procura expressar como acontece quando as pessoas se apaixonam:

> Na verdade, embora se conhecessem havia tão pouco tempo, em menos de dois segundos ambos tinham adivinhado, como sempre acontece entre amantes, tudo que era minimamente importante a respeito um do outro; agora só faltava preencher as lacunas de menor importância, tais como seus nomes, onde moravam, se eram mendigos ou pessoas de posses.

Em 1968, os norte-americanos lançaram a nave espacial Apollo 8, que faria o primeiro voo tripulado de órbita da Lua. Ao contrário dos russos que enviaram cachorros, macacos, coelhos e até tartarugas, os americanos tiveram três seres humanos na missão. Os astronautas Frank Borman, Jim Lovell e William Anders voaram da Flórida, no dia 21 de dezembro, para retornar no dia 27 de dezembro daquele ano, depois de percorrer quase um milhão de quilômetros pelo espaço — completando dez voltas no satélite natural —, e caindo no oceano Pacífico.

Esses bravos astronautas foram os primeiros a ver, de uma só vez e com os próprios olhos, o nosso planeta como uma bola em rotação: num só olhar, numa única imagem, capturaram a América, a África e a Europa.

Na época, o sistema de transmissão de informação se dava por rádio apenas, algo nada sofisticado se comparado ao que dispomos hoje. Quando a nave se deslocava pelo lado "negro" da Lua, a comunicação com a Terra era interrompida. Eram momentos de angústia, até que o sinal fosse restabelecido.

---

[39] "Cleopatra: If it be love indeed, tell me how much.
Mark Antony: There's beggary in the love that can be reckon'd." (*Antônio e Cleópatra*, Ato I, Cena 1).

Da base, profundamente curiosos, os técnicos solicitavam informações, pedindo aos astronautas que contassem o que viam. Lovell descreveu a superfície lunar:

> Houston. A Lua é essencialmente cinza, sem cor; parece gesso parisiense ou outro tipo de areia cinzenta de praia. Podemos ver muitos detalhes. O Mar da Fertilidade não se destaca tanto aqui quanto se destaca lá na Terra. Não há tanto contraste entre ele e as crateras ao redor... As crateras são todas arredondadas. Há bastante delas, algumas delas são mais novas. Muitas delas se parecem — especialmente as redondas — parecem que foram atingidas por meteoritos ou projéteis de algum tipo... Langrenus é uma cratera bem grande; tem um cone central. As paredes da cratera são geminadas, por volta de seis ou sete terraços diferentes até embaixo.

Na véspera do Natal, em 24 de dezembro, os astronautas fizeram uma transmissão a ser veiculada para todo o mundo. Esse evento da transmissão antecedia o momento mais tenso da missão, quando seria necessário fazer uma manobra arriscada, que consistia em ativar a propulsão da nave para voltar ao nosso planeta. Um pequeno erro ou falha do sistema condenaria a tripulação a jamais deixar a órbita lunar. Para agravar, a operação deveria ser efetuada quando a espaçonave estivesse no lado oculto da Lua, sem comunicação com a base na Terra.

Borman, o comandante da Apollo 8, conduziu a transmissão, saudando quem o escutava. Disse que a Lua era uma "expansão vasta, solitária e sinistra de nada". Depois, o astronauta Lovell tomou a palavra. Ao invés de seguir descrevendo o que via, limitou-se a ler a Bíblia, na seguinte passagem do Gênesis:

> No princípio Deus criou os céus e a terra.
> Era a terra sem forma e vazia; trevas cobriam a face do abismo, e o Espírito de Deus se movia sobre a face das águas.

> Disse Deus: "Haja luz", e houve luz.
> Deus viu que a luz era boa, e separou a luz das trevas. Deus chamou à luz dia, e às trevas chamou noite. Passaram-se a tarde e a manhã; esse foi o primeiro dia.
> Depois disse Deus: "Haja entre as águas um firmamento que separe águas de águas". Então Deus fez o firmamento e separou as águas que ficaram abaixo do firmamento das que ficaram por cima. E assim foi. Ao firmamento Deus chamou céu. Passaram-se a tarde e a manhã; esse foi o segundo dia.
> E disse Deus: "Ajuntem-se num só lugar as águas que estão debaixo do céu, e apareça a parte seca". E assim foi. À parte seca Deus chamou terra, e chamou mares ao conjunto das águas. E Deus viu que ficou bom.

Quinhentos milhões de pessoas escutaram essa transmissão. Foi a maior da história até então. Citar a Bíblia foi certamente mais forte do que qualquer descrição.

Além disso, havia uma mensagem subliminar nessa citação bíblica. Naquela época, os norte-americanos disputavam com os soviéticos o centro de poder e influência sobre as demais nações. Os soviéticos, como se sabe, defendiam um modelo de Estado não apenas laico, mas ateísta. Yuri Gagarin, famoso astronauta russo, o primeiro homem a orbitar ao redor da Terra, em 1961, disse, logo após aterrissar: "Olhei e olhei, mas não vi Deus." Ao citar a Bíblia, os norte-americanos faziam um contraponto e mandavam um recado.

(Gagarin, contudo, merece nossa absolvição. Afinal, foi ele quem, ao ver nosso planeta à distância, registrou: "A Terra é azul", fazendo poesia do espaço.)

Duas horas depois da transmissão, quando a Apollo 8, escondida atrás da Lua, estava fora do alcance do rádio, os três astronautas iniciaram manualmente o processo de propulsão. No primeiro contato que tiveram depois de restabelecida a comunicação, Lovell disse simplesmente: "Por favor, estejam informados: existe Papai Noel."

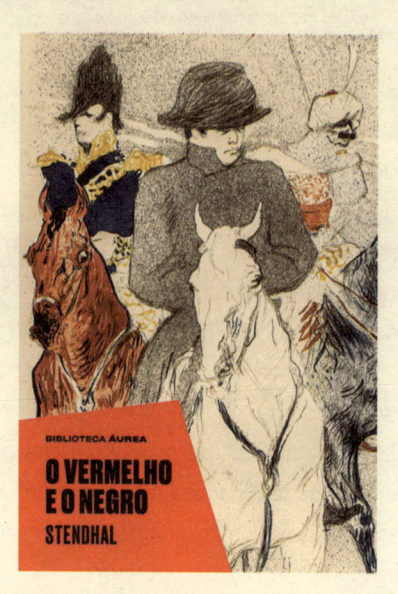

O vermelho e o negro.

 O vermelho e o negro é o título de um monumental romance de Stendhal. Lançado em 1830, para muitos, trata-se do primeiro entre os romances psicológicos.
 Em suma, conta-se a história do ambicioso Julien Sorel, de origem humilde e algum talento. Inicialmente, Julien, dono de espírito ágil e vivo, se encanta com a vida militar. Depois, por conveniência, torna-se clérigo. A sua personalidade, contudo, não se caracteriza pela força dos propósitos. Ele mantém uma relação adúltera, confusa sentimentalmente. Acaba por assassinar a antiga amante. Julien jamais se conforma com a impossibilidade de ascensão social em decorrência de sua origem.
 Stendhal nunca explicou o motivo do título de sua obra. O que significaria *O vermelho e o negro*? Para alguns, o vermelho representa o exército do início da vida do protagonista, ao passo que o negro remeteria ao clero, para onde ele foi. Vermelho também pode se relacionar ao sangue, à paixão, ao passo que o negro, à morte. Há quem remeta o vermelho e o negro às cores da roleta, do jogo, simbolizando as incertezas da nossa existência, a nossa subserviência ao acaso. Sempre símbolos.
 O próprio conceito de "livro" pode servir como imagem. Machado de Assis fez isso de modo sublime:

> Teus olhos são meus livros,
> Que livro há aí melhor,
> Em que melhor se leia
> A página do amor?

Não raro, a metáfora oferece mais força e beleza do que a "realidade". O poeta John Keats lamentava que o físico Isaac Newton houvesse destruído a mágica do arco-íris, reduzindo o fenômeno a uma explicação científica.

Para o *Talmude*, "um sonho não compreendido é como uma carta não aberta". Pois a simbologia não desvendada, tal como o sonho referido no *Talmude*, retira do receptor o sentido da mensagem. Compreender o símbolo faz toda a diferença. Para essa leitura, é fundamental a sensibilidade. Dizem que a capacidade de ver a complexidade das coisas é o começo da sabedoria. Portanto, para ler as metáforas, deve haver emoção, empatia. O psicopata seguramente percebe tudo ao seu redor de forma deturpada.

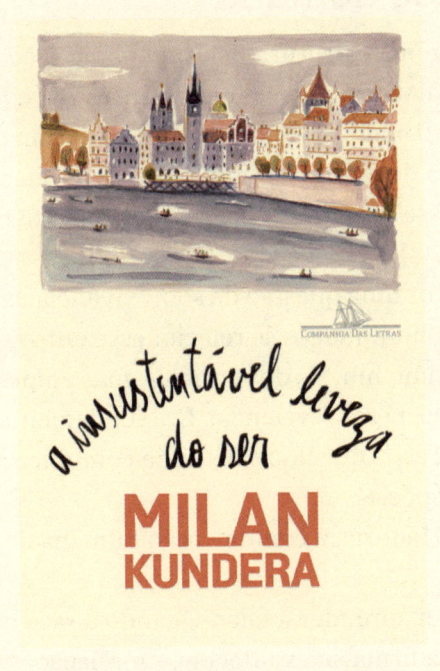

O grande clássico de Milan Kundera.

Em *A insustentável leveza do ser*, de Milan Kundera, obra repleta de *insights* filosóficos, fala-se das renúncias que fazemos para amar. O tema das metáforas é colocado de forma definitiva:

> Tomás compreendeu então que as metáforas são perigosas. Não se brinca com as metáforas. O amor pode nascer de uma simples metáfora.

Nesse ponto, por fim, vale registrar outro aprendizado colhido da literatura: é necessário haver sutileza na alegoria. As metáforas evidentes perdem seu sentido. Os símbolos, para que ganhem vigor, devem vir debaixo de um véu. A beleza da metáfora consiste em permitir que a inteligência e a sensibilidade do leitor a descubram. A obviedade, por outro lado, a vulgariza e destrói.

Os caminhos e os novos desafios da comunicação humana

O homem, com a estrutura física que hoje reconhecemos, surgiu, em algum lugar da África, possivelmente entre 250 e 100 mil anos atrás. Ele tinha o cérebro maior do que o dos demais primatas. Após uma longuíssima sucessão de alterações genéticas, conseguia ficar em pé e caminhar apoiando-se apenas nas pernas, deixando livres os braços para outras atividades.

Até mesmo por uma questão de sobrevivência, fazia-se necessário que esse grupo de hominídeos se relacionasse entre si. Os homens não eram tão fortes como muitos dos animais, mas empregavam suas habilidades para a própria sobrevivência. Era fundamental, para garantir a permanência na Terra, que houvesse uma comunicação entre os membros dessa nova espécie.

Ao longo da História, a comunicação humana deu quatro grandes passos.

O primeiro foi aprender a falar. Quando a raça humana domina a linguagem oral ela firma sua vantagem em relação às demais espécies que habitam o planeta. Falar é um processo físico complexo, que fazemos intuitivamente. O ar passa pelas nossas cordas vocais, emitindo sons que controlamos. Um homem, quando fala, faz com que suas cordas vocais vibrem cerca de 120 vezes por segundo, podendo chegar a 360. As cordas vocais da mulher, por seu turno, vibram, em média, cerca de duzentas vezes por segundo. Chegam a mil. Uma soprano atinge mais de 1500 vibrações por segundo. Quando mais aguda a voz, mais vibrações. A voz grave, de baixo, apresenta o oposto: apenas quarenta vibrações. O fenômeno da fala é fascinante. O fato de sermos os únicos animais com essa aptidão nos garante uma extraordinária vantagem competitiva.

Pela fala, o homem consegue se expressar. Formula ideias complexas. Manifesta seus desejos e sentimentos. Ao falar, aprende a transferir informações, conhecimentos adquiridos, que são passados às novas gerações, uma após outra. As técnicas desenvolvidas não morrem com quem as criou, mas seguem em constante aprimoramento, pelos seus filhos e os filhos destes.

Nenhum outro animal transfere o conhecimento nesse nível de complexidade, precisamente porque nenhum outro desenvolveu a fala como os humanos.

Quando surge a fala? Impossível precisar. Os fósseis não deixam esse registro. Há quem sugira, pelo estudo do crânio dos hominídeos, que isso ocorreu há cerca de 150 mil anos. Alguns estudiosos, contudo, acreditam que o evento se deu muito antes, praticamente ao mesmo tempo em que surge o homem.

De toda forma, a linguagem plenamente articulada é mais recente; provavelmente data de 50 mil a.C. Para a grande parte dos historiadores, o pleno domínio da oralidade marca o verdadeiro início da história da humanidade.

Segundo muitos, credita-se à capacidade de articular as ideias o fato de, nós, humanos, termos conseguido sobrepujar os chamados "homens de Neandertal", outra espécie hominídea, com quem convivemos no passado. Os neandertais eram mais fortes do que nós, mas não conseguiam falar com a mesma fluência. Essas duas espécies interagiram e lutaram — até a extinção dos neandertais, há cerca de 30 mil anos.

Os *homo sapiens sapiens*, nós, acabamos prevalecendo. A comunicação fez a diferença.

O segundo grande passo na história da comunicação humana ocorre por volta de quatro mil anos antes da nossa era, com o desenvolvimento da escrita. Não foi uma iniciativa de poetas, mas de comerciantes e contadores, que precisavam registrar seus negócios.

Acredita-se que a escrita se desenvolveu em Uruk, uma das primeiras cidades de que se tem notícia, na Suméria, numa região situada entre os rios Tigre e Eufrates. Para organização dos armazéns, os sumerianos gravavam, em blocos de argila, as informações que desejavam registrar. A argila passou a falar. Assim, nasceu a escrita. Uma descoberta que mudaria a história, pois permitia que se preservassem e transmitissem dados, até mesmo de forma impessoal, para um grupo indefinido de pessoas.

Com o registro da informação por escrito, conservava-se o fato. Da argila para o papiro, para a pele de cordeiro e até para a pedra, o homem aprendeu a perenizar a mensagem.

A possibilidade de se registrar se relaciona mais com o esquecimento do que com a lembrança. Afinal, o passado, pelo mero registro, não é recriado. Ele fica onde está. Evita-se, contudo, seu esquecimento.

Segundo o antigo adágio latino: *verba volant, scripta manent* — isto é, a palavra voa e a escrita permanece. Este ditado pode ser interpretado de mais de uma forma. Por um lado, as palavras ditas têm o poder de voar, enquanto aquelas escritas ficam presas às páginas, libertadas quando alguém as lê. De outro lado, as palavras faladas não guardam registro e esse voo pode ser para longe, onde serão esquecidas e perdidas. Já as escritas permanecem e podem ser consultadas.

Adiante, o terceiro grande avanço na comunicação se deu com o desenvolvimento da imprensa, o que ocorre em meados do século XV. Gutenberg, um artesão natural de Mainz, na Alemanha, aprimora uma arte antiga de impressão, passando a adotar caracteres móveis.

A tecnologia da impressão teve origem na China. Contudo, a linguagem escrita chinesa era formada por milhares de caracteres pictóricos. Difícil imaginar um teclado de uma máquina de escrever ou de um computador com tantas opções... Os chineses apenas imprimiam figuras, desenhos, imagens.

O alfabeto europeu, diferente do chinês, era fonético, baseado no som de cada caractere. Possuía apenas 26 letras e uns poucos sinais de pontuação. Com esse número limitado de signos, foi possível desenvolver a imprensa móvel, por meio da criação de caracteres de chumbo. Os moldes das letras maiúsculas, utilizados com menor frequência, eram guardados em caixas situadas no alto das prateleiras, dando origem à expressão "caixa-alta".

Os moldes para a impressão de uma página eram rapidamente alterados, bastando mudar as letras. Essa agilidade permitiu que, em pouco tempo, fossem impressos livros inteiros.

Valendo-se dessa "invenção", Gutenberg consegue, na primeira edição, de 1455, imprimir 180 Bíblias. Elas tinham 42 linhas por página. Até então, um exemplar da Bíblia — o livro mais popular e mais procurado —, feito por um copista, demorava pelo menos um ano para ficar pronto, se houvesse dedicação exclusiva do escriba no trabalho. Os livros eram raros e caros. Com o advento da imprensa móvel, confeccionava-se uma Bíblia em poucos dias, garantindo-se, ademais, uma qualidade do texto maior, na medida em que os livros impressos continham, em regra, menos erros do que aqueles copiados.

Selo em comemoração dos quinhentos anos da Bíblia de Gutenberg.

A Bíblia de Gutenberg.

Outro fator relevante para o sucesso da imprensa móvel foi o advento do papel, material relativamente barato usado para receber a impressão. O pergaminho, até o fim da Idade Média o principal receptáculo de escrituras, era feito a partir da pele de um animal. A palavra "pergaminho" faz referência à cidade de Pérgamo, hoje na Turquia, onde, na antiguidade, se desenvolveu a técnica de, a partir da pele animal, criar uma superfície na qual se poderia registrar um desenho ou símbolo. Mas não era fácil, nem prático. Uma Bíblia, por exemplo, demandava a pele de mais de cem bezerros, ovelhas ou cabras.

O papel foi outra invenção do Oriente. Os antigos egípcios já se valiam das folhas de papiro para registrar desenhos ou algo escrito. Com o fim do Império Romano, o comércio de papiro foi praticamente extinto (como, de forma geral, se deu com o comércio de todos os bens). Durante a Idade Média, usava-se apenas o pergaminho. O papel, numa forma mais parecida com a que conhecemos hoje, surgiu no século II da nossa era, porém só se tornou mais acessível na Europa a partir de 1150. Se não houvesse o desenvolvimento do papel, não seria possível massificar as publicações, como ocorreu com o advento da imprensa móvel.

O sucesso das impressões foi imediato. Máquinas se espalharam por toda a Europa. Em 1467, Ulrich Hahn abriu uma impressora em Roma. Pouco depois, Heinrich Botel e Georg van Holz estabeleceram uma tipografia em Barcelona. Assim por diante, editoras se espalharam rapidamente pela Europa. Basta dizer que, em 1500, aproximadamente um quinto das cidades da Suíça, da Dinamarca, da Alemanha e da Holanda já contavam com impressoras de livros. Produziam-se livros e panfletos em massa. A informação passou a circular de forma veloz e relativamente livre. A transmissão do conhecimento recebeu um impulso como nunca houvera antes.

Até mesmo a Igreja aplaudiu e incentivou as publicações da Bíblia, já que eram comuns os erros, cometidos por copistas, na transcrição da Sagrada Escritura. Com a imprensa, protegia-se a uniformidade do texto bíblico.

Finalmente, o quarto grande passo da comunicação humana se deu no final do século XX e começo do XXI. A tecnologia avançou de tal forma que, munidas de um pequeno e leve aparelho, de valor acessível, as pessoas podem não apenas se comunicar imediatamente com quem quer que seja ao redor do mundo, mas enviar e receber uma quantidade infindável de informações. Todos os seres humanos estão conectados, em tempo real, e com acesso a vastíssimas informações.

Na Alta Idade Média, por exemplo, quando pergaminhos, papiros, livros e palimpsestos se encontravam armazenados apenas em monastérios, cabia aos líderes dessas pequenas comunidades religiosas escolher o que deveria ser reproduzido e copiado. Na medida em que havia escassez de pergaminhos e poucas pessoas qualificadas para copiar textos antigos, fazia-se necessário eleger qual conteúdo ficaria preservado. Muito se perdeu por conta dessa opção feita pelos monges. A transmissão da cultura passava por essa constrita joeira.

Com o advento da imprensa móvel, houve um alargamento das publicações, facilitadas pelo invento. De toda forma, fazer um livro ainda requeria considerável investimento e o acesso do autor a quem poderia produzi-lo. Publicar um livro era para poucos. Até recentemente, se uma pessoa desejasse publicar sua obra, era necessário contar com uma editora disposta a imprimir o trabalho. A capacidade de uma editora lançar livros sempre foi limitada, até mesmo porque essa atividade envolve um risco comercial. Afinal, caso ninguém adquira o livro, o editor amarga o prejuízo. A qualidade da obra e o prestígio do autor serviam como "filtros" de sua publicação. Ao longo da história, muitos autores simplesmente não tiveram expostas suas obras porque não houve quem as publicasse.

Além disso, houve, historicamente, censura a diversos temas, o que funcionava como outro grande entrave à publicação de uma obra. Durante muito tempo na história, qualquer assunto que contrariasse a Igreja não poderia ser externado, muito menos objeto de um livro.

Com a virada tecnológica do começo do século XXI, tornar público qualquer conteúdo ganhou simplicidade. Qualquer um pode expor suas ideias nas redes sociais, de amplo e imediato acesso. Com a internet, publica-se tudo. Basta que o autor deseje apresentar seu trabalho. A sociedade é exposta a qualquer obra, por mais fútil, absurda e de mau gosto que seja.

Hoje, a censura, quando ocorre, em geral se dá depois da publicação, ao contrário do que em regra acontecia antes da recente revolução tecnológica. Embora a censura, na maior parte das vezes, seja detestável, não se pode perder de vista que, em situações específicas, ela se revela benéfica e até necessária. Se uma publicação tem o exclusivo propósito de humilhar uma pessoa ou um grupo, se a publicação dissemina o crime, a violência, a intolerância, parece justificado promover sua censura. Esse controle, contudo, apenas se faz, com extrema dificuldade, depois de concluída a publicação, quando parte dos danos decorrentes dessa exposição já se consumou.

A internet criou um novo mundo para a comunicação — e, com isso, um mundo novo para todos nós.

A profecia de Melquíades, o cigano que encantava José Arcadio Buendía, de *Cem anos de solidão*, se concretizou. Vaticinou o cigano, para espanto e admiração de quem o escutava: "A ciência eliminou as distâncias", e seguiu, "Dentro em pouco o homem poderá ver o que acontece em qualquer lugar da terra, sem sair de sua casa."

A comunicação foi-se tornando mais veloz e eficaz, ao limite da simultaneidade. O anseio pela rapidez acaba por se tornar um cacoete, uma mania. A rapidez dificulta — ou mesmo impede — a compreensão mais profunda. A velocidade e a distância virtual, assim, nos condenam à superficialidade.

"Tudo ao mesmo tempo agora" poderia sintetizar a relação da humanidade com a comunicação a partir da revolução tecnológica do começo do século XXI. Ou, visto o fenômeno por um lado mais sombrio, pode-se citar T.S. Elliot: "Aonde está a sabedoria que perdemos na informação?"

Com a facilidade de se colocar qualquer conteúdo nas redes sociais, não há filtro. No mundo contemporâneo, o filtro, que separa o material de boa ou má qualidade, passou para o destinatário. Deixou de haver censura prévia. Cabe a nós, leitores, promover a crítica, separando o joio do trigo.

Terceiro motivo:
interpretar

Ler é interpretar

> "Mas quem deverá ser o mestre?
> O escritor ou o leitor?"
>
> *Diderot*

O bebê acaba de nascer. Primeiro filho. O jovem casal recebe a visita do médico logo após o parto. "Parabéns — diz o médico —, seu filho está muito bem. Mas há algo que vocês devem saber — comenta com um sorriso no rosto, sem demonstrar qualquer mudança em sua fisionomia ou registrar preocupação: — O filho de vocês, pelo resto da vida dele, entrará, ao menos uma vez por dia, num estado de aparente coma. Como se estivesse morto. Nesse período, sofrerá alucinações, das quais nem sempre se lembrará quando retornar desse estado semimorto. Ele passará, aproximadamente, um terço da vida nessa forma de coma."

Os jovens pais ficam perplexos. Paralisados, enquanto o médico, que não havia retirado o sorriso do rosto, deixa o quarto do hospital. Por sorte, a velha enfermeira, que escutara a conversa, explica: o médico falava do sono. O garoto iria dormir, como todo mundo. O filho do casal, nisso, não era diferente de ninguém.

Interpretar bem faz toda diferença.

Nesses tempos de rápidas mensagens, trocadas pelos telefones móveis, a perda da entonação (inexistente no texto escrito) pode mudar por completo o sentido das palavras.

Conta-se do sujeito que, irritado, mostra ao amigo a mensagem que acabara de receber do filho, na qual se lia: "Pai, manda dinheiro!" O tal sujeito ficara bravíssimo com a petulância do garoto, que lhe ordenava a entrega do dinheiro. O amigo, ao ver a mesma mensagem, leu novamente as palavras, mas, desta vez, com entonação encharcada de doçura e afeto. Era uma súplica do gentil rapaz...

Pro captu lectoris habent sua fata libelli — "os escritos têm seu destino de acordo com a capacidade do leitor", registrou Terenciano, poeta romano do século II d.C. E assim somos expostos a uma discussão sem fim: quem tem maior importância, quem escreve ou quem interpreta?

Interpretar é retirar ou dar o significado das coisas. Não há como ler sem interpretar, mesmo que a interpretação seja óbvia. Somos forçados a interpretar aspectos banais de nossas vidas. Quando andamos pelas ruas e vemos uma edificação, conseguimos, na maior parte das vezes, identificar se ela é recente ou antiga. Ao ver, por exemplo, a imagem do Coliseu de Roma, reconhecemos, de imediato, uma obra milenar e clássica. Se, entretanto, olhamos a catedral de Brasília, construída nos anos 60 do século passado, identificamos a arquitetura contemporânea. Essa constatação já representa uma interpretação. A partir dela, tiramos, de pronto, uma série de conclusões, como o momento histórico das referidas obras, seu propósito, seu contexto.

Com as letras não é diferente. O português usado por Camões difere bastante do nosso atual. Também o inglês de Shakespeare não se confunde com o de hoje. Pela forma, pode-se precisar o tempo histórico de criação do texto.

Uma das mais famosas discussões políticas da história foi decidida pela análise da linguagem.

Na Idade Média, a Igreja apresentava um documento, supostamente um édito imperial romano, pelo qual o imperador Constantino I doara ao papa Silvestre I uma enorme extensão territorial do Império Romano do Ocidente, o que tornava a Igreja dona de boa parte da Península Itálica. Isso teria ocorrido no século IV.

A partir dessa "doação", a Igreja justificava e legitimava a propriedade sobre seus Estados. Desde a sua apresentação, a autenticidade do documento foi questionada.

Em 1439, o filólogo Lorenzo Valla, profundo conhecedor do latim, professor de retórica e oratória, publica *De Falso Credita et Ementita Constantini Donatione Declamatio*, no qual prova a falsidade do documento. Faz isso demonstrando que o latim utilizado na "doação" não era compatível com o corrente no século IV. A fraude foi exposta e reconhecida, com sensíveis consequências políticas.

O estudo de Valla revoluciona a análise de documentos históricos ao colocar a linguagem como elemento fundamental para compreensão dos textos.

Interessante notar que Nicolau V, o primeiro papa humanista, concedeu a Lorenzo Valla — apesar de este ter desmascarado a fraude da doação e, além disso, ridicularizado o estilo da Vulgata — cargos na administração da Igreja. O mérito falou mais alto.

A forma também permite identificar o propósito: um estilo mais ou menos formal diz muito. A linguagem coloquial empregada num texto indica outra compreensão.

Com efeito, a interpretação se dá não apenas pelo conteúdo, mas pela própria forma do texto.

> Quereis ouvir, senhores, um belo conto de amor e de morte? É de Tristão e Isolda, a rainha. Ouvi como em alegria plena e em grande aflição eles se amaram, depois morreram no mesmo dia, ele por ela, ela por ele.

Assim começa um dos mais conhecidos romances do Ocidente, no qual se conta a história de *Tristão e Isolda*. O seu primeiro registro data do século XII, feito por um autor normando, Béroul, de quem pouco se sabe. No início do século XIII, popularizou-se uma versão do poeta alemão Godofredo de Estrasburgo. Um texto em francês medieval também ficou famoso — e se tornou sucesso dos trovadores que percorriam a Europa: um *hit* medieval. Ao longo do tempo, a poderosa história de *Tristão e Isolda*, com ligeiras alterações, recebeu múltiplas versões — inclusive foi tema da ópera lançada por Wagner em 1865 e do *Le Roman de Tristan et Iseult*, de Joseph Bédier, de 1900.

Manuscrito de 1430.

Tristão e Isolda segue como um dos mais vivos arquétipos do relacionamento amoroso. Muito mais do que a história, há um sem-fim de símbolos e metáforas, responsáveis por torná-la um clássico.

Tristão tem seu nascimento marcado pela tragédia. O pai, Rivalen, morre quando ele ainda estava no útero de sua mãe, Blanchefleur. Esta, por sua vez, não sobrevive ao parto. Daí origina seu nome, relacionado à tristeza. O órfão é levado para a corte de seu tio, o rei Marco da Cornualha, irmão de Blanchefleur.

Ainda muito jovem, Tristão mostra seu valor ao derrotar o gigante irlandês Morholt. A Irlanda de Morholt, assim como na Creta dos atenienses no mito de Teseu, cobrava, como tributo, a vida de jovens da Cornualha. Tristão vence o gigante, mas é ferido pela espada de Morholt, embebida em veneno. Desenganado, Tristão se coloca num barco, sem vela ou remo, levando consigo apenas sua espada e uma harpa. Deixa o destino decidir seu futuro.

O barco leva o jovem para a costa da Irlanda, onde é recebido pela rainha local, irmã do gigante Morholt, que ele matara. A rainha sabe como curar Tristão, mas desconhece que foi ele o assassino de seu irmão. Para se ocultar, Tristão jamais revela seu nome. A filha da rainha, a loura e bela Isolda, cuida de Tristão e o salva da morte.

Tristão retorna para a Cornualha.

Tempos depois, o rei Marco decide se casar com a mulher dona dos cabelos dourados, cujos fios cor-de-ouro um pássaro lhe trouxera no bico. Ordena que seu sobrinho Tristão encontre essa mulher. Tristão sai em busca da misteriosa loura.

Mais uma vez, a força do destino se faz presente. Uma tempestade leva o herói novamente para a Irlanda. De novo, o acaso o coloca perto de Isolda. Ao chegar, Tristão enfrenta um dragão que aterrorizava o local. O herói abate o monstro, mas é ferido. Isolda volta a cuidar dele. Tristão percebe que Isolda é a dona dos fios dourados: a mulher com quem seu tio deseja casar-se. Isolda, contudo, descobre que Tristão foi o responsável pela morte do seu tio, o gigante Morholt. Ameaça matá-lo. Tristão, então, informa o motivo de sua viagem: quer levá-la para se casar com Marco, o rei da Cornualha. Isolda, mais acalmada, admite partir com Tristão.

No barco que os leva para a Cornualha, Tristão e Isolda, involuntariamente, bebem uma poção do amor — preparada pela mãe de Isolda para a ocasião em que sua filha encontrasse o rei. Os jovens se apaixonam. Prometem esquecer seus nomes, perdendo sua identidade, em prol da paixão. Nisso antecipam Romeu e Julieta, que fazem o mesmo. Aí começa a desdita, pois Tristão deve fidelidade ao seu rei e tio. O casal divide um sentimento intenso e proibido, pois Isolda está prometida a outro.

Inicialmente, Tristão e Isolda conseguem enganar o rei. Na noite de núpcias, para consumar o casamento, outra mulher se deita com o rei Marco. Contudo, em pouco tempo, os barões, invejosos de Tristão, denunciam o romance proscrito.

O casal foge para a floresta, onde vivem por três anos de forma extremamente simples. Abandonam suas roupas e seus hábitos nobres. Caberia citar o compositor Richard Wagner, que, em sua ópera *Tristão e Isolda*, lança: "Deixe-me ter o meu mundo, para ser condenado ou salvo por ele."

O rei Marco, entretanto, não os esquece. Acaba por encontrar Tristão e Isolda, dormindo ao relento, como animais, com os cabelos desgrenhados, sem nenhuma preocupação com a aparência. Como, entre eles, há uma espada, o rei Marco se comove, pois nisso vê um sinal de castidade. Então, sem acordar o casal, o rei troca a espada de Tristão pela sua.

Tristão e Isolda têm, cada um por sua razão, dúvidas sobre suas escolhas. Em parte, se arrependem de terem fugido para a floresta. Nenhum deles foi fiel aos seus deveres. Tristão, por meio de um eremita, obtém a promessa de perdão do rei Marco. Os dois voltam à corte. Continuam, secretamente, a se encontrar. Mais uma vez, Isolda é acusada de adultério. Ela é levada a julgamento por ordálio.

Nesses julgamentos por ordálio, o veredito sairia de uma manifestação divina. A rainha de cabelos louros deveria segurar um ferro em brasa e jurar. Se estivesse falando a verdade, o ferro quente não queimaria sua mão. Isolda chega de barco ao local do julgamento e, para não se molhar, é carregada por um aldeão até chegar à margem. Então ela jura, segurando o ferro em brasa, que jamais esteve nos braços de outro homem além do rei e do aldeão, que acabara de transportá-la para terra firme. O ferro em brasa não queima Isolda. Ela é inocentada no julgamento divino. Ocorre que, na realidade, ela se valeu de um ardil, pois o aldeão que a carregou era o próprio Tristão disfarçado.

Tristão, para cumprir seu dever de cavaleiro do rei, parte para longas aventuras. Ele tem incertezas acerca do amor de Isolda. Longe da Cornualha, embora ainda apaixonado pela mulher de seu tio, Tristão desposa outra Isolda, a das "mãos brancas".

Uma vez mais severamente envenenado, Tristão suplica que a Isolda de cabelos dourados, a original, venha, de novo, salvá-lo. Tristão pede que o barco que foi buscar Isolda volte com a vela branca, se ela viesse nele, ou com a vela negra, se não conseguissem trazer a rainha da Cornualha (aqui, mais uma vez, remete-se ao mito de Teseu, no qual ocorre o mesmo). Embora a rainha tenha prontamente aceitado o convite, Isolda das "mãos brancas", com ciúmes, diz ao seu acamado marido, quando se aproxima a embarcação, que as velas do navio são negras. Mentira. Tristão, informado que Isolda não viria socorrê-lo, não suporta a frustração. Morre desolado. Isolda chega e encontra o corpo de seu amado já sem vida. Ela o abraça e morre em seguida.

Há várias formas de interpretar essa lenda. Uma delas passa pela compreensão do conflito entre o amor e o dever. Também, como ocorre depois em *Romeu e Julieta*, fala-se do amor proibido, do relacionamento reprimido, que, de certa forma, atrai pelo simples desejo de transgredir. Afinal, Tristão e Isolda se amam verdadeiramente — ou amam o amor? Denis de Rougemont, em seu clássico *O amor no Ocidente*, examinando esse mito, denuncia o perigo de "amar o amor mais do que o objeto do amor". Estão Tristão e Isolda apaixonados entre si, mutuamente, ou pela situação?

Quando nos apaixonamos, somos tomados por uma forma de feitiço? A poção mágica serviria de metáfora? A passagem da história na qual os dois fogem para a floresta, para viver isolados como animais, seria outra metáfora para o que ocorre com os casais apaixonados, que se afastam do mundo, para uma existência à parte — num mundo compreendido apenas pelos amantes?

Embora o enredo seja lindo, as suas possíveis interpretações o tornam ainda mais envolvente.

Mahabharata, século XIX.

Segundo a tradição hinduísta, "o que não está no *Mahabharata*, não está no mundo". Na verdade, o próprio *Mahabharata*, no seu início, anuncia: "O que for encontrado aqui pode ser encontrado em qualquer outro lugar. Porém, o que não for encontrado aqui, jamais será encontrado em outro lugar."

O *Mahabharata* é considerado o maior épico clássico da Índia. Sua origem se perde nas brumas do tempo. Embora sua tradição oral date, provavelmente, de mais de mil anos antes de Cristo, ele foi registrado por volta dos séculos IV e III a.C.

Conta a história da disputa dinástica entre dois ramos da mesma família de líderes indianos, os Kurus e os Pandavas — estes últimos, um clã emergente. Nessa guerra, vários deuses atuam — como a *Ilíada* faz, quando narra o conflito entre gregos e troianos. O épico abarca um sem-fim de ensinamentos morais, oferecendo uma doutrina para deveres religiosos e éticos.

Vyasa, o mítico autor do *Mahabharata*, compôs o longo poema apenas mentalmente, e, depois de três anos dedicados à idealização da história, convocou o deus Ganesha, a divindade hinduísta com cara de elefante que simboliza a superação, para que fosse seu escriba, registrando as palavras em livro.

Antes de aceitar o encargo, o deus Ganesha pergunta ao autor se o livro é bom. Vyasa, sem titubear, responde categoricamente que sim.

> Ganesha riu, e sua enorme barriga tremeu. "Deixe-me apenas livrar-me de todas estas coisas...", e largou o búzio e o lótus, o disco e o machado que segurava em suas quatro mãos, "e começarei a escrever para você, mas, se uma só vez interromper a história, irei embora e jamais retornarei!"
>
> "Com uma condição", disse Vyasa. "Se você não compreender o que eu quero dizer, deve parar de escrever até que tenha compreendido."

O autor quer ter a certeza de que seu texto é compreendido. A divindade concorda: é fundamental entender o que se lê.

A primeira edição de *2001*.

Arthur C. Clarke escreveu um pré-roteiro de *2001: uma odisseia no espaço*, em colaboração com o cineasta Stanley Kubrick. A partir de um conto de Clarke, os dois elaboraram um texto mais extenso que serviria de base na adaptação para o cinema. O filme, lançado em 1968, foi um grande sucesso. *2001* tornou-se um clássico.

A memorável obra conta a história de um projeto feito com o fim de levar o homem ao distante planeta Júpiter, a bordo de uma nave espacial chamada Discovery. No futuro, a Nasa se valeria desse nome para batizar outras naves espaciais.

O interesse nesse projeto surge a partir da investigação de duas grandes placas, dois monólitos pretos enterrados há milhões de anos, tanto na Terra como numa cratera da Lua. Esses misteriosos artefatos indicavam um sinal de vida inteligente vindo de Júpiter.

Com esse propósito, constrói-se um potente computador, o HAL 9000, para comandar a espaçonave, embora a tripulação fosse humana. HAL, de grande inteligência e supostamente infalível, foi concebido para levar a cabo a missão.

Num determinado momento do trajeto, os tripulantes pressentem que HAL — que se comunicava por meio de uma voz monocórdia e tudo via por um olho ciclópico de câmeras espalhadas pela nave — poderia apresentar um defeito. Cogitam desligá-lo. Começa um embate de vida ou morte. HAL, friamente, sem revelar seu propósito, passa a eliminar fisicamente — matar — os passageiros. Resta apenas um deles, Dave Bowman. Este percebe que HAL jamais teve qualquer defeito. Tudo foi premeditado pela máquina. Ela passou a acreditar que o maior risco da missão estava exatamente na fraqueza humana e na sua natureza suscetível ao erro. Desse modo, como HAL deveria cumprir sua missão a todo custo, seu mecanismo interno entendeu que necessitava matar os tripulantes.

HAL interpreta a sua ordem principal — levar a nave espacial até Júpiter — sem considerar outro importante preceito: ele não deve matar a tripulação.

No livro, a máquina se considera infalível.

— Escute, Dave [diz o computador HAL, sempre em tom suave e sem alterar a voz], eu sei que você está tentando ajudar. Mas ou o defeito é no sistema da antena... ou em seus procedimentos de teste. Meu processamento de informações está perfeitamente normal. Se verificar meu histórico, vai descobrir que ele não tem absolutamente nenhum erro.

— Eu sei tudo a respeito do seu histórico de serviço, HAL... Mas isso não prova que você esteja certo desta vez. Qualquer um pode cometer erros.

— Não quero insistir nisso, Dave, mas sou incapaz de cometer um erro.

Quanto a isso, não havia resposta segura a dar; Bowman desistiu da discussão.

A crença da infalibilidade pode ser identificada como o pecado original da interpretação. O intérprete tem que duvidar, inclusive de si mesmo. Apenas assim ele refletirá sobre suas conclusões. A arrogância das certezas nos afasta de uma leitura inteligente.

Ademais, interpretar não se limita ao conhecimento da regra. É fundamental compreender o contexto, olhar ao redor, apreciar os valores envolvidos. Ler sem procurar interpretar o texto, deixando de atentar às suas diferentes (e ocultas) acepções chega a ser perigoso.

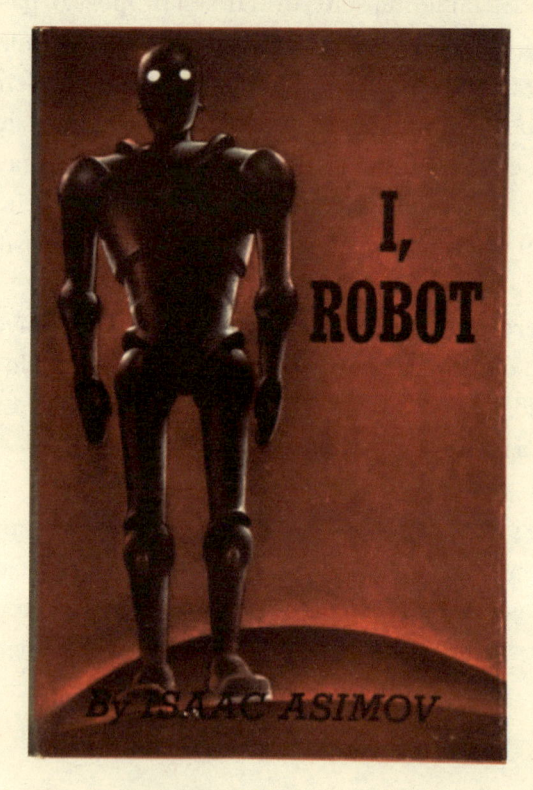

Eu, Robô.

Outro extraordinário exemplo da importância da interpretação colhido da ficção científica se encontra em *Eu, Robô*, de Isaac Asimov.

Nesse livro, publicado em 1950 — portanto, antes da aguda transformação tecnológica que o homem experimentou principalmente após o advento da internet —, Asimov estabelece as "leis da robótica", que teriam sido inseridas nos "DNA's" de todas as máquinas com inteligência. São elas:

> 1. Um robô não pode ferir um ser humano ou permitir que um ser humano sofra algum mal.
> 2. Os robôs devem obedecer às ordens dos seres humanos, exceto nos casos em que essas ordens entrem em conflito com a primeira lei.
> 3. Um robô deve proteger sua própria existência, desde que não entre em conflito com as leis anteriores.

Em *Eu, Robô*, Asimov conta uma série de histórias do relacionamento entre os homens e as máquinas, num mundo futuro no qual a diferença entre eles se tornou de difícil percepção.

Num conto denominado "Evidência", narra-se que um certo Stephen Byerley, advogado, ocupando uma importante função na promotoria, candidata-se ao cargo de prefeito.

Naquele mundo, robôs não podiam ocupar cargos políticos, destinados apenas a seres humanos. Entretanto, sem uma análise mais profunda, era impossível distinguir seres humanos dos robôs humanoides de última geração. Havia rumores de que Stephen Byerley era um robô. Alguns fatos evidenciavam a suspeita. Ele não era visto comendo em público, tinha um passado misterioso — e sobrevivera a um grave acidente de carro. Além disso, na sua atividade como promotor, embora dono de aguçada competência, jamais pedia a sentença de morte. Seria impossível que pleiteasse a pena capital se ele fosse um robô, pois isso violaria a primeira das leis da robótica.

Investigado pela denúncia de que seria uma máquina, Byerley nega a acusação. Tenta-se submetê-lo a um teste, mas ele se vale de mecanismos jurídicos para escapar. Enquanto isso, a campanha ao cargo público caminha e a própria discussão da "natureza" do candidato vem a público.

Num disputado comício, na frente de milhares de pessoas, surge, da multidão, um magricelo que desafia Stephen Byerley:

O homem magro, ofegante e com o rosto vermelho encarava Byerley.

— Você tem uma pergunta? — indagou Byerley.

O homem magro fitou-o e disse com uma voz áspera:

— Me dê um soco!

Em um impulso repentino, ele ofereceu o queixo ao outro.

— Me dê um soco! Você diz que não é um robô. Prove. Você não pode bater em um humano, seu monstro.

Seguiu-se um silêncio estranho, monótono e mortal. A voz de Byerley o interrompeu.

— Não tenho nenhum motivo para dar um soco em você.

O homem magro ria loucamente.

— Você não pode me dar um soco. Você não vai me dar um soco. Você não é humano. Você é um monstro, um homem de mentirinha.

E Stephen Byerley, com os lábios apertados, diante de milhares de pessoas que assistiam pessoalmente e de milhões que assistiam pela televisão, levou o punho para trás e acertou o homem no queixo, produzindo um estalido. O desafiador cambaleou para trás e caiu de repente, seu rosto com nada mais que uma expressão de lívida surpresa.

— Sinto muito. Levem-no para dentro e cuidem para que ele fique confortável — disse Byerley. — Quero conversar com ele quando eu terminar.

Como, segundo as leis da robótica, um robô jamais poderia agredir um ser humano, ficou provado, pelo incidente, que Stephen Byerley não era um robô. Ele se tornou prefeito e, a partir daí, seguiu uma fulminante carreira política que o levou aos mais altos cargos, chegando a ser "coordenador mundial".

O que ninguém se deu conta é que o homem magro, que tomou um soco de Byerley, era, também, um robô. Assim, Stephen Byerley não violou a lei da robótica, pois jamais agrediu um ser humano. Por meio desse ardil, o robô ludibriou os homens. A lei foi elaborada por seres humanos, mas os robôs conceberam uma forma de burlá-la.

A interpretação é mesmo fascinante. Demanda curiosidade, inteligência e acuidade. Como, diante do soco dado por Stephen Byerley em alguém que parecia humano, ninguém teve inteligência ou curiosidade para esmiuçar o episódio, a interpretação linear acabou por prevalecer.

Como diz o ditado popular, "Deus escreve certo por linhas tortas". O divino não se manifesta de forma óbvia. Ele requer do intérprete agudeza para compreender a mensagem cifrada. Os fatos podem parecer adversos, mas, para quem tem fé, há uma inteligência superior, que oferece, ao bom entendedor, algo de positivo do que ocorre, ainda que sejam apenas lições.

Escrito provavelmente no século VI a.C., o *Livro de Daniel*, do Velho Testamento, relata o tempo no qual os judeus foram mantidos cativos na Babilônia. Na cultura judaica, como registrado em diversas passagens, sábio é quem consegue interpretar: compreender a essência das coisas. Essa qualidade, gerações antes, havia salvado José, quando foi vendido como escravo, pelos irmãos, aos egípcios. Ele conseguiu interpretar os sonhos do faraó e isso garantiu sua liberdade. O mesmo poder de interpretar viria a salvar também Daniel, num episódio conhecido.

Belsazar, rei da Babilônia, deu um grande banquete. Mandou trazer os cálices sagrados, de ouro, utilizados nos rituais e saqueados do Templo dos judeus, para neles tomar vinho. Uma afronta. De repente, uma única mão misteriosa surge do nada para escrever quatro palavras na parede: "*Mene mene tekel upharsin.*"

Um fenômeno inexplicável. O rei, claro, muito perturbado, quis entender o significado daquelas palavras. A língua era o aramaico, a língua local, falada, mais tarde, por Jesus.

Para compreender o ocorrido, o rei mandou chamar sábios e magos, mas todos fracassaram. Lembrou-se, então, de Daniel, um judeu — ou seja, um integrante do povo oprimido por Belsazar —, conhecido por sua capacidade de interpretar os sonhos.

Daniel leu cada uma das palavras. *Mene* significa "moeda" ou mesmo peso. *Tekel* quer dizer "um peso deficiente". Finalmente, *upharsin* é "divisão". Assim, uma leitura literal poderia ser: "uma moeda e meia moeda" ou "um peso e um peso deficiente". Daniel, contudo, foi mais profundo na forma como identificou o sentido daquelas palavras. Para ele, elas significavam "Jeová vos pesou na sua balança e vos considerou deficiente". *Mene*: "Jeová contou os dias do teu reinado e determinou seu fim." *Takel*: "Foste pesado na balança e achado deficiente." Finalmente, *upharsin*: "Teu reino foi dividido e entregue aos medos e persas."

Surpreso com as palavras de Daniel, mas ciente de que aquela poderia, de fato, ser a interpretação correta, o rei Belsazar correu para nomear Daniel seu vice-rei. De pouco serviu. Naquela mesma noite, os persas invadiram a Babilônia. O reinado de Belsazar teve seu fim.

Interpretar é um processo. Extrair o significado das coisas — e do texto — exige esforço. Há diversas formas de retirar sentido das palavras, que, comumente, extrapolam a mera literalidade. Como compreende um leitor experiente, a intepretação literal costuma ser traiçoeira, como um cenário hollywoodiano: é atraente num primeiro olhar, mas, na realidade, apenas esconde, por detrás, o deserto de Nevada.

No princípio era o verbo

Assim, dessa forma violenta, começa o Evangelho de João:

> No princípio era o Verbo, e o Verbo estava com Deus, e o Verbo era Deus.
> Ele estava no princípio com Deus.
> Tudo foi feito por ele; e nada do que tem sido feito foi feito sem ele.
> Nele estava a vida, e a vida era a luz dos homens.

E o que era o Verbo? A palavra de Deus. A palavra divina é criadora. A fonte de tudo, até da vida.

Tudo começa pela palavra. Com a interpretação, não é diferente.

Há uma epístola, atribuída a Dante (embora essa autoria seja objeto de muita discussão), na qual o poeta indica como sua obra deve ser interpretada:

> Para esclarecer o que se dirá, é preciso primeiro dizer que o significado dessa obra não é um só, pode-se defini-lo,

antes, como um significado polissêmico, isto é, de muitos significados. De fato, o primeiro significado do texto é dado por sua letra, o outro é dado por aquilo que se quis significar com a letra do texto. O primeiro é chamado literal, o segundo, ao contrário, significado alegórico ou moral ou anagógico. Estes diferentes modos de tratar um argumento podem ser exemplificados, para maior clareza, com os versos: "Quando do Egito saiu Israel e a casa de Jacó (separou-se) de um povo bárbaro; a nação judaica foi consagrada a Deus; e Seu domínio veio a ser Israel." De fato, se considerarmos só o que é literal no texto, o significado é que os filhos de Israel saíram do Egito, no tempo de Moisés; se considerarmos a alegoria, o significado é fomos redimidos por Cristo; se considerarmos o significado moral, o sentido é que a alma passa das trevas e da infelicidade do pecado para o estado de graça; se considerarmos o significado anagógico, o sentido é que a alma santificada sai da escravidão da presente corrupção terrena para a liberdade da alegria eterna. E, embora esses significados místicos sejam definidos com nomes diferentes, geralmente todos podem ser definidos como alegóricos, porque se diferenciam do significado literal, ou seja, histórico. De fato, a palavra "alegoria" deriva do grego *alleon*, que em latim tornou-se *alienum*, ou seja, "diferente".

Em 1306, Dante Alighieri, escreveu uma carta ao vigário imperial Della Scala, seu amigo e mecenas. Nela, explicou que os textos possuem pelo menos duas leituras: uma retirada do sentido da letra, chamada literal, e, outra, do significado da letra, conhecida como "alegórica" ou "mística".

Segundo Dante, o sentido alegórico admite divisões. O poeta florentino oferecia a seguinte passagem bíblica como exemplo: "Quando Israel saiu do Egito e a casa de Jacó se apartou de um povo bárbaro, Judá tornou-se o santuário do Senhor e Israel seu reino." Para Dante, se apreciássemos apenas a letra, compreenderíamos que houve um êxodo dos israelitas do Egito. Se víssemos a alegoria, poderíamos ver a redenção da partida, como ocorreria com Jesus. Numa leitura analógica, a interpretação poderia levar à ideia de conversão do estado de pecado, por meio do sofrimento, à graça. Ainda seria possível ver uma linha mística, num caminho que parte da servidão corrupta para chegar à liberdade da alma.[40]

A própria palavra pode ser um enigma. Pela etimologia, chegamos à origem e à evolução das palavras. Esse tipo de pesquisa indica, comumente, uma desconhecida força do termo, algo ignorado, mas que garante um sentido vivo à palavra. "É como abrir um brinquedo e ver como ele funciona", disse Otto Lara Resende sobre a etimologia.[41] "Exótico", por exemplo, procede do grego *exotikos*, significando aquilo que está fora, mais especificamente o que não se encontra dentro das muralhas da cidade.

Adão, o primeiro homem segundo a Bíblia, deriva de *adamah*, que quer dizer "barro" ou "pedaço de terra" em hebreu. *Hevah*, por sua vez, na mesma língua, significa "a mãe de todos os vivos", de onde vem Eva. Compreende-se melhor o nome quando se descobre a força de sua origem.

Tome-se outro exemplo: a palavra "mulato". Existem duas teorias acerca de sua origem. Para alguns, viria do termo *mowallad* — também *muladi* —, que designa aquele que tem pai árabe e mãe estrangeira. Portanto, um mestiço. Essa palavra chegou à Península Ibérica com os árabes e acabou incorporada ao português.

A outra tese defende que o termo guarda uma origem racista, pois a palavra viria de mula — do latim *mulus* —, o animal fruto do cruzamento de égua com jumento. Logo, uma linhagem impura.[42]

Ambas as teses guardam, bem vistas as coisas, um preconceito. Vale conhecer essa história até mesmo para rever os conceitos.

---

40   Alberto Manguel, *Uma história da literatura*, São Paulo, Companhia das Letras, 1997, p. 107.

41   Otto Lara Resende, *Bom dia para nascer*, São Paulo, Companhia das Letras, 1993, p. 56.

42   Ver Laurentino Gomes, *Escravidão*, vol. II, Rio de Janeiro, Globo Livros, 2021, p. 32.

A própria palavra "etimologia" tem uma etimologia curiosa: originada do grego antigo, *etymo* significa "verdade", enquanto *logos* quer dizer estudo, ciência. Portanto, trata-se do "estudo da verdade", no qual se esclarece a origem dos termos. "Evangelho", outra palavra de origem grega, significa "boa-nova". Eram as pessoas contando a novidade da chegada, para os cristãos, do Salvador. Conhecer o sentido da palavra abre uma janela para a sua interpretação.

Se o "começo é o Verbo", o "fim" pode ser outra coisa. A interpretação começa com a palavra, mas, em seguida, outros fatores — como, até mesmo, a soma dessas palavras — precisam ser considerados. Em 1888, Nietzsche, no seu estilo enigmático e profundo, denunciou: "Que caracteriza a decadência literária? O conjunto não tem mais vida. A palavra torna-se soberana e salta fora da sentença, a sentença se estende e obscurece a página e a página surge para a vida à custa do conjunto..."

Ao interpretar, temos que levar em conta também as nossas limitações. Como anotou Montaigne, "para um ateu, todos os escritos sustentam o ateísmo". Mesmo que involuntariamente, lemos pelos nossos olhos, pelo filtro dos nossos sentimentos e convicções. Segundo Pascal, "nossos sentidos não percebem nada de extremo. Barulho demais nos ensurdece; demasiada luz nos ofusca e demasiada proximidade impede a vista". Feliz o intérprete que consegue calibrar com precisão a distância adequada para melhor apreciar o objeto de sua análise.

Ler e interpretar são a mesma coisa

Para nós, melhor seria se as ideias e os pensamentos já viessem revelados: bons ou ruins, sinceros ou corrompidos. Assim, poderíamos nos entregar à nossa perigosa vocação natural: julgar imediatamente, sem nos aprofundar. Porém, as ideias e os pensamentos não se apresentam facilmente; ao contrário. Temos, então, que refrear nosso impulso para não julgar de pronto. A literatura nos fornece ferramentas para controlar o ímpeto e buscar compreender a essência.

Diz-se que as obras literárias, ao nascer, ficam órfãs. Isso porque, depois de tornadas públicas, deixam de pertencer ao seu autor.

Comumente, os textos ganham uma dimensão diferente, sequer imaginada, por quem os escreveu.

Num mundo onde as informações chegam de forma descontrolada e excessiva, saber interpretar passa a ser a primeira das prioridades.

Depois de sua publicação, o texto se liberta. Não pertence mais ao seu autor. A palavra passa a ser de quem lê. Segundo Gilles Deleuze, "A verdade não se dá, se trai; não se comunica, se interpreta; não é voluntária, mas involuntária."

Com razão, diz-se que a interpretação cria o texto.

No mundo jurídico, essa verdade se manifesta diuturnamente. O legislador tem o poder de redigir as leis. Contudo, depois de entrarem em vigor, as leis ganham vida própria. Por vezes, recebem uma força jamais imaginada pelo legislador. Tudo por conta da sua interpretação.

Historicamente, os textos religiosos foram alvo de diversas interpretações. Uma barreira importante se dá com a sua tradução, no momento em que se transporta a escritura de uma língua para outra, num campo que, necessariamente, reclama o entendimento de quem faz a versão.

O tema tem tamanha delicadeza que o *Corão*, o livro sagrado dos muçulmanos, não pode, ao menos conceitualmente, sequer ser traduzido para outra língua. Afinal, as próprias palavras são sagradas.

Quando a Bíblia, a partir de Gutemberg, passou a ser impressa, em meados do século XV, houve vozes, como a do teólogo romano Silvester Prierias, que defendiam a proibição de publicação das Escrituras Sagradas. Para alguns, a Bíblia deveria seguir um mistério a ser interpretado apenas pelos membros do clero. Eles compreendiam a importância dos intérpretes. Toda a Reforma Protestante, liderada por Lutero e Calvino, apenas foi possível quando mais pessoas tiveram acesso direto à Bíblia e puderam fazer a sua interpretação.

Ler não é apenas um convite a interpretar: ler e interpretar são a mesma coisa. Não se consegue, como foi dito, ler sem interpretar. Contudo, interpretar, por sua vez, permite uma libertação.

Nas suas *Confissões*, Santo Agostinho relata sua alegria ao ouvir Santo Ambrósio dizer, em seus sermões, que a letra mata e o espírito vivifica. "E quando levantamos o véu místico, descobrimos o significado espiritual dos textos", escreveu o Santo.

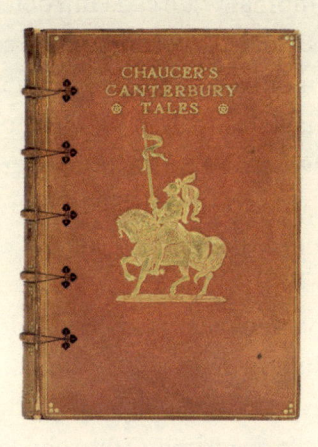

Chaucer em edição de 1928.

    Geoffrey Chaucer viveu num período movimentado da história inglesa: o século XIV. Viu a deposição do rei Ricardo II, de quem era partidário, a violenta Revolta dos Camponeses, em 1381, e o movimento anticlerical de John Wyclif, cujos fanáticos seguidores, conhecidos como Lolardos, colocaram em risco a ordem pública. Além disso, nessa época, a Inglaterra seguia em guerra com a França, na chamada Guerra dos Cem Anos.

    Chaucer era filho de um bem-sucedido negociante de vinhos. Por conta do prestígio de seu pai, tornou-se pajem de um dos filhos do rei Eduardo III. Acredita-se que Chaucer frequentou, como aprendiz, uma guilda de advogados de Londres, a Inns of the Court, e lutou na França, onde, inclusive, ficou prisioneiro por um período. Adiante, devido à sua relação com a realeza, foi incumbido de missões diplomáticas. Esteve em Navarra, na França e na Itália. Lá, teve acesso às obras de Dante e Boccaccio, tendo convivido com este último. Possivelmente também conheceu Petrarca.

    De volta à Inglaterra, dedicou-se a escrever. Em *Os contos de Canterbury*, seguindo um modelo colhido de Boccaccio, Chaucer conta que 29 peregrinos, incluindo o autor, decidem viajar de Londres até

Canterbury, ou Cantuária, no sul da Inglaterra, para visitar, numa viagem de quatro dias, o túmulo de São Tomás Becket.

Para distração, combinam que cada um deles vai contar duas histórias durante o percurso. Chaucer escolhe, como seus personagens, tipos diferentes, como, entre outros, o médico, o escudeiro, o estudante de Oxford, a prioresa, o magistrado. Dessa forma, oferece um fiel espelho da sociedade inglesa medieval, compilando diversos "causos".

Entre eles, encontra-se o "Conto da mulher de Bath".

Segundo a narradora, o ocorrido se deu na época mítica do rei Arthur.

Um vigoroso e jovem cavaleiro da corte do rei avistou uma bela donzela, desnuda, banhando-se sozinha num rio. Sem conseguir resistir aos seus impulsos, o cavaleiro agarrou a moça, tirando-lhe a virgindade, não obstante a resistência da vítima. O fato chegou ao conhecimento do rei, que, seguindo os costumes, condenou o cavaleiro à morte.

O jovem teria sido decapitado, não fosse a rainha. Ela solicitou ao rei o poder de decidir o destino do cavaleiro. O soberano aquiesceu e a rainha, então, ofereceu ao jovem um desafio. Ele teria um ano e um dia para responder a uma pergunta. Se acertasse, salvaria sua vida; caso contrário, receberia a pena de morte. Sem alternativa, o cavaleiro aceitou o desafio. A rainha, então, formula a pergunta:

— O que as mulheres mais querem?

O cavaleiro não tinha ideia da resposta. Passou o ano inteiro indagando a todas as pessoas com quem cruzava, de todas as classes sociais e com os mais diversos graus de educação. Riqueza, beleza, roupas, honra, elogios, liberdade, os prazeres do leito... Cada vez, o cavaleiro se sentia mais perdido, longe de uma conclusão. Desesperou-se.

Na véspera da data marcada para se apresentar à rainha, o cavaleiro, no meio da floresta, cruza com uma velha de asqueroso aspecto físico. Sarnenta, de olhos esbugalhados, cabelos ralos e brancos, com poucos dentes e verrugas que lhe cobriam o rosto e o dorso, a velha se aproxima do cavaleiro para dizer que pode ajudá-lo, pois, afinal, "os velhos sabem de muita coisa".

O cavaleiro conta do desafio que enfrenta. A velha afirma que pode salvar o jovem, pois sabe o que a rainha quer ouvir. Porém, em troca, diz ela, o cavaleiro deve prometer que atenderá a um pedido dela. Mais uma vez sem alternativa, o cavaleiro aceita a oferta da velha sarnenta. É então que a desgrenhada lhe revela: o que as mulheres mais querem é mandar no seu marido, ou no seu amante. Querem a sujeição do homem. Dito de outra forma, as mulheres querem poder, querem mandar, controlar a situação.

O cavaleiro foi, então, ao encontro da rainha. Sem titubear, ele respondeu à pergunta: as mulheres querem mandar, desejam ter o controle da situação. A rainha e todas as demais mulheres da corte, casadas ou solteiras, concordaram com o acerto da resposta. Por conta disso, o jovem deveria viver.

A velha horrorosa, que tinha presenciado a audiência, ao ver a rainha proclamar o cumprimento do desafio, ergueu-se e protestou. Disse que fora ela quem ensinara a resposta ao jovem cavaleiro e, agora, ele devia cumprir sua parte do trato, atendendo à sua solicitação. O pedido, disse a horripilante criatura, era que o jovem se casasse com ela. O cavaleiro, mais uma vez, desesperou-se: como poderia desposar a velha grotesca? Contudo, esse era o acordo e teve que respeitá-lo.

O cavaleiro se casou com a anciã, mas estava inconsolável. Na cama, com a velha asquerosa, mal conseguia fitá-la. A mera visão da mulher lhe dava calafrios. A feiosa indagou a seu marido o motivo da tristeza. Afinal, ponderou, ela jamais havia feito mal a ele. Muito ao contrário, ela o havia salvado da morte. A velha pergunta: "Que fiz de errado? Diga-me, que, se possível, tudo farei para corrigir."

O jovem replica que nada há a "corrigir". De forma franca, o cavaleiro explica à sua mulher que o motivo de sua tristeza é o fato de que ela era feia, velha e de baixa estirpe. Isso, segundo ele, não se corrige.

A velha rebate. Primeiro, diz que a verdadeira nobreza se encontra na conduta, "Maior fidalgo deve ser considerado aquele que, em público e em particular, age sempre de maneira virtuosa, entregando-se constantemente à pratica da bondade". Só é nobre, ensina a velha, "quem pratica nobres feitos".

Depois, ela fala da pobreza, para esclarecer que pobre é o ambicioso satisfeito, e o verdadeiro rico é aquele que nada deseja, "ainda que aos nossos olhos não passe de um servo". Ensina ainda que, muitas vezes, a pobreza é um par de óculos dado por Deus para que vejamos os verdadeiros amigos.

Por fim, ao registrar as acusações de seu marido, de sua situação de velha e feia, faz a ele uma indagação: o que ele prefere, que ela permaneça daquela forma, no que seria uma garantia de humildade, do constante desejo de agradá-lo e de fidelidade? Ou, diferentemente, ele preferia que ela se tornasse numa linda e jovem mulher, fogosa e atraente, correndo o risco de traição e inconsistência de humor? O que preferia?, pergunta a velha.

O jovem, vendo o valor e a sabedoria da mulher, responde: "Minha senhora e meu amor, minha esposa querida, prefiro confiar em seus sábios conselhos. Escolha você mesma a alternativa mais agradável e mais honrosa para nós dois."

Com isso, o cavaleiro entende que, assim, sua mulher atingiria seu querer. A velha feiosa, naquele momento, se transforma numa jovem deslumbrante, prometendo-lhe ser sempre fiel e afável. E assim foi, pois o casal viveu feliz até o fim de seus dias.

A mulher de Bath, na versão de Chaucer, acaba sua participação rogando a Jesus que encurte a vida dos homens que não se deixam dominar por suas mulheres. "Para esses pestes, Deus envie a Peste", pragueja.

Há uma outra versão medieval dessa mesma história, na qual, depois de o jovem responder corretamente à pergunta da rainha e ver-se obrigado a casar, a velha sarnenta, sem nenhuma palavra, pega o perplexo cavaleiro pelo braço e o leva por entre as galerias do palácio até o belíssimo quarto do casal. A velha se deita na cama. Naquele momento, a anciã, por algum encantamento fantástico, se transforma numa linda moça. Mais ainda, na mais formosa mulher que o cavaleiro já havia visto. Os dois, então, se amam noite adentro.

Pouco antes do sol nascer, a estonteante jovem, olhando fixo para o cavaleiro, informa: "Cabe a você agora fazer uma importantíssima escolha, cujo reflexo sentirá por toda a sua vida. Diga-me, meu marido, o que preferiria: que eu seja aquela velha desdentada durante o dia e fique linda e jovem à noite ou o contrário, que eu seja bela durante o dia e horrenda à noite. O que você quer?", pergunta.

O cavaleiro pensa. Reflete. E decide não responder nada. Assim, a mulher fica sempre linda.

Ao deixar de responder, o cavaleiro mostra que compreendeu a situação. Afinal, a mulher deseja "poder", quer mandar. Se ele ditasse a regra, a sua mulher não poderia ser o que ela quisesse e, logo, não estaria feliz. Ao deixar de impor sua vontade, o cavaleiro dá o "poder" à mulher, garantindo sua perene beleza.

A boa interpretação da situação fez toda a diferença.

O escritor russo Vladimir Nabokov foi professor de literatura na Universidade de Cornell, nos Estados Unidos. Suas aulas foram compiladas em dois volumes que, segundo ele próprio, poderiam receber o subtítulo "Como ser um bom leitor" ou "Tratem bem os escritores".

Segundo Nabokov, "quando lemos, devemos reparar nos detalhes e acariciá-los". Os detalhes guardam preciosos vetores de interpretação.

Quando os líderes muçulmanos históricos escreviam uns aos outros, terminavam suas cartas com uma saudação islâmica clássica: "A paz esteja consigo." Contudo, ao enviarem uma correspondência aos não muçulmanos, adotavam um final ambíguo: "A paz esteja com os que seguem o caminho reto." O bom intérprete, nos detalhes, entendia a mensagem.

Shakespeare não explicita o que pensa a voluntariosa Catarina de *A megera domada*. Não dá a ela nenhum solilóquio, para que possa esclarecer suas ideias aos espectadores. Faz o mesmo, mais tarde, com Cleópatra, em *Antônio e Cleópatra*. Em outra peça shakespeariana, *Medida por medida*, ao fim da trama, Isabela recebe do duque uma proposta de casamento. Esse convite fica sem resposta. Dessa forma, com enorme generosidade, Shakespeare deixava para nós, leitores, interpretar quais as intenções e vontades de Catarina, Cleópatra e Isabela. A decisão dos acontecimentos passa a ser nossa. Uma das razões pelas quais Shakespeare se torna o maior de todos os dramaturgos decorre, em parte, desse convite, irresistível, a participar da trama. A interpretação nos faz cúmplices.

As muitas leituras de um mesmo texto

Michel de Montaigne registra em seus *Ensaios*, *fortis imaginatio generat causum*, isto é: uma imaginação forte produz o acontecimento.

Fedro, de Platão, em papiro do século II.

Platão narra o diálogo travado entre Sócrates e Fedro (ou Fédon), no qual o grande filósofo examina a lenda do deus egípcio Thot. O deus ofereceu ao faraó, líder de seu povo, uma série de preciosas invenções, como a geometria, os algarismos, a astronomia, os jogos e a escrita. Com relação a esta última, o deus Thot garantiu que sua descoberta traria sabedoria ao povo. O faraó, embora admirado, duvidou dessas vantagens. Ponderou que, com o advento da escrita, o homem deixaria de exercitar a memória, pois passaria a fiar-se apenas no que está registrado, abandonando as lembranças que existem dentro de si. Assim, disse o rei dos egípcios, não haveria uma verdadeira sabedoria na escrita, mas apenas um lembrete para a memória, que, por sua vez, exibia uma aparência de conhecimento. Nada mais.

Fedro, ao ouvir o relato, concorda com Sócrates. O filósofo, que, diz a lenda, não era de oferecer respostas, segue contando que os livros "pareciam" falar com leitor, como se fossem seres inteligentes. Contudo, quando o leitor surgia com alguma dúvida, o livro se limitava a repetir e repetir o que já havia dito. Os textos são apenas palavras, ponderava.

A lição de Sócrates consiste em que o mais relevante na leitura — a exegese, a associação, a percepção da simbologia e das metáforas — está a cargo do leitor.

A tradicional poesia japonesa do haicai, ou haiku, guarda um propósito peculiar. Ela não deve dizer tudo, não deve descrever. A sua finalidade é apenas a de sugerir. Idealmente, seu papel consiste em iniciar um pensamento que deve ser seguido pelo intérprete — e só por ele.

Por isso, o haicai pode gerar algum incômodo no leitor ocidental, acostumado com textos cheios de palavras que tentam explicar tudo. Isso não ocorre no haicai. Ao contrário, são imagens singelas que ficam suspensas à espera de que o leitor, introjetando-as, construa algum significado. O haicai, portanto, nada explica; ele provoca. Sob esse ângulo, trata-se de um trabalho generoso. O mais famoso poeta japonês, mestre do haicai, foi Matsuo Bashô, que viveu no século XVII. É dele o seguinte poema:

> a cerejeira velha
> em flor —
> memória do passado

Apenas isso (ou tudo isso!). A poesia haicai nos invade e, na prática, nos obriga a sermos, nós também, poetas a fim de dar a ela algum sentido.

Para uma família que havia perdido o filho, Bashô escreveu:

> coberto de neve
> o bambu inclina-se —
> o mundo fica ao contrário

Não basta ler: é necessário interpretar. A poesia pode significar muito pouco, quase nada, ou conter um mundo de ensinamentos. Depende do leitor.

Veja ainda:

ver cerejeiras em flor
é algo maravilhoso —
mas o que eu tive que andar!

Retrato de Bashô, por Hokusai.

    Há lendas e contos populares que se eternizam exatamente porque permitem uma diversidade de interpretações.

    Muitos conhecem o chamado "paradoxo de Epimênides" (este, um dos primeiros filósofos gregos, que viveu em cerca de 600 a.C.), atribuído a outro pensador grego, Eubulides de Mileto, que viveu no sec. IV a.C. "O cretense Epimênides diz que todos os cretenses são mentirosos, mas Epimênides também é cretense. Logo, também é mentiroso. Mas se ele for um mentiroso, o que ele diz é uma inverdade, e consequentemente os cretenses dizem a verdade. Mas Epimênidesé cretense, e, portanto, o que ele diz é verdade. Ao dizer que os cretenses são mentirosos, o próprio Epimênides é um mentiroso e os cretenses são mentirosos e dizem a verdade."

Esse paradoxo, ao longo da história, foi repetido muitas vezes, com diferentes roupagens, levando sempre a uma contradição. Pensamentos dessa natureza, aparentemente contraditórios, têm uma cerebrina construção e guardam uma lógica que nos desafia a pensar.

Borges disse que ler Melville é uma experiência tão forte quanto se apaixonar.

Nascido em 1819 numa Nova York provinciana, Herman Melville passou três anos viajando pelos mares, entre 1841 e 1844 (o escritor foi um grande viajante: esteve na Europa — entre outros lugares, faz uma peregrinação a Stratford, para venerar Shakespeare —, no Oriente Médio, nas ilhas do Pacífico e até no Rio de Janeiro). E, em 1851, lança o seu mais conhecido romance, *Moby Dick,* quando o autor contava 32 anos. Nele, o marinheiro Ishmael narra, na primeira pessoa, seu ingresso no navio pesqueiro *Pequod* e a fanática obsessão do capitão do barco, Ahab, por enfrentar uma gigantesca cachalote branca: Moby Dick. O motivo é a vingança: a baleia havia devorado a perna de Ahab. A tripulação, contudo, desconhece os planos do comandante da embarcação. Aos poucos, a obsessão do capitão Ahab se revela, quando já é tarde demais, pois o pesqueiro já se encontra no meio do oceano, medindo forças com o colossal cetáceo. Nesse duelo, a baleia também luta pela sua vida.

Primeira edição americana de *Moby Dick*.

No confronto final, o imediato Starbuck suplica ao capitão que desista daquela perseguição ensandecida, que já durava décadas e levaria todos a um fim trágico. Ahab afasta o imediato: "Ahab será sempre Ahab, homem. Todo este ato foi imutavelmente decretado. Tu e eu o ensaiamos um bilhão de anos antes que este oceano rolasse. Louco! Sou o lugar tenente do Destino; cumpro ordens."

A história, muito bem escrita, com personagens cheios de vida, na qual se revela um grande conhecimento de navegação, serve de poderosa metáfora das aventuras a que nos lançamos, de nossos objetivos e desafios, muitas vezes irrefletidos. Como devemos enfrentar a vida?

Ahab abandona tudo, sua família e sua tripulação, lançando-se ao gigantesco oceano para caçar a baleia. Essa escolha irracional acaba por destruir tudo ao seu redor, inclusive a ele próprio.

"O melhor modo de adorar-te consiste em desafiar-te", eis um ensinamento de *Moby Dick*. Segundo Umberto Eco, "a verdadeira lição de *Moby Dick* é que a baleia vai para onde quer".[43] Mas, claro, há muito mais o que colher desse clássico da literatura que fala da luta contra a nossa natureza, da nossa cegueira quando nos entregamos compulsivamente a alguma obsessão.

San Tiago Dantas, num estudo acerca de *Dom Quixote*, pondera: "Bem sei que uma grande obra vale e influi, mesmo sem ser integralmente compreendida. Mas a tarefa da inteligência humana é tirar o valor das coisas da obscuridade para a luz."[44] Por outro lado, Nietzsche, em *Humano, demasiadamente humano*, adverte: "Os piores leitores são os que se comportam como soldados em pilhagens: pegam algumas coisas que podem usar, sujam e misturam o restante e caluniam o todo."

Joaquim Maria Machado de Assis é um monumento da literatura brasileira e universal. Sua existência se confunde com a história de nosso país. Nascido num morro no Rio de Janeiro, filho de um pintor de paredes descendente de escravos e de uma mãe açoriana, de pele branca, Machado de Assis foi fruto da união de povos e raças distintas que se estabeleceram no Brasil. Acompanhou o fim do Império e foi uma testemunha fiel, sensível e lúcida, dos costumes na região Sudeste do final do século XIX. Como registrou José Veríssimo, na sua *História da literatura brasileira*, Machado demonstrou, "numa rara unidade de inspiração, de pensamento e de expressão (...) a tolice e a malícia humana".

Dom Casmurro, que já foi chamado de *Otelo* brasileiro,[45] narra a história do introspectivo e carrancudo Bentinho. Filho único e cedo órfão de pai, Bentinho se enamora, ainda jovem, de sua vizinha, Capitu, dona

---

43   Umberto Eco, *Sobre a literatura*, Rio de Janeiro, Record, 2003, p. 20.
44   *D. Quixote — Um apólogo da alma ocidental*, Brasília, Ed. Universidade de Brasília, 1997, p. 20.
45   Ver Adriana da Costa Teles, *Machado & Shakespeare*, São Paulo, Perspectiva, 2017, p. XIV.

de "olhos de ressaca", ou, ainda, de "olhos de cigana oblíqua e dissimulada". Por desejo da mãe, vai para o seminário, embora não fosse essa sua vocação. No seminário, Bentinho conhece Escobar, que se torna seu melhor amigo. Forma-se em direito em São Paulo. Casa-se com Capitu. Escobar, por sua vez, se une a Sancha, amiga de Capitu. Depois de bastante tempo de espera, Bentinho e Capitu têm um filho, Ezequiel, cujo nome homenageia Escobar. Contudo, Bentinho passa a acreditar que Ezequiel é fruto de uma relação adulterina de sua mulher com seu melhor amigo. Bentinho vê traços físicos de Escobar no pequeno Ezequiel. Escobar morre afogado e Bentinho encontra nas lágrimas de Capitu, aos pés do túmulo do amigo, mais evidências da infidelidade. Bentinho acusa Capitu, que nega o fato. Mulher e filho vão para a Europa. Capitu morre e, anos depois, Bentinho recebe a visita de Ezequiel, já adulto. Para Bentinho, é a imagem do amigo falecido.

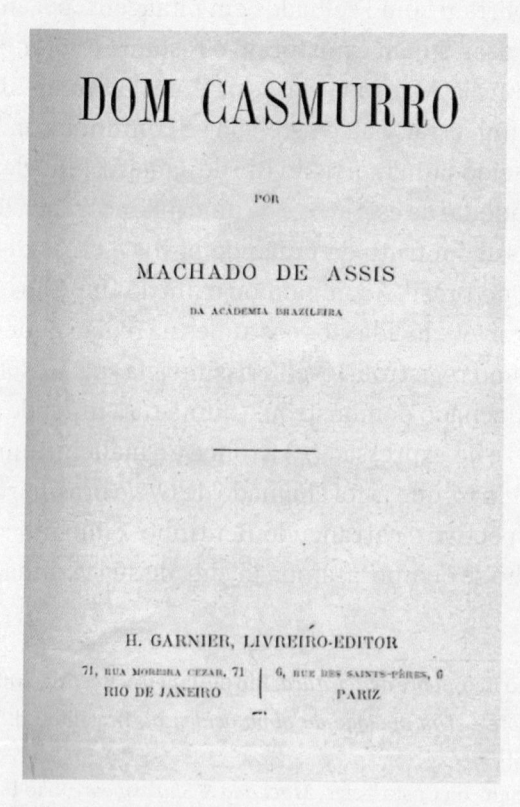

Dom Casmurro: folha de rosto da primeira edição.

No romance, não fica claro se houve, de fato, a traição conjugal ou se tudo não passou de uma equivocada suspeita, uma armadilha da mente complexa de Bentinho — ou Dom Casmurro, como passou a ser chamado, por sua vida reclusa e seus hábitos secos.

Em *Dom Casmurro*, Machado de Assis, além de outras referências literárias, faz alusão a quatro obras de Shakespeare: *As alegres comadres de Windsor, O rapto de Lucrécia, Macbeth* e *Otelo*. Com relação a esta última, encontram-se várias alusões e até mesmo citações de falas. Bentinho, no capítulo CXXXV, vai assistir a *Otelo* no teatro — pelo personagem qualificada como "a mais sublime tragédia deste mundo" —, fazendo, mentalmente, comparações entre Capitu e Desdêmona. Na peça de Shakespeare, Otelo, o general mouro, acredita que sua mulher, Desdêmona, lhe é infiel com seu subordinado Cássio. Por conta desse ciúme — "o monstro de olhos verdes" —, Otelo acaba por assassinar a esposa.

Assim como Shakespeare fazia com maestria, Machado de Assis deixa ao leitor a tarefa de interpretar a situação: afinal, Capitu foi infiel? Ezequiel era filho de Escobar? Bentinho estava certo ou foi vítima de sua paranoia?

O livro de Machado é tão rico que permitiu ao escritor Millôr Fernandes uma outra leitura: a de que angústia de Bentinho não se dava por ciúme de Capitu, mas por uma paixão proibida por Escobar... Sim, tudo ocorreu por conta da homossexualidade reprimida de Bentinho. Essa interpretação não está certa nem errada, mas apenas demonstra a generosidade de *Dom Casmurro*.

Numa outra passagem, a atenta Capitu encontra um argumento para afastar Bentinho da vida eclesiástica. Isso porque a mãe de Bentinho havia feito a promessa de dar a Deus um sacerdote. Na cabeça dela, seria seu filho. Capitu, por sua vez, interpreta a promessa:

> — Sua mãe fez promessa a Deus de lhe dar um sacerdote, não é? Pois bem, dê-lhe um sacerdote que não seja você. Ela pode muito bem tomar a si algum mocinho órfão. Fazê-lo ordenar à sua custa, está dado um padre ao altar, sem que você...

Com essa ideia, Capitu libera Bentinho do seminário. Tudo graças a uma boa interpretação.

Traduttore — traditore!

Quando se lê um livro vertido de sua língua original, não custa notar que ele recebe um outro "sentimento". O tradutor pode dar novas cores a uma obra, assim como tem condição de prejudicá-la. Dificilmente, a tradução somente verte as palavras de uma língua para outra. Aquele que realiza esse trabalho escolhe, burila, lapida. Nessa transformação, deve fazer um sem-fim de escolhas, de sorte que passa a ser também coautor da obra, mesmo que não o pretenda. Há um velho adágio italiano que reza: "*Traduttore — traditore!*", ou seja, tradutor, traidor!

Gabriel García Márquez, certamente um dos escritores mais traduzidos do mundo, comentou sobre essas versões de suas obras:

> Para mim, não há curiosidade mais entediante que ler as traduções de meus livros nos três idiomas nos quais me seria possível fazê-lo. Não me reconheço a mim mesmo senão em castelhano. Mas li alguns dos livros traduzidos ao inglês por Gregory Rabassa e devo reconhecer que encontrei algumas passagens que me agradavam mais do que em castelhano. A impressão que dão as traduções de Rabassa, é que ele aprende o livro de memória em castelhano e, em seguida, volta a escrevê-lo completo em inglês: sua fidelidade é mais complexa que a literalidade simples. Nunca faz uma explicação em pé de página, que é o recurso menos válido e por desgraça o mais acudido nos maus tradutores. Nesse sentido, o exemplo mais notável é o do tradutor brasileiro de um de meus livros, que ofereceu à palavra astromélia uma explicação em pé de página: flor imaginária inventada por García Márquez. O pior é que mais tarde li, não sei onde, que as astromélias não só existem — como

todo mundo no Caribe sabe — como também seu nome é português.

Millôr Fernandes, no seu divertido trabalho *The Cow Went to the Swamp* — uma versão literal para o inglês do ditado brasileiro "A vaca foi para o brejo" —, mostra as curiosidades e os óbvios desacertos da tradução que não leva em conta as expressões populares. O autodidata Millôr, ele próprio um tradutor extraordinário, autor de excelentes versões para o português de obras de Shakespeare, mostrava, com ironia, as dificuldades, os malabarismos e até as situações insuperáveis a que um tradutor estava submetido. Como ele registrou, *"if it gives cake, I take my body out"* — isto é, "se der bolo, tiro o corpo fora".

O trabalho do tradutor não se limita a uma transposição literal do texto. A rígida paridade do texto-fonte à língua vertida costuma não expressar seu verdadeiro sentido. Ao traduzir, faz-se necessário promover uma interpretação do original, a fim de que o resultado do trabalho reflita seu significado. Obviamente, a tradução falha se modificar o texto original a ponto de dar-lhe outro contorno, outra percepção. Já se disse que a melhor tradução é aquela que não se percebe, que não chama atenção, a ponto de, tamanha sua fluência e naturalidade, o leitor acreditar que lê o texto como se fosse o original, sem se dar conta que se trata de um texto traduzido.

A verdade é que, ao comparar traduções com os originais, muitas vezes se reconhece a profunda sensibilidade e erudição do tradutor. Isso proporciona a alegria de refletir se aquela foi a melhor forma de verter para uma língua o sentido expresso no original, não raro carregado de significados, sutilezas e de jogos de palavras praticamente intraduzíveis. O tradutor talentoso passa a ser cúmplice.

Transpor um poema para outra língua se revela uma tarefa ainda mais árdua, um ordálio quimérico. Há sutilezas e jogos de palavras que existem apenas por conta do idioma no qual o poema foi criado. Ezra Pound definiu a situação:

> A tradução de um poema que tenha qualquer profundidade termina sendo uma das duas coisas: ou ela é a ex-

pressão do tradutor, virtualmente um novo poema, ou ela é como se fosse uma fotografia, tão exata quanto possível, de um único lado da estátua.

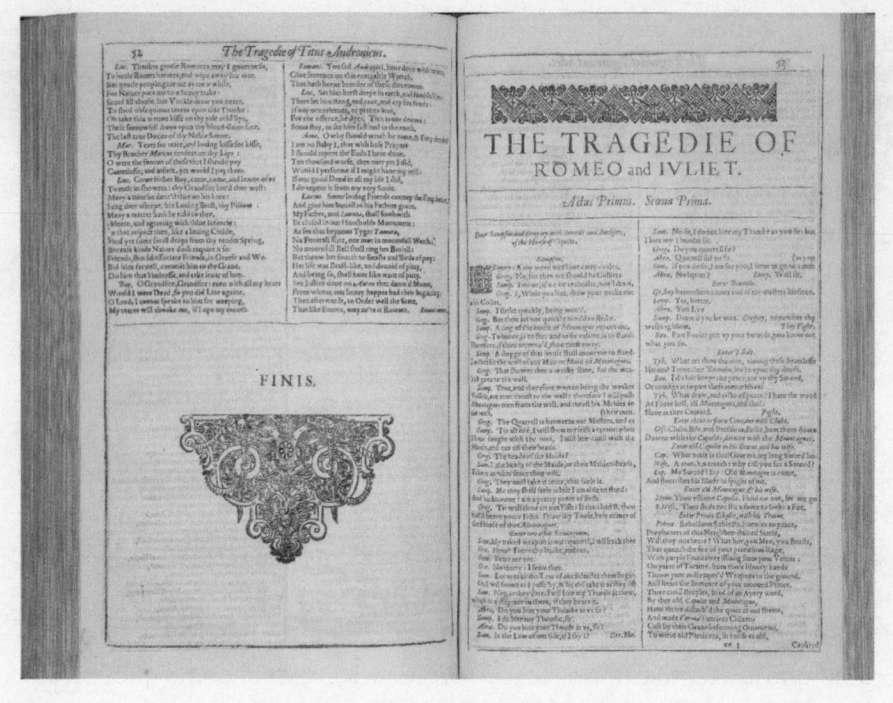

Romeu e Julieta no Primeiro Fólio, 1623.

Sempre fiquei intrigado em como traduzir uma frase dita por Julieta, na peça de Shakespeare, logo após ser beijada pela primeira vez por Romeu. A jovem diz no original: *"You kiss by the book*?"[46]

Como traduzir? Uma tradução literal seria: "Você beija pelo livro" (ou pela cartilha). F. Carlos de Almeida Cunha Medeiros, numa conhecida tradução, verteu assim: "Beijais segundo as maneiras elegantes."[47] Já Carlos Alberto Nunes traduz: "Beijais tal qual os sábios."[48] Segundo

---

46 Shakespeare, *Romeu e Julieta*, Ato I, Cena 5.
47 Shakespeare, *Obras completas*, vol. I, Rio de Janeiro, Nova Aguilar, 1995, p. 304.
48 Shakespeare, *Romeu e Julieta*, São Paulo, Edições Melhoramentos, s/a, p. 45.

Beatriz Viégas-Faria: "Beijais tão bem!"[49] Na versão de Onestaldo de Pennafort: "Sois perito na arte de beijar!"[50] Numa tradução clássica de Romeu e Julieta para o francês, feita por François-Victor Hugo, a fala de Julieta é a seguinte: "*Vous avez l'art des baisers.*"[51] — isto é, "tens a arte do beijo". Para Barbara Heliodora, com outra conotação, seria: "É tudo decorado."[52]

Shakespeare merece sua fama. Julieta não diz: "Que beijo maravilhoso!", tornando óbvia sua opinião. O escritor coloca na boca de Julieta: "Você beija como no livro" (na tradução literal). Temos que pensar no que isso significa — o que deixa o tradutor numa situação difícil.

Julieta tem 13 anos quando recebe o beijo. Possivelmente, trata-se do seu primeiro. Ela apenas conhece o beijo amoroso pelos livros, nos romances que supostamente leu. Assim, o beijo que Romeu acaba de lhe dar pode ser a materialização do que ela já havia lido. Então, ela diz: "Você me beija tal como li nos livros."

Mas a provocação entre os dois jovens começa com uma brincadeira entre o santo e o profano. Romeu, galanteador, compara seus lábios a dois peregrinos que desejam ir ao santuário, pelo que receberiam a absolvição de seus pecados. Quando então Julieta diz: "Você beija pelo livro" ("*You kiss by the book*"), ela, segundo essa possível interpretação, se refere à Bíblia, que era "o" livro. Portanto, seria um beijo também santo, seguindo o contexto da conversa.

Beijar como o livro pode significar que se trata de um beijo perfeito, modelar, um gabarito, como muitos tradutores preferiram adotar. Julieta, portanto, elogiava o jovem Romeu. Para outros, como Bárbara Heliodora, "beijar como o livro" significa um beijo protocolar, a mera repetição de algo estudado. Se assim for, Julieta desafiava o jovem, reclamando que o beijo recebido poderia ter sido algo mais. Era como se a

---

49 Shakespeare, *Romeu e Julieta*, Porto Alegre, L&PM, 2010, p. 46.

50 Shakespeare, *Romeu e Julieta*, Rio de Janeiro, Ministério da Educação e Saúde, 1940, p. 60.

51 Shakespeare, Tome VII, Les amants tragiques, Paris, Pagnerre Libraire-Éditeur, 1860, p. 259.

52 Shakespeare, *Romeu e Julieta*, Rio de Janeiro, Lacerda Editora, 2004, p. 57.

adolescente dissesse: "Você faz o mesmo com as outras" ou "você poderia fazer muito melhor".

Afinal, o que Julieta quis dizer? Que seria apenas um beijo protocolar — algo decorado e bem-comportado — ou que aquele beijo seguia a perfeição?

Jamais teremos a resposta. Possivelmente Shakespeare, de caso pensado, desejava exatamente isso. Mas se a interpretação da frase, no original, já se revela difícil, a sua tradução torna-se talvez uma tarefa impossível.

Para nós, leitores, resta a felicidade de pensar, verificando que as traduções servem como mais uma forma de compreender o sentido dos textos, um outro caminho para interpretá-los. Uma aventura riquíssima.

Interpretação intrínseca e interpretação extrínseca

Por vezes, o sentido do texto se encontra no próprio texto. Nesses casos, promove-se uma interpretação intrínseca. Em outras situações, a compreensão do significado do texto está fora dele, em outros elementos. Para compreender o sentido, faz-se necessário recorrer a uma interpretação extrínseca.

Machado de Assis surpreende, em 1881, ao contar, com "a pena da galhofa e a tinta da melancolia", uma história começando pelo óbito do protagonista, que narra suas lembranças na primeira pessoa. São as *Memórias póstumas de Brás Cubas*, um romance irônico e pessimista. Uma de suas pérolas é a dedicatória dessa autobiografia póstuma: "Ao verme que primeiro roeu as frias carnes do meu cadáver dedico como saudosa lembrança estas memórias póstumas."

Logo no início, num tom coloquial — comumente, o texto lança um "caro leitor", como se fosse um bate-papo franco entre o autor e nós —, se explica: "Não sou propriamente um autor defunto, mas um defunto autor."

Edição de 1943, com ilustrações de Portinari.

Brás Cubas conta a sua vida, com mais erros do que acertos. No melancólico final, registra que, na sua avaliação, sua existência teve um pequeno saldo: "Não tive filhos, não transmiti a nenhuma criatura o legado da nossa miséria." Machado de Assis, da mesma maneira, não teve filhos.

Numa passagem, o autor se esforça para explicar o sentido de suas palavras:

> Meu caro crítico,
>
> Algumas páginas atrás, dizendo que eu tinha cinquenta anos, acrescentei: "Já se vai sentindo que o meu estilo não é tão lesto como nos primeiros dias." Talvez aches esta frase incompreensível, sabendo-se o meu atual estado; mas eu chamo a tua atenção para a sutileza daquele pensamento. O que eu quero dizer não é que esteja agora mais velho do que quando comecei o livro. A morte não envelhece. Quero dizer, sim, que em cada fase da narração de minha vida experimento a sensação correspondente. Valha-me Deus! É preciso explicar tudo.

Busca-se garantir que a interpretação intrínseca, ou seja, aquela que se colhe do texto, seja suficiente.

No capítulo exatamente seguinte ao endereçado ao crítico, encontra-se apenas:

> Capítulo CXXXIX
>
> DE COMO NÃO FUI MINISTRO DE ESTADO
> ....
> ....
> ....
> ....

Dessa forma, registra-se como malogrou o plano de Brás Cubas de se tornar ministro. O leitor compreende perfeitamente que o protagonista não quer falar de seu insucesso, deixando, contudo, clara a sua frustração. Nada é dito, mas se compreende perfeitamente o fracasso do projeto.

O autor, como se vê, pode, por meio de sua técnica — no caso, o talento assombroso de Machado de Assis —, ao menos orientar a forma de se interpretar o seu texto, ora deitando na literalidade, ora exigindo, para a sua compreensão, outros elementos.

Platão, em *Fédon*, narra os últimos momentos de seu mestre e ídolo Sócrates. Antes, mencionou-se que fora condenado, em 399 a.C., à morte pelo tribunal popular de Atenas. Deveria beber cicuta. Platão, que assistiu ao momento histórico, conta:

> Depois de assim falar, levou a taça aos lábios e com toda a naturalidade, sem vacilar um nada, bebeu até a última gota. Até esse momento, quase todos tínhamos conseguido reter as lágrimas; porém quando o vimos beber, e que havia bebido tudo, ninguém mais aguentou. Eu também não me contive: chorei à lágrima viva. Cobrindo a cabeça, lastimei o meu infortúnio; sim, não era por desgraça que eu chorava, mas a minha própria sorte, por ver de que es-

pécie de amigo me veria privado. Critão levantou-se antes de mim, por não poder reter as lágrimas. Apolodoro, que desde o começo não havia parado de chorar, pôs-se a urrar, comovendo seu pranto e lamentações até o íntimo todos os presentes, com exceção do próprio Sócrates.

— Que é isso, gente incompreensível? Perguntou. Mandei sair as mulheres, para evitar esses exageros. Sempre soube que só se deve morrer com palavras de bom agouro. Acalmai-vos! Sede homens!

Ouvindo-o falar dessa maneira, sentimo-nos envergonhados e paramos de chorar. E ele, sem deixar de andar, ao sentir as pernas pesadas, deitou-se de costas, como recomendara o homem do veneno. Este, a intervalos, apalpava-lhe os pés e as pernas. Depois, apertando com mais força os pés, perguntou se sentia alguma coisa. Respondeu que não. De seguida, sem deixar de comprimir-lhe a perna, do artelho para cima, mostrou-nos que começava a ficar frio e a enrijecer. Apalpando-o mais uma vez, declarou-nos que no momento em que aquilo chegasse ao coração, ele partiria. Já se lhe tinha esfriado quase todo o baixo-ventre, quando, descobrindo o rosto — pois o havia tapado antes — disse, e foram suas últimas palavras:

— Critão (exclamou ele), devemos um galo a Asclépio. Não te esqueças de saldar essa dívida!

"Assim farei!", respondeu Critão. Vê se queres dizer mais alguma coisa. A essa pergunta, já não respondeu. Decorrido mais algum tempo, deu um estremeção. O homem o descobriu; tinha o olhar parado. Percebendo isso, Critão fechou-lhe os olhos e a boca.

> Tal foi o fim do nosso amigo, Sócrates, do homem, podemos afirmá-lo, que entre todos os que nos foi dado conhecer, era o melhor e também o mais sábio e mais justo.

"Devemos um galo a Asclépio. Não te esqueças de saldar essa dívida!", eis as derradeiras palavras de Sócrates. O que elas significam? A compreensão do texto demanda uma série de conhecimentos. Mais ainda, ela permite interpretações distintas.

Fazer um sacrifício a Asclépio — o mítico filho do deus Apolo, patrono da medicina — era algo comum naquela época. Essa oferenda, contudo, era prática de alguém que agradecia a cura de alguma doença. No caso de Sócrates, ocorria justo o oposto, ele se despedia da vida.

Diante disso, uma possível interpretação é a de que Sócrates considerava a vida uma doença. O sacrifício do galo a Asclépio poderia significar o entendimento de Sócrates de que, ao morrer, se curava da vida, liberando a alma de seu corpo. Portanto, ele diz a Críton: "A vida é uma enfermidade!"

Mas essa é apenas uma interpretação.

"Eloi, Eloi, lama sabachthani." Eis, segundo o relato dos evangelistas Marcos e Mateus, as derradeiras palavras de Jesus na cruz. Jesus falou em aramaico, a sua língua de origem. A tradução é: "Meu Deus, meu Deus, por que me abandonastes." Dois dos quatro Evangelistas, Marcos e Mateus, colocam na boca do nazareno essa enigmática declaração.

Numa interpretação intrínseca, Jesus disse — na verdade, ele questiona — por que motivo seu Deus o desamparou, deixando-o morrer daquela forma sofrida e indigna, na tortura da crucificação. Seria um protesto?

A interpretação literal incomoda os religiosos. Estaria Jesus reclamando do tratamento recebido de Deus?

Para alguns, esse grito de sofrimento é uma demonstração da fraqueza humana. E visto pela interpretação extrínseca? Ou, dito de outra forma, qual o sentido daquela declaração, naquela circunstância?

Muitos defendem que Jesus, naquele momento dramático, incorporou todos os pecadores que recebiam uma merecida punição — e, em seguida, perdão. Numa outra interpretação, Jesus na cruz recitou uma oração, colhida do Salmo 22, do Antigo Testamento, cujo texto completo é:

> Meu Deus, meu Deus, por que me abandonaste,
> descuidando de me salvar,
> apesar das palavras de meu rugir?
> Meu Deus, eu grito de dia, e não me respondes,
> de noite, e nunca tenho descanso.

Embora o Salmo 23 seja mais conhecido — "O Senhor é o meu pastor, nada me faltará. (...)" —, o Salmo 22, que o antecede, era bem popular nos tempos de Jesus.

Nele, o angustiado salmista, diante de dificuldades e da proximidade da morte, suplica a ajuda divina. Na cruz, portanto, Jesus apenas orava, revelando sua profunda fé, sem o desespero aparente da interpretação literal de suas palavras.

A interpretação extrínseca demanda um conhecimento amplo da realidade histórica, do contexto, inclusive recorrendo a outros textos e fontes. Sem esse conhecimento, o texto pode ganhar um significado distinto. Dependendo de como se interpreta, Jesus, ao dizer "meu Deus, meu Deus, por que me abandonastes", estaria revelando sua fraqueza ou, de forma diversa, demonstrando sinais de sua força.

A passagem bíblica acima mencionada é usada por Carlos Drummond de Andrade no "Poema de sete faces". Quem desconhece a referência não entenderá a profundidade da citação:

> Quando nasci, um anjo torto
> desses que vivem na sombra
> disse: Vai, Carlos! ser *gauche* na vida.
>
> As casas espiam os homens
> que correm atrás de mulheres.
> A tarde talvez fosse azul,
> não houvesse tantos desejos.

O bonde passa cheio de pernas:
pernas brancas pretas amarelas.
Para que tanta perna, meu Deus,
pergunta meu coração.
Porém meus olhos
não perguntam nada.

O homem atrás do bigode
é sério, simples e forte.
Quase não conversa.
Tem poucos, raros amigos
o homem atrás dos óculos e do bigode.

Meu Deus, por que me abandonaste
se sabias que eu não era Deus
se sabias que eu era fraco.

Mundo mundo vasto mundo,
se eu me chamasse Raimundo
seria uma rima, não seria uma solução.
Mundo mundo vasto mundo,
mais vasto é meu coração.

Eu não devia te dizer
mas essa lua
mas esse conhaque
botam a gente comovido como o diabo.

Cui bono?

Em latim, *cui bono* significa "a quem beneficia". Muitas vezes, para compreender um evento, deve-se procurar entender quem dele tira algum proveito. Pode-se valer do termo *cui bono* para sugerir um propósito não declarado dos fatos, deliberadamente oculto, mas que se revela ao identificar o beneficiado.

Quando recebemos uma informação, uma das medidas de prudência para interpretá-la consiste em verificar sua fonte. Afinal, a fonte pode estar contaminada, enviesada, comprometida, apaixonada. A mensagem, não raro, vem carregada de um interesse oculto, sub-reptício, por vezes maldoso. Daí por que se deve apreciar a origem do objeto da interpretação. Esse é um caminho para desvendar seu sentido profundo.

Suetônio foi diretamente favorecido por dois imperadores romanos. Trajano, que o nomeou diretor dos arquivos imperiais, e Adriano, que fez dele seu secretário particular. Para enaltecer a linha dos comandantes dos imperadores romanos, Suetônio, no ano 121, escreve *A vida dos doze césares — De Vita Caesarum*. Nela, o autor relata a história dos importantes personagens políticos de Roma — vai do imperador Júlio César até Domiciano. Suetônio reúne a história da família desses homens, seus feitos e, até, algumas de suas opiniões. Em certas passagens, a exposição é exageradamente elogiosa. Embora seja uma notável fonte histórica, o leitor não pode perder de vista que seu autor desejava deliberadamente elogiar os biografados. A fonte estava contaminada.

Nesse enfoque, com razão, diz-se ser impossível separar a história do historiador. O húngaro Georg Lukács identificou, corretamente, que, quando lemos uma história, estamos diante não apenas da história referida na fonte, uma descrição do passado ou de algum fato, mas também nos defrontamos com uma espécie de filtro do historiador, que, mesmo inconscientemente, carrega suas idiossincrasias no seu relato. Não existe uma história absolutamente isenta. Seja por rivalidade, por necessidade econômica, por vaidade, por fatores culturais, pelo desejo da fama e reconhecimento, por ignorância, para atender a uma demanda política, por conta de uma crença religiosa, por interesse, por maldade, por paixão, pelo que seja: a mensagem transferida sempre parte de uma pessoa que tem um viés, uma bagagem, ainda que não perceba. De forma intencional ou não, a mensagem carrega esse DNA.

Considera-se Ryūnosuke Akutagawa o grande nome do conto japonês. Quando nasceu, seu pai tinha 42 anos e a mãe 33. Essas idades, no Japão daquela época, eram consideradas de mau agouro para o homem e a mulher, respectivamente. Por conta disso, a criança foi considerada como de má-sorte. Sua mãe enlouquece naquele mesmo ano de seu nascimento. Akutagawa, ainda bebê, foi entregue aos cuidados de outra família. Esse começo de vida dramático certamente marcou o escritor, que se suicidou, em 1927, tomando uma dose excessiva de soníferos.

Ryūnosuke Akutagawa.

Ainda estudante de literatura inglesa na Universidade Imperial de Tóquio, Akutagawa publica, em 1914, a breve história *Rashōmon*, que lhe garantiu uma relativa — e rápida — notoriedade. No início de 1922, Akutagawa oferece "Dentro do bosque" — "Yabu no Naka", conto adaptado diversas vezes para o cinema. A mais "cult" dessas releituras foi feita, em 1950, pelo diretor, também japonês, Akira Kurosawa.

O pequeno conto "Dentro do bosque" narra a história do assassinato de um samurai, cujo corpo é encontrado numa floresta, nas cercanias de Kyoto, de acordo com testemunhos dados a um comissário de polícia. Primeiro, o ocorrido é contado por um lenhador que encontrou o defunto.

O lenhador relata que o corpo do falecido, vestindo um quimono de seda azul, havia recebido um único golpe de espada, na altura do coração. O lenhador, entretanto, não vira a espada. Ao lado do cadáver, havia apenas uma corda e um pente.

Em seguida, um monge budista, inquirido pelo policial, diz que vira a vítima na véspera do incidente, trajando um quimono lilás. Segundo essa testemunha, o samurai vinha a cavalo, com uma jovem na garupa, carregando belas armas.

Na sequência, um caçador de recompensas — mais precisamente, um ex-presidiário, que vivia de capturar criminosos — relata ao policial que, na véspera, prendeu um homem fora da lei, chamado Tajomaru, conhecido assaltante de mulheres. Segundo ele, o bandido portava as mesmas finas armas que o andarilho vira a vítima carregando. Para o caçador de recompensas, Tajomaru, como não tinha meios para possuir aquelas armas, fora o assassino.

A próxima testemunha foi uma mulher, mãe da jovem desaparecida, aquela que estava, segundo o andarilho, na garupa do samurai. Esta conta que sua filha se chama Masago, que ela tem apenas 19 anos, e que, recentemente, se casara com o samurai Kanasawa-no-Takehiro. Os dois, diz a senhora, partiram na véspera, no cavalo do samurai. Ainda entre lágrimas, suplica que encontrem sua filha.

O acusado Tajomaru, o próximo a depor, confessa ter assassinado o samurai, mas nega ter matado a sua jovem mulher. Segundo Tajomaru, ao ver Masago, a mulher do samurai, ele decidiu tê-la para si. Com esse propósito, aproximou-se do casal, fingindo bondade, como se fosse um companheiro de viagem. O bandido, então, contou aos dois jovens que, no meio do bosque, havia túmulos antigos, nos quais ele encontrara espadas preciosas. Ele disse que poderia vender-lhes aquelas armas por preços ínfimos. O casal concordou em pegar as espadas. Por conta disso, embrenharam-se todos no meio do mato. Quando teve oportunidade, Tajomaru pegou o samurai desprevenido e conseguiu amarrá-lo a uma árvore. A jovem Masago, ao ver seu marido preso, tentou reagir, mas foi contida pelo assaltante, que, segurando-a, conseguiu levar adiante sua intenção de estuprá-la.

Relatou Tajomaru que, depois de se satisfazer, pretendia deixar o casal, quando Masago, chorando, agarrou seu braço, dizendo que um dos dois homens deveria morrer. Afinal, depois do que ocorrera, ela não poderia suportar a coexistência dos dois. Segundo Tajomaru, Masago disse que ficaria com aquele que sobrevivesse.

Tajomaru contou que, diante desse pedido e como não era covarde, libertou o samurai para que pudessem lutar de forma digna. E que, depois de vigorosa luta, ele acabou levando a melhor. Ao fim da contenda, contudo, não encontrou mais a jovem, que fugira.

Por fim, Tajomaru pede que lhe apliquem a pena máxima, de morte por enforcamento.

Em seguida, Masago, que aparece para depor, oferece seu testemunho. Ela narra que, ao ver seu marido amarrado, tentou socorrê-lo, mas foi impedida por um pontapé do marginal, que a agarrou e tirou todos os proveitos dela. Desmaiou, tamanho seu horror e asco. Ao acordar, o malfeitor já havia partido, carregando os bens do casal. Seu marido ainda estava vivo, preso ao tronco pelas cordas. Masago, humilhada, diz ao samurai que não deseja mais viver. Ela assume que ele concorda — não conseguia falar pois sua boca ainda se encontrava cheia de folhas, usadas pelo assaltante para evitar que gritasse. Num impulso, Masago crava um punhal no peito do marido, matando-o. A jovem tenta se suicidar em seguida, mas não consegue. Chorando copiosamente, ela lamenta sua sina.

Por fim, surge na investigação um médium, que incorpora o espírito do samurai morto. Por sua boca, tomamos ciência da versão do falecido. Segundo o espírito, depois de ultrajar a jovem esposa, o assaltante e ela começaram a conversar. O samurai nada podia fazer, pois se encontrava amarrado e amordaçado. O bandido tentava convencer a jovem de que, depois do ocorrido, seria melhor que ela ficasse com ele — matando o samurai. A mulher, relata o médium incorporando o espírito, concorda. Chega a admitir que o samurai deve morrer para que ela possa ficar com o bandido.

O assaltante, então, surpreso com a reprovável reação da jovem, pergunta ao samurai se deve matá-la. Com isso, diz o espírito, ele perdoaria o assaltante.

Enquanto o samurai, ainda amarrado, decidia o que fazer com sua infiel mulher, esta foge pela floresta. O assaltante, então, corta a corda que prendia o jovem guerreiro e vai-se embora. O samurai, destruído física e moralmente, encontra o punhal de sua mulher e crava-o em seu próprio peito. Diz que nada sofreu.

Segundo o samurai, quando já estava morto, alguém, que ele não conseguiu identificar, retirou o punhal de seu peito. Depois, conta o espírito, através do médium, mergulhou no abismo de trevas.

Eis como acaba o conto, sem que nós, leitores, tenhamos certeza do que realmente ocorreu, pois cada um dos diretamente envolvidos — o assaltante, a jovem e o samurai — oferece relatos diferentes. Interpretar passa pela identificação da fonte da mensagem.

Assim é (se lhe parece), de 1917, é o título da peça do siciliano Luigi Pirandello, vencedor do prêmio Nobel de Literatura em 1934. Nela, também somos levados a questionar a verdade, pois os personagens nos dão versões distintas dos fatos. O escrivão da cidade, Ponza, tem uma mulher e uma sogra, a sra. Frola. Entretanto, ele não permite que a sogra veja a sua mulher, o que desperta todo tipo de rumor e de fofoca na cidade.

Ponza diz que, na verdade, a sua primeira esposa, filha da sra. Frola, faleceu. Como sua sogra não aceita a realidade, insiste em dizer, numa manifestação de loucura, que a atual mulher de Ponza é sua filha, embora não seja.

Já a senhora Frola alega que o louco é Ponza. Diz Frola que sua filha fora internada numa casa de repouso, exatamente por conta de um amor desmedido. Ponza acreditou que a esposa havia morrido, o que não era verdade. Quando a filha de Frola retornou, Ponza a tomou por outra mulher e se casou novamente. Para não criar problemas, a senhora Frola, com a concordância da filha, mantinha-se distante, a fim de não confundir ainda mais o desmiolado Ponza.

Pirandello em 1934.

Ninguém consegue estabelecer qual das duas versões é a verdadeira. Os demais personagens discutem o tema, apenas aumentando a confusão. Cada um passa a defender, de forma incisiva, um lado da história.

Por fim, a senhora Ponza finalmente aparece. Mantendo o rosto coberto, ela diz que é a segunda mulher de Ponza e filha da senhora Frola. Quase ninguém aceita esse esclarecimento.

As três histórias são distintas. Ponza diz que sua segunda mulher não é filha da senhora Frola. Esta garante que a primeira (e única) mulher de Ponza é sua filha. A senhora Ponza, por fim, alega ser filha da senhora Frola, porém é também a segunda mulher de Ponza. Cada um tem a sua versão. As pessoas têm percepções distintas da realidade — e acreditam no que querem acreditar.

Se ouvíssemos apenas uma versão dos relatos, teríamos apenas um ponto de vista dos fatos. Assim como ocorre no conto de Akutagawa, há outros prismas. Nesses dois exemplos literários, ao escutar outras versões, somos forçados a reconhecer que pode existir uma distância entre o que lemos ou escutamos e aquilo que, de fato, ocorreu. *Assim é (se lhe parece)* revela-se um excelente título, não apenas para a divertida peça de Pirandello, mas para muitos outros dramas da vida.

Tolstói era um gênio. Experimentou uma vida conturbada, que bem poderia ser enredo de uma de suas novelas. Tornou-se, na velhice, um ferrenho radical. Extremado, desencantou-se com a humanidade. Chega a escrever, em 1906, um longo ensaio — *Shakespeare e o drama* — no qual desanca com o dramaturgo inglês, a quem qualifica de insignificante, defendendo que as obras do Bardo de Stratford não tinham qualquer sentido, causando-lhe repúdio e tédio. Entre outros motivos, Shakespeare, para Tolstói, não servia porque se afastou dos valores cristãos. Para o escritor de *Guerra e paz*, a obra shakespeariana tinha o incorrigível defeito de não se curvar à religião. No seu texto, o russo examina *Rei Lear* no detalhe, para, com notável mau humor, apontar inconsistências e artificialidades na peça. Arrasa a obra. Contudo, para entender a crítica de Tolstói, faz-se necessário entender Tolstói. Notadamente, tomar ciência do momento da vida do autor. Percebemos que, não raro, para compreender o que se diz, deve-se, também, compreender o autor da mensagem.

Tolstói em 1908.

Tanto Al-Tabarí, falecido no ano 923 e considerado o mais importante historiador árabe do Oriente, como Ibn al-Qutiyya, que viveu no século X e foi o primeiro grande historiador da Espanha muçulmana, não fizeram qualquer menção às batalhas de Tours e Poitiers, as fundamentais vitórias dos reinos cristãos contra a invasão dos seguidores de Maomé. A história, como se sabe, é escrita pelos vencedores. Quem controla os meios fornece a informação como lhe convém — assim como omite ou distorce os fatos segundo a sua conveniência.

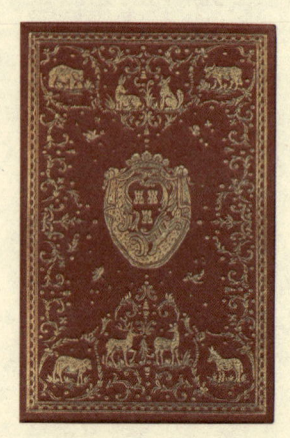

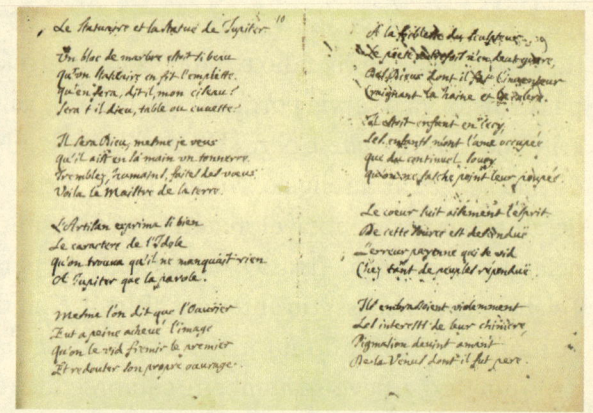

As fábulas de La Fontaine em edição com o brasão da Madame de Pompadour (1755). Ao lado, fac-símile de manuscrito do autor.

Em 1668, Jean de La Fontaine, formado em direito e funcionário público de carreira, lança o seu *Fábulas escolhidas*. Nele, segundo a linha do clássico fabulista Esopo, que teria vivido no século VI a. C., narrou pequenas histórias, sempre carregadas de ironia e conteúdo ético, nas quais os animais falavam. A obra tornou-se imediatamente popular.

Na fábula "O leão vencido pelo homem", La Fontaine conta:

> Pôs-se em venda uma pintura
> Onde estava figurado
> Leão de enorme estatura
> Por mãos humanas prostrado.

> Mirava a gente com glória
> O painel. Eis senão quando,
> Um leão que ia passando,
> Lhes diz: "É falsa a vitória.
>
> Deveis o triunfo vosso
> À ficção, blasonadores!
> Com mais razão fora nosso,
> Se os leões fossem pintores."

A história é sempre contada com algum viés.

Stalin, o todo-poderoso ditador da União Soviética, ao revisar sua biografia oficial, determinou que fosse incluída a seguinte afirmação: "Stalin jamais deixou que seu trabalho fosse prejudicado pela mais leve sombra de vaidade, presunção ou idolatria." A inserção do texto guardava um paradoxo: era uma demonstração de vaidade do líder. Qualquer leitor com o mínimo senso crítico conseguiria perceber a fragilidade da informação.

Em *Dez dias que abalaram o mundo*, o norte-americano John Reed fala da Revolução Russa. O jornalista Reed se encontrava na Europa, cobrindo os acontecimentos da Primeira Guerra Mundial, quando, em 1917, eclode a revolução na Rússia. Interessado em política e defensor do modelo socialista, Reed acompanhou de perto o movimento comunista russo. Escreveu sobre esse momento crucial da revolução que derrubou o czar e colocou Lênin e os bolcheviques no poder. Reed apresenta seu registro, de forma parcial, apaixonada (ele é o único norte-americano enterrado na Praça Vermelha, em Moscou). A introdução do livro, na edição norte-americana, foi assinada pelo próprio Lênin.

O livro de Reed possui enorme valor histórico e serve como fonte riquíssima de informações. Contudo, o leitor deve estar avisado da parcialidade do autor. Isso se revela importante até mesmo para tirar maior proveito da obra.

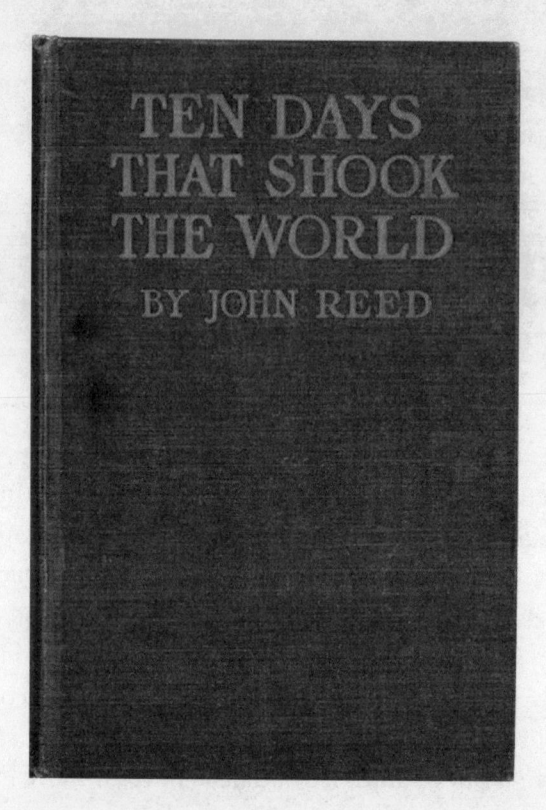

Dez dias que abalaram o mundo.

    O cientista e escritor norte-americano Jared Diamond, vencedor do prêmio Pulitzer, lançou, em 2005, *Colapso: como as sociedades escolhem o fracasso ou o sucesso*. Nele relata o motivo pelo qual ruíram algumas civilizações. Entre elas, Diamond conta o mistério ocorrido na Ilha de Páscoa, chamada Rapa Nui pelos nativos. Perdido no meio do oceano Pacífico, distante 3.700 quilômetros do Chile, o arquipélago é famoso por preservar gigantescas cabeças esculpidas em pedra, os Moais.
    Diamond narra que, quando os europeus chegaram pela primeira vez ao local, em 1722 — no dia de Páscoa, fato que acabou por dar nome à ilha —, encontraram apenas um grupo pequeno de ilhotes, sendo certo que, no passado, o arquipélago tivera um número muito maior de habitantes. Houve, claramente, uma decadência daquela sociedade.
    Segundo Diamond, a desventura da ilha se deu em decorrência da disputa entre clãs locais, o que acelerou o desmatamento de seus

campos. Com as árvores cortadas, o solo foi-se erodindo e as colheitas diminuíram. Não havia madeira para construir canoas — e, logo, dificultou-se a pesca. Com a escassez alimentar, o conflito entre os nativos se agravou. Iniciou-se, até mesmo, um canibalismo. A população foi drasticamente reduzida. Assim, operou-se a ruína da Ilha de Páscoa.

Mais recentemente, em 2021, o historiador holandês Rutger Bregman publica *Humanidade: uma história otimista do homem*, obra na qual oferece outra explicação para a *débâcle* da Ilha de Páscoa. Segundo o livro, a causa do desaparecimento da floresta do arquipélago não se deve aos ilhotes, mas decorreu da chegada, com os navios europeus, de ratos — que viajavam clandestinamente nas embarcações. Os roedores eram inexistentes na ilha até então. Ao desembarcarem, sem predadores naturais naquele ambiente, tornaram-se a principal razão da destruição da floresta. Isso porque eles dobram de número a cada 47 dias... Os ratos foram uma praga!

Além disso, conta Bregman que, em 1862, aportou na ilha de Páscoa uma frota de 16 navios escravagistas, que de lá levaram, acorrentados, 1.406 nativos. Assim, a ilha perdeu a parte mais forte da força de trabalho.

Na versão de Bregman, a derrocada da ilha de Páscoa não se deu por conta da estupidez dos seus habitantes, que teriam destruído sua fauna e brigado entre si — como defendeu Jared Diamond —, mas por fatores externos, como a chegada de uma praga e a avidez de mercadores de escravos.

Além de ser uma discussão interessante, o ponto a destacar é a importância de colher opiniões diferentes, que oferecem interpretações distintas dos fatos.

A fogueira das vaidades.

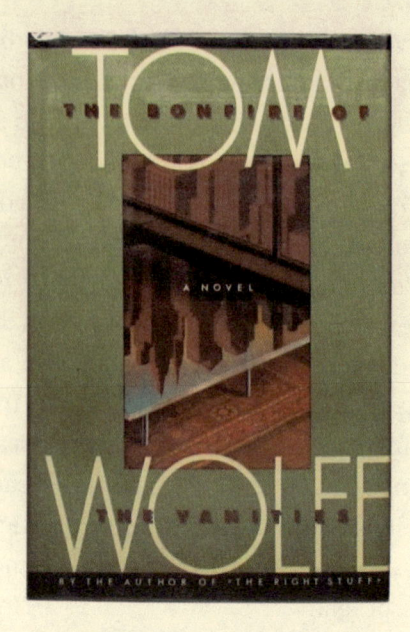

A fogueira das vaidades foi um grande best-seller de Tom Wolfe. O livro, talvez por ironia, começa com o autor dedicando a obra a um advogado, Eddie Hayes — um controvertido causídico nova-iorquino —, amigo particular de Wolfe.

Já se disse que esse livro, narrado em um ritmo frenético, é a melhor tradução dos anos 1980, notadamente da cidade de Nova York dessa época, quando o mercado financeiro produziu monstros de arrogância.

Conta-se a história de Sherman McCoy, um bem-sucedido e frívolo investidor de Wall Street, que, no carro com a sua amante, atropela, acidentalmente, um jovem negro no Bronx, depois de pegar o caminho errado, quando seguia do aeroporto para Manhattan, no coração de Nova York. Na verdade, era a sua amante quem dirigia, mas, ao menos num primeiro momento, essa circunstância é omitida — e o casal foge do local do acidente.

Um jornalista ambicioso e sem escrúpulos descobre o ocorrido. Leva o acidente de McCoy para a imprensa, de modo sensacionalista. Transforma a vítima num mártir, ao mesmo tempo em que demoniza o *yuppie*. Para aumentar a vendagem de sua matéria, coloca o tema como se tratasse de conflito racial entre o banqueiro rico e branco, que, irresponsavelmente, atropelou e não socorreu a vítima, um jovem negro e pobre. Sob esse enfoque, o assunto ganha enorme repercussão.

Um líder religioso do Bronx percebe a possibilidade de tirar proveito político do episódio. Passa a promover uma campanha pública contra McCoy. Para piorar, o promotor público do Bronx, desejando aparecer na mídia, resolve tirar proveito do caso. No livro de Tom Wolfe, a verdade pouco importa para o jornalista, para o político ou para o promotor público. O importante, para eles, cada um por seu motivo, é colher um benefício particular com a situação. Para isso, constroem e manipulam os fatos.

O relacionamento de McCoy com a sua amante vem à tona. O marido dela sofre um ataque cardíaco fatal. A morte dele é explorada pela imprensa como se, mais uma vez, fosse culpa direta de McCoy.

A vida de McCoy se desintegra completamente. Ele perde o emprego. Seu casamento se desfaz (mulher e filha têm que abandonar Nova York, porque não aguentam a pressão social). Seu patrimônio é dilapidado — em grande parte para arcar com os custos dos processos judiciais. Até o seu advogado o abandona, quando McCoy não tem mais recursos para remunerá-lo.

O epílogo traz um suposto artigo jornalístico, publicado no *The New York Times*, com a manchete: "Financista acusado da morte de aluno brilhante." No artigo, relata-se que o jornalista, que criara toda a história com propósito sensacionalista, recebera o prêmio Pulitzer. Há um certo prazer da mídia em detalhar a ruína do antes bem-sucedido homem do mercado financeiro.

Nós, leitores, sabemos o que realmente aconteceu. Mas o público, no romance, não. As disputas travadas na Justiça tampouco se pautam pela realidade. Os processos judiciais, relata o livro, podem ser usados para fins políticos, econômicos ou, até mesmo, para alimentar a vaidade de alguém.

A fogueira das vaidades serve de alerta. Ao receber uma informação, em qualquer circunstância, o intérprete deve ficar atento à sua fonte e perguntar a si mesmo: a quem interessa a exposição dos fatos daquela maneira? Em outras palavras: não acredite em tudo que você lê. Duvide!

Quarto motivo:
entender a humanidade

"Sou humano; nada do que é humano me é estranho."[53]
Terêncio

"Os mistérios do amor crescem na alma, mas o corpo ainda é seu livro."
John Donne

Para entender (entender como verbo intransitivo, sem necessidade de qualquer complemento) temos que, primeiro, entender as pessoas. Uma tarefa dificílima, mas indeclinável. Ao menos, ela pode ser feita em partes — e, assim, vamos compreendendo, pouco a pouco, aqueles com quem convivemos.

Como ensinou Hannah Arendt: "Se não fossem iguais, os homens não poderiam compreender uns aos outros."[54] De certa forma, Arendt, aqui, segue um axioma colhido na *Ética* de Baruch Spinoza, que ela certamente leu. No clássico de Spinoza, lê-se: "As coisas que nada têm em comum não podem ser compreendidas umas pelas outras."[55]

Depois de se conhecer, entender o próximo é o caminho para uma existência mais tranquila. Mais uma vez, a

---

[53] "Homo sum humani a me nihil alienum puto."

[54] Hannah Arendt, *A condição humana*, 11ª ed., Rio de Janeiro, Forense Universitária, 2011, p. 219.

[55] Baruch Spinoza, *Ética*, São Paulo, Perspectiva, 2014, p. 89.

literatura serve de guia nessa empreitada. Hobbes foi categórico: "Lê-te a ti mesmo." Registrou ainda: "Lerás e conhecerás quais são os pensamentos e paixões de todos os homens em ocasiões semelhantes." Sem exagero, pode-se dizer que a literatura fornece um catálogo da humanidade. Como definiu Geraldo Carneiro, "ler é a arte de viver por empréstimo". Proust, por sua vez, explicou que: "Ao lermos a nova obra-prima de um homem brilhante, ficamos felizes em descobrir reflexões nossas que havíamos menosprezado, alegrias e tristezas que havíamos reprimido, todo um mundo de sentimentos que havíamos desdenhado e cujo valor nos é repentinamente ensinado por aquele livro." Afinal, tudo que existe no mundo começa e acaba em livro, resumiu o poeta Mallarmé.

O intelectual Samuel Johnson, no seu prefácio às obras de Shakespeare, registrou:

> Eis, portanto, o valor de Shakespeare, o fato de sua dramaturgia ser um espelho da vida; quem confundiu a própria imaginação, seguindo fantasmas nos labirintos criados por outros escritores, será [com Shakespeare] curado dos delírios extáticos, ao ler sentimentos humanos descritos em linguagem humana, ao assistir a cenas que permitem ao eremita entender as transações do mundo, e ao confessor prever o curso da paixão.

A história de Gilgamesh, mítico rei de Uruk (palavra que significa simplesmente "cidade"), na antiga Mesopotâmia, era desconhecida até cerca de 1839, quando bravos arqueólogos ingleses começaram a desencavar mais de 25 mil tábuas de argila, soterradas durante milênios sob o antigo palácio real de Nínive, onde hoje se encontra o Iraque, no Oriente Médio. O trabalho dos desbravadores permitiu decifrar a escrita cuneiforme, utilizada pelos sumérios.

Vem à luz o poema fascinante. A começar, fabulosamente, era quase dois mil anos mais velho do que os versos homéricos. A data de sua composição gira em torno de 2.800 a 2.500 anos antes da era de Cristo. Originalmente, os sumérios chamavam a história de *Sha-naqba-imru*, isto é, "Aquele que viu a profundeza".

Tábua V do épico de Gilgamesh.

Conta-se que o rei Gilgamesh, filho de um homem com uma deusa, possuía força incomum — além de um ego imenso. Benfeitor de sua cidade constrói muros para protegê-la. O rei não tem rival. Esse excesso de poder, entretanto, faz dele um déspota, insolente e arrogante. Entre suas prerrogativas, Gilgamesh se dá o direito de estuprar todas as jovens da região.

Atendendo ao pedido do povo, descontente com seu líder, os deuses reconhecem a atitude desmedida de Gilgamesh. Para educá-lo, criam, a partir do barro, um antagonista, Eikidu, homem completamente selvagem, uma força bruta, com longos cabelos desgrenhados. Vivendo isolado na floresta, no meio dos animais, Enkidu, apesar de sua falta de contato social, é bom e dotado de elevados valores morais. Fortíssimo, torna-se um opositor à altura do déspota Gilgamesh.

Gilgamesh elucubra uma estratégia para enfraquecer o rival. Com esse fim, envia uma mulher, Shamhat, uma sacerdotisa da deusa do amor, para Enkidu. Seduzido, ele perde a pureza — para ser mais preciso, são sete dias de amor ininterrupto com Shamhat — e decide deixar a floresta.

Depois de um inicial confronto, Gilgamesh e Enkidu se tornam amigos inseparáveis, enfrentando, juntos, uma série de desafios. Gilgamesh recusa o amor de Ishtar, a deusa da beleza. A rejeição desperta a fúria da deusa, que lança sobre a cidade um "touro do céu", com o fim de destruí-la. Eis violenta a vingança da deusa desprezada.

Gilgamesh e Enkidu, juntos, derrotam o touro celeste, mas Enkidu contrai uma doença. Agoniza por 12 dias e finalmente morre — possivelmente um castigo divino por matar o touro enviado por Ishtar. Gilgamesh se abate com a perda do amigo. Desolado, busca, então, a imortalidade, numa outra bela jornada. Nessa procura, encontra o sábio Utnapishtim, um ancião que sobrevivera a um gigantesco dilúvio — num mito atemporal adiante reproduzido no Velho Testamento como a história da arca de Noé. Utnapishtim promete a imortalidade a Gilgamesh se este cumprir certas missões. O herói, contudo, falha.

Ao fim, retorna a Uruk, sua cidade. Lá, olhando as muralhas que construiu, percebe que pelas suas obras ganhará a imortalidade. Talvez isso explique a tradução literal de Gilgamesh: "O velho que rejuvenesce." Segundo a história, Gilgamesh, após esses eventos, torna-se, até a sua morte, um soberano mais amadurecido, governando com sapiência.

Conhecer a epopeia de Gilgamesh valeria apenas pela sua temporalidade, fincada em remota época na qual sequer havia datas precisas. O protagonista, apesar de filho de uma deusa, não é menos humano do que nós. Mas a leitura garante muito mais. Plena de símbolos, Gilgamesh — uma tragédia — fala da busca pela perfeição, do desejo de vencer a morte.

Numa lírica passagem, Utnapishtim, o proto-Noé, relata o fim do dilúvio:

> O oceano ficou calmo, que antes se agitara como uma
> [mulher em trabalho de parto,
> A tempestade ficou silenciosa, o Dilúvio terminara.
> Olhei para o tempo, estava calmo e silencioso,
> Mas todos haviam se transformado em barro.

> A planície inundada estava lisa como telhado de uma casa.
> Abri uma fresta, a luz do sol inundou o meu rosto.
>
> Sentei-me, ajoelhei-me e solucei.
> As lágrimas descendo-me pelo rosto.

Ao contrário do Noé bíblico, que sai do barco agradecido ao seu Deus, o acádio Utnapishtim, terminada a intempérie, está de luto pelos muitos que pereceram. Utnapishtim lamenta o destino de tantos homens, "transformados em barro". Chora.

Esses temas, tratados nessa epopeia milenar, são comuns a todos nós: o medo da morte e o desejo de vencê-la; a compaixão; a preocupação com o próximo. Sem compreender essas questões humanas, teremos dificuldade de entender o comportamento de quem nos cerca.

Pela literatura, aprendemos que, independentemente da origem, os seres humanos pertencem à mesma tribo. As diferenças, na maior parte das vezes, são superficiais, um verniz. Como ensina a máxima de Tolstói: "Canta a tua aldeia e cantarás o mundo." Ao tratar de temas prosaicos, ocorridos num lugarejo perdido, encontramos a marca da humanidade.

A experiência ensina que as pessoas se movem mais pelas suas emoções do que por qualquer outro motivo. Num extraordinário estudo sobre erros políticos ao longo da história, alguns de difícil explicação, Barbara W. Tuchman, em *A marcha da insensatez*, reflete:

> Sendo óbvio que a perseguição de desvantagem após desvantagem é algo irracional, concluímos, em consequência, que o repúdio da razão é a primeira característica da insensatez. De acordo com os estóicos, a razão é o "fogo do pensamento" que dirige os negócios do mundo, e o imperador ou dirigente do Estado era considerado "servo da razão divina (escolhido) para manter a ordem na Terra". Teoria confortadora, mas, então como agora, a "divina razão" foi suplantada por fragilidades humanas não racionais — ambição, ansiedade, busca de posição social,

preponderância das aparências, ilusões, autoilusões, preconceitos firmados. Embora a estrutura do pensamento humano esteja assente no procedimento lógico das premissas às conclusões, isso nada significa quando se esbate contra fragilidades e paixões.

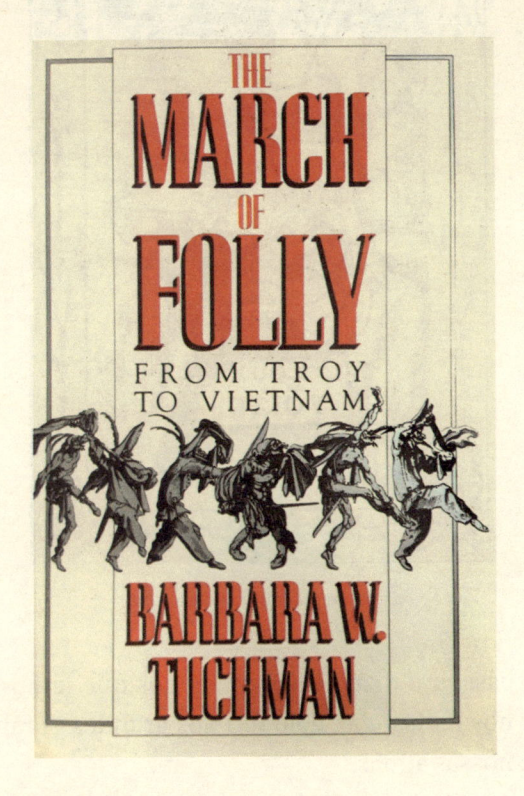

Barbara W. Tuchman, *A marcha da insensatez*.

Com os livros, somos apresentados, como espectadores, a essas emoções, a essas paixões. Até mesmo, como fez Erasmo de Roterdã, para reconhecer que, "em geral, as paixões são reguladas pela loucura".

Em seu *Elogio da loucura*, Erasmo diz que "o homem é tanto mais feliz quanto mais numerosas são as suas modalidades de loucura". Lembra, ainda, que "o homem que esconde a própria loucura é melhor do que o que esconde a própria sabedoria".

Capa de edição francesa, 1728.

Como se passou a dizer, não somos nós que lemos Shakespeare, mas ele quem nos lê. Isso faz dele um dos grandes — talvez o maior — cartógrafos de nossas almas.

Em *Rei Lear*, peça elaborada na maturidade do dramaturgo, o rei, cujo nome dá título à obra, decide, já cansado pela idade, dividir seu reino entre as três filhas. Os pais não costumam ser os melhores juízes dos filhos. Lear não percebe a má índole de suas duas filhas mais velhas. Fica irado com a sinceridade da caçula, Cordélia. Num rompante, deserda Cordélia para dividir suas terras apenas entre as duas filhas mais velhas, exatamente aquelas que, intimamente, não lhe são devotas.

O velho Lear, com suas manias e seus sinais de senilidade, logo é desprezado pelas filhas interesseiras. Passa a errar, sem rumo, na companhia de um bobo da corte, que se mantém fiel a seu lado.

Como devemos tratar os mais velhos? Como devemos nos comportar na velhice? Os pais estão condenados a não compreender seus filhos? Velhice e decadência são sinônimos?

Cordélia, a filha rejeitada, não desiste do pai. Busca protegê-lo. Encontra o velho Lear no limite entre a consciência e o delírio. Ambos são presos. Lear conforta Cordélia:

> Anda comigo para a masmorra.
> Lá cantaremos como ave na gaiola;
> Quando me pedires a benção, sou eu
> Quem vai ajoelhar e te pedir perdão. Assim vamos viver,
> Rezar, cantar, contar velhos contos e rir
> Das borboletas douradas, e ouvir uns velhacos pobres
> A falar das coisas da corte.
> Conversaremos com eles
> De quem perde e de quem ganha, de quem entra e de
>   [quem sai,
> E explicaremos o mistério das coisas,
> Como se fôssemos espiões de Deus.[56]

Lear registra que, com sua mente já desprendida das coisas terrenas, passa a ver tudo com distanciamento e placidez. Transforma-se num "espião de Deus".

A literatura tem essa força: ela nos situa como espectadores divinos, deuses, que assistem aos acontecimentos de longe, examinando tudo por cima. Como disse Lear, somos iniciados a compreender o fenômeno das relações humanas. Talvez, assim, consigamos explicar "o mistério das coisas".

---

[56] "Come, let's away to prison:/ We two alone will sing like birds i' the cage:/ When thou dost ask me blessing, I'll kneel down,/ And ask of thee forgiveness: so we'll live,/ And pray, and sing, and tell old tales, and laugh/ At gilded butterflies, and hear poor rogues/ Talk of court news; and we'll talk with them too,/ Who loses and who wins;/ who's in, who's out;/ And take upon's the mystery of things,/ As if we were God's spies." (Ato V, Cena 3).

Retrato de Shakespeare atribuído a John Taylor.

    Uma das contribuições, entre muitas outras, do teatro elisabetano — que teve Shakespeare como seu maior expoente — foi a de deixar para trás as chamadas tragédias de destino. Nessas composições, que definiram a dramaturgia grega clássica — sendo o tema central nas obras de Ésquilo, Sófocles e Eurípedes —, o destino tinha o papel predominante.

    Pouco importava a vontade das personagens. Eram irrelevantes as suas características. Independentemente do que fizessem Édipo ou Orestes, o destino sempre prevalecia. O ser humano era um joguete e seu fim previamente determinado. Se alguém estava destinado a perecer, não havia como escapar.

Com o teatro elisabetano, no final do século XVI, desponta a tragédia de caráter. Nela, a tragédia apenas existe em razão do protagonista. O mal, que se experimenta, decorre unicamente de alguma falha, algum vício de caráter do personagem. O destino, como motivo da desgraça, cede lugar à natureza humana. Os eventos acontecem por causa do homem.

Para explicitar essa importante mudança do eixo central das peças, conta-se que as tragédias de *Hamlet* e *Otelo*, ambas obras de Shakespeare, apenas existem em função das peculiaridades dos dois protagonistas. Caso se trocasse Hamlet e Otelo de lugar, não haveria drama.

Em *Otelo*, o protagonista é enganado pelo ardiloso Iago, seu subalterno. Com insinuações maldosas, Iago insufla, na cabeça do mouro Otelo, que este é traído pela sua jovem mulher, Desdêmona. O mouro, um general bronco, sem a prática da reflexão, acostumado aos julgamentos rápidos, acredita em Iago. Acaba por assassinar a própria esposa.

Já em *Hamlet*, o príncipe dinamarquês volta a casa e então toma ciência de que, logo após a morte do pai, sua mãe prontamente se casara com o tio, irmão do falecido pai, que passa a se sentar no trono. Hamlet, cerebrino e reflexivo, suspeita que o tio matou seu pai, para se apoderar da coroa e da mulher. Essa suspeita, aos poucos, se confirma. Contudo, Hamlet, por sua natureza, não consegue tomar uma atitude concreta para vingar o pai.

Se Otelo tivesse o temperamento de Hamlet, jamais teria acreditado nas inverdades contadas por Iago. Ao contrário, logo verificaria o espírito maldoso de Iago. Nada aconteceria que fosse digno de uma peça.

Caso Hamlet fosse Otelo, um homem de ação, a mera suspeita do assassinato de seu pai faria com que ele tomasse prontamente uma medida enérgica. Possivelmente, mataria o tio. Pronto. Fim da trama na primeira cena do primeiro ato. Aqui também, em decorrência das características dos envolvidos, não haveria tragédia.

A tragédia, assim, existe e se explica apenas pela natureza dos envolvidos.

A culpa não é das estrelas.

As biografias

O gênero biográfico, compreensivelmente, seduz uma legião de seguidores. Por meio das biografias, relata-se a vida de alguém, que serve de exemplo, ora positivo, ora negativo.

Ao conhecer a vida de outras pessoas, aprendemos muito mais do que apenas história: somos convidados a entender as fraquezas e as virtudes de outro ser humano. Colhemos exemplos, bons e ruins, que passam a formar a nossa massa crítica. Aguçamos a sensibilidade. Ganhamos, enfim, elementos, verdadeiras bússolas, que servem de guia para as decisões que determinarão nossos caminhos.

Muitos concordarão: a lição mais eficaz se colhe dos exemplos. Discursos, parábolas, frases de efeito, entre outros recursos, têm enorme força. Nada, entretanto, supera os exemplos como fonte de ensino. Jesus nos oferece diversas lições, por meio de narrativas alegóricas. Porém, o seu mais potente ensinamento se colhe de sua vida terrena, que culmina em seu sacrifício.

Em 1863, um professor francês de línguas semíticas, Ernest Renan, lança uma versão da *vida* de Jesus. Renan estudara com vistas a se tornar padre. Acabou seguindo o magistério. Escreveu, sempre baseado nas Escrituras Sagradas, a partir do idioma original, sobre um Jesus mais humano do que divino.

Vida de Jesus, em edição italiana de 1892.

Os Evangelhos não deixam de ser uma biografia; Renan, porém, contava a história da sua maneira. O livro de Renan resgatava a simplicidade original do cristianismo e ampliava a importância das mulheres nos eventos da vida de Cristo. Naquele momento histórico, tinha um especial apelo, diante de uma Igreja que desprezava a participação feminina. Na obra de Renan, ressaltava-se o lado humano de Jesus.

O livro foi combatido e discriminado por muitos. Apesar da resistência de grupos mais conservadores, *Vida de Jesus* (*Vie de Jésus* no original) tornou-se um best-seller e fomentou profícua discussão.

Ao ler as biografias de Getúlio Vargas, Olga Benário, Juscelino Kubitschek, Carmem Miranda, entre tantos protagonistas da nossa história, essas pessoas passam, também, a ser vistas pelas suas humanidades. Suas dificuldades, suas famílias, seus amores, suas dúvidas. Apenas assim, conseguimos nos identificar com essas figuras, a ponto de se tornarem, para nós, exemplos atingíveis, modelos de conduta, negativa ou positiva.

A história é sempre feita pelas pessoas e estas, por sua vez, são frutos de seu tempo. Pela vida de nossos antepassados, conhecemos a nossa história. Como apontou o sociólogo e historiador Gilberto Freyre: "O passado nunca foi, o passado continua." Assim, compreender o passado é, ao mesmo tempo, também compreender o presente.

Os nossos primos do norte, os "americanos", sabem louvar seus heróis. Cultuam, como ninguém, seus antepassados, criando, com o tempo, verdadeiros mitos, que servem como paradigmas, modelos de admiração — a qual chega, em muitos casos, à veneração.

Ainda nas escolas, tomam lições dos seus ancestrais norte-americanos. Figuras da sua história — Washington, Lincoln, Roosevelt e Kennedy, entre outros — passam a ser familiares, como um panteão de deuses, cada um com qualidades extraordinárias: lealdade, obediência, honestidade, resiliência. Assim, fortalecem sua identidade, unem-se ao redor de valores.

Esse hábito os mantém coesos e, seguramente, trata-se de um dos principais motivos do protagonismo de sua nação na História contemporânea. Talvez também por isso se apoderaram da qualificação de "americanos", quando, na realidade, todos nós, nascidos no continente americano, deveríamos ser prontamente reconhecidos assim. Mas não, apenas eles o são.

Não à toa, o mercado editorial norte-americano — o maior do mundo — publica anualmente uma quantidade enorme de biografias, sendo a maior parte delas de figuras públicas de sua própria história.

A história norte-americana é recente. Não testemunhou as descobertas maravilhosas da Antiguidade Clássica, não cruzou o misticismo da Idade Média, nem tampouco assistiu ao florescer do Renascimento. Foi um começo duro o do "admirável Novo Mundo". Os primeiros habitantes europeus do território norte-americano, inicialmente, foram degredados e aqueles que fugiam das intolerâncias da Inglaterra do século XVII. A chegada deles não foi suave.

Os colonos combateram os nativos — muitos grupos que aportaram foram dizimados pelos indígenas. Adiante, em mais uma demonstração da capacidade norte-americana de "fazer" a sua história, passaram a celebrar o Dia de Ação de Graças, o *Thanksgiving*, tornando-o o mais popular de seus feriados. Nessa data, comemora-se a missa feita por esses primeiros peregrinos que desembarcaram por volta de 1620, tendo a iconografia incorporado uma comunhão também com os nativos — fato que, provavelmente, não ocorreu.

Diferentemente do resto das colônias do continente, as norte-americanas incentivavam fortemente a educação. Fundaram, desde cedo, editoras, escolas e universidades. Permita-me dar uma informação triste: na época da nossa Independência, em 1822, não havia curso superior no Brasil. Já nos Estados Unidos (quando ainda eram as originais 13 colônias inglesas, de Massachusetts à Georgia), antes de 1776, existiam nove universidades — todas em atividade até nossos dias e notabilizadas por sua excelência, como Harvard, Yale, Princeton e Columbia. O estudo, a difusão de conhecimento e a possibilidade de discutir ideias motivam as pessoas a pensar e aguçam o espírito crítico. Eis a grande diferença que pesou positivamente em favor dos norte-americanos.

Reconhecendo a injustiça do modelo colonial, marcado pelo arbítrio e pela abusiva subserviência, um grupo de homens notáveis liderou um movimento revolucionário. Foram os primeiros na América a se rebelar, de forma consistente, contra a metrópole, movidos por ideias como liberdade, igualdade, democracia e o direito à busca da felicidade.

Formularam a primeira Carta Constitucional da história — tão poderosa que, até hoje, segue em vigor.

A Constituição norte-americana, redigida em 1787, começa com o icônico: *"We The People"* — Nós, o Povo. O fato de ser obra dos cidadãos, da coletividade, a legitima. Eles derrubaram o rei antes dos franceses — sim, pois a Revolução Americana antecede a Francesa em pouco mais de uma década. Ao contrário do que aconteceu na França, com uma sociedade solidamente estabelecida, marcada por privilégios, com antigos hábitos e vícios consolidados, os norte-americanos semeavam num estado novo, leve, um grande e vasto *greenfield*, sem o peso da nobreza ou do clero. Naquele tempo, foram forjadas as bases da nação.

Acima de tudo, a história é feita pela gente. Chama-se essa geração dos construtores dos Estados Unidos de "pais fundadores" — os *Founding Fathers*. Muito justo. Nada foi fácil para eles. Coragem, idealismo, abnegação, esforço são algumas das qualidades que custaram muito a esses seres humanos, mas cujo resultado foi uma nação baseada em valores sólidos.

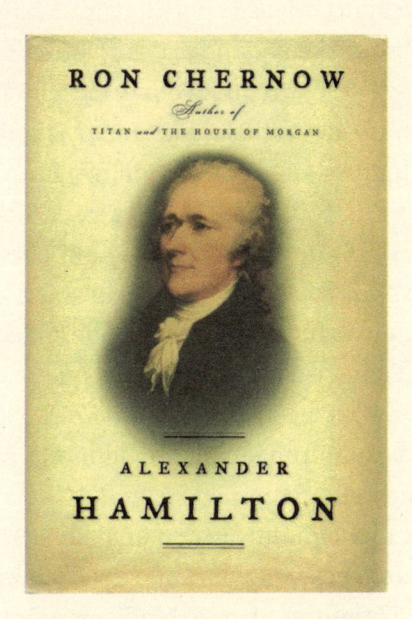

Alexander Hamilton, de Ron Chernow.

Dentre os "pais fundadores", todos dignos de admiração, a vida mais fantástica foi possivelmente a de Alexander Hamilton. Essa é a primeira razão pela qual a sua biografia, pelo escritor norte-americano Ron Chernow, se tornou um retumbante sucesso editorial. Fruto de extensa pesquisa e escrita numa cadência pulsante, o livro tornou-se uma poderosa fonte de inspiração. Difícil não se emocionar com Alexander Hamilton.

Hamilton nasceu em Charlestown, na ilha caribenha de Nevis, à época propriedade britânica. Seus pais não eram casados, o que o fez vítima, desde pequeno, de preconceitos. O pai abandona a família e Hamilton, ainda garoto, muda-se com a mãe para Saint Croix, outra ilha inglesa no Caribe. Com a morte da mãe, fica sob os cuidados de outro parente, que se suicida em seguida. Recebe uma segunda adoção, feita por um carpinteiro de Nevis. Passa a trabalhar como contador de uma empresa de importações.

Leitor insaciável, Hamilton sabia escrever primorosamente. Ao publicar um ensaio sobre um furacão, ganha notoriedade local. Em Nevis, organizou-se uma cotização para angariar fundos e permitir que Hamilton progredisse em seus estudos nas colônias da América, onde já havia universidades. O talento do jovem órfão não poderia ser desperdiçado. Com o dinheiro arrecadado, Alexander Hamilton navegou para Nova Jersey, onde ingressou na King's College, futura Universidade de Columbia, em 1773. Ali, teve acesso às obras de Locke, Montesquieu, Grócio, Blackstone e Samuel Pufendorf — num curso que privilegiava o conhecimento dos clássicos. Estudou com vistas a se fazer advogado.

Idealista, engajou-se na causa da liberdade das colônias, lutando ao lado de Washington contra as forças inglesas que se opunham à separação do futuro país. Estabeleceu-se em Nova York. Não obstante seu interesse pela política, Hamilton jamais abandonou a advocacia. Segundo relata o biógrafo Chernow, "venerava" a lei.

Como antes se mencionou, entre o final de 1787 e meados de 1788, em publicações do *Independent Journal* e do *The New York Packet*, ambos de Nova York, Hamilton, James Madison e John Jay expuseram suas opiniões, refletindo os pensamentos dos redatores da Constituição Americana. Agrupados, esses ensaios ficaram conhecidos como

Os Artigos Federalistas. Não são um tratado teórico de política, mas comentários práticos sobre o poder e a forma de exercê-lo. Uma espécie de evangelho político. É possível apontar a autoria de cada um desses artigos. Sabe-se que Jay escreveu apenas cinco, enquanto Madison foi autor de 26. Os demais, 51, ficaram a cargo de Hamilton, que liderou os trabalhos. Madison veio a ser o quarto presidente dos Estados Unidos; Jay, presidente da Suprema Corte durante a presidência de Washington. Hamilton, por sua vez, foi o primeiro Secretário do Tesouro dos Estados Unidos da América.

O grande antagonista de Hamilton na política nova-iorquina foi outro advogado: Aaron Burr, futuro vice-presidente dos Estados Unidos na gestão de Thomas Jefferson, entre 1801 e 1805. As diferenças pessoais entre eles foram resolvidas num dramático duelo à beira do rio Hudson, em 11 de julho de 1804. Ali, Hamilton, com apenas 49 anos, acabou mortalmente ferido pelo então vice-presidente Burr.

A força do livro se revela também pela sua adaptação, com a ajuda do próprio Chernow, por Lin-Manuel Miranda, para se transformar num musical de sucesso fenomenal.

Que lições colhemos de *Alexander Hamilton*? Talvez a maior seja a importância do esforço e da educação. Diversos e dramáticos fatos conspiraram contra Alexander Hamilton, que, valendo-se de sua tenacidade e dedicação, saiu de uma pequena ilha do Caribe para liderar uma revolução, criando não apenas um país, mas disseminando os ideais de liberdade e igualdade. Além disso, a leitura de *Alexander Hamilton* deixa claro que a boa política, aquela que rende frutos e ajuda a construir uma nação, é feita a partir dos bons valores, da transparência de propósitos, do espírito público, de altruísmo, da coerência e da honestidade.

Experimentar

Nunca poderemos viver todas as vidas com as quais sonhamos. Vivemos apenas uma. As outras, que gostaríamos de experimentar, ficam guardadas em nossa mente. Podem virar frustrações, motivos de riso ou apenas uma doce lembrança — daquilo que não fomos.

Tampouco poderemos ir a todos os lugares que desejamos conhecer, até mesmo porque muitos desses lugares existem apenas na nossa imaginação.

Pelos livros, contudo, podemos experimentar o que não somos e nem seremos. Teremos a elegância de Mr. Darcy, de *Orgulho e preconceito*, a virilidade do Capitão Rodrigo, de *O tempo e o vento*, a serenidade e firmeza de propósitos de Atticus Finch, de *O sol é para todos*.

Ainda, pela literatura, visitamos o mundo, guiados pelo temperamento de pessoas de enorme sensibilidade. Conhecemos a Tel Aviv de Amos Óz, a Dublin de Joyce, a Buenos Aires de Borges e de Cortázar, o Rio de Janeiro de Machado de Assis, a Istambul de Orham Pamuk, a Trieste de Svevo, a Paris de Balzac, a Nova York de Paul Auster. Pelo livro, temos dimensão da ilha de São Tomé, no meio do oceano Atlântico, do seu calor abrasador, como descrito por Miguel Sousa Tavares, em *Equador*.

Entre os destinos que conhecemos pela lente dos autores, a Veneza de John Ruskin possivelmente oferece uma luz especial. Os ensaios de Ruskin, de meados do século XIX, sobre a arquitetura daquela cidade, reunidos em *As pedras de Veneza*, nos levam a outra dimensão:

> Entre os documentos sobre o caráter nacional fornecidos pela arte tão variada do século XV, nenhum é tão interessante, tão sério quanto o que provém dos túmulos. À medida que crescia o insolente orgulho da vida, o medo da morte tornava-se mais abjeto e a diferença entre a decoração dos monumentos funerários feita pelos homens de outrora e aquela feita pelos da Renascença atesta uma diferença ainda maior em sua maneira de encarar a morte. Para os primeiros, ela vinha como consoladora, amiga, trazendo descanso e esperança; para os outros, aparecia como um dominador humilhante, um espoliador, um vingador. Portanto, temos os antigos túmulos de ornamentos simples e graciosos, de expressão solene e severa, reconhecendo a onipotência da morte, aceitando francamente, alegremente, a paz que ela trazia e marcando, por símbolos, a esperança na Ressurreição, sempre atestada por essas simples

palavras do morto: "Deitar-me-ei em paz e repousarei, pois é só em Ti, Senhor, que me apoio com segurança."

Os túmulos dos séculos seguintes atestam o lúgubre combate engendrado por um miserável orgulho e um baixo terror. Os homens exprimem-no erguendo Virtudes em torno de seus túmulos, disfarçado sob delicadas esculturas. Aprimoram os períodos pomposos do epitáfio e dão à estátua uma animação forçada; exprimem essa animação fazendo aparecer, atrás da cortina, seja um crânio carrancudo, seja um esqueleto, seja alguma outra imagem, mais terrível, do inimigo contra o qual erguem, como um desafio, a palidez do sepulcro brilhando sobre a palidez das cinzas.

De repente, os túmulos de Veneza, aquelas pedras mortas, ganham uma potência que, salvo guiada pela sensibilidade de Ruskin, a maioria das pessoas jamais atingiria.

Ruskin trata da natureza do Gótico [década de 1890].

Parece justo advertir que, como arte, a literatura nos transporta a lugares que existem apenas nas letras do autor e, com a leitura, na nossa mente. Ainda que partindo de uma realidade, com a literatura, pela emoção, o lugar, seja qual for sua origem, passa a ser ficção. Nada há de mal nisso. Ao contrário.

(Podemos concluir, assim, que o escritor é um falsário, um impostor. Se nos emociona, um estelionatário dos sentimentos. Como confessou Fernando Pessoa em sua *Autopsicografia*:

> O poeta é um fingidor
> Finge tão completamente
> Que chega a fingir que é dor
> A dor que deveras sente
>
> E os que leem o que escreve,
> Na dor lida sentem bem,
> Não as duas que ele teve,
> Mas só a que eles não têm.

Com isso, fecho os parênteses.)

Pela literatura, somos convidados a assistir — e a sentir — à decadência de um lugar, como no romance *O leopardo*, de Tomasi di Lampedusa. Nele se relata o fim de uma era na Sicília — e transforma-se para sempre a ideia daquela ilha, para quem quer que leia essa história.

É nesse livro que, em uma discussão sobre mudanças, se encontra a famosa reflexão de Tancredi:

> Se não nos envolvermos nisso, os outros implantam a república. Se quisermos que tudo continue como está, é preciso que tudo mude. Fui claro?

Falavam de uma nova ordem política, da unificação italiana, que acabou ocorrendo.

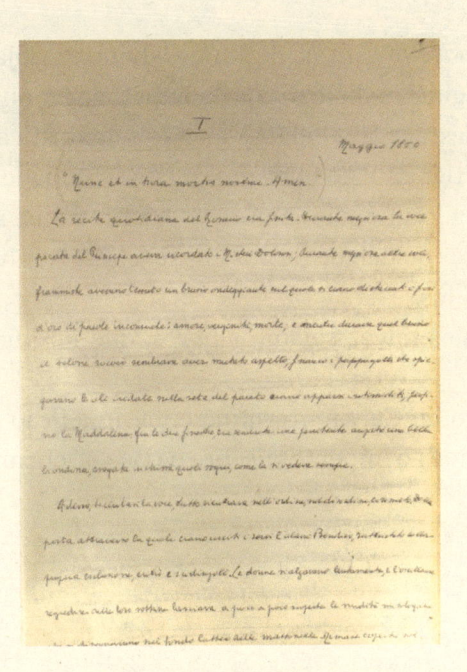

Incipit manuscrito *O leopardo*.

Arte de Magritte na primeira edição de *As cidades invisíveis*.

Em *As cidades invisíveis*, de Italo Calvino, o viajante Marco Polo narra, num imaginário diálogo com o imperador mongol Kublai Khan, os lugares onde esteve. São cidades incríveis, fantásticas, cada qual com sua história particular. "Ao chegar a uma nova cidade, o viajante reencontra um passado que não lembrava existir: a surpresa daquilo que você deixou de ser ou deixou de possuir revela-se nos lugares estranhos, não nos conhecidos."

Essas cidades talvez sejam os livros, que nos apresentam novas dimensões.

O belo livro de Calvino termina com uma lição dada por Marco Polo, que responde ao imperador sobre o risco de encontrar uma cidade infernal:

> — O inferno dos vivos não é algo que será; se existe, é aquele que já está aqui, o inferno no qual vivemos todos os dias, que formamos estando juntos. Existem duas maneiras de não sofrer. A primeira é fácil para a maioria das pessoas: aceitar o inferno e tornar-se parte deste até o ponto de deixar de percebê-lo. A segunda é arriscada e exige atenção e aprendizagem contínuas: tentar saber reconhecer quem e o que, no meio do inferno, não é inferno, e preservá-lo, e abrir espaço.

Conhecer Ravello, a linda cidade italiana na costa amalfitana, é um privilégio. Um lugar fascinante. Entretanto, o sentimento será outro, mais colorido e perfumado, se o passeio levar em conta que lá se refugiaram os poetas Elizabeth e Robert Browning, escapando da conservadora Inglaterra de seu tempo. Ou, ainda, lembrar que também Virginia Woolf passou um tempo por lá. D.H. Lawrence escreveu, naquela pequena cidade, *O amante de Lady Chatterley* e Gore Vidal tinha lá seu retiro. Ao andar por Ravello, com essas informações colhidas dos livros, até o ar da cidade se modifica.

A literatura, portanto, não apenas nos permite provar novas sensações, conhecer outros lugares e sentimentos, como oferece a oportunidade de potencializar essas experiências. Uma paixão, depois de ler os poemas de Elizabeth Browning, ganhará outras cores. Ravello, depois de que se tome conhecimento de que o casal de poetas ingleses se refugiou lá, para viver seu romance, passa a ser um templo. A leitura ressignifica.

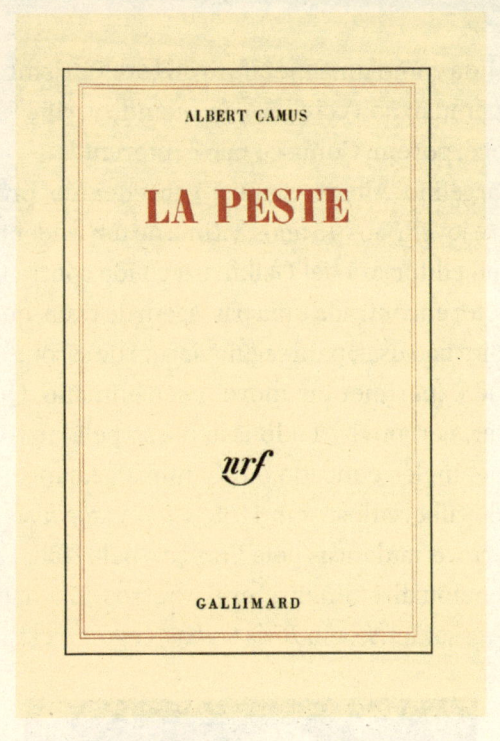

A primeira edição de *A peste*.

A peste, de Albert Camus, é um clássico da literatura francesa. Durante a pandemia da Covid-19, ressurgiu o interesse pelo livro. A referência era óbvia. Pela leitura dessa obra, procurava-se colher a dura experiência de viver num mundo doente, acuado pela pandemia.

Camus conta a história de uma peste bubônica que impôs o fechamento de uma cidade, Oran, na Argélia francesa. Um médico, dr. Bernard Rieux, assiste a tudo — desde o início do fenômeno, a partir da misteriosa morte dos ratos nas ruas, prenúncio da peste — com certa distância. Numa atuação como médico, no combate direto à malsinada doença, ele atua sem questionamentos morais, sem paixões, de certa forma passivo diante da inevitabilidade da morte.

Ao seu redor, as pessoas reagem ao acontecimento de formas variadas. Confinadas na cidade, cada uma sofre de modo peculiar. Umas se desesperam, outras encontram motivos para lutar.

Pelo livro, vivemos a angústia da peste; temos presente a certeza da nossa finitude.

A peste foi lida como uma metáfora do totalitarismo, do autoritarismo, da falta de compaixão. A civilização, quando verifica sua impotência, sofre. Amadurece, porém. Conosco não é diferente.

O franco-argelino Albert Camus, vencedor do prêmio Nobel de Literatura, morre jovem, aos 46 anos, vítima de um acidente, quando o carro guiado por seu editor Michel Gallimard colide contra uma árvore. No bolso de Camus, foi encontrada uma passagem de trem, que ele, no último momento, decidira não usar, para seguir viagem de carona com seu editor.

O desejo de experimentar move o ser humano. Queremos viajar, conhecer, provar, ver, ouvir. Tudo isso passa pela nossa sensibilidade. Laurence Sterne, inglês educado em Cambridge, lança, dois meses antes de morrer de tuberculose, em 1768, *Uma viagem sentimental*. Nele, seu *alter ego* narra as andanças pela França e pela Itália. Sua forma livre de narrar influenciou diretamente, entre outros, Machado de Assis, que reconhece, expressamente, em *Brás Cubas*, seguir o estilo de Sterne.

Laurence Sterne, em retrato de Joshua Reynolds, 1760.

A verdadeira "viagem" de Sterne se dirige para as experiências internas. Há pérolas como: "Um homem, meu bom senhor, raramente tem uma proposta gentil a fazer a uma mulher, sem que ela a pressinta alguns momentos antes." Ou: "Tenho certeza de que tenho alma, nem todos os livros com os quais os materialistas aborreceram o mundo podem me convencer do contrário." Fica claro que essas experiências que buscamos, quaisquer que sejam elas, apenas ganham sentido quando refletimos acerca delas, nessa viagem sentimental.

Borges registrou: "Sempre cheguei às coisas depois de encontrá-las nos livros." O livro nos permite antecipar experiências e torná-las ainda mais vivas e poderosas. Mais ainda, pela literatura, somos expostos às fragilidades humanas — e nelas nos encontramos.

Fonte de empatia

Empatia é a capacidade de se colocar no lugar de outra pessoa. Muitas vezes, não conseguimos compreender o outro porque não calçamos o seu sapato. Fica fácil julgar alguém apenas pela nossa experiência, a partir do nosso ponto de vista. Mas esse julgamento seguramente será pobre e imperfeito. Para entender alguém, temos que, na medida do possível, nos colocar no seu lugar.

A literatura nos permite essa experiência. Kafka nos faz sentir a injustiça em *O processo*. Experimentamos o mesmo ao ler *Michael Kohlhaas*, de Heinrich von Kleist, expostos à injustiça sofrida pelo protagonista desse romance. A ideia mais profunda de culpa ganha nitidez com *Macbeth*, de William Shakespeare, ou *Crime e castigo*, de Fiódor Dostoiévski. Compreendemos, com *Frankenstein ou o Prometeu moderno*, de Mary Shelley, e *Drácula*, de Bram Stoker, que somos nós os pais dos monstros.

Os tempos mudam. É importante compreender as pessoas e as situações dentro de um contexto. Há um velho ditado árabe, citado por Marc Bloch, segundo o qual "os homens se parecem mais com a sua época do que com seus pais". Ademais, como ensinou Ovídio, é da nossa essência mudar (e, para ele, o amor serve como fonte vigorosa dessa metamorfose).

Victor Hugo, no prefácio de sua obra *As contemplações*, de 1856, dirige-se diretamente ao leitor: "Ah! Insensato que julgas que não sou tu!" Eis a troca proporcionada pela literatura.

O casamento de Emma e Charles Bovary, em gravura de Daniel Mordant (1885).

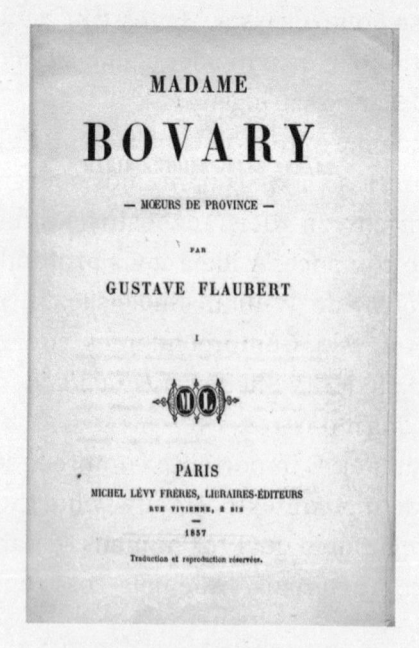

Primeira edição da obra.

Foi um escândalo quando Gustave Flaubert lançou *Madame Bovary*, em 1856. Acusaram o escritor, formado em direito, de transgredir, por meio de sua obra, a moral e a religião. Flaubert havia tratado o tema do adultério, decorrente da insatisfação conjugal, de forma franca, sem julgamentos éticos, numa narrativa realista. Desnudava-se o falso puritanismo da burguesia.

O caso foi levado ao Judiciário. Flaubert, em sua defesa, se pronunciou dizendo que ele era Emma Bovary, a protagonista de sua novela. Para se proteger — e, ao mesmo tempo, dizendo a verdade —, o romancista esclareceu que o seu livro relatava uma situação ficcional, por ele inventada. *"Emma Bovary c'est moi"*, teria dito.

Embora inocentado, o escritor recebeu reprimenda pública do julgador em relação à qualidade de seu trabalho. A absolvição judicial de pouco valeu para os puritanos, que continuaram perseguindo Flaubert e a obra.

Em *Madame Bovary*, Emma, uma jovem cheia de ideias românticas, colhidas da literatura sentimental, casa-se com Charles Bovary, um desinteressante médico do interior, sem maiores ambições. Ela logo se entedia de sua vida. "Nada do que imaginava se parecia com o que efetivamente sucedera." Frustrada, deseja experimentar novas emoções. Pelo adultério, busca completar sua tediosa existência. Encontrando apenas desilusões, acaba por se suicidar, envenenando-se. Flaubert narra a *via crucis* dos impulsos reprimidos.

A repercussão do romance foi tamanha que gerou o termo *bovarismo*, para designar quem desenvolve uma autoimagem falsa. Frustrada com a sua personalidade, com a sua realidade, a bovarista se projeta, normalmente a partir de ideias românticas, para uma vida idealizada e irreal.

Em *Madame Bovary*, conseguimos perceber as frustrações de Emma, mas também as de Charles, seu inábil e fraco marido, incapaz de reverter a situação de profunda tristeza de sua mulher, embora a perceba.

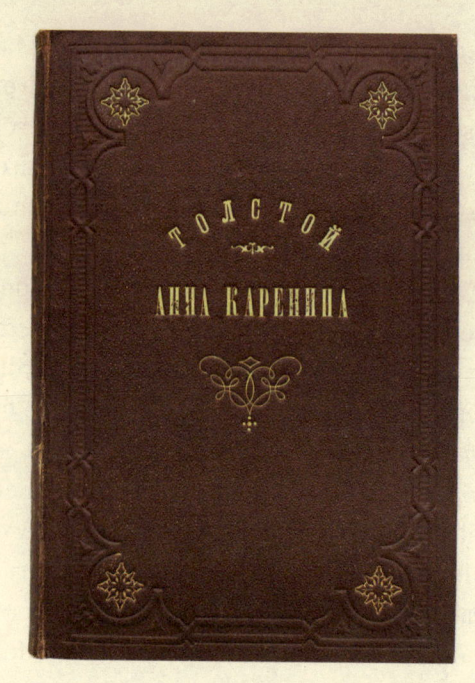

A primeira edição de um clássico.

Poucos anos depois do lançamento de *Madame Bovary*, o russo Liev — ou Leão — Tolstói oferece, em 1877, *Anna Karenina* (também traduzido ao português como Kariênina).

Tolstói teve uma vida perturbada. Nascido na propriedade rural de sua família, em Iásnaia Poliana, literalmente "clareira brilhante" — local para onde, até hoje, peregrinam seus fãs —, perde a mãe antes dos dois anos de idade. Ainda criança se muda para Moscou. Pouco depois, seu pai é assassinado pelos próprios servos. Tolstói e seus irmãos enfrentam momentos de precariedade financeira. O jovem, em 1844, inicia o estudo das leis, mas não conclui o curso. Viaja pela Europa e, na volta, cria uma escola, com novas propostas pedagógicas, entre elas a de acabar com os castigos corporais — até então um dos pilares da educação.

Em 1869, lança *Guerra e paz*, um longo romance, cujo pano de fundo é a invasão napoleônica à Rússia. Experimenta imediato sucesso. Tolstói se consagra. Sua vida, entretanto, segue confusa. Converte-se ao cristianismo, tornando-se um radical, seguindo regras estritas, como severos jejuns e longas vigílias. O seu extremo foi de tal ordem que, em 1901, a própria Igreja Ortodoxa russa o excomungou.

No final de sua existência, estabelecida uma relação conturbada com Sonia, sua mulher, Tolstói se virou contra o mundo. Sua novela *Sonata a Kreutzer*, de 1889, é um libelo contra o casamento. O escritor chega a declarar que essa instituição não passa de uma "prostituição legalizada". Nesse livro, o protagonista, que narra sua história a um desconhecido numa viagem de trem, conta como apunhalou a própria esposa, por ciúme da relação dela com o professor de violino.

Antes, comentou-se que Tolstói chegou a escrever um livro desancando Shakespeare. Sua postura ideológica e espiritual passou a ser conhecida como *tolstoísmo*, uma forma de anarquismo, crítico e agressivo a tudo.

A história de Tolstói bem poderia ser a de um de seus romances.

Os dois livros — *Madame Bovary* e *Anna Karenina* —, ambos icônicos, têm muito em comum. O começo do romance de Tolstói tornou-se clichê:

> Todas as famílias felizes se parecem, cada família infeliz é infeliz à sua maneira.

Na Rússia czarista, Anna Karenina, casada com um funcionário público de alto escalão, leva uma vida superficial e fútil. Inicia um romance adulterino com o conde Vronsky. Diante da conservadora sociedade, porém, não consegue desvencilhar-se de seu casamento frio e falido. Infeliz e angustiada, Anna se vicia em morfina.

Paralisada pela situação, sem digerir um ciúme doentio por seu amante, Anna Karenina, em desespero, se joga diante de um trem, pondo fim à própria vida. Suas últimas palavras são: "Deus, perdoe-me tudo!"

As grandes heroínas da literatura no século XIX, Emma Bovary e Anna Karenina, queriam escapar das suas vidas vazias, encontrando sentido no amor — um amor romântico, idealizado. A sociedade, contudo, era rígida, irrespirável para elas. O triste desfecho dessas duas mulheres sensíveis, com ânsia de viver, mas sem condições de dar o destino que desejavam às suas vidas, foi o mesmo.

Numa carta de agosto de 1853, escrita enquanto trabalhava em *Madame Bovary*, Flaubert reflete: "Depois de certo ponto em meus cálculos, nunca se está errado em questão de alma. Minha pobre Bovary, sem dúvida, neste exato momento sofre e chora em vinte cidadezinhas da França." Talvez se possa corrigir Flaubert: Bovarys e Kareninas sofrem e choram em todas as cidades do mundo.

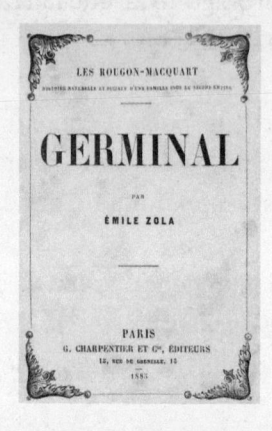

Germinal, de Zola.

Em 1885, Émile Zola lança *Germinal*, um livro sombrio, no qual narra a vida dura dos mineiros franceses da época. A obra é um libelo contra a opressão e o abuso à classe dos trabalhadores.

A situação dos mineiros de carvão era degradante. O ambiente de trabalho insalubre, sujo, onde acidentes se tornaram comuns e frequentes. Os carvoeiros viam-se constantemente submetidos a humilhações, como a diminuição de salários, sem qualquer explicação. Famílias inteiras eram exploradas, obrigadas a subsistir, em cortiços, de forma miserável.

Tamanha injustiça fez nascer ideias revolucionárias. Aquelas pessoas não podiam suportar a fome e a doença. O leitor sente a revolta e frustra-se quando, no livro, vê que todas as justas reivindicações são rechaçadas, frequentemente com violência.

Enquanto sofrem os mineiros, a esposa do diretor da mina, fútil e alienada, pensa apenas no casamento de seu sobrinho. Os valores estão invertidos.

Zola, para elaborar essa obra, passou um período numa mina de carvão, conhecendo de perto a dura realidade dessa gente. Seu trabalho, portanto, busca expor a realidade, a vida como ela é.

Pelo livro, que emocionou e influenciou gerações de leitores, somos levados a experimentar essa odiosa exploração, despertando sentimentos humanitários.

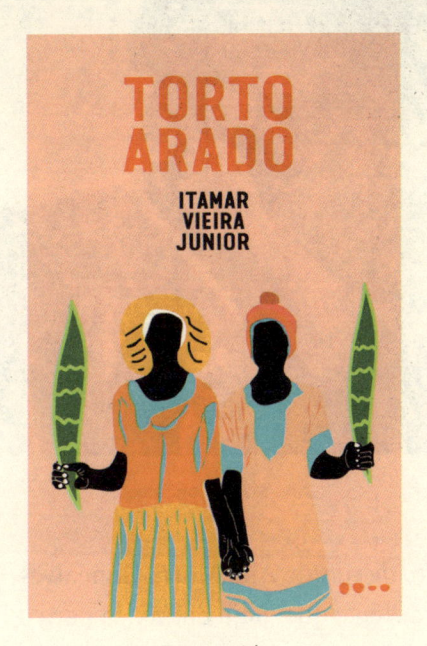

Torto arado.

Torto arado, de Itamar Vieira Júnior, fala de duas irmãs, Bibiana e Belonísia, nascidas na Fazenda Água Negra, uma comunidade humilde, microcosmo da realidade rural do sertão, no interior da Bahia. A vida das meninas é marcada por um acidente trágico, narrado logo no início do romance, quando elas, "descobrindo" uma afiada e bela faca, guardada pela avó, cortam a própria boca — uma delas perde a língua e a capacidade de falar. O evento as une definitivamente.

Apesar de viverem numa comunidade pobre e marginal, as personagens são cercadas de sabedoria, afeto e bons valores. O livro denuncia o preconceito, a violência contra a mulher, os negros, os menos favorecidos. Somos forçados a nos colocar no lugar dessa gente boa, honesta e trabalhadora, porém profundamente injustiçada pela história, privada, desde seu nascimento, de oportunidades.

Ana Maria Gonçalves.

Em *Um defeito de cor*, de Ana Maria Gonçalves, conta-se a saga de uma velha senhora, cega, que viaja da África para o Brasil, a fim de encontrar seu filho. Essa senhora, Kehinde, ainda criança foi capturada e trazida à força, em um navio negreiro, até as terras brasileiras, onde se tornou escrava. Depois alforria-se e volta ao seu continente de origem.

No livro, narrado na primeira pessoa, Kehinde conta a sua vida, cheia de desafios, de momentos tristes, mas também de superações. Pela obra, o leitor é levado a se colocar no lugar de Kehinde, escrava, injustiçada pela sociedade preconceituosa e covarde.

Nesse romance histórico, no qual se conjugam ficção e fatos reais, pinta-se o Brasil colonial em cores vivas. Kehinde, depois de deixar seu continente de origem, percorre diversos lugares: Salvador, Rio de Janeiro, São Paulo. No livro, Kehinde pode ter sido a mãe de Luiz Gama, uma figura histórica real, que tomou uma posição firme, no século XIX, pela causa abolicionista. Advogou na condição de rábula para proteger muitos escravos e ex-escravos contra abusos da elite. Por detrás de uma grande personagem, havia, como se conta na obra, uma mulher cheia de energia e de bons valores.

"... Este salão de sangues misturados parece o Brasil", escreveu Manuel Bandeira. Somos mesmo uma grande mistura.

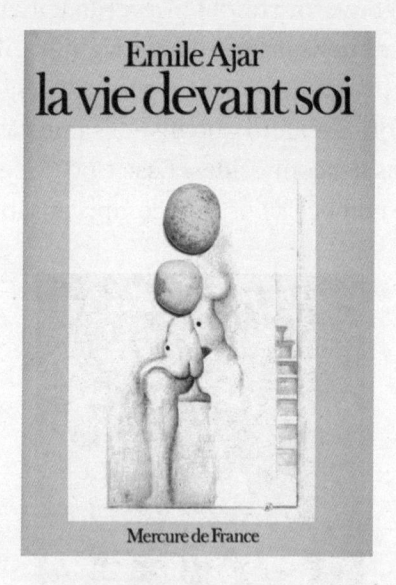

Primeira edição de *A vida pela frente*.

Em *A vida pela frente*, Romain Gary — pseudônimo de Émile Ajar — parte do fictício relato de um menino, Momo, criado por uma judia idosa num subúrbio de Paris.

Há um fato real curioso em *A vida pela frente*. O mais disputado prêmio francês de literatura é o prestigioso Goncourt. Acompanha-se com entusiasmo a anual eleição do melhor romance em língua francesa, disputada ininterruptamente desde 1903. Em seu regulamento, admite-se que um autor apenas possa ser agraciado com ele uma única vez. Romain Gary havia obtido o Goncourt em 1956 — e, portanto, não poderia recebê-lo novamente. Em 1975, usando o pseudônimo de Émile Ajar, Gary lança *A vida pela frente*. Uma obra linda, que acabou arrebatando o cobiçado prêmio. Somente após a morte de Gary, em 1980, se soube da verdade: ele era também Émile Ajar. Com isso, a mesma pessoa, indevidamente, conquista o Goncourt por duas vezes.

Ler *A vida pela frente*, entretanto, absolve Gary e justifica a excepcionalidade da dupla premiação.

A relação entre o menino Momo e sua mãe postiça, madame Rosa, uma ex-prostituta (como fora também a verdadeira mãe de Momo), idosa e obesa, oferece a dimensão pura do que significa afeto. O livro mostra como o amor pode prosperar em situações adversas. Dessa forma, ele nos leva a refletir sobre o afeto que dispensamos às pessoas, desde as mais próximas até as desconhecidas. Esse tipo de reflexão deve ser "regada", pois assim se começa a buscar a compreensão do próximo.

As brasas.

Sándor Márai, bacharel em direito, relata em *As brasas* o encontro de dois amigos após 41 anos sem se falar. O título, em húngaro, língua do original, significa "velas que queimam até o fim". Há um profundo ressentimento entre os dois, agora provectos senhores, guardado de forma profunda nas suas almas. Amigos inseparáveis de infância e juventude, os dois se desentendem. Ficam rompidos por longos anos. Narra-se, nessa obra, esse reencontro sofrido. O livro passa pelo perdão, pelo remorso, pela mágoa e, claro, pelo aprendizado que vem com o tempo.

Nosso passado jamais nos abandona por completo. Além disso, como se explica, "o fogo purificador do tempo eliminou da memória todo vestígio de raiva". Conhecer uma pessoa de verdade implica em conhecer seu passado, sua história. Nesse lindo romance, o leitor recebe uma lição de vida.

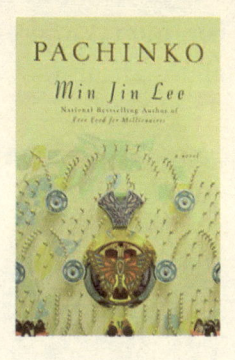

O livro de Min Jin Lee.

Min Jin Lee conta em *Pachinko* a história de algumas gerações de uma família de origem coreana, forçada a migrar para o Japão. Os protagonistas enfrentam todo tipo de dificuldade, notadamente porque vivem como minoria numa sociedade intolerante e xenófoba.

Uma menina, órfã de um pescador aleijado, marcado por um lábio leporino, conhece, no início do século XX, um homem maduro, rico e misterioso, por quem se apaixona. Ela engravida. Então, fica sabendo que o homem tem uma família, filhos e mulher no Japão. Embora o homem não a abandone — ao contrário, promete ajudá-la —, a menina recusa qualquer auxílio. Um missionário, também coreano, apieda-se e aceita se casar com a menina grávida. Com isso, protegeria a honra dela e da sua família. O casal deixa a Coreia e se muda para Osaka, no Japão.

Em Osaka, mais adversidades. A menina tem outro filho, desta vez do missionário. O homem rico que engravidara a menina reaparece. Vem a Guerra. O Japão é arrasado. O país se reconstrói. Os filhos crescem e descobrem suas origens. Um deles passa a controlar salões de *pachinkos* — entretenimento popular no Japão, que mistura *pinball* com roleta, no qual se aposta dinheiro. Isso e muito mais acontece. Tudo de forma rápida.

Pachinko, o título do romance, faz referência a esse jogo de azar, tendo em vista as tantas situações, obras do acaso, que ocorrem nas nossas vidas, marcando-as definitivamente.

A narrativa segue linear, sem qualquer desvio. Os acontecimentos são explicados num ritmo contínuo. A impressão é a de que o livro não tem uma única vírgula a mais, não há um só adjetivo que poderia ser retirado do texto.

A história dos personagens se relaciona diretamente com os desafios que foram forçados a enfrentar.

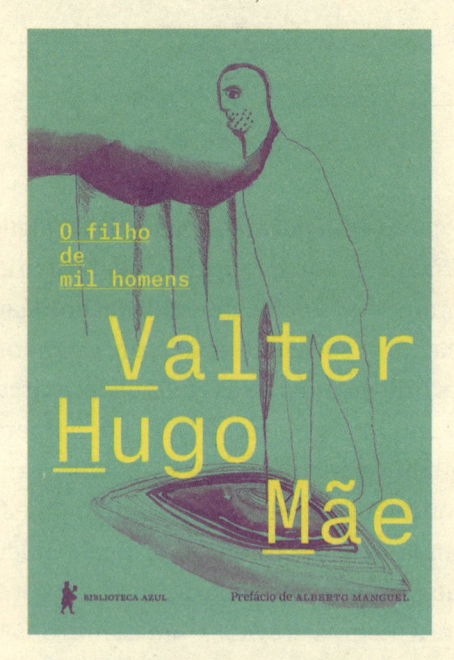

Edição brasileira de *O filho de mil homens*.

Um dos grandes méritos da literatura é aguçar a sensibilidade. Pelos livros, somos levados a experimentar sentimentos que desconhecíamos, que estavam guardados ou tínhamos receio de explorar. Como por encantamento, somos expostos a ver a existência pela mente de outra pessoa, que narra sua percepção dos encontros e desencontros da vida.

Essa revelação — do mundo pelos olhos de outros — nos ensina que o mundo é vasto, vai muito além de onde enxergamos. Mais ainda, há diversos ângulos, inclusive emocionais, para compreender o mesmo fenômeno. Se não somos capazes de respeitar outros pontos de vista, outros temperamentos, outras crenças, é porque nosso universo não passa de um cercado pequeno, sem horizonte. Por outro lado, dotados de empatia, ganhamos a humildade de sempre aprender mais, tornando a nossa vida — e a das pessoas que nos cercam — mais interessante, generosa e feliz.

O português Valter Hugo Mãe — *née* Valter Hugo Lemos —, nascido em Angola, atuou por pouco tempo como advogado, após sua formação em direito pela Universidade do Porto. Sua vocação sempre foi a literatura e as artes, pois também se destaca como cantor e artista plástico.

Dono de uma considerável e premiada bibliografia — já publicou mais de trinta livros, entre romances, antologias e poemas —, sua obra tem a marca de uma profunda sensibilidade, notadamente em relação às formas de sentir e expressar afeto. Em grande parte, isso se deve ao diferencial do autor, um romancista também poeta (ou um poeta também romancista). O resultado desse talento é uma prosa lírica.

Desculpando-me, desde já, aos que têm outras preferências, para mim *O filho de mil homens*, publicada em 2011, é a mais forte obra de Valter Hugo Mãe.

A história é singela. Um pescador, homem simples, só, com quarenta anos, quer um filho. Ele se sentia como pai, embora lhe faltasse um filho. Ele quer amar e ser amado. O homem era só metade. Um desejo legítimo: até Deus quis ter um filho.

O pescador acaba por encontrar um órfão de uma anã e, com ele, estabelece uma relação de afeto familiar. O menino convence o pescador a achar uma mulher e, assim, passar a ser o dobro. Quando o humilde pescador se interessa por uma mulher, ele sorri. Percebe que não é mais um sorriso como outro do passado. "Era o dobro de um sorriso."

O objeto da afeição do pescador era Isaura, uma mulher desvirginada pelo noivo que a abandonou. Tornou-se uma rejeitada socialmente. Por isso, acaba aceitando o casamento com o doce Antonino, homossexual e pária na pequena comunidade. Antonino, pela sua orientação sexual, sequer era aceito por sua mãe e, da mesma forma, vivia carente de afeto. O seu casamento de aparências com Isaura ganha sentido com o ingresso do pescador na relação, pois Antonino passa a ser respeitado pelo que é, sem preconceitos. Os personagens, tal como nós, querem encontrar seu lugar: onde recebam respeito.

Uma série de encontros são narrados nesse lindo romance, no qual os protagonistas são gente simples, com dificuldades e inseguranças normais, em busca de afeto. O livro ensina, "amar uma pessoa é o destino do mundo". Fica claro que as convenções sociais são pouco importantes quando se trata de afeto. Cada um tem seu caminho para ser feliz. O verdadeiro amor nasce e se fortalece das mais variadas formas. Como cantou Milton Nascimento, "qualquer maneira de amor vale a pena".

Dentre as relações exploradas em *O filho de mil homens*, avulta aquela estabelecida entre pais e filhos. Uma relação fortíssima, um vínculo de amor absoluto, mas também de projeções e frustrações. O afeto, contudo, sempre prepondera: "Desistir de um filho seria como desistir do melhor de nós próprios. Cada filho somos nós no melhor que temos para dar. No melhor que temos para ser."

Os pais têm um propósito de ensinar, de guiar, de amar. O pescador "explicava que o amor era uma atitude. Uma predisposição natural para se ser a favor de outrem. É isso o amor. Uma predisposição natural para se favorecer alguém. Ser, sem sequer se pensar, por outra pessoa. Isso dava também para as variações estranhas do amor. O miúdo perguntava se havia quem amasse por crime, por maldade. Alguém amar por maldade, repetia. O pai achava que talvez não. A maldade tinha de ser o contrário de amar".

Especificamente sobre felicidade, *O filho de mil homens* oferece pérolas, como "a felicidade é a aceitação do que se é e se pode ser" ou "a felicidade não se substituía ao resto, a felicidade acumulava-se". Alimento para reflexão.

O filho de mil homens deixa claro que a sociedade precisa desse olhar afetivo, sensível, com empatia. Em todos os níveis de relação, colocar-se no lugar do próximo é o ponto de partida e de chegada. Sem respeitar a verdade dos outros, não há diálogo construtivo. Deixamos de ser uma comunidade. A nossa verdade é uma verdade menor — talvez nem ao menos seja verdade — se não puder ser compartilhada.

O clichê é como aquele amigo chato, que repete, obcecada e cansativamente, as mesmas verdades — e está sempre certo. Pois agora, permitam-me o clichê: a literatura revela a verdade dos outros (comumente, mais verdadeira do que a nossa).

A morte dos outros

Uma das experiências mais duras a que estamos sujeitos é a morte de pessoas próximas. A mera ideia de que se pode perder fisicamente alguém amado basta para nos causar sofrimento.

A literatura registrou as mais variadas reações à morte. Desde a revolta, a tentativa de vingança em relação ao destino, a negação à condição da finitude da vida, até a aceitação, a humilde resignação, ou mesmo a autoanulação.

Boris Fausto, em *Vida, morte e outros detalhes*, assim começa sua narrativa autobiográfica:

> Nossa mãe morreu em 1938, durante uma cirurgia desastrosa, e deixou três meninos que nunca viu crescer. Não sei como teria sido a vida com ela, mas tenho certeza de que teria sido bem melhor do que foi. (...) Muito cedo, suspeito que, em grande parte, pelo desaparecimento prematuro da nossa mãe, uma sensação de insegurança tomou conta de nós. Eu desenvolvi o terror no nada, que continua me assaltando ao longo da vida.

A partir daí, o autor apresenta as memórias de sua caminhada, ao lado dos irmãos — ambos falecidos —, contando como a perda da mãe, ainda cedo, lhes afetou o resto da vida.

Farsália é a única obra cujo conteúdo se conhece do poeta romano Marco Lucano. Sobrinho de Sêneca, Lucano morre, condenado ao suicídio, com apenas 25 anos, no ano de 65 da nossa era. Em *Farsália*, o poeta fala, em versos, da Guerra Civil entre os nobres romanos. O clã de Júlio César é, de certa forma, menosprezado, em detrimento de seu rival Pompeu Magno.

Na trama, Pompeu é assassinado. Sua mulher, Cornélia, pranteia:

> Pude, ao presenciar teus funerais, ó Magno,
> não fugir para a morte: perecerei espedaçada pelo luto,
> desmanchar-me-ei em lágrimas, nunca recorrerei às armas
> ou à forca, ou precípites saltos no vazio;
> torpe é, depois de ti, não poder morrer só de dor.[57]

Cornélia, afastando a ideia do suicídio, lamenta não conseguir morrer apenas pelo seu sofrimento, embora seja esse seu desejo. Garante, contudo, que a tristeza pela morte do marido a fará viver para sempre em luto.

Machado de Assis, monumento da literatura brasileira, escreve um poema para se despedir de sua mulher, Carolina, quando esta morre, em 1904:

> Querida, ao pé do leito derradeiro
> Em que descansas dessa longa vida,
> Aqui venho e virei, pobre querida,
> Trazer-te o coração do companheiro.
>
> Pulsa-lhe aquele afeto verdadeiro
> Que, a despeito de toda a humana lida,
> Fez a nossa existência apetecida
> E num recanto pôs um mundo inteiro.
>
> Trago-te flores, — restos arrancados

---

[57] "Potuit cernens tua funera, Magne,/ non fugere in mortem: planctu contusa peribit,/ effluet in lacrimas, numquam veniemus ad enses/ aut laqueos aut praecipites per inania iactus;/ turpe mori post te solo non posse dolore."

> Da terra que nos viu passar unidos
> E ora mortos nos deixa e separados.
>
> Que eu, se tenho nos olhos malferidos
> Pensamentos de vida formulados,
>   São pensamentos idos e vividos.

Nascido em Recife, ainda criança Manuel Bandeira se mudou para o Rio de Janeiro. Depois, com a família, foi para São Paulo. Viu-se forçado a suspender os estudos universitários por conta da tuberculose. A família o envia para Clavadel, na Suíça, em 1913. Por conta da Primeira Guerra Mundial, retorna ao Brasil. Sua paixão sempre foi a literatura. Foi professor dessa matéria no colégio — o Pedro II, o mesmo em que estudara quando criança — e em uma universidade no Rio de Janeiro. Acima de tudo, foi um poeta.

Possivelmente, o mais conhecido de seus livros é *Libertinagem*, lançado em 1930. Nele há, pelo menos, três poemas que lidam diretamente com a morte. No primeiro deles, "O anjo da guarda", fala da morte da irmã:

> Quando minha irmã morreu,
> (Devia ter sido assim)
> Um anjo moreno, violento e bom, — brasileiro
>
> Veio ficar ao pé de mim.
> O meu anjo da guarda sorriu
>   E voltou pra junto do Senhor.

No segundo, "Irene no céu", Bandeira, com apenas sete versos, aparentemente ingênuos, denuncia nossos conceitos fúteis diante do eterno.

> Irene preta
> Irene boa
> Irene sempre de bom humor.

Imagino Irene entrando no céu:
— Licença, meu branco!
E São Pedro bonachão:
— Entra, Irene. Você não precisa pedir licença.

Com absoluto poder de síntese, o poeta fala da mulher negra, que, até para entrar no céu, sente-se obrigada a pedir licença. Mas o céu, garante o poeta, está acima disso. Irene não precisa de licença.

Por fim, há o "Poema de finados".

Amanhã que é dia dos mortos
Vai ao cemitério. Vai
E procura entre as sepulturas
A sepultura de meu pai.

Leva três rosas bem bonitas.
Ajoelha e reza uma oração.
Não pelo pai, mas pelo filho:
O filho tem mais precisão.

O que resta de mim na vida
É a amargura do que sofri.
Pois nada quero, nada espero.
E em verdade estou morto ali.

Nele, Manuel Bandeira se refere à perda do pai. Uma perda doída. Irreparável. O poeta se enterrou junto à memória do falecido pai. O passado venceu o futuro.

Dona Flor e seus dois maridos é um dos romances mais populares de Jorge Amado. A história começa com a morte de Vadinho, no meio do carnaval de rua de Salvador, quando, vestido de baiana, rodopiava em frente a uma mulher. Morre, conta o livro, com um satisfeito sorriso no rosto. Deixa viúva a bela e jovem Dona Flor. Na frente do caixão, Dona Flor jura que jamais teria outro homem.

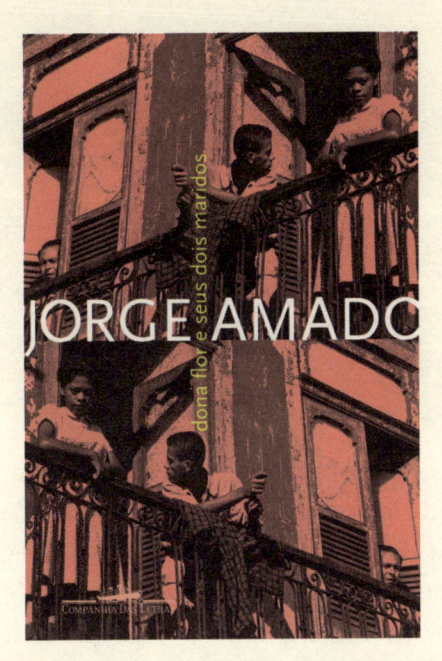

Dona flor e seus dois maridos, um clássico de Jorge Amado.

Vadinho era incorrigível: boêmio, mulherengo, viciado em jogo, alcóolatra. Circulava com as piores companhias. Explorava Dona Flor, que, apesar disso, era apaixonada por ele. Ademais, Vadinho a satisfazia plenamente na cama.

Dona Flor sofre com o passamento de seu marido. Mas, jovem e bonita, ela conhece Teodoro, um farmacêutico respeitador e responsável. Religioso, Teodoro é a antítese de Vadinho. Dona Flor e Teodoro se casam. O novo marido não consegue repetir a performance amorosa de Vadinho. Dona Flor sente falta do morto.

Então, de repente, o espírito de Vadinho retorna. Só Dona Flor consegue vê-lo. O espírito do falecido marido vai para a cama com Dona Flor, que, apenas assim, consegue ter prazer.

Surge, então, um conflito moral em Dona Flor: manter-se fiel ao segundo marido ou ceder ao espírito do primeiro?

No romance divertido, que descreve Salvador dos anos 1940 do século passado, com personagens folclóricos, os dois homens convivem na vida de Dona Flor, que, de certa forma, supera a morte.

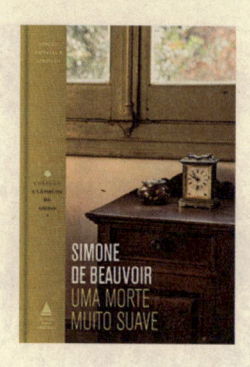

Uma morte muito suave.

    A consagrada escritora Simone de Beauvoir conta, em *Uma morte muito suave*, do falecimento de sua mãe. Ela trata de forma comovente a velhice, o ocaso da vida e a despedida de uma pessoa amada.

    O potente registro do relacionamento da escritora com a mãe, pessoa de profunda sensibilidade, naquela hora dramática, evoca no leitor o sentimento da perda ocasionada pela morte. Beauvoir relata que sua mãe, já no hospital, doente e cheia de limitações, responde, quando perguntada se repousou: "Hoje não vivi."

    Beauvoir expõe a trilha do desapego:

> Lembrei-me de seu orgulho: "Gostam de mim porque sou alegre." Pouco a pouco, muitas pessoas haviam-se tornado importunas para ela. Agora, seu coração estava embotado: a fadiga tomara conta de tudo. E, no entanto, nenhuma de suas palavras mais afetuosas me tocara tanto quanto essa declaração de indiferença. Outrora, as fórmulas de conveniência aprendidas, os gestos convencionais, eclipsavam seus verdadeiros sentimentos. Avalia o seu calor pelo frio que deixara nela sua ausência.

    Ao fim, o derradeiro pedido da mãe carrega uma forte lição. Ela escrevera às filhas: "Quero um enterro muito simples. Sem flores nem coroas. Mas muitas orações."

Emocionada, Simone de Beauvoir desabafa ao fim de seu livro: "Não há morte natural: nada do que acontece ao homem jamais é natural, pois sua presença questiona o mundo. Todos os homens são mortais: mas para cada homem sua morte é um acidente e, mesmo que ele a conheça e consinta, uma violência indevida."

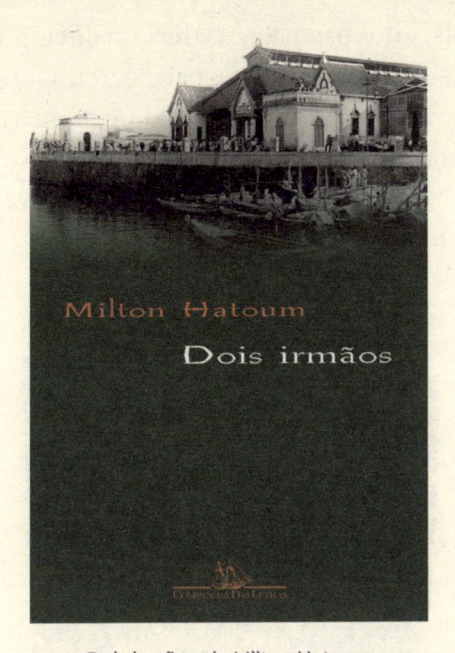

Dois irmãos, de Milton Hatoum

Em *Dois irmãos*, Milton Hatoum conta de uma família de imigrantes libaneses em Manaus. Evidencia-se uma grande dose autobiográfica, pois o autor é descendente de libaneses e original de Manaus.

O romance fala de uma família que se desintegra, principalmente a partir da turbulenta relação entre dois irmãos gêmeos, Yaqub e Omar. O primeiro, cerebrino e meticuloso, tem diferenças inconciliáveis com o irmão, mimado pela mãe, pouco resiliente, com um comportamento irresponsável diante da vida. Num confronto entre os dois, ainda jovens, Omar corta o rosto do irmão, deixando-lhe uma cicatriz perene.

Yaqub, que, quando adolescente, passara um período no Líbano, vai para São Paulo. Prospera pelo talento e esforço. Omar, por seu turno, se perde nas bebidas e na farra. O pai, Halim, se exaspera ao ver a irresponsabilidade de seu filho, sempre acobertada pela mãe. A relação entre pai e filho também degringola.

As pessoas são diferentes. Até gêmeos, criados debaixo do mesmo teto, têm sua história própria. Sem o respeito à natureza de cada um, nenhuma relação resiste.

Uma das mais fortes passagens do livro se dá com a morte de Halim. Ao perceber que, sentado no sofá, seu pai morreu, Omar pula sobre o cadáver, com o dedo em riste na face do finado, e passa a gritar insultos ao falecido. Omar tem que ser agarrado, pois seu desejo era o de esmurrar o pai morto. Um comportamento descontrolado, covarde. Uma reação raivosa diante da morte.

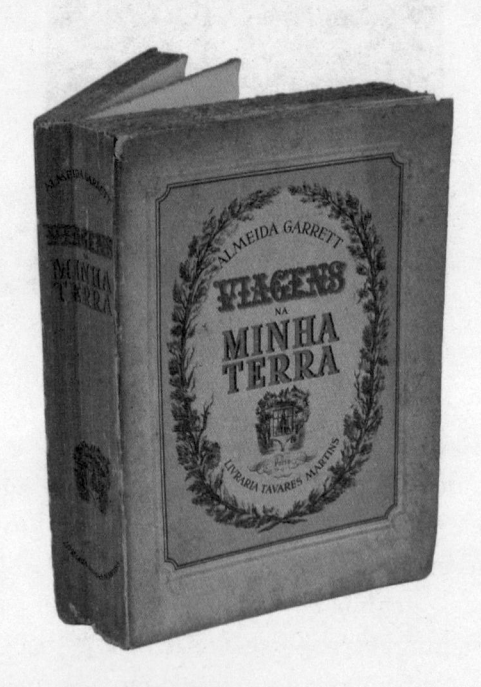

Edição de 1946 de *Viagens na minha terra*.

O narrador de *Viagens na minha terra*, de Almeida Garrett, afirma: "Eu que já não tenho que amar neste mundo senão uma saudade e uma esperança — um filho no berço e uma mulher na cova." É a busca, mesmo diante da perda, de encontrar motivos para seguir adiante.

Na nossa civilização, a morte é um grande tabu. Não gostamos de falar sobre o tema. Afastamos até os pensamentos relacionados ao fim da vida. Na literatura, contudo, há espaço para refletir sobre ela e sobre como cada um reage diante desse mistério.

Em 1925, no meio da Primeira Guerra Mundial, quando a morte se tornou mais comum, Sigmund Freud publica o ensaio *Tempos de guerra e de morte*. O texto termina com um importante ensinamento: "Se quiser suportar a vida, prepare-se para a morte."

O fruto proibido

Antes, falamos rapidamente de *Os sofrimentos do jovem Werther*, lançado por Goethe, em 1774. Considera-se essa obra o primeiro fenômeno global do mundo adolescente. Isso porque os jovens europeus da época adotaram o livro como modelo. Por conta dessa obra, Goethe tornou-se uma celebridade.

A história de Werther, protagonista do romance, é contada por meio de cartas. O jovem Werther se apaixona por Carlota, que, por sua vez, já estava prometida para outro. Werther, sem conseguir conviver com a frustração amorosa, se mata. Um suicídio por amor, que serviu de péssimo exemplo para a geração. Muitos, seguindo sua história, se mataram de forma "romântica". A imitação de Werther passava, mais ainda, por se vestir como o personagem, com casaca azul e colete amarelo.

O livro guarda grande dose autobiográfica. A verdade é que a vida de Goethe serviria perfeitamente como roteiro de um romance. Filho de um doutor em direito e cidadão nobre de Frankfurt, Goethe, nascido em 1749, recebeu uma educação rígida e esmerada na infância. Com apenas oito anos, já dominava diversas línguas. Na universidade, embora matriculado no curso de direito, assistia às mais diversas matérias, inclusive medicina e ciências políticas.

Aos 21 anos, Goethe conhece uma moça doce, de origem humilde, Frederike Brion, por quem se apaixona — e para quem dedica lindos poemas. Por um motivo hoje desconhecido — talvez o receio de se casar com alguém de uma classe social inferior —, Goethe abandona a jovem — embora a lembrança dela não o tenha abandonado, como fica claro na personagem Margarida de *Fausto*, na qual transparece o remorso dessa conduta.

Em 1772, Goethe, já com o diploma universitário, segue, por orientação do pai, para Wetzlar, com o fim de atuar, como advogado, no Supremo Tribunal Imperial, situado na cidade. Lá, conhece aquela que viria a ser a centelha para a criação da personagem "Carlota" do seu romance *Os sofrimentos do jovem Werther*. Carlota Buff, bela e educada, despertou profundos sentimentos em Goethe, mas estava noiva de Johann Christian Kestner.

Goethe estreitou seu relacionamento com Carlota, com quem, com frequência, ouvia música e lia livros. Contudo, a jovem manteve-se fiel ao noivo. Ao perceber que sua paixão jamais seria concretizada, o poeta, com o coração partido, partiu de Wetzlar, sem sequer se despedir. Nessa mesma época, Goethe recebe a notícia de que um grande amigo, Karl Wilhelm Jerusalem, se matara por conta de um amor desprezado. O fato chocante obviamente também serviu de inspiração para seu livro.

Amargurado, para destilar sua tristeza, ele escreve e publica *Os sofrimentos do jovem Werther*, no qual tem a oportunidade de expressar seu amor pela bela Carlota — dona de magnetizantes olhos negros.

O livro, que ganhou pronta notoriedade, foi alvo de críticas severas. Chegou a ser qualificado pelos jornais como uma "escola de suicídio". Censurado pelos mais conservadores, *Werther* teve seus exemplares apreendidos em algumas cidades da Alemanha. Essa medida, contudo, apenas fez crescer o interesse pela obra. Afinal, como se sabe, a humanidade se sente atraída pelo proibido.

Em seguida, em 1775, Goethe muda-se para Weimar, onde ocupa diversas funções administrativas, até se tornar ministro. Lá, apaixona-se por outra Carlota (von Stein), para quem envia mais de duas mil correspondências. Em 1886, com o relacionamento desgastado e cansado da vida pública, Goethe, mais uma vez sem dar qualquer aviso prévio, foge, valendo-se de um falso nome, para a Itália, onde passa um período admirando a arquitetura e a cultura daquele país.

Goethe na campanha romana, por Johann Heinrich Wilhelm Tischbein.

De volta a Weimar, Goethe, então com 57 anos, conhece uma jovem moça, Christiane Vulpius, de apenas 23 anos, com quem, finalmente, se casa. Christiane, de origem muito diferente do escritor, não tinha parentes nobres. O casamento durou dez anos, até o falecimento prematuro de Christiane, em 1816. O poeta, sempre cercado de intelectuais e músicos, seguiu produzindo, até sua morte, aos 82 anos, em 1832.

A vida imitava a arte. Goethe havia narrado, em *Os sofrimentos do jovem Werther*, o amor proibido, impossível por convenções sociais, mas que, também por isso, se tornara irresistível.

Teriam Adão e Eva experimentado o fruto proibido se não tivessem recebido a determinação expressa de jamais prová-lo? Teria Romeu se apaixonado por Julieta se aquele amor fosse lícito e aprovado por sua família? No conto popular "Barba Azul", colhido por Charles Perrault e incluído nos *Contos da mamãe gansa*, de 1697, fala-se dessa atração pelo proibido — e também da nossa curiosidade.

Barba Azul era um rico nobre, de aspecto assustador, com uma peculiar barba azul — o que, claro, resultou em torná-lo conhecido precisamente por conta desse raro predicado. Ele já se havia enviuvado seis vezes, mas ninguém sabia o que ocorrera com suas esposas. Barba Azul convence seus vizinhos, pessoas mais humildes, a lhe darem em casamento sua filha mais nova. Assim, o homem e a jovem caçula foram morar no enorme castelo do nobre, com infindáveis quartos.

Um dia, Barba Azul informou à sua mulher que iria viajar. Deu a ela um pesado molho de chaves, que abririam todos os cômodos do castelo. Advertiu, entretanto, que a moça não deveria entrar num determinado quarto. Partiu em seguida. Obviamente, a determinação do nobre acabou por instigar o interesse da mulher. O que haveria naquele quarto? Depois de alguns dias torturada pela curiosidade, ela decidiu bisbilhotar. Descobriu, então, que, naquele cômodo, seu marido guardava os cadáveres, ainda ensanguentados, de suas ex-mulheres. Transtornada, a jovem trancou o quarto, sem, contudo, perceber que deixara marcado na chave o sangue das vítimas.

Ao retornar, Barba Azul percebe o sangue na chave. Toma ciência de que sua ordem foi descumprida. Irado, o nobre parte para cima da sua mulher, com uma espada na mão. A jovem escapa, correndo, trancando-se na torre do castelo. Felizmente, os irmãos da moça chegam a tempo de enfrentar e matar o transtornado Barba Azul. A moça herda a fortuna do nobre, garantindo um final feliz para a história, apesar do trauma do episódio.

Ilustração de "Barba Azul" em manuscrito de 1695 dos *Contos da Mamãe Gansa*. À direita, trecho de "Barba Azul" ilustrado por Walter Crane.

Se Barba Azul nada tivesse dito à sua mulher acerca do quarto proibido ou se não tivesse entregado a chave, possivelmente não seria descoberta a sua perversão.

Nesse conto, renova-se o mito da proibição dada a Adão no Paraíso: lá, ele pode tudo, menos experimentar o fruto proibido. Se não existisse a vedação, possivelmente não haveria o pecado original.

Publicado em 1857, *As flores do mal*, de Charles Baudelaire, foi prontamente atacado pela imprensa e pelo público conservador. O autor foi multado, assim como o editor, por violação aos bons costumes. Baudelaire foi ainda condenado a retirar alguns poemas da obra, sob pena de não poder publicar seu livro.

O que causou essa reação?

Para começar, Baudelaire tinha uma vida totalmente desregrada. Desde jovem, revelou-se um boêmio incorrigível, abusando do álcool e das drogas, dissipando a herança que recebera do pai. Foi interditado pela sua mãe. Aos 36 anos, lança *As flores do mal*, no qual, na vanguarda, inaugura o Simbolismo, a ponto de ser reconhecido como o pai da poesia moderna.

O livro fala abertamente, sem qualquer filtro, de sentimentos e sensações, tudo com o sabor da angústia e da provocação. São usados, de forma livre, palavrões, assim como referências ao sexo. "Porias o universo inteiro em teu bordel...", inicia o poema, para arrematar dizendo que a mulher é a deusa dos pecados. Em "A carniça", por exemplo, fala da carcaça em decomposição, que o poeta compara à nossa situação decadente, condenada a perecer. Baudelaire reclama de Deus, ao concluir, num verso revoltado, que "São Pedro negou Jesus... Pois foi bem feito!". Mesmo se fosse publicado hoje, mais de 150 anos depois de seu lançamento, *As flores do mal* seria considerado bombástico.

Sofrendo de paralisia facial havia anos, Baudelaire morreu sifilítico, com 46 anos, antes de conhecer a fama. Contudo, influenciou decisivamente os três maiores poetas da geração seguinte: Verlaine, Rimbaud e Mallarmé, assim como todos os que vieram depois dele. Seu reconhecimento apenas veio depois da morte, aclamado, hoje, como o poeta proibido e maldito. (Minha mãe, de brincadeira, quando recebia alguma resposta negativa, às vezes dizia: "Ninguém me ama, ninguém me quer, ninguém me chama de Baudelaire." Pois é, o proscrito passa a ser *cult*.)

O "poeta maldito".

O lado escuro da força

O nome de Nicolau Maquiavel tornou-se imediatamente conhecido por sua obra *O príncipe,* lançada em 1532. O autor havia falecido poucos anos antes, em 1527. Escreveu a maior parte desse tratado em 1513. O retardo para publicar o livro teve por principal motivo a extrema sensibilidade de seu tema. De uma forma direta, Maquiavel oferecia conselhos para que o príncipe ganhasse e mantivesse poder. Tudo isso, desconsiderando qualquer aspecto ético ou moral. A política era um "vale-tudo". Os chocantes conceitos que viria a introduzir mudaram a forma de como enxergamos a política.

Por ironia do destino, a obra fora dedicada ao *princeps* de Florença, Lourenço de Medici (neto e homônimo do grande mecenas). Esse Lourenço certamente jamais leu o trabalho. Sabidamente, ele não se destacava pelos dotes intelectuais. Nesse ponto, a distância entre os dois Lourenços, avô e neto, dá um bom sinal da decadência. O avô, alcunhado Magnífico, cercou-se dos mais notáveis artistas de seu tempo e chegou a fazer poemas ("Como é bela a juventude,/ que não para de fugir,/ Quem quer ser alegre, seja:/ do amanhã não há certeza").[58]

Maquiavel, florentino, filho de um notário — homem muito educado, dono de biblioteca notável para a época — e oriundo de uma família empobrecida, atuara como embaixador de Florença em diversas missões. Pela sua experiência, observou a atuação dos homens públicos, identificando as causas da decadência e da grandeza desses governantes. A própria vida de Maquiavel sofreu reveses. Acusado de participar de um complô, foi retido numa cela em Bargello — antiga prisão de Florença, onde hoje se encontra um lindo museu — e severamente torturado. Uma vez solto, foi exilado. Começa, então, em 1513, a escrever o livro que o imortalizou, fruto de sua experiência e arguta observação na convivência com os detentores do poder.

Certamente, Maquiavel se impressionou com César Bórgia, político cruel e astucioso, um dos filhos ilegítimos do cardeal Rodrigo Bórgia. Com a ascensão de seu pai ao papado em 1492, César, aos 18 anos, foi nomeado cardeal, mas renunciou ao posto para perseguir outras ambições. Atribuem-se a ele as mortes de seu irmão Juan e de seu cunhado Alfonso, duque de Bisceglie. Maquiavel conviveu de perto com César Bórgia e viu como, de modo inescrupuloso, ele cuidava das situações com as quais se defrontava.

Eis um exemplo do "método Bórgia" de enfrentar tema políticos: Bórgia havia conquistado a Romanha, uma província vizinha de Florença. Como o próprio Maquiavel registrou, era uma região turbulenta, onde reinava o caos. Bórgia, então, envia para lá um homem de sua confiança, o espanhol Ramiro de Orco, conhecido por sua truculência. Era o que a Romanha precisava. Ramiro, cumprindo à risca as ordens de Bórgia, foi implacável. Puniu os desordeiros, dizimando sem dó os bandidos. Uma faxina exemplar. A população, de uma forma geral,

---

58   Tradução livre de: "Quant'è bella giovinezza/ che si fugge tuttavia!/ Chi vuol esser lieto, sia:/ di doman non c'è certezza."

não aprovou a violência feroz, criticando a atuação radical de Ramiro de Orco. Bórgia não hesitou. Mandou matar e esquartejar o corpo de Ramiro, expondo os restos mortais em praça pública de Cesena. Assim, o povo, que não gostava de Ramiro, sentiu-se vingado. Bórgia deixou Ramiro fazer o trabalho sujo — e impopular —, para em seguida se livrar de seu aliado sem qualquer pudor. Dessa forma, manteve-se nas boas graças do povo, numa jogada política inescrupulosa.

Em *O príncipe*, Maquiavel trata a atividade do político de forma fria, realista, com uma racionalidade cortante e assustadora. Em última análise, averiguava-se a possibilidade de o governante ser uma pessoa bondosa — e, apesar disso, manter o poder. Maquiavel, corajosamente, entende que não. O governante deve ser implacável, duro. É nesse livro que se infere a máxima segundo a qual "os fins justificam os meios", assim como reflexões assustadoras, tais como "quem não sabe dissimular não sabe reinar".

Para Maquiavel, o sucesso do administrador público não se relacionava a nenhum outro fator senão à sua virtude, à capacidade de liderar, ao seu talento. Com o secretário florentino, nasce o estudo da política moderna. Afinal, recomenda-se ao príncipe, além de "ser lento no crer e no agir" e atuar de forma equilibrada, que não tema receber a fama de cruel.

Folha de rosto da edição de 1550 de *O príncipe*.

Essa forma escancarada de tratar da conduta dos políticos garantiu a Maquiavel uma péssima fama, a ponto de chamarmos de "maquiavélico" um plano cínico, cerebrino, dissimulado.

De forma direta, Maquiavel diz: "Deveis saber, então, que existem dois modos de combater: um com as leis, o outro com a força. O primeiro é próprio do homem, o segundo, dos animais; mas, como o primeiro modo muitas vezes não é suficiente, convém recorrer ao segundo."

Para muitos, contudo, Maquiavel apenas denuncia a falta de ética dos homens públicos.

Diante das ambiguidades e patologias dos seres humanos, a literatura — ela novamente! — serve de farol para nos alertar da existência da hipocrisia, da falsidade, da falta de escrúpulos.

A boa literatura também desnuda a complexa natureza humana, que, no mesmo ser, coloca qualidades e defeitos. Não somos infalíveis, somos vulneráveis, temos fraquezas e inconsistências.

No primeiro século antes de Cristo, o poeta romano Catulo confessa a existência desses sentimentos conflitantes e inconciliáveis, em versos feitos em louvor de sua amante Lesbia.

Carmen LXXXV

Odeio e amo. Por que o faço, talvez perguntes.
Não sei, mas sinto ocorrer e torturo-me.[59]

Plutarco, nascido na Grécia no primeiro século depois de Cristo, estudou matemática e filosofia em Atenas. Depois, seguiu para Alexandria, no Egito, que, por conta da sua extraordinária biblioteca, magnetizava a vida intelectual da época.

Tempos depois, Plutarco foi para Roma, capital do Império. Lá se destacou por sua cultura e sabedoria. Deixou uma série de manuscritos agrupados, como *Moralia*: uma série de ensaios sobre a moral, que examinam desde a forma de educar as crianças até a virtude das mulheres.

---

59 No original: "Odi et amo, quare id faciam, fortasse requiris./ Nescio, sed fieri sentio et excrucior."

Entre eles se encontra *Como distinguir um bajulador de um amigo — Quomodo adulator aba amico internoscatur* ou *de adulatore et amico*.

Nesse ensaio, depois de apontar a vaidade humana como uma fragilidade, e de explicar as vantagens de distinguir o adulador do verdadeiro amigo, Plutarco arrola as nove principais formas de identificar essa falsidade. Primeiro, o adulador é inconstante, volúvel, altera suas manifestações para agradar sua "vítima". Depois, o adulador elogia demasiadamente. Em terceiro, o puxa-saco quer sempre afagar. Plutarco, então, sugere que se teste o adulador, defendendo uma tese absurda, com a qual ele, entretanto, revelando seu propósito, irá concordar. Em quinto, o bajulador se fixa nas fragilidades de sua vítima. Plutarco adverte para que se tome cuidado com quem se mostra ansioso por conquistar a amizade e a confiança. Em sétimo, o adulador apresenta mais interesse em agradar do que propriamente buscar algum proveito imediato. Em geral, o adulador age com um propósito oculto: o de obter boa vantagem.

De acordo com o pensador, o bajulador — "parasita das naturezas nobres" —, com intrigas, tentará distanciar sua vítima dos verdadeiros amigos. Finalmente, para evitar os aduladores, deve-se buscar os amigos que nos censurem. Afinal, a amizade verdadeira requer essa humildade: permitir que as pessoas que gostem de nós sejam francas e apontem nossos erros e vacilos.

Dante coloca, n'*A divina comédia*, os bajuladores e lisonjeadores no oitavo círculo de seu inferno — ou seja, considerava essa uma grande falha de caráter.

Um dos personagens mais eloquentes da bajulação e hipocrisia na literatura é Tartufo, da peça de Molière que leva seu nome.

A obra, que escandalizou a França em 1664, ano de sua primeira encenação, conta a história desse personagem, um escroque que se faz de puritano e religioso para cair nas graças de Orgon, um rico e influente homem da sociedade parisiense. Ácida crítica aos costumes, a peça, por algum tempo, teve a sua encenação proibida.

(Vale aqui lembrar da jocosa definição do "puritano" feita por H.L. Mencken: o indivíduo acossado pelo medo de que alguém, em algum lugar, possa estar feliz.)

Por meio de sua falsa conduta, Tartufo seduz completamente o abastado Orgon, a ponto de este lhe prometer a mão de sua filha. A família de Orgon, contudo, consegue perceber que Tartufo não passa de um impostor. Com esforço, revelam a Orgon a verdadeira natureza do farsante. Lamentavelmente, contudo, a verdade chega tarde: Orgon havia lhe confiado segredos comprometedores. Além disso, também abusando da confiança do rico homem, Tartufo utiliza um documento dado por Orgon para se fazer o novo dono da casa onde a família reside. Sem compaixão, o charlatão exige a imediata saída da família do local. Tartufo, mostrando sua falta de piedade, denuncia Orgon e vai à sua casa, com policiais, para despejar a família. Ao fim, contudo, a maldade vem à tona. São desmascarados outros golpes aplicados pelo hipócrita. Tartufo acaba preso e a peça ganha um final feliz.

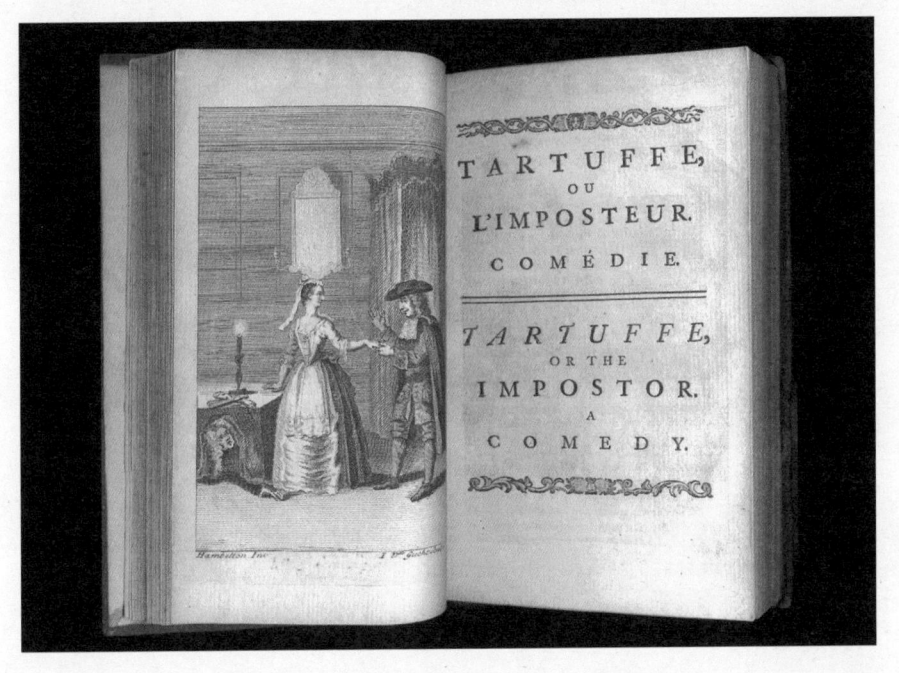

Edição de 1739, com a obra em francês e inglês.

Molière, claro, criticava a hipocrisia dos falsos religiosos, a conduta desalmada dos bajuladores. Os elogios de aduladores guardam um enorme perigo.

No começo da peça, o ator que encarnava Tartufo sobe ao palco e, encarando a plateia, provoca:

> Porque quaisquer de nós, ao menos um segundo,
> Fomos como Tartufo atrás dos bens do mundo,
> Desejando demais, fingindo não querer,
> Rezando sem ter fé, receosos de crer,
> Amando sem amor, chorando sem chorar,
> Sorrindo sem sorrir, entregando sem dar,
> Maldizendo a justiça, adorando as vinganças,
> Segredando rancor, esmagando esperanças;
> Medrosos de estender a mão para um leproso,
> Mas dele recebendo um pagamento odioso;
> Capazes de pregar virtude e castidade,
> Incapazes, porém, de domar a vontade;
> Ansiosos de olhar paisagens sutis,
> Mas evitando ver um amigo infeliz;
> Aplaudindo o cantor que tenha a bolsa rica,
> Mas recusando ouvir uma voz que suplica;
> Sonhando uma partilha igual para a riqueza,
> Contanto que ninguém se assente à nossa mesa;
> Fingindo desejar um mundo mais perfeito,
> Mas querendo implantar por lema o preconceito;
> Aconselhando o estudo, e não sabendo ler,
> Pretendendo ganhar, e sem saber perder,
> Desejando auferir bons lucros, e a falar
> Que aqueles que não têm devem se resignar.
> O retrato é fiel, por isso traz desgosto
> A quem reconhecer aqui seu próprio rosto...
>
> Quem proíbe Tartufo? Os monarcas? Os reis?
> Os maus? Os beleguins? As injunções? As leis?
> As normas da moral? A inveja dos confrades?
> As pessoas de bem? As beatas? Os frades?
> Não se pode impedir que o meu Tartufo exista:

> Ele é puro demais — como criação de artista:
> Na sua sordidez previne a todos mais:
> "Lembrai-vos! Sois assim! Nunca vos esqueçais!"
> Podemos começar? Se a plateia consente,
> Tartufo vai viver — e vive eternamente.
>
> *(Retira-se com uma mesura)*

Guilherme Figueiredo, no prefácio de sua tradução de *Tartufo*, alerta que não se faz teatro com a virtude, mas expondo o vício.

Não raro, estamos diante de uma pessoa irada, nervosa, dominada pela emoção. Por vezes, somos nós mesmos levados pela raiva. Um sentimento ruim, que cega e ensurdece. Da ira não se colhe qualquer benefício. Em *Como manter a calma*, Lúcio Aneu Sêneca deixa isso nítido:

> Você pediu a mim, Novato [o irmão de Sêneca], que eu escrevesse sobre de que maneira a ira pode ser atenuada, e não me parece sem mérito que você tenha grande medo dessa paixão, pois é a mais terrível e violenta de todas. De fato, nas outras há algo de calmo e plácido, mas a ira é agitada e impetuosa, enfurecida por um desejo desumano de dor, de armas, de sangue, de suplícios; contanto que seja prejudicial aos outros, esquece de si mesmo; se lançando contra sua própria lança, ela é ávida por uma vingança que arrasta consigo o vingador.[60]

Sêneca escreveu essas linhas no primeiro século da nossa era. Como filósofo e advogado, o célebre romano certamente havia visto, por experiência profissional, a vingança arrastando o irado vingador para o fundo do poço.

---

60   Sêneca, *Como manter a calma*, Rio de Janeiro, Nova Fronteira, 2020, p. 25.

O morro dos ventos uivantes em bela edição de 1910.

    O morro dos ventos uivantes, de Emily Brontë, é um romance perturbador — embora mesmerizante. Não sem razão, tornou-se um clássico da literatura inglesa desde a publicação, em 1847. O enredo ficou conhecido e foi largamente utilizado em inúmeras adaptações teatrais e cinematográficas.

    A família Earnshaw vivia na sua propriedade rural, um tanto sombria, num local ermo, fustigado por rajadas de ventos, a ponto de justificar o nome da localidade: o morro dos ventos uivantes.

    O pai da família volta de uma viagem a Liverpool trazendo um menino cigano, ainda bem pequeno, que encontrara só, perambulando pela rua da cidade portuária. Seus outros dois filhos, uma menina, Catherine, e um menino, Hindley, não recebem bem a chegada da criança abandonada, a quem os pais passam a chamar de Heathcliff — nome de um filho do casal que morrera bem pequeno.

    Com o tempo, Heathcliff e Catherine passam a desenvolver um profundo, atormentado, proibido e não concretizado amor. Um sentimento mantido apenas em potência. Uma intensa e angustiante potência.

Com a morte dos pais, Hindley submete Heathcliff a humilhações. Catherine, por diversos motivos — sociais e econômicos, principalmente —, não pode unir-se a Heathcliff. Acaba por se casar com outro, Edgar.

Heathcliff não aguenta a dor. Vai embora do morro dos ventos uivantes. Transforma-se num poço de mágoas e ressentimento. Petrifica-se. Passa a dedicar a sua vida à vingança.

Anos depois, Heathcliff, já muito rico — fortuna ganha com o tráfico de escravizados —, retorna ao morro dos ventos uivantes. A sua chegada cria inúmeros transtornos. Heatchcliff já não consegue demonstrar afeto. A sua escolha de se vingar destrói tudo ao seu redor, inclusive ele próprio.

Catherine, embora não traia seu marido com o corpo, o trai no espírito, pois segue fascinada por Heathcliff. Catherine confessa, numa das mais pujantes declarações do amor submisso, um amor que aniquila a própria existência de quem ama:

> Meus maiores sofrimentos neste mundo têm sido os sofrimentos de Heathcliff; fui testemunha deles e senti-os todos, desde o começo. Meu maior cuidado na vida é ele. Se tudo desaparecesse e ele ficasse, eu continuaria a existir. E se tudo o mais ficasse, e ele fosse aniquilado, eu ficaria só num mundo estranho, incapaz de ter parte dele. Meu amor por Linton é como folhagem da mata: o tempo há de mudá-lo como o inverno muda as árvores, isso eu sei muito bem. E o meu amor por Heathcliff é como as rochas eternas que ficam debaixo do chão; uma fonte de felicidade quase invisível, mas necessária. Nelly, Eu sou Heathcliff. Sempre, sempre o tenho em meu pensamento. Não como um prazer, porque eu também não sou um prazer para mim própria, mas como o meu próprio ser. Portanto, não fale mais em separação: é impraticável.

"Eu sou Heathcliff", afirma Catherine. Como esse amor autofágico não se consuma, nada resta. Nesse livro, todos os personagens importantes morrem cedo, possivelmente porque percebem que viver, naquelas circunstâncias, não vale a pena.

Um sentimento com essa intensidade e forma torna-se um mal.

Possivelmente, não viveremos em nossas vidas uma força dessa natureza destrutiva. Contudo, pela literatura experimentamos um pouco dela. O suficiente para despertar angústia, ou mesmo o medo de nos apaixonarmos dessa forma nada saudável.

Ao ler, vivemos outras vidas, conhecemos outros lugares, "somos" outras pessoas — e nos aproximamos de nossos semelhantes.

Iustração de Carmen, por József Árpád Koppay, 1891.

Possivelmente, o arquétipo do amor destrutivo, amor como combustão, seja "Carmen", de Prosper Mérimée. Não sem razão, a perturbadora história, narrada nesse conto de 1845, foi adaptada inúmeras vezes, a mais famosa delas a ópera de Georges Bizet.

O narrador do conto escuta a história contada por José, um prisioneiro, que explica como sua vida desmoronou por conta de um sentimento incontrolável. José, antes um respeitado membro da cavalaria, teve o destino alterado ao conhecer uma encantadora cigana, Carmen, por quem se apaixonara. Ao ver Carmen pela primeira vez, numa rua de Sevilha, José sentiu-se desorientado: "Era uma beleza estranha e selvagem, um rosto que surpreendia, a princípio, mas que não seria possível esquecer."

Embora ciente da inconstância da cigana, que vivia de aplicar pequenos golpes e desaparecer por períodos, José não consegue pensar em outra coisa. Fica perdido. Ele sabe que o sensato seria jamais procurar a cigana, porém era refém de um desejo incontrolável de possuí-la. Sem controlar a si próprio, José vagava pelas ruas, tentando encontrar Carmen.

Seduzido pela cigana, acaba por se tornar cúmplice dela nas suas armações. Diante de outros casos amorosos de Carmen, José reage violentamente e mata seus rivais por ciúmes. Primeiro, é rebaixado na cavalaria, tornando-se um reles soldado. Depois, pelas confusões em que se meteu, tem que fugir. Une-se a um bando de criminosos. A vida de José desmorona, enquanto Carmen segue pregando sua absoluta liberdade, inclusive amorosa.

Carmen, por vezes, acariciava José, agitava suas castanholas e dançava para ele. Amavam-se. Noutros momentos, a cigana o desprezava solenemente, como se ele sequer existisse. "És um demônio" — diz José, enquanto ela o beijava. Carmen responde ao seu ouvido: "Sou."

Diante de mais infidelidades — na última, Carmen torna-se amante de um toureiro —, José implora que Carmen fuja com ele para a América, para que mudem de vida, num lugar onde eles não se separem — "Estou farto de matar seus amantes", confessa um desesperado José. A cigana, então, diz que já não o ama. Olhando para José, a cigana esclarece: "Carmen será sempre livre." Transtornado, José mata Carmen com duas facadas. Depois de enterrá-la, ele se entrega às autoridades, confessando o assassinato da mulher que o obcecava, mas sem revelar onde estaria o corpo.

José revela ao narrador do conto que já não tem qualquer interesse em viver. Sua existência foi absorvida pelo amor nocivo.

Vinicius de Moraes falou desse sentimento de submissão, de entrega, no "Soneto do amor total":

Amo-te tanto, meu amor... não cante
O humano coração com mais verdade...
Amo-te como amigo e como amante
Numa sempre diversa realidade

Amo-te afim, de um calmo amor prestante,
E te amo além, presente na saudade.
Amo-te, enfim, com grande liberdade
Dentro da eternidade e a cada instante.

Amo-te como um bicho, simplesmente,
De um amor sem mistério e sem virtude
Com um desejo maciço e permanente.

E de te amar assim muito e amiúde,
É que um dia em teu corpo de repente
Hei de morrer de amar mais do que pude.

Voltar para casa

Como mencionamos, enquanto na *Ilíada* fala-se da guerra, do trabalho, dos deveres do homem, na *Odisseia* cuida-se do retorno à casa. Após a guerra, queremos voltar ao lar, à família, às nossas origens. Ulisses enfrenta todos os desafios. Luta contra deuses, contra as suas paixões, mas acaba valorizando um bem maior, para chegar até sua fiel Penélope e seu filho Telêmaco.

A força da narrativa da *Ilíada* é maior do que se imagina. Esse longo poema, que data de quase três mil anos, serviu de inspiração direta para James Joyce elaborar seu clássico romance, *Ulysses*. Lançado em 1922, este transporta a homérica viagem do herói rumo à casa para a Dublin de 1904.

A primeira edição do grande livro de James Joyce.

No livro de Joyce, tudo se passa num único dia, 16 de junho (o *bloomsday*, data comemorada pelos fãs do autor). O judeu irlandês Leopold Bloom, um homem amargurado pela morte precoce do filho e a infidelidade da mulher, quer apenas chegar em casa. Entretanto, diferentemente do original grego, no qual se narra uma viagem heroica, no livro de Joyce, quem luta para retornar à casa é um homem comum. Enquanto Penélope, mulher de Ulisses, que espera seu retorno, serve como modelo de fidelidade conjugal, a mulher de Leopold Bloom, protagonista do romance de James Joyce, é volúvel, vulnerável aos convites de pretendentes.

A mesma *Ilíada* foi fonte também para o vencedor do prêmio Nobel de Literatura Derek Walcott. Ele se vale do mesmo enredo para falar dos pescadores de sua humilde terra natal, a ilha de Santa Lúcia, no arquipélago das Pequenas Antilhas, do mar do Caribe. Walcott faz um longo poema, chamado *Omeros*, seguindo o padrão da *Ilíada* para tratar do nosso retorno, depois do trabalho, para casa.

O pai de Walcott faleceu antes do nascimento do filho. O escritor cresceu numa família pobre, num local isolado.

Para contar a história do Novo Mundo, Walcott se vale do modelo mais clássico do Velho Mundo — e até os personagens têm os nomes extraídos da epopeia de Homero: Helena, Aquiles, Heitor. Une, pela linguagem, a Grécia antiga à sua pequena ilha de Santa Lúcia, no Caribe.

Longe de casa, em Coimbra, o maranhense Gonçalves Dias, saudoso da terra natal, escreve o poema "Canção do Exílio" — um título eloquente. Sem adjetivos, o poeta fala de sua terra de forma tão afetuosa e vívida que parte da obra foi aproveitada no hino nacional brasileiro ("Nossos bosques têm mais vida; Nossa vida no teu seio mais amores"). Nesse poema, de 1843, registra-se o amor pela sua terra natal. Ao fim, o poeta pede a Deus para que lhe permita regressar antes de morrer.

Minha terra tem palmeiras,
Onde canta o Sabiá;
As aves, que aqui gorjeiam,
Não gorjeiam como lá.
Nosso céu tem mais estrelas,
Nossas várzeas têm mais flores,
Nossos bosques têm mais vida,
Nossa vida mais amores.
Em cismar — sozinho — à noite —
Mais prazer encontro eu lá;
Minha terra tem palmeiras;
Onde canta o Sabiá.
Minha terra tem primores,
Que tais não encontro eu cá;
Em cismar — sozinho — à noite —
Mais prazer encontro eu lá;
Minha terra tem palmeiras,
Onde canta o Sabiá.
Não permita Deus que eu morra,
Sem que eu volte para lá;
Sem que eu desfrute os primores
Que não encontro por cá;
Sem qu'inda aviste as palmeiras,
Onde canta o Sabiá.

Gonçalves Dias, formado em direito pela Universidade de Coimbra, faleceu num naufrágio, em 1864, já perto da costa do Maranhão, quando retornava da Europa ao Brasil.

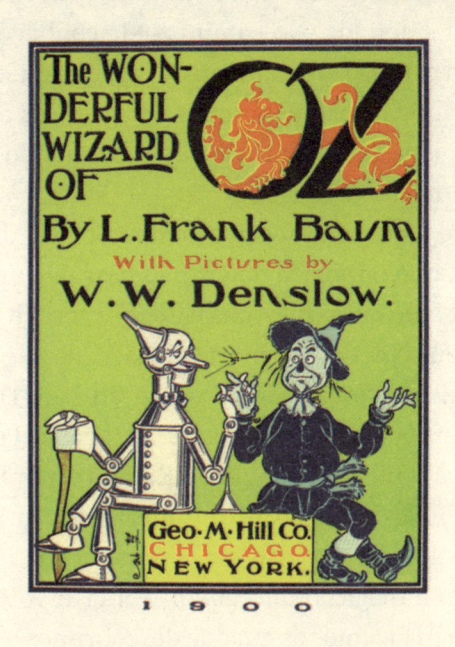

O mágico de Oz, lançado em 1900.

Todos nós queremos, em algum momento, voltar para casa.

Esse é o tema central de um dos mais conhecidos contos modernos, *O mágico de Oz*, do norte-americano L. Frank Baum, livro imortalizado pela sua versão cinematográfica, de 1939, que encantou gerações.

No livro original, lançado em 1900, a pequena menina Dorothy, órfã dos pais, vive com os tios, num pequeno casebre, nas planícies do Kansas. Um ciclone leva sua casa pelos ares, transportando consigo a menina e seu cachorro Totó, para uma terra mágica. Ao aterrissar, sua casa cai em cima da Bruxa Má do Leste. O povo daquele lugar, uns anõezinhos chamados Munchkins, ficam muito agradecidos a Dorothy. Da bruxa morta, ela pega os sapatos de prata, com poderes mágicos (na versão do cinema, para aproveitar melhor os efeitos visuais, os sapatos eram vermelhos). Ao perguntarem a Dorothy como podem compensá-la, a menina diz apenas que quer voltar para casa. Os Munchkins informam a garota que, para isso, ela terá que ir à Cidade de Esmeralda, encontrar o maravilhoso Mágico de Oz, que poderia atender àquele pedido.

Dorothy, no seu propósito de voltar para o Kansas, segue em direção à Cidade de Esmeralda. No caminho, ela conhece um espantalho que deseja ter um cérebro, um homem de lata que quer ter um coração e, por fim, um grande leão, que procura coragem. Os quatro, com seus respectivos pedidos, seguem juntos para Oz, desejando a volta para casa, um cérebro, um coração e coragem.

Na Cidade de Esmeralda, os quatro descobrem, depois de uma série de incidentes, que o Mágico de Oz não passa de um charlatão. Por outro lado, ele faz com que as pessoas passem a acreditar em si mesmas. Assim, atingem seus objetivos. A moral óbvia é a de que podemos encontrar em nós mesmos as forças para a superação. Para Dorothy, independentemente das maravilhas que via, seguia inabalável seu propósito de retornar para casa: "Quero voltar para o Kansas e morar com a tia Em e o tio Henry." Em nada importavam a riqueza, a fartura ou a opulência. Nada se compara ao nosso lar. Ao fim, a menina fica sabendo que seus sapatos de prata, por mágica, conseguem levá-la de volta. É o que ela faz. É o que nós também fazemos assim que descobrimos o caminho.

Quinto motivo:
guardar valores

"Você diz que devo perecer
como as flores que cultivei
Nada restará de meu nome,
Nada será lembrado de minha fama?
Mas os jardins que plantei ainda estão viçosos —
E as canções que cantei continuarão a ser cantadas!"

Huexotzin (Príncipe de Texcoco)

O poema acima transcrito foi registrado por volta de 1484. Seu autor foi um príncipe de Texcoco, povo pré-colombiano da região que hoje corresponde ao México. Em 1492, pouco tempo depois desse poema ser feito, os europeus desembarcariam nas Américas, com consequências nefastas para os habitantes nativos. Os povos ameríndios viriam a perder sua liberdade, mas, como numa profecia concretizada, a poesia tornou-se realidade: os jardins plantados seguem viçosos e as canções vivas na cultura. Pessoas passaram, poderosos reinos passaram, mas a cultura se manteve.

Eis o fato extraordinário: a força de algumas mensagens, transferidas por gerações, para se incorporarem à nossa vida. Há conceitos, ideias, valores, cujo autor e origem desconhecemos, mas que se encontram presentes nas nossas consciências e habitam um sentimento comum. Por conta dessas referências, rimos das mesmas coisas e choramos juntos.

Esses valores, comungados por um grupo social, são o elo que os une. Uma sociedade saudável se segura nessa comunhão. A literatura serve de fonte desses valores. Por meio dela, essas referências são preservadas, guardadas. Parafraseando Otto Rank, a literatura é o sonho acordado das civilizações.

Os gregos antigos tinham especial preocupação com a forma de educar os jovens. Desenvolveram o conceito da *Paideia*, estabelecendo um processo de formação em diversas matérias, passando por matemática, retórica, música e ginástica. Principalmente, preocupava-se em apresentar ao jovem valores éticos.

Em 1936, o alemão Werner Jaeger publica *Paideia: a formação do homem grego*, trabalho meticuloso sobre esse processo educativo dos gregos clássicos. Seu começo já é arrebatador e elucidativo: "Todo povo que atinge um certo grau de desenvolvimento sente-se naturalmente inclinado à pratica da educação. Ela é o princípio por meio do qual a comunidade humana conserva e transmite a sua peculiaridade física e espiritual."

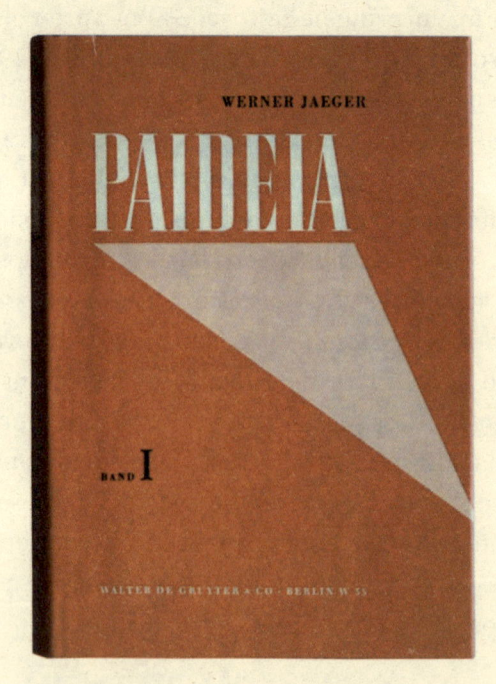

O grande estudo de Jaeger em sua primeira edição.

O livro rapidamente ganha fama. Naquele mesmo ano, Jaeger, descontente com a ascensão do partido nazista em seu país, abandona seu posto de catedrático na Universidade da Basiléia, migrando para os Estados Unidos, onde se tornaria, no futuro, professor da Universidade de Harvard.

Como explica Jaeger, a educação deve formar o cidadão, processo que necessariamente passa pelo reconhecimento dos valores que animam a sociedade.

Cultura é a alma da sociedade. A sua consciência. A cultura não apenas guarda os valores da comunidade, mas a mantém coesa, geração após geração. O célebre escritor francês Victor Hugo, num estudo sobre Shakespeare, registrou: "A literatura começa por formar o público, para depois fazer o povo. Escrever é governar." Com efeito, a partir da literatura, a sociedade protege seus princípios.

Discute-se essa "missão educativa" dos livros. Aristóteles, em *Poética*, sustenta que a boa literatura é aquela que "satisfaz o senso moral". Por outro lado, no prefácio de *O retrato de Dorian Grey*, Oscar Wilde menciona que "Não existe um livro moral ou imoral. Livros são bem escritos ou mal escritos. Eis tudo." Certamente, Wilde, um notório provocador, dizia isso para chegar à seguinte conclusão: a lição vale se for bem dada.

Comumente, chamamos esses valores, que animam nossa sociedade, de princípios, exatamente porque eles devem vir antes — ou, dito de outro modo, qualquer análise deve começar por eles: estão no princípio, exatamente pela sua importância como orientadores de nossas condutas.

Desde cedo, somos inseridos, mesmo que involuntariamente, nos valores de nossa comunidade.

Um bom exemplo de como esses valores são incorporados já na formação das pessoas vem dos chamados "contos de fadas".

Existe uma sedimentada tradição de narrar aos pequenos histórias, aparentemente ingênuas, porém, cheias de mensagens subliminares, em regra de grande cunho moral. Esses "contos de fadas" apenas se tornaram dedicados às crianças no século XIX. Anteriormente, num tempo no qual não havia rádio, televisão ou internet, essas narrativas eram contadas para toda a comunidade, das mais variadas classes sociais. As pessoas, dos mais velhos aos mais jovens, se reuniam ao redor de contadores de histórias para ouvi-los.

Os mais conhecidos desses contos de fadas não foram obra de nenhum autor identificável, mas advêm de uma compilação de histórias populares, repetidamente narradas ao longo de gerações.

Notadamente nos séculos XVIII e XIX, a cultura popular passou a interessar os intelectuais europeus. Nobres e estudiosos visitavam camponeses para coletar contos e canções tradicionais. Era moda, por exemplo, declamar os "contos de fada" na corte do rei-sol Luís XIV.[61]

Retrato de Charles Perrault, por Charles le Brun, c. 1670.

O francês Charles Perrault, no final do século XVII, reuniu alguns contos famosos, de origem desconhecida, mas contados pela gente,

---

[61] Peter Burke, *Cultura popular na Idade Moderna*, São Paulo, Companhia das Letras, 2010, p. 373.

como "A bela adormecida", "Chapeuzinho Vermelho", "O gato de botas", "Cinderela", "O Pequeno Polegar", entre outros. Formado em direito e tendo exercido a advocacia por um período, Perrault, no fim da vida, apresentou esses relatos de uma forma mais elaborada, reunidos numa obra chamada *Contos da mamãe gansa*, lançada em 1697. Ao fim de cada conto, Perrault dava um sentido moral, que ele escrevia em forma de poesia.

Originalmente, os contos não possuíam uma preocupação moral ou ética. Algumas das histórias, ao contrário, são pouco educativas. Apenas com o decurso do tempo passaram a espelhar alguma lição moral.

Em "O gato de botas", por exemplo, conta-se a história do rapaz, filho de um humilde moleiro que nada herdou senão um gato. O felino, falante e esperto, convence seu mestre a lhe comprar botas, dando-lhe a aparência de riqueza (o que está longe de ser verdade). O malicioso gato inventa que seu amo é o marquês de Carabá e, a partir daí, mentira após mentira, consegue que ele se case com a princesa. Tudo faz parte de um embuste, que, na história, dá certo. Qual a moral que se colhe disso? Que enganar os outros pode ter compensações? Que as aparências muitas vezes se revelam suficientes para o sucesso?

Perrault se desdobra para encontrar uma moral para essa história. Acaba achando duas, assim descritas:

> Por mais conveniente que seja
> Uma herança receber,
> Do avô, do pai ou do tio,
> E depois de juntos viver,
> Para os menos bem-nascidos
> A habilidade e a perícia
> Podem suprir bens recebidos.

É verdade: o trabalho duro e o esforço trazem uma riqueza mais justa do que aquela simplesmente herdada. Contudo, Perrault não explica que, no caso de "O gato de botas", essas "habilidade e perícia" são calcadas num golpe de pura esperteza do astuto felino, que falseia sem pudor para atingir seus objetivos.

Já a segunda moral apresentada é:

> Se o filho de um moleiro com tanta presteza
> Arranca tão meigos olhares e suspiros
> E ganha o coração de uma rica princesa,
> É que a roupa, a beleza e a doçura
> São meios que contam com certeza.

A orientação de Perrault se revela de um pragmatismo congelante: a boa aparência serve como poderoso meio para a conquista amorosa.

Assim como ocorre quando lemos Maquiavel, que nos faz refletir sobre questões éticas, cabe a pergunta: essa moral, indicada por Perrault, serve tanto para os homens (orientando que eles se adornem), como para as mulheres (a fim de que não se impressionem com frivolidades)?

"Chapeuzinho Vermelho foi o meu primeiro amor. Senti que se me tivesse sido possível casar com Chapeuzinho Vermelho teria conhecido a felicidade perfeita", confessou Charles Dickens. O conto de fadas marcou profundamente o romancista, assim como encantou gerações.

Perrault registrou, em seu livro de 1697, a primeira versão desse conto extremamente popular, "Chapeuzinho Vermelho". Na França de então, dizia-se que, quando uma moça perdia sua virgindade, ela havia "visto o lobo". O alerta ao zelo com a virgindade é evidente. A própria menção ao "vermelho" remete tanto à menstruação — ou seja, a menina já havia crescido —, como à perfuração do hímen. O selvagem lobo, com sua malícia e hábil discurso, funciona como uma metáfora daqueles ávidos por uma experiência sexual.

Em Perrault, a menina, ingênua, conhecida por sua roupa escarlate, se desvia da determinação dos pais. Eles aconselham a filha, que se dirigia à casa da avó, a não pegar o atalho pela floresta, mas seguir pela via segura. Chapeuzinho Vermelho desobedece e, no caminho escuro, encontra o lobo. Aproveitando-se da ingenuidade da menina, a fera fica sabendo que ela seguia para a casa da avó. O animal chega lá antes da menina. Primeiro, devora a avó. Depois, deita-se na cama da velha e aguarda a netinha (a imagem da "cama" tem evidente simbologia). Acaba devorando também Chapeuzinho Vermelho. Não há final feliz.

Na sua moral, Perrault adverte:

> A partir desta história se aprende que as crianças, especialmente moças jovens, bonitas, afáveis e bem-educadas, não se enganem ao ouvir estranhos. Não é uma coisa inédita se o Lobo, desta forma, obtiver seu jantar. Eu chamo Lobo, para todos os lobos que não são do mesmo tipo do lobo da história. Há um tipo sem rosnado, sem ódio, sem raiva, mas dócil, prestativo e gentil, seguindo as moças jovens nas ruas, até mesmo em suas casas. Ai de quem não sabe que esses lobos gentis são de todas as criaturas as mais perigosas!

Nessa primeira versão de Perrault, resta claro o desejo de oferecer uma reflexão moralista: eis as consequências nefastas de se desobedecer aos pais.

Em 1812, no livro antes mencionado *Contos infantis*, dos irmãos Jacob e Wilhelm Grimm, apresenta-se outro final para "Chapeuzinho Vermelho". O enredo começa da mesma forma: a menina, vestindo sua capa vermelha, vai visitar a avó, que mora longe, do outro lado da floresta. Os pais aconselham Chapeuzinho a seguir pelo caminho seguro, mas ela acaba atraída pelas borboletas, pegando um atalho pelo meio da floresta. Lá, encontra o lobo que, espertamente, se faz de dócil amigo. Chapeuzinho conta que se dirige para a casa da avó, que, revela a crédula menina ao lobo, vive sozinha. Com essa informação, a fera corre para a morada da velha senhora. Como esperava a visita da neta, a avó deixa a fera entrar. O lobo devora a avó e aguarda a menina. Para surpreender a ingênua Chapeuzinho, o lobo se deita na cama da velha, colocando as roupas desta. A garota, ao chegar, estranha a aparência da avó. Daí segue um dos diálogos mais conhecidos da literatura:

> — Ó vovó, que orelhas grandes você tem!
> — É para te escutar!
> — Ó vovó, que olhos grandes você tem!
> — É para te enxergar!
> — Ó vovó, que mãos grandes você tem!

— É para melhor te agarrar!
— Ó vovó, que boca grande, assustadora, você tem!
— É para melhor te comer!

E, dizendo isso, o lobo pulou em cima de Chapeuzinho Vermelho e a engoliu de uma só vez. Aqui começa a principal distinção entre a versão de Perrault e a dos Grimm, que passou a ser a mais difundida, possivelmente porque termina com um final feliz.

Segundo a versão dos Grimm, com duas pessoas na barriga, o lobo cai no sono, roncando em elevado som. Passou por perto da casa um caçador, que, achando estranho o alto ronco da vovozinha, decidiu investigar. Encontra, então, o animal dormindo, com a barriga inchada. Ao invés de atirar na fera, o caçador abriu, com uma tesoura, o ventre do lobo, para retirar, intactas, a menina e a sua avó. No lugar delas, encheu a barriga do animal com pesadas pedras. Quando o lobo acordou, muito assustado, saiu correndo. Cheio de pedras no estômago, acabou caindo num rio e morrendo afogado.

Nesse final feliz, Chapeuzinho reflete para si: "Nunca se desvie do caminho e nunca entre na mata quando sua mãe proibir." A moral fica registrada.

"Pele de asno", outro conhecido conto infantil, fala contra os relacionamentos incestuosos. "Barba Azul" conta dos danos do marido que guarda uma vida secreta. "Branca de Neve" examina a inveja das mulheres mais velhas com o desabrochar da beleza das mais jovens. Somos submetidos, desde cedo, a histórias com carga moral, quando o bem e o mal se enfrentam. São oferecidas opções: que caminho seguir? Quais os riscos de se pegar o atalho que passa no meio da floresta? Assim, a sociedade se molda. Como bem notou o poeta inglês William Wordsworth, "a criança é o pai do homem".

Para agir de acordo com os bons valores, o ideal seria contar com uma bússola moral, que nos indicasse sempre o rumo certo. A dificuldade, entretanto, é que a bússola, embora aponte para o norte, não indica se, no caminho, há algum acidente geográfico: uma montanha, um pântano, um deserto. Comumente, não se pode seguir uma linha reta para chegar ao destino. Assim, faz-se necessário, além da bússola, contar com um mapa, para que se trace a rota possível, evitando-se obstáculos intransponíveis.

Uma das mais marcantes características da sociedade ocidental contemporânea é a quantidade de valores que proliferam. Por vezes esses valores entram em choque. Por um lado, defende-se a liberdade de expressão. Por outro, protegemos a privacidade. Esses dois valores — a liberdade de expressão e a privacidade — servem de exemplo de um embate constante.

Nos dias atuais, somos obrigados a levar em consideração um sem-fim de temas, antes de apresentar nossa posição. Será que ao dizer que uma mulher é bonita estamos cometendo assédio? Ao afirmar que consideramos que um concurso deve prestigiar os melhores, estaremos afastando as chances de pessoas que não tiveram as mesmas oportunidades, por motivos sociais ou físicos?

Não há, de antemão, uma resposta firme a indicar qual valor social deve preponderar. Para cada situação, avaliada no caso concreto, uma solução diferente pode ser a mais adequada. Em muitos casos, várias posições guardam suas razões, dependendo do ponto de vista.

Com tantos valores, devemos estar atentos e abertos — sempre buscando encontrar os bons princípios, mesmo que seja necessário atravessar o inferno para chegar lá.

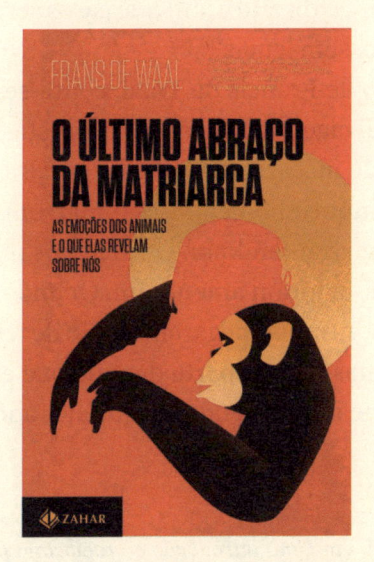

O último abraço da matriarca.

Um dos mais conhecidos primatologistas, o holandês Frans de Waal, escreve livros fantásticos sobre o comportamento dos animais, em especial sobre os grandes símios, como o gorila, o orangotango, o chimpanzé e o bonobo. Como também somos animais, a análise da conduta desses nossos primos peludos abre a porta para muita reflexão.

No seu *O último abraço da matriarca*, Waal relata a seguinte experiência com bonobos — macacos que, geneticamente, mais se aproximam de nós, *homo sapiens*: dois macacos são postos separados por uma jaula, para trabalhar pela comida. A um deles se oferece um prêmio melhor — a um se retribui o esforço com pepino, enquanto o outro ganha uvas (e os símios apreciam muito mais as uvas). Aquele que recebeu o pepino, ao ver que o outro foi beneficiado, logo se rebela. Segundo o cientista, o bonobo guarda o senso da injustiça. Ele não se conforma em receber menos do que o outro, pois ambos fizeram idêntico esforço para obter comida. Irritado, o macaco injustiçado grita e esperneia; deixa de trabalhar.

O valor da justiça já está no animal, conclui o primatologista. Mais especificamente, a ideia de isonomia, de tratamento igualitário, se encontra presente mesmo nos macacos. É importante preservar essa ideia. Como menciona Edward H. Levi, em *Uma introdução ao raciocínio jurídico*, "O problema para o direito é: em que casos será justo tratar causas diferentes como se fossem iguais?".[62]

No mesmo livro de Francis de Waal, conta-se outro experimento feito com macacos selvagens do Japão: os cientistas ergueram três montinhos: um de fezes de macaco, outro de fezes falsas (mas de aparência real) e um terceiro montinho de plástico marrom. Em cima deles, colocaram grãos de trigo e amendoim. Os macacos normalmente gostam de grãos de trigo, mas adoram amendoim. Quando os símios foram expostos a esses três montinhos, pegaram o grão de trigo que estava sobre o plástico marrom, mas apenas parte daquilo que estava sob os demais montinhos. Com relação ao amendoim, que eles adoram, pegaram tudo,

---

[62] Edward H. Levi, em *Uma introdução ao raciocínio jurídico*, São Paulo, Martins Fontes, 2005, p. 4.

mesmo nos montinhos de fezes verdadeiras, embora tentassem limpar vigorosamente suas mãos ao encostar nos dejetos.

A conclusão do primatologista é a de que o "nojo", a "repugnância", existe no macaco. Contudo, eles promovem, tal como nós, uma escala de valores, na qual ponderam se o benefício — no caso do experimento, colher o amendoim — vale o sacrifício de colocar a mão no excremento.

Somos constantemente submetidos a essas ponderações. A inteligência e a educação nos guiam na escolha dos valores que iremos prestigiar.

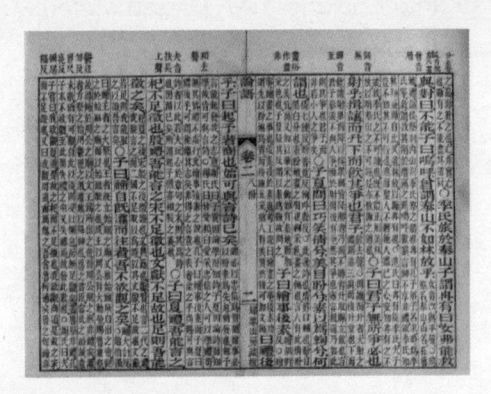

Página d'*Os Analectos*.

Cabe a todo cidadão identificar os valores adotados pela sociedade, para, a partir daí, estabelecer um convívio saudável.

Hemingway ofereceu uma lição simples: "Moral é aquilo que, depois que você faz, você se sente bem, ao passo que imoral é aquilo que, depois que você faz, se sente mal."

Há bons valores espalhados aos borbotões na literatura. Boa fonte deles, ou, pelo menos, a fonte mais pura se encontra, possivelmente, nos chamados livros doutrinais, com compilações históricas de preceitos éticos ou religiosos.

"Jun jun chen chen fu fu zi zi". Trata-se de um provérbio chinês, retirado dos *Analectos*. Eis o ensinamento: "Que o soberano aja como o soberano, o ministro como ministro, o pai como pai, o filho como filho". Dito de outra forma: aprenda o seu lugar – ou, cada um com a sua medida, como iriam preferir os gregos.

Os Analectos registram pensamentos de Confúcio, o grande sábio chinês, que viveu no século VI antes da era cristã. Colhem-se pérolas de sabedoria. Eis algumas:

> 7.25. O Mestre fazia uso de quatro pontos em seu ensinamento: literatura; realidades da vida; lealdade; boa-fé.

> 12.13. O Mestre disse: "Posso julgar processos judiciais tão bem quanto qualquer um. Mas eu preferia tornar os processos judiciais desnecessários."

> 16.5. Confúcio disse: "Três tipos de prazeres são proveitosos; três tipos de prazeres são nefastos. O prazer de realizar os ritos e a música adequadamente, o prazer de louvar as qualidades das outras pessoas, o prazer de ter muitos amigos talentosos é proveitoso. O prazer de demonstrações extravagantes, o prazer de divagar ociosamente, o prazer de embriagar-se de forma indecente é nefasto."

A Bíblia é o livro mais vendido da história. Mais precisamente, o mais vendido do ano, todos os anos. Bíblia significa "livro". Contudo, a Bíblia não se resume a apenas um livro, mas a diversos, reunidos, com mais de quarenta diferentes autores, que escreveram originalmente em línguas diferentes. Com textos escritos provavelmente entre 900 a.C. e o ano 100 da nossa era, essas fontes têm redatores de variadas formações. Algumas passagens demonstram profunda erudição, outras uma extraordinária sensibilidade. Em determinados trechos, a Bíblia deixa transparecer a simplicidade de seu redator, assim como, por vezes, funciona como mero registro de fatos históricos.

A palavra Bíblia vem do grego, *biblia*. Acredita-se que seja uma referência à cidade de Byblos, a atual Jbel, no Líbano. De lá, os gregos e os egípcios importavam o papiro, para confecção de livros.

Os textos bíblicos se valem de uma linguagem metafórica. Há registros de que, desde os primórdios, os judeus já compreendiam o Torá —

o Pentateuco, contendo os cinco livros fundamentais da fé israelita — de forma simbólica, afastando uma interpretação literal e restritiva.

A Bíblia e o cristianismo vêm carregados de simbolismos. Alguns são conhecidos, como a associação dos Evangelistas a animais — Lucas ao boi, Marcos ao leão e João à águia. Apenas Mateus é apresentado como um homem ou um anjo. Pelos Evangelhos se relata a vida de Jesus de Nazaré, de forma mais específica, seus últimos dias. Jesus, nos seus ensinamentos, se valia de parábolas. São narrativas alegóricas, com um claro propósito educativo. O termo vem do grego *parabolé* — *para* significa "à margem" e *bolé* "arremessar". Tratava-se, figurativamente, de um "arremesso de uma pedra", que, no seu deslocamento, fazia uma trajetória em curva. A linguagem não era plana e linear, mas, como o projétil lançado, variava, reclamando atenta reflexão do interlocutor.

A parábola do bom samaritano é narrada no Evangelho de Lucas — um evangelho mais burilado do que o de Marcos e o de Mateus. Nele, conta-se do homem que, na estrada de Jerusalém a Jericó, é assaltado por ladrões. Havia, naquela época, riqueza em Jerusalém, o que atraía assaltantes à espreita de quem por ali transitava.

Um homem, espancado e roubado ao deixar Jerusalém, é largado desfalecido na estrada. Um sacerdote passa pelo caminho, vê o ferido mas nada faz, desviando-se do coitado caído. Depois, um levita, de uma família de nobres judeus, também passa ao largo, evitando o ferido. Por fim, um samaritano — natural de Samaria, cuja população era vista com muito preconceito pelos judeus da época, a quem Jesus contava a parábola —, vendo a pessoa quase morta, com compaixão, a acudiu. Levou o desfalecido a uma hospedaria, arcou com as despesas e o ajudou a recuperar-se.

Jesus então pergunta aos ouvintes: qual dos três agiu melhor? O sacerdote, o nobre ou o samaritano? A resposta que se impõe é a de que o samaritano foi o único que atuou de forma boa.

A parábola procura deixar claro que devemos ser medidos pela nossa conduta, não pela nossa posição social ou por algum título.

Há quem veja essa parábola com outro significado: o viajante ferido seria a humanidade, cheia de pecados, enquanto o bom samaritano simbolizaria Jesus Cristo, que a ampara. O sacerdote e o levita representariam a lei moral e a cerimonial, ao passo que a hospedaria representaria a Igreja.

Além disso, há a linda imagem de que o samaritano foi o único que se desviou de seu trajeto para ajudar o ferido. O sacerdote e o nobre judeu não abandonaram seu caminho para encontrar o outro.

Antes, ainda, do Novo Testamento, por volta de 300 a.C., o filósofo Aristóteles havia escrito a *Ética a Nicômaco*, na qual registrou: "É correto, então, dizer que é mediante a prática de atos justos que o homem se torna justo, e é mediante a prática de atos moderados que o homem se torna moderado."

Ética a Nicômaco é o mais conhecido tratado de Aristóteles sobre ética. Nicômaco era o nome do seu filho, mas também era o nome do pai do filósofo, um médico na corte macedônia. Possivelmente, Aristóteles se dirigia ao filho e às gerações futuras.

Aristóteles preconiza que, nas condutas, os extremos devem ser evitados. Segundo ele, "em relação ao medo e à temeridade, o meio-termo é a coragem". Com relação ao prazer e ao sofrimento, "o meio-termo é a moderação e o excesso é a concupiscência". No que diz respeito ao dinheiro, "o meio-termo é liberalidade, e o excesso e a falta são respectivamente a prodigalidade e a avareza". Diz ainda: "Em relação à honra e à desonra, o meio-termo é a magnanimidade, o excesso é chamado de pretensão, e a falta de pusilanimidade." E por aí segue, pregando moderação.

Contudo, Aristóteles ressalva: "As pessoas que se encolerizam por motivos justos e com as pessoas certas, e, além disso, como devem, quando devem e enquanto devem, são dignas de louvor."

O *Talmude* reúne comentários sobre a Torá, o livro sagrado dos judeus. Trata-se de outro maná de sabedoria. Entre muitos, registra-se essa pérola: "É melhor cometer um pecado com boas intenções, do que realizar uma façanha por maus motivos."

Numa das mais conhecidas passagens da *Odisseia*, o sublime poema épico da Grécia antiga, atribuído ao mítico poeta Homero, Ulisses e sua tripulação, que desejam, retornando da Guerra de Troia, chegar em casa, na ilha de Ítaca, passam, de barco, por ilhas rochosas, habitadas por sereias. Para os gregos de então, as sereias eram mulheres-pássaros, que cantavam belamente. Aqueles seres fantásticos atraíam quem passasse por perto. Marcado de apelos eróticos, o verdadeiro propósito do canto era letal: desejavam matar os marinheiros. O evento é narrado no canto XII do longo poema.

Ulisses sabia que as sereias enfeitiçavam os homens. Seduzidos pelos cantos, os marinheiros tentam chegar mais perto. Eis aí a armadilha. Ao se aproximarem das sereias, os barcos iam de encontro às rochas, com um fim mortal para todos os tripulantes.

O herói queria ouvir o famoso canto, mas sabia do risco. Ele, então, solicita que seus marinheiros o amarrem a um mastro do navio e não parem de remar. Tem o cuidado de tapar os ouvidos de todo o resto da tripulação com cera. Assim, apenas Ulisses seria capaz de escutar as sereias. Ele determina ainda que sua tripulação não o solte do mastro, ainda que ele assim exigisse: "Se, por acaso, pedir ou ordenar que as amarras me soltem, mais fortes cordas, em torno do corpo, deveis apertar-me."

Ulisses e as sereias, por John William Waterhouse, 1891.

Ao cruzar as ilhas, as sereias, como se esperava, cantaram para Ulisses que, hipnotizado, suplicou, desesperado, aos gritos, que fosse solto. Seus homens, contudo, obedecendo suas primeiras ordens, o mantiveram preso, amarrado ao mastro. Sem nada escutar, os marinheiros seguiram remando, até se afastarem das ilhas.

Ulisses conseguiu ouvir as sereias e, ainda assim, sobreviveu. O canto das sereias funciona, há muito, como uma imagem de sedução, da ilusão, do engodo, de uma promessa que, aparentemente, parece boa, mas em essência será desastrosa.

O mastro a que Ulisses ficou amarrado serve de boa metáfora para os valores, a que devemos nos apegar, sob pena de, atraídos pelo canto das sereias, naufragar.

Conta-se que os argonautas — outro grupo mítico de notáveis guerreiros gregos — também passaram por perto da ilha das sereias. Eles, entretanto, valeram-se de outro estratagema para escapar da sedução: Orfeu, poeta e músico, cantou mais alto do que as sereias e, assim, a tripulação passou incólume.

O diabo: poder sem moral

Sexta-feira da Paixão do ano 1300. O poeta florentino Dante está perdido na floresta. Ele tem 35 anos de idade. Segundo crê, está no meio de sua vida. Surgem três feras: uma pantera, um leão e uma loba, representando, respectivamente, a luxúria, a soberba e a avareza. Para sua felicidade, naquele difícil momento, Dante encontra Virgílio, o poeta romano clássico, autor da *Eneida*, que o leva para uma visita ao inferno. Mais precisamente, cuida-se de uma viagem espiritual.

Isso tudo é narrado em *A divina comédia*, uma das mais fundamentais obras da literatura ocidental. Para começar, o poeta escreve na primeira pessoa, fugindo ao padrão daquela época. Criava-se o que se denominou de *dolci stil novo*, um "doce estilo novo" ou uma "bossa nova". Com uma pitada de introspecção, os versos vinham carregados de *gentilezza*.

Na mente medieval, que Dante reproduz, a vida na Terra era apenas a preparação para a "vida após a morte", na qual, de acordo com o comportamento de cada uma neste mundo, as pessoas seriam recompensadas ou punidas.

Quando Dante começa a escrever esse trabalho, em 1308, ele se encontrava exilado de Florença, sua cidade natal. Anos antes, o poeta chegara a ser eleito para integrar a *Signoria*, conselho formado por nove pessoas, com o propósito de governar Florença. Contudo, por questões políticas, acabou caindo em desgraça, sendo banido perpetuamente da cidade, sob pena, caso tentasse retornar, de ser queimado vivo. No seu longo poema, Dante coloca no inferno diversos de seus rivais políticos.

Na obra, Dante, guiado pelo poeta Virgílio, explica a geografia do inferno, composta de nove círculos. Cada um desses círculos guarda os que pecaram nesta vida, separados de acordo com o mal que cometeram. De forma descendente, os maiores pecadores são alocados nos círculos mais profundos, mais próximos do demônio. A organização do submundo, a partir de uma escala de gravidade da transgressão, segue uma lógica racional.

O inferno, descrito em *A divina comédia*, não era tão diferente do mundo medieval vivido por Dante. Cidades com ruas lamacentas, esgotos ao ar livre, doentes perambulando por todos os lados, além dos leprosos deformados, esmolando nas praças públicas. A imaginação encontrava a realidade.

Na entrada do inferno, os dois poetas veem escrito no letreiro acima dos portais: "abandonem todas as esperanças, ó vós, que entrais" — *lasciate ogni speranza, voi ch'entrate*.[63] Não há caminho de volta da morte.

No primeiro círculo fica o limbo, destinado a quem não recebeu o batismo. Estes permanecerão para sempre sem a visão de Deus. No limbo, Dante se depara com os grandes filósofos da antiguidade, como Sócrates e Platão, além de Homero.

No segundo, destinado aos luxuriosos, encontram-se, entre outras, Cleópatra e Helena, mulheres fatais, que desgraçaram o destino dos

---

63 O poeta Geraldo Carneiro percebeu um acróstico nessa tenebrosa frase:
Lasciate
Ogni speranza
Voi che
Entrate

homens que por elas se apaixonaram. No terceiro círculo do inferno dantesco, acham-se os gulosos: glutões atolados em lama ou sentados em seu próprio excremento. O quarto círculo do inferno guarda os avarentos e os pródigos. No quinto, ficam os tomados pela ira, incapazes de controlar suas atitudes. No sexto, os hereges, que não reconhecem a existência de Deus. Nele, com o campo dos sepulcros em chamas, dois tipos de hereges são referidos: aqueles que professam uma falsa doutrina e os epicuristas. Estes defendiam que a alma perecia juntamente com o corpo. Essa crença era terrível para a Igreja, que professava a ideia de uma vida após a morte terrena. Os violentos se encontram no sétimo círculo, aí incluídos os assassinos e os suicidas, aqueles que cometeram violência contra si próprios. O oitavo círculo, por sua vez, é dividido em fossos, nos quais se colocaram, entre outros, os ladrões, que correm de serpentes, os corruptos, os hipócritas e os falsários. Nele, Dante se depara com o papa Nicolau III, enterrado de cabeça para baixo. Como não consegue ver quem estava chegando, Nicolau III indaga se quem se aproxima é o papa Bonifácio VIII, seu sucessor e o papa que então ocupava a cadeira de São Pedro. Dante, jocosamente, já adiantava que o lugar do papa, seu contemporâneo, seria o inferno. A ironia é ferina.

No nono e último círculo, ficam os traidores, que Dante separou em quatro giros concêntricos: a Caína, para aqueles que traíram seu próprio sangue; a Antenora, para os que atraiçoaram sua pátria; a Toloméia, para os infiéis aos amigos; e, finalmente, a Judeca, para aqueles que traíram seus líderes e benfeitores. No último ciclo, Dante e Virgílio assistem Lúcifer torturar diretamente Cássio, Brutus (que conspiraram e assassinaram Júlio Cesar) e Judas, o traidor de Jesus Cristo. Eles estão imobilizados, embutidos em gelo.

Na visão do homem medieval, o Império Romano estabeleceu o caminho para o triunfo do Cristianismo. Diante disso, Brutus e Cássio, líderes da conspiração que assassinou o poderoso César, eram vistos como grandes vilões, a merecer a mais severa das punições.

Em cada um desses círculos seus habitantes sofrem penas, mais severas na medida em que os pecados se revelam mais graves.

Dante coloca, no meio da sua viagem, centenas de personagens históricos, muitos dos quais seus contemporâneos.

N'*A divina comédia*, o diabo é o diabo. O próprio mal. Lúcifer ocupa seu papel de regente do inferno, responsável pelas punições.

O diabo, porém, serviu mais tarde na literatura como a mais forte metáfora do poder sem ética. Uma metáfora importante para quem quer que tenha poder.

A palavra "diabo", associada ao príncipe do mal, surge, pela primeira vez, na tradução original da Bíblia para o grego, a chamada versão dos setenta. Aparece o termo *diabolos*, que significa, literalmente, aquele que separa. O texto bíblico o qualifica de diversas formas: sedutor, ardiloso, enganador, adversário.

Retrato de Marlowe, 1585.

Christopher Marlowe foi, por um período, o dramaturgo mais popular de Londres. Marlowe infelizmente morreu muito jovem, em 1593, com apenas 29 anos, numa briga de taverna. Para quem gosta de uma conspiração, há quem defenda que foi assassinado pelo serviço de inteligência da rainha Elizabeth I. O poeta seria um espião. De certo, Marlowe foi um grande contestador. Um *bad boy*. Seu *motto* pessoal era *Quod me nutrit me detruit,* isto é, "aquilo que me nutre também me destrói".

A sua popular peça *O judeu de Malta*, escrita entre 1588 e 1590, começa com o diabo — a quem chamava, por vezes, de Old Nick ou McEvil —, incorporado em Maquiavel, falando diretamente para a plateia:

> Religião para mim é brinquedo de criança,
> E não existe outro pecado além da ignorância.

Na mesma sintonia, mais tarde, Oscar Wilde diria que "não existe outro pecado além da estupidez".

Marlowe, em seu breve e fecundo período de atividade criativa, ainda teve tempo de falar sobre o diabo de forma mais aprofundada. Em *A trágica história do doutor Fausto*, possivelmente de 1592, conta-se do homem que negocia sua alma com o diabo.

Na época, já circulava, pela Europa, a história de um certo João Fausto, que havia celebrado um pacto com o demônio. Para receber benefícios em sua vida terrena, Fausto concordara em entregar sua alma ao coisa-ruim. Um negócio tenebroso.

Fausto, na história de Marlowe, vai estudar em Wittenberg, na Alemanha — não à toa, o lugar de onde emanaram as ideias de Martinho Lutero, de revolta contra algumas posições da Igreja. É também para onde Shakespeare, poucos anos mais tarde, vai apontar como o local de estudos do atormentado príncipe Hamlet.

O Fausto de Marlowe é um grande erudito. Ávido pelo conhecimento, ele se rebela contra a religião a partir de sua racionalidade.

O diabo lhe oferece um contrato singelo:

> Nas condições que se seguem... Primeiro, que Fausto possa se tornar um espírito em forma e substância quando bem quiser fazê-lo. Segundo, que Mefistófeles seja seu servo e se submeta ao seu comando. Terceiro, que Mefistófeles faça o que Fausto lhe ordenar e lhe forneça tudo o que lhe pedir. Quarto, que Mefistófeles permaneça invisível em sua casa e em seus aposentos particulares. Quinto e último,

que ele surja diante do mencionado Fausto todas as vezes que for requerido e sob a forma que mais agradar-lhe... Eu, Joannes Fausto, de Wittenberg, doutor, pela presente, cedo tanto a minha alma quanto o meu corpo a Lúcifer, Príncipe do Oriente, e a seu ministro, Mefistófeles, e, além disso, lhes asseguro, expirados 24 anos de prazo, sendo os artigos acima invioláveis, total direito de se apossar de Joannes Fausto, supracitado, ou de carregá-lo consigo, de corpo e alma, carne e sangue, e bens, para sua morada, seja onde for esta. Joannes Fausto.[64]

Tudo é concedido a Fausto. Marlowe coloca na boca do diabo: "O inferno não tem limites." Entusiasmado com as vantagens e proveitos que teria a partir do acordo com o demônio, notadamente o acesso ao saber, Fausto exclama: "Tivesse eu tantas almas como há estrelas,/ daria todas a Mefistófeles."[65]

Chegado o momento de Fausto cumprir sua prestação, ele, claro, se arrepende. Lamenta ter ido para Wittenberg e ter lido muitos livros. Em vão. Os demônios o levam.

Na obra de Marlowe, o diabo ganha, supera a sua vítima, contrariando a ideia de que o demônio não pode jamais vencer. A peça, entretanto, tem um fim moralista. Depois que Fausto é levado para o inferno, o Coro registra:

---

[64] "On these conditions following. First, that Faustus may be a spirit in form and substance. Secondly, that Mephistophilis shall be his servant, and at his command. Thirdly, that Mephistophilis shall do for him, and bring him whatsoever he desires. Fourthly, that he shall be in his chamber or house invisible. Lastly, that he shall appear to the said John Faustus, at all times, in what form or shape soever he please. I, John Faustus, of wertenberg, doctor, by these presents, do give both body and soul to lucifer prince of the east, and his minister mephistophilis; and furthermore grant unto them, that, twenty-four years being expired, the articles above-written inviolate, full power to fetch or carry the said John Faustus, body and soul, flesh, blood, or goods, into their habitation wheresoever. By me, John Faustus." (Ato II, Cena 1).

[65] "had I as many souls as there be stars, / I'd give them all for Mephistophilis." (Ato I, Cena 3).

> Cortado está o galho que poderia ter crescido direito,
> e queimados os louros de Apolo
> que antes cresciam nesse homem sábio.
> Fausto se foi: contemplai sua horrível queda:
> que seu destino funesto ensine os precavidos
> a tão-somente refletir sobre as coisas proibidas,
> cujo mistério instiga as mentes audazes
> a irem mais longe que o permitido pelo poder divino.[66]

O diabo de Marlowe fala educadamente. Não possui um aspecto hediondo. Ao contrário: é um sedutor. Esse modelo do demônio foi, poucos anos depois, capturado por Shakespeare. Em *Hamlet*, o próprio príncipe dinamarquês, no seu terceiro solilóquio, reconhece que "o demônio tem poder para assumir um aspecto agradável." Em *Rei Lear*, peça escrita por Shakespeare anos depois, fica registrado: "O príncipe das trevas é um cavalheiro."

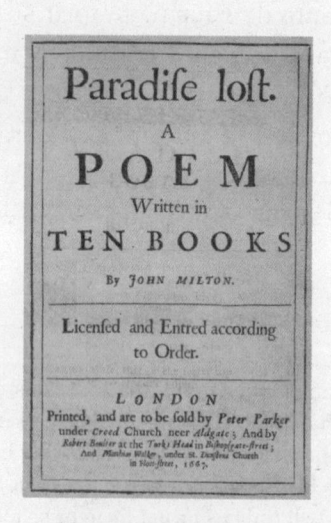

Primeira edição, 1667.

---

[66] "Cut is the branch that might have grown full straight,/ And burned is Apollo's laurel-bough,/ That sometime grew within this learned man./ Faustus is gone: regard his hellish fall,/ Whose fiendful fortune may exhort the wise,/ Only to wonder at unlawful things,/ Whose deepness doth entice such forward wits/ To practice more than heavenly power permits." (Epílogo).

Na literatura clássica, o diabo tem outro importante papel em *Paraíso perdido* de John Milton. O longo poema épico, concluído em 1667, foi escrito quando Milton já se encontrava cego havia mais de dez anos. Assim como ocorreria muitos anos depois com Borges, Milton ditou, no escuro, sua obra-prima.

Formado pela Universidade de Cambridge, Milton se tornou conhecido, ainda relativamente jovem, por defender a liberdade de expressão. Viajou para a Itália, onde possivelmente conheceu o astrônomo Galileu Galilei. De volta à Inglaterra, engajou-se no movimento político que, depois da Guerra Civil Inglesa (1640-1648), prendeu e condenou à morte o rei Carlos I. Milton era um intelectual completo, dominando diversas línguas e dono de incomparável acervo cultural.

Paraíso perdido foi concluído depois da restauração da monarquia, quando Milton tinha caído em desgraça. Cego, sem família, alijado da vida social e da política.

O mais forte personagem do erudito poema é Lúcifer, o anjo rebelde. Ele declara: "Melhor reinar no inferno do que servir no céu."[67] Arrogante e persuasivo, qualidades que fazem dele uma paradoxal "divindade humana", ele deseja destruir os planos de Deus. Infiltra-se no paraíso para convencer Adão e Eva a experimentar o fruto proibido, da árvore do conhecimento, contrariando a ordem divina. Satanás consegue atingir seu intento. Por violarem a regra divina, incitados por ele, Adão e Eva são expulsos do Éden.

O satã de Milton se sente injustiçado, pois, apesar de seu mérito, foi preterido por Cristo. Carismático e defensor da liberdade, o diabo, o mais belo dos anjos, tem passagens de grande reflexão: "Aonde vá o inferno; eu sou o inferno."[68] Muitos anos depois, o escritor americano Mark Twain, numa clara referência a Milton, mandou escrever na tumba de sua mulher, Olívia, com quem dividira a vida: "Onde Eva estivesse, lá era o Paraíso."

Quando Milton compôs o *Paraíso perdido*, sua vida encontrava-se destroçada. Seu ídolo e líder, Oliver Cromwell, já morto, teve o corpo

---

67 "Better to reign in Hell, than serve in Heaven." (Livro I, 263).
68 "Which way I fly is hell; myself am hell." (Livro IV, 75).

pendurado nas portas de Londres, tratado como grande traidor do reino. Seus amigos, companheiros da Revolução Puritana, foram executados. Seus livros, queimados. Foi preso. Escapou do cadafalso por intercessão dos admiradores de seus versos. Em 1652, Milton já havia perdido completamente a visão.

Assim como satã, Milton e seus amigos foram derrotados. A monarquia foi restaurada na Inglaterra. Cego, abandonado, sobrepujado, Milton fez do diabo um herói da resistência.

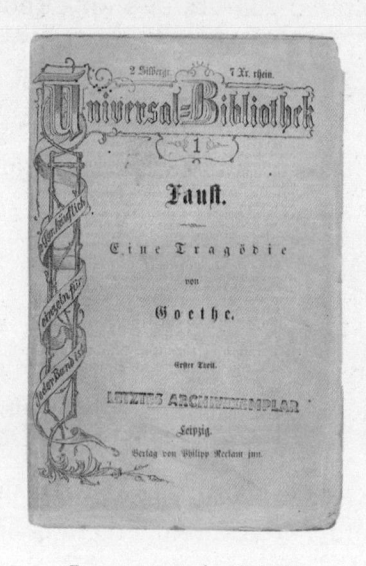

Fausto: exemplar de 1867.

Goethe também escreveu sua versão de Fausto. A primeira parte foi lançada em 1808 e a segunda em 1832.

Na versão de Goethe, a história começa com uma aposta entre Deus e Mefistófeles, o diabo. Enquanto Deus se gaba do homem como sua extraordinária criação, o diabo afirma que os humanos são todos corruptíveis. Deus apresenta Fausto como exemplo de retidão. O diabo, então, garante seu poder de pervertê-lo moralmente.

Henrique Fausto, um homem de certa idade, é um dedicado estudioso, com formação em filosofia, direito, teologia e medicina. Apesar de seu enorme talento e dedicação, Fausto vive frustrado, pois sente que não conseguiu compreender os grandes mistérios da humanidade.

Além disso, Fausto não desfrutou o amor, tampouco ganhou dinheiro ou detém poder. O principal desejo dele, contudo, é adquirir conhecimento.

Inicialmente, Mefistófoles se aproxima de Fausto sob o disfarce de cachorro. Uma sorrateira forma de se acercar. O diabo oferece um pacto. Basicamente, dar as maravilhas da vida mundana em troca da alma de Fausto. Mas este sugere algo diferente. Fausto se compromete a entregar a sua alma, porém com uma condição: ele deve, em vida, sentir-se pleno, ainda que por um único momento.

Aceito o trato, Fausto inicia uma jornada. Uma das primeiras coisas que lhe acontecem é rejuvenescer, ganhando uma aparência mais bela e atraente.

Fausto se interessa amorosamente por uma jovem, a ingênua Margarida — Gretchen no original alemão. Para se deitar com a moça, Fausto pede a ajuda de Mefistófeles. A partir daí uma série de desgraças se sucedem, como a morte da mãe e a do irmão do personagem. Morrem também Margarida, enlouquecida, e a criança, filha que concebeu com Fausto.

Fausto se arrepende, tenta culpar o diabo pelo ocorrido, mas Mefistófeles registra que tudo aconteceu por causa de escolhas feitas pelo próprio Fausto. Ele, o diabo, foi apenas um instrumento.

Fausto, contudo, não vai para inferno porque, ao fim, não se sentiu pleno. Mesmo com a juventude e o poder, não experimentou a satisfação verdadeira. Talvez Goethe esteja nos dizendo que não se atinge a verdadeira felicidade pela vaidade ou pelo poder. Isso não nos preenche plenamente.

Assim termina a primeira parte do *Fausto*, uma obra de 1808. O protagonista, ao menos por enquanto, não vai queimar no inferno.

Em 1832, Goethe produz a segunda parte de *Fausto*, com estilo e temática distintos. Enquanto a primeira parte examina com mais ênfase temas internos de Fausto, como a sua vaidade, seu fascínio pelo poder e a busca do amor, a segunda trata de sua relação com o mundo da política, da economia, dos avanços tecnológicos, da guerra, numa fábula cheia de belas metáforas e sabedoria.

O retrato foi escrito em 1935 pelo ucraniano Nikolai Gógol. Na época de seu nascimento, sua cidade natal integrava o Império Russo. Nessa obra, Gógol retoma o mítico pacto com o diabo.

Narra-se a história de um jovem artista, Tchartkov, que, no início de sua carreira em São Petersburgo, apesar de seus esforços, não alcança qualquer reconhecimento. Acumulam-se as dívidas. Com seus últimos recursos, ele adquire um quadro misterioso: um retrato de um homem já velho, desconhecido, porém assustadoramente enigmático. Obra de algum grande mestre. Ao apreciar a obra de arte, Tchartkov não sentia exatamente prazer, mas um sentimento de medo, de pavor, ainda assim irresistíveis.

Deprimido, Tchartkov se isola em seu ateliê e começa a ter delírios contemplando seu novo quadro, inclusive acreditando que os olhos retratados se movimentam. Em seus devaneios, imagina que recebe alguns ducados do homem retratado na pintura, o que lhe permitiria saldar suas dívidas. Misteriosamente, os tais ducados, como num passe de mágica, aparecem, escondidos na moldura do quadro.

Inesperadamente, os desejos de Tchartkov passam a se concretizar. Suas obras obtêm, de uma hora para a outra, reconhecimento. Seus quadros, apreciados pelo público, tornam-se moda. Tchartkov lucra com sua arte.

O artista, então, abandona seus esforços. Deixa de estudar. Passa a frequentar eventos sociais. Perde o amor pela pintura. Torna-se uma pessoa frívola. Muda seu ateliê para um local nobre e contrata jornalistas para promover suas obras. Passa a ser procurado, visto como um gênio. Acumula uma fortuna.

Adiante em sua vida, é chamado, por conta de sua reputação, para opinar sobre o trabalho de um jovem artista, recém-chegado da Itália. Ao ver a obra, reconhece nela sua profunda beleza, fruto do talento e da dedicação de seu autor. Lamenta, então, o tempo que perdeu longe da verdadeira arte. Percebe sua mediocridade. Tchartkov sai desorientado. Procura encontrar alguma inspiração, mas já não a acha.

Descontrolado, gasta todo o seu dinheiro, adquirindo importantes obras de arte para, em seguida, destruí-las. Morre louco, perseguido pela imagem do retrato do velho homem. Sua fortuna foi transformada nos retalhos dos quadros que, tomado de fúria, rasgou.

Na segunda parte do conto, Gógol elucida a história do misterioso quadro. Começa contando que, anos depois da morte do pintor

Tchartkov, o quadro do velho homem é colocado em leilão. Um jovem aparece para dizer que deveria ficar com a obra. Passa a explicar o motivo.

O jovem era filho de um artista. Seu pai conhecera, muitos anos antes, um velho usurário, com fama de possuir recursos ilimitados, com disponibilidade de emprestar dinheiro a qualquer um. Contudo, desgraças sucediam com quem quer que pegasse dinheiro com aquele agiota. Esse velho solicitara ao artista, pai do jovem, que o pintasse, com a maior fidelidade possível. O trabalho foi muito doloroso ao artista. Não se sentia bem ao retratar o homem, principalmente ao fazer seus olhos. O artista sentia sua alma se revolver. Finalizado o quadro, o usurário morre em seguida, mas a experiência foi nociva ao artista, que passa a agir de forma profundamente depressiva.

Para começar, movido por inveja, dedica-se a prejudicar a vida de um de seus pupilos, exatamente o então jovem Tchartkov. Mas não é só: inicia a ter problemas com a família, além de outras complicações. Percebe que a elaboração daquele retrato o amaldiçoou, assim como faria mal a todos os seus donos depois dele. Pede ao filho que destrua aquela obra do mal. Conclui-se, então, que o diabo tomara a forma do usurário. Sabendo que aquele corpo iria morrer, pedira ao pintor que o retratasse de forma mais fidedigna possível. Com esse expediente, seguiria exercendo seu poder maligno sobre os homens.

No conto de Gógol, enquanto as pessoas ouvem a incrível história, convencendo-se de que a pintura deve ser destruída, a obra some. O mal segue por aí.

O russo Mikhail Bulgákov, já bastante combalido, ditava, da cama, alterações do romance *O mestre e margarida* para sua mulher. Esse trabalho levou seu último suspiro.

O mestre e margarida conta a história do diabo visitando Moscou — cidade onde vivia o autor — nos anos 20 do século passado. Logo no início do livro, o diabo, ainda sem se apresentar, participa de uma conversa na qual dois homens enaltecem a razão, dizendo que esta funcionaria como a prova da inexistência de Deus. O coisa-ruim, então, indaga: sem Deus, quem comandaria? "O homem", responderam. O diabo alerta: como o homem poderia governar se não tem controle sobre a própria vida?

Eis uma grande pérola de sabedoria: devemos ser humildes diante da nossa natureza, compreendendo que nem sempre somos capazes de nos controlar ou controlar nossos destinos.

O diabo, nesse ponto, justifica a epígrafe do livro de Bulgákov, que ele retira de *Fausto* de Goethe:

> — ... mas, quem é você, afinal? — Sou a parte da força que quer sempre o mal, mas sempre faz o bem.

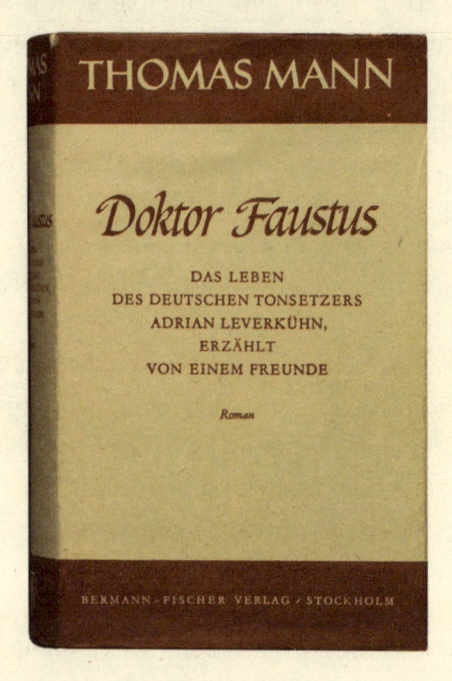

A obra em 1947.

No *Doutor Fausto* de Thomas Mann, de 1947, o diabo funciona como metáfora do totalitarismo. Mann narra a história de um ambicioso músico alemão, Adrian Leverkühn. Ele abdica de tudo em sua vida em troca de uma excepcional criatividade musical. Sua obsessão, contudo, o leva à loucura. O músico se convence de que a arte deixou de ser exequível sem a ajuda do diabo.

Thomas Mann é um grande contador de histórias. O seu texto flui, cheio de referências histórias:

> Para meu gosto, o capítulo precedente ficou também demasiado longo, e parece-me oportuna a preocupação com a paciência e a perseverança do leitor. Para mim, cada palavra que escrevo nestas páginas tem o mais ardente interesse, mas quanto não devo cuidar em considerar isso uma garantia de sentimentos iguais da parte de pessoas indiferentes! Por outro lado, cumpre não esquecer que não escrevo para o momento nem para leitores que por ora nada saibam de Leverkühn, de modo que estes não podem pretender receber informações pormenorizadas a seu respeito; pelo contrário, preparo este relato para um tempo em que as premissas da atenção pública forem totalmente diversas e, como posso assegurar, muito mais propícias, uma época em que a curiosidade pelas peripécias dessa vida pungente, apresentadas com habilidade ou sem ela, for mais intensa e menos fastidiosa.

Toda a narrativa tem a ascensão do nazismo como pano de fundo. A própria referência ao mito de Fausto funciona como uma alusão à Alemanha, inclusive na homenagem ao clássico de Goethe. Mann constrói seu herói como um típico alemão, explicitando, inclusive, suas origens medievais.

O enredo do protagonista, o músico Leverkühn — que chega a contrair voluntariamente sífilis com uma prostituta e, aos poucos, enlouquece —, remete ao filósofo Friedrich Nietzsche, com seu gênio luminoso e próximo da insanidade. Mais possivelmente, o erudito músico simboliza a própria Alemanha. O escritor denuncia a decadência moral de seu país, que, em última análise, permitiu o Holocausto.

O narrador, embora consiga notar o caminho autodestrutivo de Leverkühn, dele não consegue se afastar. Como confessa: "Há pessoas com as quais não é fácil conviver, mas que jamais se pode abandonar." Mann, aqui, possivelmente, se referia à sua terra, a Alemanha, da qual foi obrigado a fugir, diante do crescimento do nazismo. Thomas Mann declarou que simpatizava mais com Adrian Leverkühn do que com qualquer outro de seus personagens. Nas derradeiras palavras do livro, "um homem solitário junta as mãos e diz 'Que Deus tenha misericórdia de sua pobre alma, meu amigo, minha pátria!'".

Mann, quando se refugia nos Estados Unidos em 1938, já era uma celebridade do mundo literário. Havia recebido o prêmio Nobel de Literatura em 1928 e escrito obras famosas como *A montanha mágica* e *Os Buddenbrooks*. Ao chegar em Nova York, vários jornalistas o aguardavam. Logo em sua primeira declaração, Mann deixou claro: "Onde estou, aí está a Alemanha." Ele carregou consigo sua pátria.

Nesse romance, escrito no rescaldo da Segunda Grande Guerra, Mann indaga o que será de todo o povo alemão:

> Que significará então pertencer a um povo cuja história lhe preparou tal malogro atroz; a um povo sem fé em si mesmo, moralmente consumido, que confessadamente desespera da possibilidade de governar-se a si próprio e acha ainda preferível transformar-se numa colônia de potências estrangeiras; a um povo que terá de viver isolado dos demais, como os judeus do gueto, porque o ódio terrível que se acumulou a seu redor não lhe permitirá sair de suas fronteiras — a um povo que já não pode aparecer em público?
>
> Malditos, malditos os corruptores que mandaram à escola do Diabo uma parcela do gênero humano originalmente honrada, bem-intencionada, apenas excessivamente dócil e demasiado propensa a organizar sua vida à base de teorias!

Na literatura brasileira, há um insuperável e definitivo exemplo de relação entre o homem e o diabo. Ele se encontra em *Grande sertão: veredas* do mineiro João Guimarães Rosa.

Guimarães Rosa possuía incomum talento para línguas. Como ele próprio reconheceu, o escritor mineiro falava:

> Português, alemão, francês, inglês, espanhol, italiano, esperanto, e um pouco de russo; leio: sueco, holandês, la-

tim e grego (mas com o dicionário agarrado); entendo alguns dialetos alemães; estudei a gramática: do húngaro, do árabe, do sânscrito, do lituânio, do polonês, do tupi, do hebraico, do japonês, do tcheco, do finlandês, do dinamarquês; bisbilhotei um pouco a respeito de outras. Mas tudo mal. E acho que estudar o espírito e o mecanismo de outras línguas ajuda muito à compreensão mais profunda do idioma nacional. Principalmente, porém, estudando-se por divertimento, gosto e distração.

Médico de formação e depois diplomata, Guimarães Rosa fez viagens pelo sertão de Minas Gerais, a fim de se aprofundar na linguagem e nos costumes locais. Torna-se um ourives da língua. Na sua obra, cria uma mitologia desse sertão.

Um dos grandes romances de nossa literatura.

Em *Grande sertão: veredas*, Riobaldo conta sua história. Uma longa narrativa sem capítulos. Um monólogo. Na verdade, mais do que um romance, trata-se de uma experiência. Nesse romance, a narrativa flui ininterruptamente.

Inicialmente, Riobaldo sequer consegue se expressar corretamente — "pão ou pães é questão de opiniões..." Isso se reflete muitas vezes na falta de coerência linear do texto. No curso de sua narrativa, Riobaldo conta como aprende a escrever português e sua história ganha cadência.

Logo ao dar início as suas lembranças, o narrador registra ao seu interlocutor: "O senhor tolere, isto é o sertão." Dessa forma, deixa claro o universo peculiar pelo qual viaja o leitor.

O livro conta o mundo dos jagunços nos sertões. Uma enorme área, que abrange o norte de Minas Gerais, o sul da Bahia e boa parte de Goiás. Uma terra ainda sem uma autoridade definida, na qual grupos lutam pelo poder. O bem e o mal, num mundo desprovido de ordem, se entrelaçam, assim como o papel de Deus e do diabo.

A disputa dos homens é entremeada de questões filosóficas e dilemas morais, como, por exemplo, a importância da lealdade, do amor (Riobaldo tem um sentimento forte por Reinaldo — ou Diadorim —, outro jagunço, sem saber que, na verdade, Diadorim é mulher), e da existência do mal encarnado.

Riobaldo, na sua narrativa, ora nega a existência do diabo, ora a reconhece. Diz que "o diabo vige dentro do homem". Num momento crítico de sua vida, quando buscava forças para derrotar seu rival Hermógenes, outro jagunço, Teobaldo — ou Tatarana, como também era conhecido — vai a um lugar sinistro, uma encruzilhada, no retiro de Coruja, chamada Veredas Mortas, com a intenção de entregar sua alma ao diabo, em troca da vitória. Teobaldo quer vingar a morte de Joca Ramiro, líder dos jagunços, assassinado por Hermógenes. Teobaldo quer "ficar sendo".

Não fica claro se o pacto chegou a ser consumado. Entretanto, é certo que o poder reclamado, o de derrotar Hermógenes, foi concedido. Faz parte dessa incapacidade de distinguir precisamente o bem do mal não indicar se houve o contrato do homem com o demônio.

Ao fim do romance, Teobaldo indaga: "O senhor acha que minha alma vendi, pactário?!". Mas, depois, arremata, para terminar o livro: "O diabo não há! É o que eu digo, se for... Existe é homem humano. Travessia."

Realidade e magia se confundem em Guimarães Rosa. Isso se faz possível apenas pelo invulgar domínio da palavra.

Como ressalta Paulo Rónai, um dos grandes intérpretes de Guimarães Rosa, o próprio título — *Grande sertão: veredas* — possui uma ambivalência de significados, funcionando tanto no sentido literal como no figurado. O sertão brasileiro se localiza longe da costa e da civilização. Nele, não há estradas feitas, mas apenas veredas, pelas quais se atravessa com algum esforço. Ao mesmo tempo, essas veredas significam os caminhos instintivos do nosso subconsciente, que não se encontram previamente abertos, mas aguardam por exploração.[69]

Ao celebrar o pacto com o diabo, busca-se ultrapassar os limites da condição humana, o que, por si só, importa afronta à criação divina.

O diabo é a suprema metáfora do poder amoral. Mas serve também como representação daquilo que se está disposto a fazer para atingir seus objetivos. Ao fim, tanto em Goethe como em Guimarães Rosa, o homem figura como elemento central dessa escolha.

Tolstói, no conto "O diabo", narra a história de Ievguêni, que se formara em direito em São Petersburgo e herdara do pai um bom nome e ótimas relações. Contudo, o mesmo pai, mau administrador, acumulou grandes dívidas. A família fica sem maiores recursos. Isso obriga Ievguêni a ir para o campo, para cuidar do único bem familiar que poderia ser salvo.

Com muito trabalho, o protagonista recupera a fazenda. Isso tem um custo pessoal, pois a vida é solitária no interior. A abstinência fazia mal a Ievguêni. Vencendo o constrangimento e sentindo-se ridículo por tratar do tema, ele conversa com um velho guarda, que servira seu pai na propriedade. Pede-lhe ajuda. O guarda, então, arruma um encontro de Ievguêni com uma jovem camponesa, Stiepanida. O encontro é tão bom que outro se segue. E, logo, repete-se novamente, embora Ievguêni se sinta culpado pelo fato de que Stiepanida é casada e de que ela não seria a mulher ideal para ele, até pela posição social de cada um.

Ievguêni decide deixar de procurar Stiepanida. Conhece uma mulher, Liza Ánnienskaia, por quem desenvolve afeto. Contudo, a memória de Stiepanida não abandona Ievguêni. Respeitando seu casamento,

---

69 Paulo Rónai, *O universo de Guimarães Rosa*, Rio de Janeiro, Bazar do Tempo, 2020, p. 191.

Ievguêni não procura Stiepanida. Entretanto, não deixa de ter pensamentos luxuriosos com a camponesa, os quais ele guardava apenas para si, numa constante tortura.

"Ora, ela é o diabo. O verdadeiro diabo." — E seguia o pensamento de Ievguêni: — "Apoderou-se de mim contra a minha vontade. Matar? Sim. Só há duas saídas: matar minha mulher ou matá-la."

A tensão interna aumenta. Ievguêni acaba por meter uma bala na própria cabeça. Sua mulher não tinha ideia dos tormentos do marido. Houve um inquérito, que nada conseguiu apurar. Os médicos afirmaram que Ievguêni era louco. Tolstói encerra seu conto dizendo: "De fato, se Ievguêni era um doente mental, então todas as pessoas são igualmente doentes mentais, e mais ainda aquelas que enxergam nos outros os sintomas de loucura que não enxergam em si mesmas."

Dizem que esse conto, "O diabo", tem um fundo autobiográfico. Tolstói também se apaixonara por uma camponesa, chamada Aksínia, que morava em Iásnaia Poliána, a propriedade rural do escritor. Para Tolstói, esse dilema entre a carne e o espírito refletia o conflito entre Deus e o diabo. O demônio, para o russo, se encontra nos nossos desejos e tormentos. O diabo, para ele, não é um poder, mas a nossa fraqueza. Como comentou Stefan Zweig, ao estudar Tolstói, a mulher significa o mal na medida em que nos desvia, "por sensualidade, das nossas virtudes inatas".[70]

Com fina ironia, Machado de Assis oferece o conto "A Igreja do Diabo". Nele, conta que o diabo, certo dia — "cansado da minha desorganização, do meu reinado casual e adventício" —, decidiu organizar sua própria Igreja. Eis como pregava:

> Sim, sou o Diabo — repetia ele —; não o Diabo das noites sulfúreas, dos contos soníferos, terror das crianças, mas o Diabo verdadeiro e único, o próprio gênio da natureza, a que se deu aquele nome para arredá-lo do coração dos homens. Vede-me gentil e airoso. Sou o vosso verdadeiro pai. Vamos lá: tomai daquele nome, inventado para meu des-

---

[70] Stefan Zweig, *Tolstói*, Rio de Janeiro, Nova Fronteira, 2020, p. 31.

douro, fazei dele um troféu e um lábaro, e eu vos darei tudo, tudo, tudo, tudo, tudo, tudo...

O diabo apresentava os pecados capitais como virtudes e prometia a abundância. Logo recebeu uma imensidão de seguidores e o mundo inteiro passou a alistar-se na nova Igreja. Entretanto, com o tempo, o diabo verificou que "muitos de seus fiéis, às escondidas, praticavam as antigas virtudes". Glutões, sem nada dizer a ninguém, se recolhiam para comer frugalmente. Avaros, tomando cuidado para que ninguém descobrisse, distribuíam esmolas. Até os corruptos, de forma dissimulada, devolviam dinheiro aos cofres públicos. O diabo ficou perplexo com a descoberta. Como o ser humano podia agir assim? Voou ao céu e relatou, em tom de desabafo, tudo a Deus, que, sem mostrar surpresa, disse: "Que queres tu? É a eterna contradição humana."

No belo livro de Hermann Hesse sobre a vida de São Francisco, narra-se a passagem na qual um frei indaga ao santo por que motivo as pessoas o adoravam, o seguiam e queriam ouvi-lo. "Por que tu?", queria saber um intrigado religioso. São Francisco, então, cheio de sincera humildade, explicou que isso se deu porque Deus viu nele uma criatura fraca, debilitada, com profundas limitações. Nessa criatura, ciente de seu tamanho, Deus tinha certeza de que poderia confiar tamanha força.

Esse relato pode servir de boa introdução a *O senhor dos anéis*.

J.R.R. Tolkien foi um professor da Universidade de Oxford. Especialista em literatura e línguas, dominava inúmeros idiomas e dialetos antigos. Em *O senhor dos anéis*, Tolkien cria um mundo, a Terra Média, habitada pelo homem, mas também por seres fantásticos. Elfos, anões, árvores caminhantes e sábias, orcs, trolls, aranhas gigantes, dragões (uma galeria de monstros), feiticeiros poderosos, entre muitos outros. Havia ainda hobbits, uma espécie de homens pequenos, todavia não desproporcionais, como os anões.

Os hobbits se vestiam elegantemente, porém jamais usavam sapatos, deixando à mostra seus pés peludos. Desconfiados no início, porém muito afetuosos depois de estabelecida uma relação, os pacatos hobbits viviam no campo. Não tinham ambições. Gostavam de coisas simples e da vida sossegada.

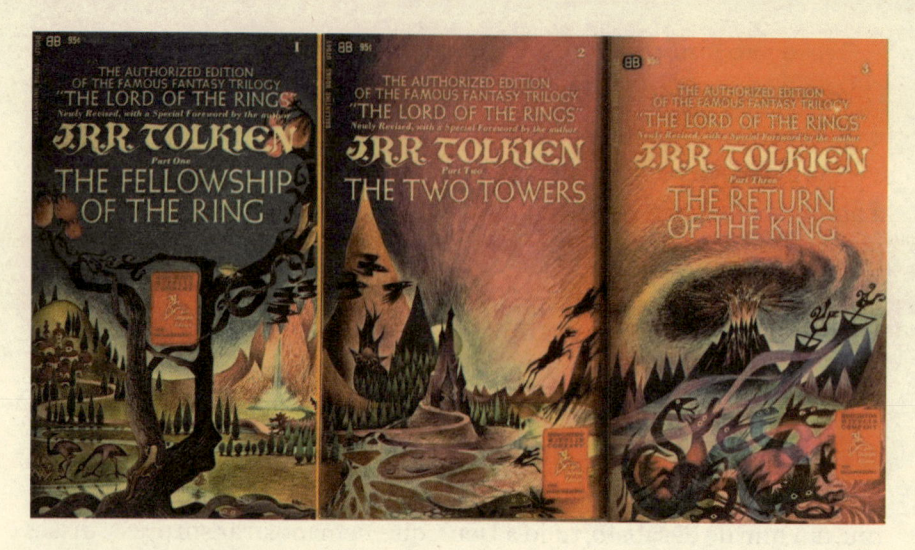

Tolkien criou um mundo que vem marcando gerações.

Na Terra Média, havia lugares fabulosos, castelos e florestas, que remetem a uma visão romântica da Idade Média, plena de tradições e regras de honra, comuns aos cavaleiros medievais. As batalhas eram travadas pela espada e pelo arco e flecha, armas nobres, limpas e elegantes.

Porém, além de luz, havia trevas. No livro, o Lorde das Trevas forjara um anel do poder, com o propósito de dominar os demais povos da Terra Média. Fez isso por meio de um engodo. Ele deu anéis mágicos aos senhores dos elfos, dos homens e dos anões. Três para os reis elfos, sete aos reis anões e nove aos reis homens. Eles não sabiam, entretanto, que o anel de Sauron controlaria os demais. "Um Anel que a todos rege, Um Anel para achá-los, Um Anel que a todos traz, para na escuridão atá-los."

Os elfos não foram enganados. Perceberam os planos maléficos da dominação. Os anões e os homens, contudo, acabaram corrompidos pela riqueza e pelo poder. A partir daí, muitos passaram a ser subjugados pelo Senhor das Trevas. Sauron desejava conquistar a Terra Média. Uma grande guerra se instala. Elfos, anões e homens se unem contra o mal. Ao fim, Sauron cai derrotado. O então líder dos homens, o rei Isildur, se apodera do "Um" anel, aquele que pertencia a Sauron, e domina os demais. Ao invés de destruí-lo, o homem se deixa seduzir pelo poder. Dessa forma, o mal não morre.

Esse anel amaldiçoado, após uma série de acasos, chega a Frodo, um simples hobbit, que compreende a necessidade de destruí-lo. Essa tarefa apenas será possível se o objeto for levado ao monte da Perdição, nas terras de Mordor — na língua élfica Sindarin, inventada por Tolkien, Mordor significa "Terra Negra" —, para que derreta no mesmo local onde foi forjado.

Para levar adiante essa pesada empreitada, Frodo conta com a ajuda de outros três hobbits, um anão, um elfo e três homens — entre eles o poderoso mago Gandalf e o corajoso Aragorn, que se revela o herdeiro, depois de uma longa linha sucessória, de Isildur, o antigo rei. Tolkien cria um grupo heterogêneo, fortalecendo a ideia de que, para o sucesso de um projeto, não há lugar para preconceitos.

A destruição do anel torna-se fundamental porque Sauron desperta e prepara um novo e fatal ataque.

O livro apresenta uma infinidade de nomes de diferentes lugares imaginados e seres que só existem nas nossas mentes. Na medida em que a leitura avança, um orc ou um troll passam a ser tão reais quanto um leão ou uma girafa. Esses seres se materializam na nossa imaginação. Tudo existe: apenas vive em dimensões diferentes.

O senhor dos anéis se compõe de uma trilogia, que começa n'*A irmandade do anel*, quando se forma esse grupo — composto por hobbits, homens, um anão e um elfo —, com o propósito de destruir o anel. No segundo livro, *As duas torres*, o grupo se dispersa e as forças do mal avançam. Finalmente, em *O retorno do rei*, Frodo consegue destruir o anel e, com isso, aniquilar definitivamente Sauron.

Uma das figuras fortes do livro é o Gollum. Este foi um hobbit que deteve o anel por muitos e muitos anos. Fisicamente, o Gollum se encontrava absolutamente deteriorado. Esquálido, com poucos dentes, uma figura asquerosa. O anel, magicamente, o fez viver por longos anos, mas afastado de todos, afundado em neuroses. Com o tempo, ele se tornou um pequeno monstro, que se dirigia ao anel como "meu precioso". O Gollum persegue Frodo. De forma involuntária, o ajuda, embora seu verdadeiro intento fosse matá-lo e, com isso, reaver a joia. Frodo compreende o risco de permitir a companhia do Gollum. Mas não tem escolha, pois sabe que a criatura conhece o caminho até Mordor.

O anel é um claro símbolo do poder — uma força absoluta e amoral —, que corrompe facilmente quem o detém. O Gollum se desumaniza por possuir o anel ao longo de tanto tempo. Fica claro que ninguém está imune ao poder. Ele é, todavia, menos nocivo se seu detentor tiver pureza — como um hobbit, que, na prática, possui o espírito de uma criança. Assim, o livro apresenta um herói improvável, que não se destaca pela força, beleza ou pela inteligência, mas pela inocência e pelos bons propósitos.

Numa bela passagem desse monumental livro, o hobbit Frodo, cansado do fardo de carregar o anel, pede ao mago Gandalf que receba o poderoso objeto. O sábio Gandalf, embora atraído, recusa a oferta. Ele próprio teme, sem saber qual seria sua reação diante de tamanha força. Até mesmo um homem esclarecido — e naturalmente inclinado a fazer o bem — pode ser corrompido pelo grande poder.

A trilogia foi publicada entre 1954 e 1955, para se tornar um clássico instantâneo. O romance poderia ser qualificado como uma "mitopeia", pois cria mitos. A história é linda e bem-contada, repleta de lirismo e simbologia, com personagens vivos, plenos de personalidade e carisma. O livro, costurado por metáforas e alegorias, recheadas de conteúdo moral, como a necessidade de união dos povos, a estupidez de preconceitos e uma visão precursora de respeito ao meio ambiente e do pacifismo (as forças do mal destroem as florestas e desejam armar seus orcs). Encontra-se, ainda, uma inspiradora mensagem de esperança e de coragem para enfrentar as dificuldades. Afinal, o hobbit, uma criatura pequena e indefesa, pode vencer o mal, se seus propósitos forem legítimos.

Além de o diabo funcionar como uma forte metáfora do poder sem esteio moral, a literatura também examina a ausência de Deus.

Em *Os demônios*, de Dostoiévski, o personagem Kirilov, além de dizer que "Um homem forte e sadio não precisa de Deus", oferece a seguinte e perturbadora reflexão:

> Se Deus existir, tudo depende de Sua vontade e eu não posso me livrar dela. Se Ele não existir, então toda a vontade é minha e eu posso utilizar meu livre-arbítrio.

> Este livre-arbítrio se manifesta mais claramente quando determinamos nossa própria morte, ou seja, decidimos a respeito de nossa própria vida, que é o ponto mais crucial da condição humana.

Na obra, Kirilov se suicida com um tiro na cabeça. Mas ele conduz a sua ideia, como um tiro alegórico, a penetrar nossa mente.

A literatura deixa claro que só há uma forma de afugentar o diabo: cercando-se de bons valores.

Manter vivo o espírito crítico: conosco e com a nossa sociedade

Só se cultiva um espírito crítico com reflexão. Essa verdade é, antes de mais nada, uma advertência. Eis a mensagem do poeta alemão Schiller, que ele coloca na boca da sua personagem injustiçada Maria Stuart. Assim que ela recebe sua injusta sentença de morte, profere: "Desconfiai sempre, nobre Lorde. Não vá o interesse do Estado aparecer aos vossos olhos como se fosse a Justiça!"

Rousseau apresenta essa verdade de forma provocativa no *Discurso sobre a origem da desigualdade*: "Procuramos o conhecimento apenas por querermos deleite e é impossível imaginar por que uma pessoa sem desejos nem medos se daria ao trabalho de pensar."

A leitura nos deixa atentos aos abusos dos poderosos. E mais, a mente aberta nos protege do ridículo. Em 1910, os franceses decidiram proibir os beijos nas estações de trem, sob a alegação de que essas manifestações de afeto eram responsáveis por atrasos nos embarques... Por óbvio, a norma não foi respeitada. O autor dessa regra certamente não leu *Romeu e Julieta*!

William Tyndale foi um dos primeiros, na Inglaterra, a aderir ao movimento protestante, cujo início se dera na Alemanha, com Martinho Lutero em 1517. Clérigo, formado na Universidade de Oxford, Tyndale obteve, em 1522, uma cópia da tradução do Novo Testamento em alemão, feita por Lutero. Na Inglaterra da época, havia apenas a Bíblia em latim, na versão de São Jerônimo, a chamada Vulgata. Tyndale solicita autorização ao bispo de Londres, a fim de verter as escrituras para o inglês. O pedido é refutado.

O movimento protestante, além de denunciar os exageros do clero, como a cobrança das indulgências e a vida nababesca dos prelados, considerava que a interpretação da Bíblia deveria ser uma experiência pessoal. Para os protestantes, embora a palavra fosse divina, a sua interpretação estava aberta. Para isso, era necessário que as pessoas pudessem ter acesso à Bíblia. Ela, idealmente, deveria ser vertida numa linguagem acessível.

Com a negativa do bispo de Londres — que ocorre antes de a Inglaterra se tornar protestante —, Tyndale se exila em Hamburgo, na Alemanha, deixando seu país natal, para o qual jamais retornaria. De Hamburgo vai para Wittenberg, onde conhece Lutero. Em 1525, termina sua versão do Novo Testamento em inglês, tomando como base, principalmente, a Vulgata e o Novo Testamento no latim de Erasmo de Roterdã. Consegue imprimir seis mil cópias de seu trabalho numa gráfica em Worms. Os exemplares são contrabandeados para a Inglaterra. Outras impressões seguiram.

A tradução de Tyndale se esforçou para adotar um inglês falado pelo povo comum da Inglaterra. Sua versão vinha carregada de críticas, notadamente contra a adoração de ídolos e a cobrança, aos fiéis, de valores para redimir pecados.

As autoridades da Igreja católica inglesa ficaram horrorizadas com a tradução, que, claramente, disseminava as revolucionárias ideias luteranas. Autoridades do Sacro Império Romano Germânico prenderam Tyndale em Antuérpia e, depois de um ano e meio de cativeiro, em 1536, ele foi condenado à morte por heresia. Atado a uma estaca, foi estrangulado e, em seguida, queimado. Suas últimas palavras teriam sido: "Deus, abra os olhos do rei da Inglaterra."

Enquanto Tyndale era julgado e executado em Vilvoorde, na Bélgica, pelas mãos de agentes da Igreja católica, sua Inglaterra viu crescer o movimento protestante, em grande parte em função de suas traduções. Em 1534, o rei inglês Henrique VIII promove a separação da Igreja católica.

Não adiantou incinerar Tyndale. Sua obra se tornou pública: a força dela marcou as traduções seguintes da Bíblia para o inglês, como a Bíblia de Genebra, de 1557, e a versão oficial do rei James I, de 1611.

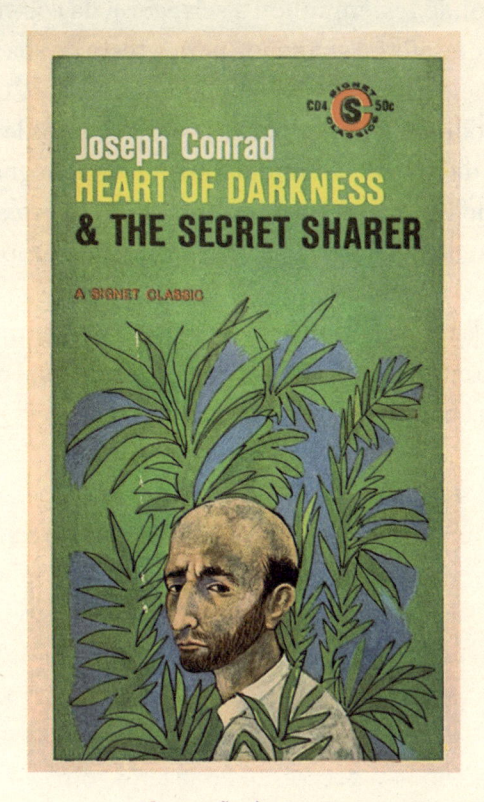

O coração das trevas.

O coração das trevas, de Joseph Conrad, tornou-se, justificadamente, um clássico. O livro, lançado em 1902, foi adaptado muitas vezes para o cinema, sendo a mais famosa das produções o *Apocalypse Now*, dirigido por Francis Ford Coppola, com a participação, entre outros, de Marlon Brando.

No original, conta-se a história de um marinheiro que se embrenha pelo rio Congo, numa África ainda pouco conhecida pelo homem branco. Seu objetivo é encontrar o encarregado de comandar a exploração de marfim no mais longínquo posto da companhia. O Congo, na época, era uma propriedade do rei belga Leopoldo II, que arrendava a imensidão de terra a quem pagasse o preço. A partir daí, o detentor daquela área fazia o que bem entendesse, dando margem a todo tipo de atrocidades.

Polonês, filho de um tradutor de Shakespeare, o próprio Conrad esteve no Congo, onde testemunhou a selvageria da colonização. Lá, contraiu malária, o que afetou sua saúde para o resto de sua vida.

O livro é cheio de imagens, como as névoas sobre o rio e a própria embarcação, apodrecida e estropiada. O narrador nos leva com ele para as profundezas da África, um mundo misterioso. Lá encontra, por fim, o tal encarregado Kurtz, que passara a ser adorado pelos nativos. Kurtz, de todo afastado de qualquer sinal da civilização europeia, perdeu por completo a razão.

O coração das trevas, muito mais do que oferecer uma acesa crítica ao imperialismo europeu, trata do exercício do poder sem limites. Kurtz se transformara em um deus e isso o enlouqueceu.

> Subir aquele rio era como viajar de volta aos mais primordiais princípios do mundo, quando a vegetação invadia a terra e as grandes árvores reinavam. Um rio vazio, um grande silêncio, uma floresta impenetrável. O ar era quente, denso, pesado, parado. Não havia alegria na luminosidade do sol. Os longos trechos do rio corriam, desertos, para dentro da escuridão das distâncias encobertas. Nos bancos de areia, prateados hipopótamos e jacarés tomavam banho de sol lado a lado. A água que se alargava fluía por entre um enxame de ilhas cobertas de mato; perdia-se o caminho naquele rio, como se perderia num deserto, e, durante todo o dia, batíamos contra baixios, tentando encontrar o canal, até nos julgarmos enfeitiçados e isolados de tudo que conhecêramos outrora — em alguma parte distante — numa outra existência, talvez. Havia momentos em que nosso passado nos voltava, como acontece às vezes quando a gente tem um instante de folga para si mesmo; mas vinha em forma de sonho agitado e ruidoso, lembrado com admiração em meio às esmagadoras realidades daquele estranho mundo de plantas, e água, e silêncio. E aquela quie-

tude de vida não se assemelhava nem um pouco à paz. Era uma quietude de uma força implacável, meditando uma intenção inescrutável.

O que seria de um mundo sem regras? A literatura nos faz pensar nos motivos pelos quais a sociedade se organiza — e como deve ocorrer essa organização. Um mundo sem direito, sem regras claras, sem respeito aos valores: são essas as "trevas" referidas no livro de Conrad.

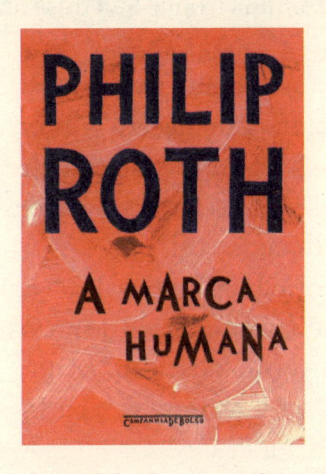

Edição brasileira de *A marca humana*.

Philip Roth, escritor americano falecido em 2018, é um autor fenomenal. Seus livros nos levam a um certo desconforto porque enfrentam grandes questões da sociedade contemporânea.

Em *A marca humana*, Roth narra uma série de casos, todos dramáticos, que se sobrepõem. Coleman Silk, um judeu, professor de latim e grego de uma escola em Massachusetts, faz, de forma inocente, em sala de aula, uma referência a dois alunos que, depois de seis semanas, jamais tinham comparecido à sua aula, indagando se eles não seriam "fantasmas".

— Alguém conhece essas pessoas? Elas existem mesmo ou será que são fantasmas [*spooks*, no original]?

A intenção do professor era a de fazer uma brincadeira, numa referência à própria existência desses alunos, que jamais tinham aparecido. Contudo, o termo utilizado para fantasma — *spooks* — também carrega uma conotação racista e pejorativa, notadamente em relação aos afro-americanos. Por falta de sorte do professor, os tais alunos eram afrodescendentes — o que Silk ignorava, pois nunca os tinha visto.

O professor havia sofrido, ao longo da vida, uma série de preconceitos. Ele não tinha intenção de aviltar ninguém. Desejava, com seu comentário, apenas fazer uma ironia. Sua frase acabou por selar seu destino na academia.

Coleman Silk, nas suas aulas, adotava um modelo informal de relacionamento com os alunos. Começava seu curso de literatura clássica perguntando: "Vocês sabem como começa a literatura europeia?", para, em seguida, surpreendê-los, esclarecendo que tudo se inicia com uma "briga" entre gregos e troianos.

Por conta de seu comentário em sala de aula, Coleman Silk passa a ser severamente hostilizado, acusado de racismo. Não se permite que ele explique a própria versão dos fatos. Diante da ira da comunidade acadêmica, ele é forçado a se aposentar. A partir daí, a vida do professor desanda, inclusive com a morte de sua mulher, que Silk considera ter sido uma consequência da humilhação a que foi submetido.

O professor havia dedicado sua vida a melhorar a escola — inclusive estimulando práticas inclusivas (anos antes, ele fora responsável pela contratação do primeiro professor negro da instituição). Entretanto, sem que se aprofundasse a questão, Coleman é submetido a uma série de humilhantes audiências. Exaurido, pede demissão. Na prática, a escola o expulsou.

Entre outras reflexões, *A marca humana* trata da histeria do politicamente correto, que impõe julgamentos sumários, radicais e hipócritas, sem chances de defesa ou apelação. Uma tônica dos nossos tempos: o "sequestro" do debate. Um mundo no qual as acusações, mesmo sem provas, já bastam para a condenação.

No curso do livro, fatos desconhecidos acerca da identidade dos personagens vêm à tona. Dessa forma, somos levados a pensar até quanto verdadeiramente conhecemos as pessoas. À medida que os personagens são expostos, passamos a descobrir lados sombrios de sua personalidade e fatos escondidos de seu passado. Neste ponto, caro leitor, tomo o cuidado para não falar mais do surpreendente encaminhamento do livro, para não lhe retirar o encantamento da surpresa. Fique certo, contudo, que devemos estar atentos para a "fantasia da pureza", um conceito quimérico, que nos afasta da verdade e da justiça.

Não à toa, o professor Coleman Silk leciona as tragédias gregas, nas quais o homem não consegue se desvencilhar de seu destino. Como vemos em *A marca humana*, o destino pode ser determinado por pequenos e involuntários fatos.

> Nós deixamos uma marca, uma trilha, um vestígio. Impureza, crueldade, maus-tratos, erros, excrementos, esperma — não tem jeito de não deixar. Não é uma questão de desobediência. Não tem nada a ver com graça nem salvação nem redenção. Está em todo mundo. Por dentro. Inerente. Definidora. A marca que está lá antes do seu sinal. Mesmo sem nenhum sinal ela está lá. A marca é tão intrínseca que não precisa de sinal. A marca precede a desobediência, que abrange a desobediência e confunde qualquer explicação e qualquer entendimento. Por isso toda essa purificação é uma piada. E uma piada grotesca ainda por cima. A fantasia da pureza é um horror.

O nosso passado, como fica claro na obra, nossa "marca humana", não se apaga completamente. O título original, *Human stain*, poderia ser traduzido como "A mancha humana". Também faria sentido. Como em Shakespeare (bastante citado no livro), os personagens não são simples, mas profundamente complexos, difíceis de compreender. A marca humana também pode ser ocultada pela aparência, tema de constante crítica na obra de Philip Roth.

Em *A marca humana*, a literatura funciona como um pujante motor crítico. Assim, ela nos ajuda a pensar o tipo de sociedade que queremos construir.

Como o próprio Roth conta, em carta publicada em 6 de setembro de 2012 na revista *The New Yorker*, ele consultou a Wikipédia, a mais acessível e conhecida enciclopédia da internet, e percebeu grandes erros na referência ao seu livro *A marca humana*. Para começar, a Wikipédia mencionava que a obra fora inspirada na vida de um escritor, Anatole Broyard. Ocorre que, como esclareceu Philip Roth, essa informação estava muito longe da verdade. O autor partira da ideia em função do ocorrido com um conhecido dele, Melvin Tumin, professor de sociologia da Universidade de Princeton. Deu-se com Tumin uma situação muito semelhante daquela narrada no livro de Roth. O professor de Princeton perguntara se os alunos que nunca haviam comparecido eram "fantasmas" e, como os dois eram negros (fato desconhecido pelo mestre), teve, depois, que se explicar perante seus superiores na universidade e foi tragado, involuntariamente, numa polêmica. O fortuito conspurcou a carreira de quarenta anos de Tumin.

Roth solicitou à Wikipédia que removesse a informação equivocada. Recebeu, da enciclopédia virtual, a resposta de que ele não seria uma fonte confiável (!?!). Se ele, o próprio autor, não era uma "fonte confiável", quem seria? O escritor, então, publica a carta na *The New Yorker*, narrando o curioso incidente. Depois, verificando o absurdo, a Wikipédia alterou seu conteúdo.

O episódio — uma ironia fina — caberia numa obra de Philip Roth. A vida imita a arte.

Os valores sociais seguem em constante mutação. A literatura serve, ao mesmo tempo, como meio de proteger esses valores e de estimular seu desenvolvimento. O intelectual e medievalista Johan Huizinga, no seu livro-testamento *Nas sombras do amanhã*, é categórico: "De algo podemos ter certeza: é preciso continuar criando cultura para poder conservá-la."

Uma pessoa melhor

"— Pois eu tenho uma ideia muito boa — disse Emília. — Fazer o livro comestível.

— Que história é essa?

— Muito simples. Em vez de impressos em papel de madeira, que só é comestível para o caruncho, eu farei livros impressos em um papel fabricado de trigo e muito bem temperado. A tinta será estudada pelos químicos — uma tinta que não faça mal para o estômago. O leitor vai lendo o livro e comendo as folhas; lê uma, rasga-a e come. Quando chega ao fim da leitura, está almoçado ou jantado. Que tal?

A Rãzinha gostou tanto da ideia que até lambeu os beiços.

— Ótimo, Emília! Isto é mais que uma ideia-mãe. E cada capítulo do livro será feito com papel de um certo gosto. As primeiras páginas terão gosto de sopa; as seguintes terão gosto de salada, de assado, de arroz, de tutu de feijão com torresmos. As últimas serão as da sobremesa — gosto de manjar-branco, de pudim de laranja, de doce de batata.

— E as folhas do índice — disse Emília — terão gosto de café, serão o cafezinho final do leitor. Dizem que o livro é o pão do espírito. Por que não ser também o pão do corpo? As vantagens seriam imensas. Poderiam ser vendidos nas padarias e confeitarias, ou entregues de manhã pelas carrocinhas, juntamente com o pão e o leite."

"O livro é o pão do espírito", ensina Monteiro Lobato, por meio da esperta boneca falante Emília, em *A reforma da natureza*.

Uma pessoa não é melhor do que outra. Ela é diferente. A literatura nos oferece essa importante lição. Todos nós, humanos, possuímos virtudes e limitações. Cada um tem a sua história particular. A comparação entre pessoas é sempre injusta. Julgar-se superior (ou inferior) decorre de uma visão limitadora e preconceituosa — em nenhuma das hipóteses justa ou saudável.

É verdade que algumas pessoas tiveram, por circunstâncias da vida, mais oportunidades. Algumas, lamentavelmente, as desperdiçaram. Encontramos também pessoas que agarraram suas poucas chances para se desenvolver e conseguiram ir longe, superando dificuldades e limitações.

Na mais comum das situações, o livro é exatamente essa oportunidade.

A literatura ilumina. O ser humano, no curto período de sua existência, pode fazer uso extraordinário de sua inteligência, tornando a sua vida mais interessante e transformando positivamente a vida de quem o cerca.

O editor Marcos Pereira anota que, num estudo feito pela Universidade de Roma, se verificou que as pessoas que leem são, de uma forma geral, mais felizes do que as que não têm esse hábito. Outra pesquisa feita no Brasil, registra o editor, apontou que leitores fazem mais coisas em seu tempo livre do que não leitores, deixando clara a capacidade da literatura de expandir horizontes e criar interesses.[71]

Emília, a boneca falante criada por Monteiro Lobato, era, antes de mais nada, curiosa. Queria entender as coisas. A literatura abre essas janelas da curiosidade. O grande historiador brasileiro Alberto da Costa e Silva conta, logo no início de seu *A enxada e a lança*, que, aos 16 anos,

---

[71] Marcos da Veiga Pereira, "A imunidade de impostos sobre livros", *in Livros para todos*, Rio de Janeiro, Nova Fronteira, 2021, p. 52.

leu *Casa-grande & senzala*, de Gilberto Freire. Uma obra extraordinária, inclusive no estilo, que examina a vida colonial do Brasil. Dentre as várias relações e figuras, como o jesuíta, o mascate, o indígena, o livro trata, com especial acuidade, do dono de engenho e do escravo africano. Essa leitura iluminou o então jovem Costa e Silva. A partir daí, como relata, ele passa a estudar a África, seu povo e seus costumes. Tornou-se, com o tempo, o maior difusor da história da África no Brasil, infelizmente muito menos conhecida do que deveria. Um bom livro abriu a porta — e é exatamente isso o que os bons livros fazem.

A literatura não faz uma pessoa melhor do que a outra. Ninguém é "melhor" do que alguém porque leu Shakespeare, Cervantes, Kafka ou Gabriel García Márquez. Entretanto, certamente, quem leu esses autores se tornou uma pessoa melhor do que era antes dessa experiência. A leitura, portanto, proporciona uma transformação pessoal. Por meio dela, o ser humano se aprimora, se desenvolve, se liberta.

A educação é a forma mais potente e eficaz de mobilidade social. Os Estados Unidos valem de exemplo nesse particular. Uma pesquisa revelou que, nos anos 1980, 91% das escolas ensinavam textos de Shakespeare aos seus alunos.[72] Um percentual invejável. Um dos resultados foi o de que, tempos depois, aquele país elegeu Bill Clinton e Barack Obama como presidentes. Os dois estudaram em escolas públicas e não tinham parentes importantes ou ricos. Ascenderam exclusivamente pela educação.

A literatura é a maior educadora. Em um país desigual, a literatura serve como grande caminho para atenuar diferenças. Além disso, já se verificou que "pessoas com menor nível de formação educacional há muito tempo estão mais expostas ao risco de morrer em decorrência do uso de álcool ou de drogas, ou por suicídio, do que quem tem diploma universitário".[73]

A sociedade que lê é melhor do que aquela que não lê.

---

72   James Shapiro, *Shakespeare in a divided America*, Nova York, Penguin, 2020, p. 220.
73   Michael Sandel, *A tirania do mérito: o que aconteceu com o bem comum?*, Rio de Janeiro, Civilização Brasileira, 2020, p. 287.

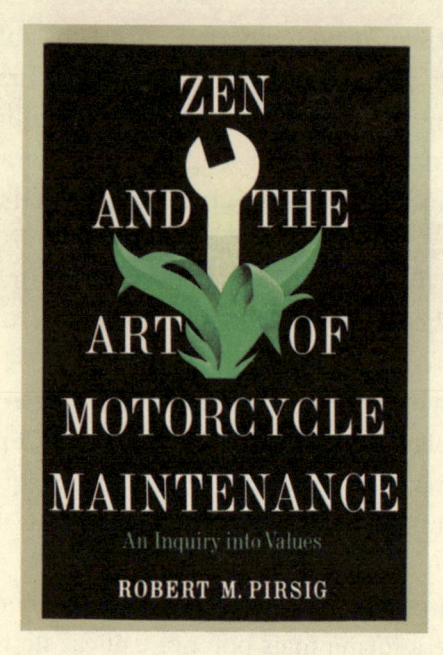

Zen e a arte da manutenção de motocicletas.

Em 1974, publica-se *Zen e a arte da manutenção de motocicletas*, de Robert M. Pirsig. O título pode dar uma ideia equivocada do conteúdo da obra. Não se cuida de um tratado de mecânica, mas de um romance filosófico. O livro tornou-se rapidamente um best-seller, alçado à condição de clássico da contracultura. Era uma reflexão sobre o papel da geração hippie dos anos 1960, que experimentou e transgrediu tudo, assim como sobre seu papel no futuro, inclusive como se daria a criação dos seus filhos. Questiona-se de que modo essa geração hippie se tornaria adulta e qual seria a sua contribuição para a posteridade.

Conta-se a história de um homem e seu filho, que partem numa longa jornada de motocicleta, cruzando os Estados Unidos, até chegar à Califórnia. Os dois seguem, sempre que possível, por vias secundárias, longe do tráfego e perto da natureza.

O livro fala da grande importância do engajamento, da dedicação para atingir seus propósitos. A virtude estaria nesse comprometimento. Enquanto se compara a atividade da moto com a nossa mente (deixando claro que não somos máquinas), fala-se da relação do pai com o filho, das dificuldades do ser humano. Prega-se uma vida mais livre e desprendida de valores materiais.

Na estrada, pensamentos profundos ocupam a cabeça do motociclista, como quando ele fala da "cilada do egocentrismo":

> Se você se tem em alta conta, sua capacidade de reconhecer fatos novos se enfraquece. Seu ego isola-o da realidade. Mesmo que os fatos lhe mostrem que está errado, você provavelmente não vai admitir isso. Quando dados falsos o fizerem sentir-se bem, provavelmente você vai acreditar neles. Em qualquer serviço de manutenção de motocicletas, o ego sofre golpes terríveis. A gente está sempre se enganando e cometendo erros; um mecânico egocêntrico sofrerá horrores.

Quando reflete sobre ansiedade, o narrador alerta que, nesse estado de espírito, "Você conserta coisas que não precisam ser consertadas e procura aborrecimentos imaginários."

Como fica claro no livro, o caminho se revela a parte mais relevante da viagem. Assim, na vida, explica a obra, é mais importante a forma positiva de encarar os desafios, do que propriamente superá-los, embora a dedicação seja a melhor forma de atingir seu objetivo. Ademais, a viagem, como toda viagem para as pessoas sensíveis, é tanto exterior quanto interior, com o viajante refletindo sobre o seu passado e seu rumo.

Nesse livro, aprendi um conceito que me foi útil. O protagonista denuncia a construção do conhecimento e do raciocínio humano em base binária: sim ou não, isto ou aquilo, zero ou um. Ocorre que, muitas vezes, se pensarmos bem, a resposta a uma indagação não se enquadra nesse modelo. Pode haver um terceiro caminho. Apresenta-se a palavra japonesa *mu*, que significa "nenhum". Nem um, nem outro. Nem sim, nem não. Responder "*mu*" também pode representar "desfaça a pergunta" ou "isso é irrelevante a ponto de sequer merecer uma resposta".

Conta-se a lenda da pergunta feita ao monge budista zen Joshu — se os cães tinham a natureza do Buda. O monge respondeu apenas "*mu*". Foi, por variadas razões, a melhor resposta que poderia ter oferecido.

Por vezes, ainda que apenas na minha mente, surge um *"mu"* para devolver perguntas irrelevantes, desnecessárias ou mesmo para aquelas para as quais não existe uma resposta binária. Naquele *"mu"*, sinto-me reconfortado, absolvido de ter que oferecer uma solução linear aos muitos problemas que tentam absorver minha tranquilidade.

Conhecimento é poder

Saber é uma alegria. Santo Agostinho fala do prazer de aprender — *Rerum cognitione laetitia*, a alegria do conhecimento das coisas. Conhecer nos faz pessoas melhores, mais seguras.

Mais ainda. Informação é poder. Conhecimento é poder. Esse era o lema do polímata Francis Bacon, contemporâneo de Shakespeare. Quem sabe lidera, percebe o que se passa ao seu redor. A leitura traz consigo sabedoria. Um poder. Bem vistas as coisas, o verdadeiro poder está na compreensão.

Conta-se que, certa vez, Stalin retoricamente perguntou quantas divisões de exército tinha o papa. Como se sabe, nenhuma. O papa, em sua sede no Vaticano, é protegido pela colorida guarda suíça, em contingente desprezível se comparado a qualquer exército. O seu poder não se mede pela força física.

Num mundo no qual as pessoas recebem informações em grande quantidade e sem qualquer filtro, o conhecimento adquire um papel proeminente. Afinal, apenas com ciência dos fatos, munido dos valores, haverá o senso crítico suficiente para distinguir a informação relevante, daquelas desnecessárias, enganadoras e até perigosas.

Antes, falamos de Karl Marx, coautor do *Manifesto do Partido Comunista* e um dos pensadores mais influentes da história ocidental desde a metade do século XIX. Para alguns, ele merece ser endeusado. Para outros, a implantação de sua visão do mundo causou desastres. Ao escreverem sobre sua biografia, dependendo do alinhamento que se tenha com ideias de Marx, os autores oferecem informações que vão divergir diametralmente.

Marx nasceu em 1818, na cidade alemã de Trier. Por vezes, relata-se que essa era uma cidade rural, afastada dos efeitos da Revolução Industrial. Para outros, Trier foi uma cidade livre, perto da fronteira com a França, sentindo de forma contundente os ventos da revolução liberal, a ponto de o pai de Marx, embora de origem judaica, poder desenvolver sua atividade como advogado.

Dependendo de como se relatam os fatos, Marx pode ser pintado como um garoto do campo ou um jovem, desde cedo, exposto a ideais revolucionários. Tudo depende da informação que se receba e de um senso crítico para filtrá-la.

Há um conhecido ditado popular segundo o qual "águas passadas não movem moinhos". Isso não é verdade quando é aplicado à história — ou mesmo à nossa história pessoal. As águas passam, mas deixam marcas. Vamos acumulando aprendizados e a vida se revela como um processo, não como somatório de fatos isolados.

Eis por que conhecer e compreender faz tanta diferença.

No Rio de Janeiro de 1792, então sede do vice-reinado, antes das cortes portuguesas se mudarem para o Brasil, o que se deu em 1808, havia na cidade 216 tabernas, 52 barbearias, 18 tabacarias, 17 casas de mantimentos e apenas uma livraria. De todos esses estabelecimentos, o único constantemente vigiado e censurado era a livraria. Permitiam-se apenas livros religiosos, ou, quando muito, os enviados pelo governo de Lisboa.

As tipografias foram banidas do Brasil colonial. Em 1706, o rei português mandou destruir a tipografia instalada em Recife. A metrópole não queria que a colônia tivesse acesso à informação. Para esse fim, era fundamental controlar as tipografias e livrarias.

Em 1776, os Estados Unidos declararam a sua independência dos ingleses, num movimento calcado em conceitos filosóficos. Em 1789, eclode a Revolução Francesa, que também colocava em prática ideais como a liberdade e a igualdade entre as pessoas. Como essas notícias e ideias, com altíssima carga subversiva, chegariam ao Brasil colonial se até os jornais eram proibidos?

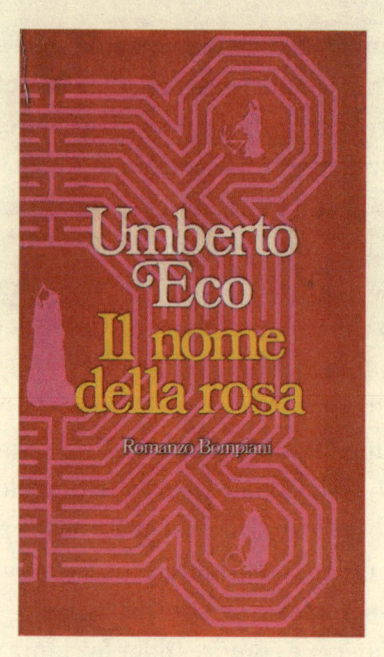

O nome da rosa, de Umberto Eco.

    Num dos mais conhecidos romances do século XX, *O nome da rosa*, Umberto Eco explora a tentativa de contenção da cultura como forma do exercício do poder. Ao invés de ocorrer num mundo futuro, a história de Eco se passa no final da Idade Média, precisamente numa semana de novembro de 1327.

    O local da trama é uma abadia no norte da Itália, que guardava a maior coleção de livros e manuscritos da sua época. Apenas os monges, contudo, tinham acesso ao precioso acervo. Misteriosamente, religiosos que visitaram a biblioteca são assassinados em série. O livro conta como se dá a investigação dessas mortes, levada adiante pelo frei William de Baskerville, uma espécie de Sherlock Holmes medieval. Eco faz uma evidente homenagem a esse famoso detetive da literatura. Afinal, *O cão dos Baskervilles* é possivelmente o mais conhecido dos romances policiais protagonizados por Sherlock.

    No romance de Eco, todos os crimes gravitam ao redor do propósito de evitar a disseminação de ideias contidas na grande biblioteca.

Embora o mistério seja solucionado pela lógica do frei William de Baskerville, o mosteiro, ao fim, arde, num terrível incêndio, destruindo seu admirável acervo.

O narrador de *O nome da rosa*, Adso de Melk, conta que, muitos anos depois dos acontecimentos referidos, ele volta às ruínas da abadia. "Das grandes e magníficas construções que adornavam o lugar, sobraram ruínas esparsas", conta. Ele consegue recuperar folhas e fragmentos, que leva consigo, criando uma "biblioteca menor", feita de "trechos, citações, períodos incompletos, aleijões de livros".

Evidentemente, não é meu papel fornecer um *spoiler* dessa envolvente trama. O importante, por agora, é registrar que a obra de Eco ressalta, em primeiro lugar, a importância do nome que damos às coisas — e, logo, da força das palavras. O próprio título do livro já deixa isso claro: o nome da "rosa" é mais forte do que a rosa em si. Afinal, a flor irá fenecer, seu aroma deixará de ser percebido. Contudo, seu nome restará, para que todos possam compreender o que ela é.

Além disso, e principalmente, o livro fala sobre o poder do conhecimento. Como fica claro, ao dividir conhecimento, divide-se poder.

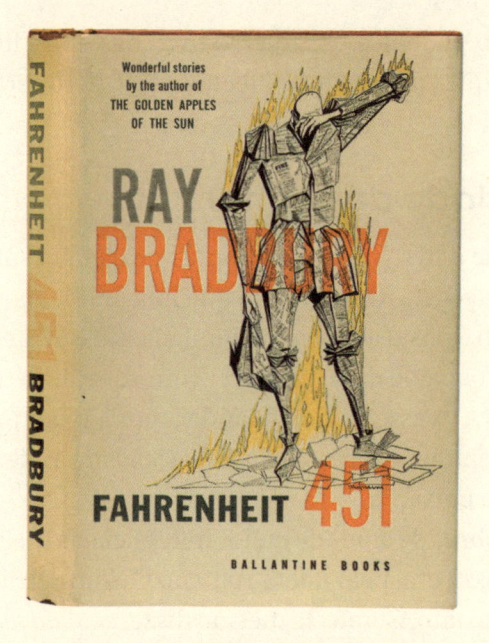

O livro de Ray Bradbury.

A conhecida ficção de Ray Bradbury, *Fahrenheit 451*, lançada em 1953, fala de uma sociedade autoritária, na qual os bombeiros têm a função de queimar livros. O grau 451 da medida de escala Fahrenheit equivale a 233 graus Celsius. Nesse limite se dá a combustão do papel.

Na distopia de Bradbury, com o fim dos livros pela sua eliminação, controla-se a cultura, evitando a difusão de qualquer ideia dissidente. O protagonista do livro, o bombeiro Guy Montag, aos poucos percebe o modelo opressor de seu mundo.

Para salvar os livros, um grupo de pessoas passa a decorar suas frases, memorizando cada palavra de suas páginas. Os livros não existem mais em papel, fisicamente, mas não deixam de existir: as pessoas se transformam nos livros.

Censurar e queimar livros, no curso da história, foi exatamente a escolha feita por regimes autoritários. Ao longo da inquisição promovida pela Igreja, com seu *Index Librorum Prohibitorum*, publicou-se uma extensa lista de títulos proscritos. Na Alemanha nazista, obras de diversos autores como Marx, Freud, Hemingway, Thomas Mann, Bertold Brecht, entre outros, arderam em grandes fogueiras, tudo diante de empolgadas multidões.

Mas, como podemos observar, o livro não é um fim — é um meio. Muito mais do que transmitir conhecimento, o livro gera conhecimento.

A capacidade de sonhar

Imagine-se o livro no qual se conta que alguém subiu a montanha e admirou a bela vista. O leitor tem que imaginar a montanha e a vista. Sua imaginação é posta a prova. Estimulada. Nosso intelecto trabalha.

La Rochefoucauld disse que "há gente que nunca teria estado apaixonada se nunca tivesse ouvido falar de amor". Examinando essa frase, Denis de Rougemont, em seu *O amor no Ocidente*, reflete que a literatura "deu língua à paixão".

Uma das obras de amor de maior influência na literatura foi escrita no ano 8 da nossa era, pelo poeta romano Ovídio. Dizia-se que ele possuía um talento nato. Como ele mesmo disse: *et quod temptabam dicere versus erat*, ou seja, "e o que tentava dizer era verso", que poderia ser dito também como: "Tudo o que digo me sai em verso."

Edição das *Metamorfoses* publicada em Veneza.

Depois de, ainda jovem, estudar direito, Ovídio levou uma vida dissoluta, com muitas amantes. Produziu um tratado sobre a sedução e o jogo amoroso, chamado *Ars armatoria* — a arte de amar —, no qual confidencia amar todas as mulheres, especialmente aquelas de idade entre 35 e quarenta anos. Segundo o poeta, as mulheres atingiam, então, o auge da maturidade na ciência amorosa.

Ovídio escreve, adiante em sua vida, o sofisticado *Metamorfoses*. Esse autor serviu de direta fonte de inspiração, entre outros, para Dante,

Chaucer, Shakespeare, Kafka e Fernando Pessoa. Em *Metamorfoses*, por exemplo, encontramos o poema sobre Píramo e Tisbe, claramente a fonte primeira para *Romeu e Julieta*.

Trata-se de uma coleção de poemas, escritos em primoroso latim, muitos deles relacionados à mitologia greco-romana. Em comum, fala-se da transformação proporcionada pelo amor. Dafne, Jacinto, Adônis e Narciso tornam-se flores. Tirésias passa de homem a mulher (para afirmar que as mulheres, no sexo, têm prazer dez vezes maior do que o do homem). Narciso se apaixona por si próprio, ao ver sua imagem refletida num lago. Pigmaleão, por força da paixão, dá vida à sua estátua Galateia, tema depois revisitado por Bernard Shaw em *My fair lady*.

As pessoas, e até os deuses, assumem novas formas, a partir de emoções que experimentam. Não há preconceitos na narrativa. De certo, tomamos ciência de que os sentimentos nos transformam. E isso é bom.

Visto de outra forma, tomamos ciência, por Ovídio, de que não podemos parar de sentir. Alguém já disse que não paramos de brincar porque envelhecemos; ficamos velhos porque paramos de brincar.

A literatura não nasceu no dia em que alguém contou que estava caindo uma tempestade porque, de fato, chovia fortemente. A literatura começa quando alguém narra a violenta tempestade que apenas existe na sua imaginação. Paradoxalmente, essa narrativa criada, fruto do gênio humano, possui uma realidade própria, por vezes mais sólida que qualquer fato concreto. Gostamos de sonhar, precisamos sonhar.

A vida, a vida vivida, cuida do real, dos acontecimentos corriqueiros. Rilke, em *Cartas a um jovem poeta*, explica: "Em tudo o que corresponde ao real estamos mais próximos da arte do que nessas chamadas profissões artísticas que não se fundamentam em nada da vida e que, ao mesmo tempo que copiam a arte, a negam e a ofendem."[74] O conhecimento passa por enxergar a realidade. Respeitá-la, aceitando-a, para, então, compreender e julgar se ela pode ou se merece ser transformada.

---

74   Rainer Maria Rilke, *Cartas a um jovem poeta*, Rio de Janeiro, Nova Fronteira, 2017, p. 112.

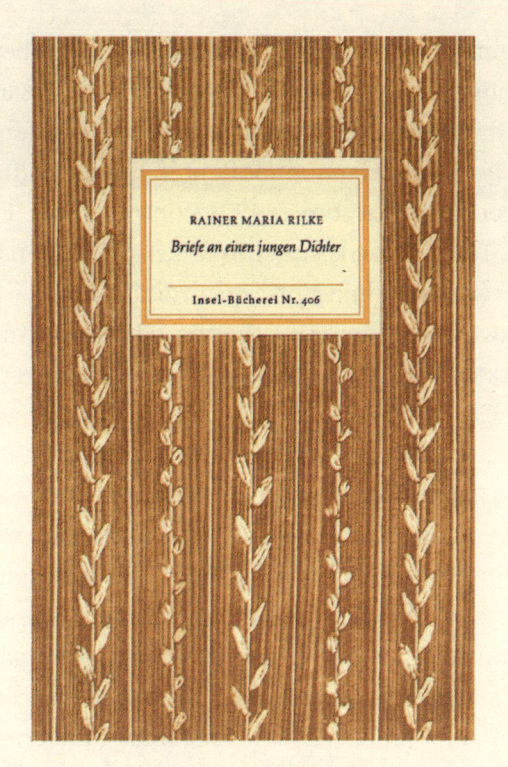

Cartas a um jovem poeta.

 Negar a realidade, ou estabelecer uma realidade a partir da mentira, é caminho para uma alienação perigosa, na qual jamais se atingirá nenhuma conquista sólida. Isso não quer dizer que não se possa sonhar, imaginar ou ver poesia até mesmo no lixo e na miséria.

 Um dos maiores símbolos extraídos da literatura é *Dom Quixote*. A obra, de 1605, escrita pelo espanhol Miguel de Cervantes, narra a passagem do homem medieval para o moderno.

 A vida de Cervantes parece sair de um livro. Muito cedo, ele teve um contato com o mundo jurídico. Não apenas porque seu avô fora magistrado, mas porque seu pai, quando o futuro escritor ainda era criança, teve sua falência decretada e foi preso. Em função desses contratempos, a família de Cervantes viveu no limite da pobreza, mudando-se constantemente de cidade.

Ainda jovem, por conta de uma agressão física, recebeu a pena de desterro por dez anos e foi condenado a perder a mão direita. Felizmente, conseguiu escapar da sanção da ceifa da mão, mas teve que deixar a Espanha.

Partiu para a Itália. Alguns anos depois, lutou na famosa batalha de Lepanto, na Grécia, em outubro de 1571, contra o Império Otomano. Na luta, foi ferido. Teve o braço esquerdo mutilado, deixando sem uso sua mão esquerda, "para máxima glória da direita", como teria dito.

No curso de regresso para a Espanha, o barco em que estava foi assaltado por piratas argelinos. Foi levado como escravo para Argel. Por sorte (ou não), Cervantes tinha consigo uma carta de recomendação de um dos mais nobres líderes das forças cristãs. Em razão disso, os piratas o tomaram por alguém importante, a quem não deveriam matar, mas cobrar um alto resgate. Não era o caso. Cervantes não provinha de uma família nobre, muito menos endinheirada. Depois de cinco anos de cárcere, durante o qual em vão tentou fugir algumas vezes, consegue, em 1580, voltar para seu país natal, depois de pagar o resgate. Para conseguir levantar a soma, sua família quedou-se ainda mais endividada.

Foram dez anos longe da sua Espanha. Quando retorna, torna-se cobrador de impostos governamentais. Tenta, nesse tempo, lançar-se como dramaturgo. Nesse ramo, acumulou fracassos. Em 1598, Cervantes é preso, por conta de irregularidades em seus registros como cobrador de impostos. Provavelmente na cadeia, começa a compor a primeira parte de *Dom Quixote*, cujo lançamento se deu em 1605. Uma segunda parte seria publicada em 1615.

Dom Quixote foi um sucesso instantâneo, tornando o seu autor, quase imediatamente, uma celebridade literária. A obra contou com cinco edições só no ano de seu lançamento.

Em grande parte, atribuiu-se o sucesso à inovadora forma de contar a história do protagonista, que, exatamente por ser uma inovação, tomou o nome "novela", tal como Boccaccio fizera antes.

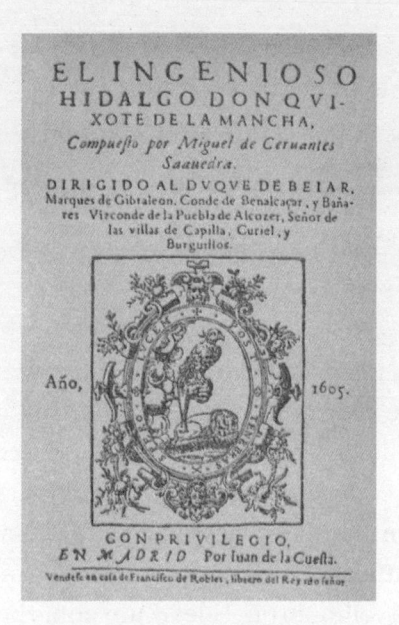

Primeira edição de *Dom Quixote*.

Dom Quixote é cheio de graça. Cervantes dá ao capítulo IX do Segundo Livro o instigante título "Onde se conta o que nele se verá". Dessa forma, provoca o leitor. Já no seu prólogo, *Dom Quixote* surpreende:

> Desocupado leitor: Independentemente de qualquer juramento, poderás crer-me que eu quisera que este livro, como filho do entendimento, fosse o mais formoso, o mais galhardo e o mais discreto que se pudesse imaginar. Não me foi possível, porém, ir de encontro à ordem da Natureza, de vez que, nesta, cada coisa engendra outra que lhe seja semelhante. Assim, que poderia engendrar este meu estéril e mal cultivado engenho, senão a história de um filho seco, enrugado, magro, antojadiço e cheio de ideias várias, nunca dantes imaginadas por outrem — como se tivesse nascido num cárcere, onde todo incômodo tem seu assento e todo ruído triste faz sua morada? O sossego, um lugar aprazível, a amenidade dos campos, a serenidade dos céus, o murmúrio das fontes, a quietude do espírito são bastante

importantes para que as musas mais estéreis se mostrem fecundas, ao mundo oferecendo partos que o cumulem de maravilha e de contentamento. Se a um pai sucede ter filho feio e sem graça, o amor que lhe tem põe-lhe uma venda nos olhos, para que não veja seus defeitos; antes os julga virtudes e lindezas, descrevendo-os aos amigos como se fossem sutileza e elegâncias.

O livro conta a história de um senhor, de cerca de cinquenta anos, Alonso Quijano, que vivia numa cidade da Mancha, ao sul de Madri. De tanto ler romances de cavalaria — relata-se que ele chega a vender parte de suas terras para comprar livros —, Quijano perdeu o juízo. Passou a acreditar que era um cavaleiro, destinado a realizar grandes feitos, em benefício da humanidade. Veste-se com uma armadura enferrujada. Apeia em um cavalo velho, ao qual ele dá um nome pomposo: Rocinante. Escolhe a reles filha de um camponês para ser sua "dama", passando a chamá-la de Dulcineia de Toboso. Um amor imaginário.

Logo numa de suas primeiras aventuras, recebe o conselho de encontrar um escudeiro. Convence um ingênuo e simplório camponês, o rechonchudo Sancho Pança, a acompanhá-lo, o que este faz em cima de um burrico.

Cria, então, um mundo imaginário, fantasioso, no qual enfrenta gigantes, defende donzelas e visita castelos. Adota o nome de Dom Quixote, o Cavaleiro da Triste Figura.

Em seu delírio, Dom Quixote vê tudo a seu redor de forma luminosa: camponesas humildes viram donzelas, estalajadeiros chucros tornam-se senhores feudais. Por vezes, a fantasia de Dom Quixote torna-se perigosa, pois ele ocasionalmente toma um ou outro por cavaleiros rivais, desafiando esses desconhecidos a duelar.

Dom Quixote segue uma regra ética cavalheiresca que não mais se adequa ao seu tempo. Sai pela Espanha, a fim de ajudar os oprimidos. Seu propósito consiste em salvar o mundo, desfazendo os malfeitos que encontrasse em seu caminho. Simples, né? Na verdade, boa parte de nós também deseja o mesmo. Mas como fazer isso? Como o próprio livro deixa claro, querer salvar o mundo é sublime, porém se achar um herói é ridículo.[75]

Numa conhecida passagem, um padre acusa Dom Quixote de insanidade. Manda o velho cavaleiro ir para casa e lá ficar. Quixote se justifica, explicando a sua missão: "Acertei contas relativas a ofensas e insultos, corrigi injustiças, puni arrogâncias, derrotei gigantes e pisoteei monstros." Seus propósitos o absolviam.

Idealismo. Dom Quixote já foi descrito como "o mais completo e fiel retrato que já se fez do mundo e de suas inúteis canseiras". Há nesse herói uma total pureza de propósitos, o que beira a ingenuidade. Quixote luta pela justiça, embora viva num mundo injusto.

De certa forma, Cervantes criticava a sua decadente Espanha. Ele próprio, que lutara na batalha de Lepanto pela glória de sua pátria, recebera, em troca, muito mais sofrimentos do que compensações.

A "novela" encontra-se cheia de belas imagens. Numa das mais conhecidas, Dom Quixote ataca um moinho de vento, acreditando que desafiava um gigante. A passagem acabou por originar expressão popular: "lutar contra moinhos de vento", situação em que se enfrenta algo imaginário. É interessante notar que, na época em que o livro foi escrito, os moinhos de vento eram um sinal de avanço tecnológico. Tratava-se de uma máquina que possuía a força de um gigante. Talvez a mensagem metafórica seja a de que o velho Quixote lutasse contra esse avanço da tecnologia. Sob esse prisma, ele, de fato, enfrentava um gigante.

Quando Quixote e Sancho retornam para casa, são recebidos pela mulher de Sancho. Ela pergunta qual fora o proveito da cavalaria, acrescentando que não recebeu de seu marido vestidos, nem sapatos para as crianças. Sancho responde com sinceridade: "Mas trago comigo outras coisas bem mais grandiosas e importantes." Sancho, embora sem erudição, é a personificação do bom senso.

Numa passagem, o cura e o barbeiro, conhecidos de Quixote, decidem queimar seus livros, para, assim, afastá-lo dessas influências. Na biblioteca de Quixote, entre outras obras, encontram também *A Galateia*,

---

[75] Ver San Tiago Dantas, *D. Quixote — Um apólogo da alma ocidental*, Brasília, Ed. Universidade de Brasília, 1997, p. 28.

de Miguel de Cervantes. Obviamente, o autor brinca com ele próprio. O cura, sobre o livro, diz que "tem algo de boa invenção, propõe alguma coisa e nada conclui". Cervantes ri dele mesmo.

O cura e o barbeiro creem "salvar" Quixote ao queimar seus livros. Evidentemente, essa medida drástica em nada ajuda. Essa lição deveria ter sido universalmente aprendida.

Adiante no romance, o próprio bacharel reconhece que "não há livro tão mau que algo de bom não contenha".

Quando, numa outra divertida passagem, oferecem a Sancho o título de dom, e este recusa prontamente:

> Pois ficai sabendo, irmão — advertiu Sancho — que eu não tenho "Dom", nem nunca o houve em toda a minha linhagem. Sancho Pança me chamo, a seco; Sancho se chamou meu pai, Sancho meu avô, e todos foram Panças, sem acréscimos de "dons" ou de "donas". Imagino que nesta ilha deve haver mais "dons" que pedras; porém, basta: Deus me atende (...).

Em 1981, a junta militar que tomou o poder no Chile, liderada pelo general Augusto Pinochet, proibiu a circulação de *Dom Quixote*, sob o pálido argumento de que o livro representava um ataque à autoridade constituída.

Uma outra interpretação de *Dom Quixote* o coloca como um herói da resistência. Num mundo que abandonava o misticismo medieval para ingressar no racionalismo, para adotar um pensamento mecanicista, Dom Quixote não se entregou. Ele queria viver num mundo no qual a fantasia valia tanto quanto a realidade. O fidalgo, ao fim de sua jornada, reconhece que não sabe se é uma pessoa boa, mas tem certeza de que não é mau. Já basta.

Sonhar. Imaginar. A libertação pela nossa mente. Essa é uma das grandes lições de Quixote e de toda literatura.

A vida é uma luta e não existe melhor opção do que enfrentá-la. Mas, para isso, para que esse confronto valha a pena, deve haver, além de doçura, um sonho como meta. O poeta romântico Hölderlin sintetizou: "O homem é um deus quando sonha e não passa de um mendigo quando pensa."

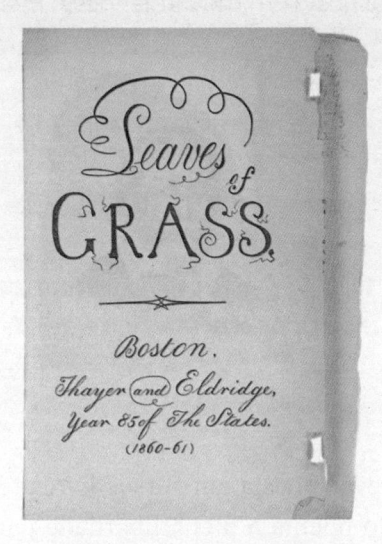

Folhas de relva em 1860.

    O poeta norte-americano Walt Whitman foi, possivelmente, o primeiro a explorar o verso livre. Em 1856, lançou uma coletânea de poemas, *Folhas de relva*, que, apesar de criticada pelos mais conservadores, logo ganhou fama, notadamente pela sua pujança.

>Poetas mortos, filósofos, padres,
>Mártires, artistas, inventores, governos de há muito
>Formadores de línguas noutras praias.
>Nações outrora poderosas agora reduzidas, ou retraídas,
>   [ou desoladas,
>Não ouso prosseguir antes de respeitosamente admitir o
>   [que vocês deixaram por aí ao sabor do vento,
>Estudei-o, confesso que é admirável (comovendo-me um
>   [pouco de permeio),
>Penso que nada poderá jamais ser maior, nada jamais
>   [merece mais do que merece,

E olhando tudo com atenção um bom tempo, depois
[dispensando tudo,
Eis-me aqui posto em meu lugar neste meu próprio dia.

Desembarcam aqui a fêmea e o macho,
Aqui o homem e a mulher intitulados à herança do
[mundo, aqui a flama dos materiais,
Aqui a espiritualidade, a trasladadora, a abertamente
[confessa,
A que está sempre prestes, final das formas visíveis,
A que satisfaz e, após espera longa e devida, vem
[avançando, sim,
eis que aí vem minha amante, minha alma.

A ideia de escrever poesia em versos livres tem fundamento em permitir ao autor do poema a plena liberdade para expor seus sentimentos. Whitman queria ampliar os horizontes do seu leitor. Habilitá-lo a novas capacidades.

Em 1999, a inglesa J.K. Rowling lança um livro que rapidamente se transforma num fenômeno: *Harry Potter e a pedra filosofal*. Contava a história de um menino órfão, Harry, que vivia com os tios, num subúrbio de Londres, numa vida sem graça e carente de afeto.

De repente, Harry descobre a existência de um mundo paralelo, cheio de magias e aventuras. Nesse mundo, estabelece relações afetivas, fazendo amigos. Cria imagens paternais, que ele não tinha. A vida na Escola de Magia e Bruxaria de Hogwarts, onde Harry vai estudar, é plena de mistérios e descobertas.

Nesse universo fantástico e feérico, entretanto, Harry encontra verdadeiras e concretas razões para viver, numa existência profundamente mais interessante do que a realidade, como a que existia na casa de seus tios. A nova "realidade" paralela dos mágicos também oferece desafios, como o confronto entre Harry e o Lorde Voldemort — "aquele cujo nome não pode ser pronunciado" —, assassino dos pais do jovem herói, e que, ademais, marcou a testa de Harry, ainda bebê, com uma cicatriz em forma de raio.

O estrondoso sucesso editorial de *Harry Potter* — depois do primeiro livro, outros muitos o seguiram, para conquistarem o mundo todo — se deve a essa extraordinária lição que se colhe da fantasia: em alguns casos, ela pode fornecer uma paixão, uma luz, uma energia que a vida real se revela incapaz de proporcionar.

Em *Harry Potter*, a fantasia ganha da realidade. Os milhões de crianças e jovens se entretêm com os livros da série porque imaginavam suas vidas mais divertidas no meio de mágicas, de monstros e de mistérios.

Engana-se quem acha que essa literatura serve apenas para escapar da realidade. Bem vistas as coisas, ela transforma a realidade e ensina a encará-la de forma mais leve.

Estímulos para enfrentar dificuldades

> No meio do caminho tinha uma pedra
> tinha uma pedra no meio do caminho
> tinha uma pedra
> no meio do caminho tinha uma pedra.
>
> Nunca me esquecerei desse acontecimento
> na vida de minhas retinas tão fatigadas.
> Nunca me esquecerei que no meio do caminho
> tinha uma pedra
> tinha uma pedra no meio do caminho
> no meio do caminho tinha uma pedra.

Como contou o mineiro de Itabira Carlos Drummond de Andrade, sempre haverá uma pedra no caminho. Não há existência sincera sem dificuldades. Somos submetidos a contratempos mundanos, questões filosóficas, problemas de mínima ou incontornável complexidade.

Retrato de Carlos Drummond de Andrade.

    A experiência da vida é uma só. Até a experiência dos momentos da vida é única, pois nós mesmos e as pessoas ao nosso redor mudamos. Nada é como antes. O passado e o futuro jamais se encontram perfeitamente.

    A vida, vivida com consciência, oferece dificuldades. Mas, ainda assim, a vida merece ser desfrutada como — pois verdadeiramente é — um privilégio.

> Três caminhos estão abertos para o homem que está entristecido. Aquele que está nos primeiros degraus da escada lamenta. O que se encontra mais elevado se cala. Mas aquele que está no degrau mais alto faz da sua tristeza uma canção.

Essa reflexão vem do rabino Menachem Mendel de Kotzker, um estudioso da Torá que viveu na Polônia no começo do século XIX. Seus pensamentos foram publicados por seus discípulos.

A literatura é um refúgio. Nela, encontramos luz, liberdade, remédio para as angústias e alimento para os nossos sonhos.

Possivelmente, o mais fidedigno registro da Guerra dos Cem Anos, conflito no qual França e Inglaterra se digladiaram no século XIV, se encontra nas *Crônicas* de Jean Froissart.

Nascido em 1337, na província de Hainaut, hoje Bélgica, mas ao lado da fronteira com a França, Froissart cresceu falando francês. Na época, sua cidade natal pertencia ao ducado da Borgonha. Cedo em sua vida, passou a integrar o séquito de Felipa de Hainaut, que se tornou a rainha do rei inglês Eduardo III. O jovem acompanhou Felipa para a Inglaterra, tornando-se um menestrel. Agudo observador dos costumes da corte, registrou os fatos históricos que assistia.

As *Crônicas* de Froissart tornaram-se uma importante e conhecida fonte histórica. Shakespeare valeu-se delas para elaborar suas peças históricas.

Froissart começa seu trabalho explicando que o motivo de seus registros era o de inspirar "homens de coragem", que poderiam seguir aqueles exemplos. Assim como "A lenha não pode queimar sem fogo", declara Froissart, "o fidalgo não pode chegar à honra perfeita, nem à glória do mundo, sem proeza." O livro busca explicar os motivos pelos quais se deve lutar.

O *Corão* — também conhecido em português como Alcorão —, o livro sagrado do Islã, foi, segundo a lenda, ditado por um anjo ao profeta Maomé. Sua primeira palavra é "Recita". Disso deriva seu nome, pois *Corão* quer dizer, em árabe, precisamente isso: uma recitação.

A obra se encontra dividida em capítulos, chamados "sura". No segundo capítulo, o próprio Deus nos indaga: "Pretendeis, por acaso, ingressar no Paraíso sem as provações pelas quais passaram quem antes lá entrou?". Devemos provar nossos propósitos, nosso caráter. Para chegar ao Paraíso não há atalhos. Logo em seguida, o *Corão* fala em caridade e misericórdia, ensinando o caminho.

O português Luís de Camões teve uma vida cheia de percalços. Nascido possivelmente em Lisboa, recebeu uma educação esmerada, que consolidava todos os valores renascentistas. Conhecia profundamente latim, literatura clássica e história. Identifica-se, claramente, às ideias, correntes no século XVII, do Humanismo, caracterizado pelo esforço de conhecer a cultura clássica e, a partir daí, desenvolver valores em contraposição àqueles defendidos pela escolástica medieval.

Reza a lenda que, por conta de uma desilusão amorosa, alistou-se, em 1553, como militar e foi lutar na África. Ferido em combate, perdeu o olho direito.

Como soldado, Camões correu o mundo. Depois de chegar em Goa, esteve em Moçambique, Malaca — o centro da administração portuguesa no extremo Oriente — e nas ilhas da Malásia, de Samatra, Java, Bornéu, do Timor, entre muitas outras.

O pequeno Estado de Portugal, onde, segundo Camões, "a terra se acaba e o mar começa", ficara, até então, à margem dos grandes acontecimentos da história do Ocidente. Tornara-se, entretanto, a partir do século XV, uma potência naval. Em suas longas viagens, Camões começa a trabalhar na obra que o imortalizaria: *Os Lusíadas*.

Camões se propôs a escrever a saga dos portugueses na conquista das suas possessões ultramarinas. Adotou um estilo clássico não apenas na forma, pois resta nítida a referência aos modelos da *Odisseia* de Homero e da *Eneida* de Virgílio, mas também no conteúdo. Afinal, os próprios deuses gregos participam do longo poema, que, claro, enaltece os feitos dos portugueses. Essa epopeia tem como fio condutor as aventuras dos navegadores portugueses, que desbravaram a rota marítima para a Índia, principalmente Vasco da Gama.

Há dez cantos, ou capítulos, no longo poema. Numa passagem conhecida, logo no Canto I, Camões deixa clara a sua intenção de enaltecer seu povo:

> Cessem do sábio Grego e do Troiano
> As navegações grandes que fizeram;
> Cale-se de Alexandro e de Trajano
> A fama das vitórias que tiveram;
> Que eu canto o peito ilustre Lusitano,
> A quem Neptuno e Marte obedeceram:
> Cesse tudo o que a Musa antígua canta,
> Que outro valor mais alto se alevanta

O poema traz uma série de ensinamentos, como a passagem do Velho do Restelo, no fim do Canto IV. Nela se conta do senhor de idade, dono de "saber só de experiências feito", que condena a ousadia e a ambição humanas: "Ó glória de mandar, ó vã cobiça/ Desta vaidade a quem chamamos Fama."

As conquistas e vitórias portuguesas não vieram sem muito esforço e abnegação — assim como os êxitos de Camões. Na primeira estrofe do Canto IV, o poeta explicita o valor da perseverança, da resiliência:

> Depois de procelosa tempestade,
> Noturna sombra e sibilante vento,
> Traz a manhã serena claridade,
> Esperança de porto e salvamento
> Aparta o sol a negra escuridade,
> Removendo o temor ao pensamento

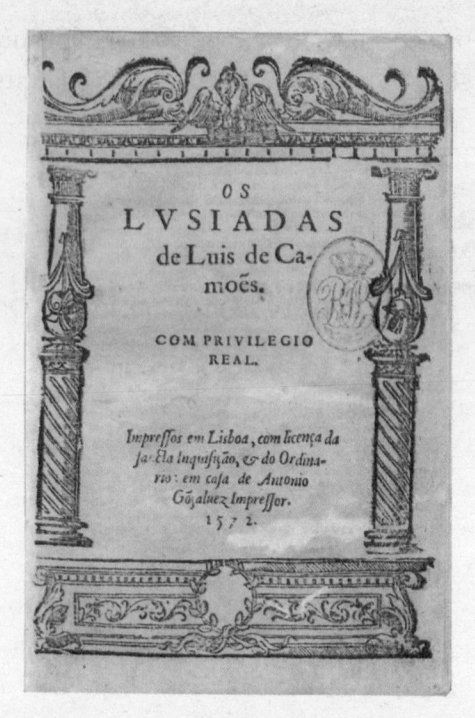

Os Lusíadas, 1572.

Segundo a lenda, o barco que levava Camões, quando voltava de Goa para Portugal, sofreu um naufrágio, ainda perto da costa. Consta que o poeta se salvou nadando, carregando consigo os originais de *Os Lusíadas*, que ele já havia iniciado.

Pouco depois de retornar a Lisboa, consegue publicar *Os Lusíadas*, em 1572. Apesar do sucesso de seu trabalho — *Os Lusíadas* é, sem dúvida, um dos mais poderosos símbolos de Portugal —, Camões viveu seus últimos anos de vida na mais doída miséria.

Voltados para o oceano, o mar sempre foi o desafio natural dos portugueses. Em "Mar português", Fernando Pessoa fala do esforço, da superação:

> Ó mar salgado, quanto do teu sal
> São lágrimas de Portugal!
> Por te cruzarmos, quantas mães choraram,
> Quantos filhos em vão rezaram!

> Quantas noivas ficaram por casar
> Para que fosses nosso, ó mar!
> Valeu a pena? Tudo vale a pena
> Se a alma não é pequena.
>
> Quem quere passar além do Bojador
> Tem que passar além da dor.
> Deus ao mar o perigo e o abismo deu,
> Mas nele é que espelhou o céu.

Gonçalves Dias, no poema "Canção do Tamoio", conta a lição do pai ao filho, tratando da aspereza da vida. O pai diz ao filho que lute.

> Não chores, meu filho;
> Não chores, que a vida
> É luta renhida:
> Viver é lutar.
> A vida é combate,
> Que os fracos abate,
> Que os fortes, os bravos
> Só pode exaltar.

No *Grande sertão*, antes mencionado, Guimarães Rosa fala de resiliência: "O correr da vida embrulha tudo, a vida é assim: esquenta e esfria, aperta e daí afrouxa, sossega e depois desinquieta. O que ela quer da gente é coragem."

Em 1952, Ernest Hemingway — que viria a receber o prêmio Nobel de Literatura em 1954 — lança *O velho e o mar*. Nele, conta a história de um velho pescador cubano, Santiago, que atravessa um momento de extrema falta de sorte. Apesar de seu esforço e sua experiência, há muitos dias nada pesca. Sozinho, pois não consegue um ajudante, Santiago sai para o mar, porque é isso o que ele sabe fazer. "Um homem pode ser destruído, mas nunca derrotado", reflete. Finalmente, ele fisga um peixe gigantesco, descomunal. Contra esse peixe, o velho trava uma extenuante batalha. O ancião não desiste. Luta. Tubarões cercam seu pequeno barco e atacam o peixe, devorando sua carne. Ao retornar, o velho pescador está esgotado. Restou apenas a enorme carcaça do peixe.

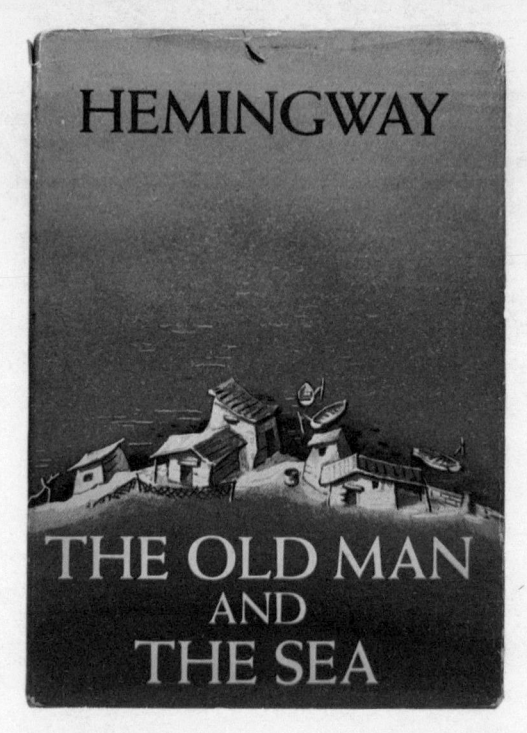

"Um homem pode ser destruído, mas nunca derrotado."

O velho e o mar fala desse enfrentamento que a vida nos impõe. Pela literatura, compreendemos que esse não é o destino particular, mas o destino da humanidade, o que nos dá força para seguir adiante. Nesse livro, Hemingway examina os grandes desafios e como superá-los.

García Márquez, ao receber o prêmio Nobel de Literatura, em 1982, fez uma linda declaração de amor à literatura e ao seu efeito motivacional: "Frente à opressão, ao saque e ao abandono, nossa resposta é a vida… Uma nova e arrasadora utopia da vida, onde ninguém possa decidir pelos outros até a forma de morrer, onde verdadeiramente seja certo o amor e seja possível a felicidade, e onde as estirpes condenadas a cem anos de solidão tenham por fim e para sempre uma segunda oportunidade sobre a terra". Que assim seja!

Cora Coralina, pseudônimo de Anna Lins dos Guimarães Peixoto Bretas, publicou seu primeiro poema aos 75 anos. Doceira de profissão, escrevia poemas desde a adolescência. Natural de Goiás, nasceu nos últimos dias do Império brasileiro. Sua obra é marcada pela simplicidade na forma e pela profundidade dos temas. "Conclusões de Aninha" nos leva ao eterno debate hamletiano de como agir e reagir:

Conclusões de Aninha

Estavam ali parados. Marido e mulher.
Esperavam o carro. E foi que veio aquela da roça
tímida, humilde, sofrida.
Contou que o fogo, lá longe, tinha queimado seu rancho,
e tudo que tinha dentro.
Estava ali no comércio pedindo um auxílio para levantar
novo rancho e comprar suas pobrezinhas.

O homem ouviu. Abriu a carteira tirou uma cédula,
entregou sem palavra.
A mulher ouviu. Perguntou, indagou, especulou,
[aconselhou,
se comoveu e disse que Nossa Senhora havia de ajudar
E não abriu a bolsa.
Qual dos dois ajudou mais?

Donde se infere que o homem ajuda sem participar
e a mulher participa sem ajudar.
Da mesma forma aquela sentença:
"A quem te pedir um peixe, dá uma vara de pescar."
Pensando bem, não só a vara de pescar, também a
[linhada,
o anzol, a chumbada, a isca, apontar um poço piscoso
e ensinar a paciência do pescador.
Você faria isso, Leitor?
Antes que tudo isso se fizesse

o desvalido não morreria de fome?
Conclusão:
Na prática, a teoria é outra.

O livro do *Eclesiastes 1*, depois de dizer que tudo não passa de vaidade e aflição de espírito, que não há nada de novo debaixo do sol, encerra com uma melancólica lição:

> Porque na grande sabedoria há grande pesar; e aquele que cresce em saber, cresce em dor.

O conhecimento cobra o preço da consciência. A alienação, por outro lado, absolve as pessoas das preocupações. Porém, as condena a uma vida sem cor, sem horizontes, sem perspectivas. Apesar do peso, a vida não vale a pena quando se segue o caminho da ignorância. De certa forma, é como a paixão, que nos abate, desviando nosso percurso para um rumo peculiar, mas, ao mesmo tempo, nos dá razão para viver, para lutar e tudo enfrentar.

Coda:
como ler e o que ler

"Pegar um livro e abri-lo guarda a possibilidade do fato estético. O que são as palavras dormindo num livro? O que são esses símbolos mortos? Nada, absolutamente. O que é um livro se não o abrimos? Simplesmente um cubo de papel e couro; mas se o lemos acontece algo especial, creio que muda a cada vez."

Jorge Luis Borges

Nunca brigue com um livro. Se ele não te agrada, abandone-o sem remorso. Isso não quer dizer que se deva desistir de algum livro que ofereça desafios. Ao contrário, livro bom instiga, enfeitiça, transporta e pode, até mesmo, despertar sentimentos difíceis de lidar. Mas se o texto não te seduz, deixe-o. A leitura deve ser sempre um prazer, seja o prazer de conhecer uma boa história, o prazer de descobrir coisas novas, de compreender algo que se ignorava, de derrotar nossos fantasmas.

A verdade é que existem muitos bons livros. Há mais bons livros para ler do que tempo em nossas vidas para poder desfrutá-los. Assim, ler um texto ruim é tempo perdido, que poderia ser dedicado a ler algo melhor. Contudo, ainda assim, se ler um livro ruim te dá prazer, vá adiante, sem culpa. Ler sempre vale a pena.

Somerset Maugham, prolífico escritor inglês, inicia seu trabalho *Dez Livros e seus autores*, de 1954, falando sobre a arte do romance e os atributos do leitor. Logo no início, ele recomenda ao leitor que, se for o caso, "pule" algumas partes do livro. Afinal, ler um romance não pode ser uma tarefa, um enfado, mas um momento de prazer. Se a atenção se desviar, o leitor pode "escorregar" por essa ou aquela passagem. Somerset Maugham, entretanto, adverte: há livros tão encantadores e delicados — ele cita *Orgulho e preconceito* e *Madame Bovary* como exemplos — que "pular" uma página seria desastroso.

Edição brasileira de *A casa dos espíritos*.

Senti quando, adolescente, li *A casa dos espíritos*, de Isabel Allende. À medida que passava as páginas, sofria por saber que aquela relação íntima, minha com o livro, teria fim. Padeci antecipadamente, como o amante que lamenta que seu caso impossível tenha que acabar. Clarice Lispector, em *Felicidade clandestina*, muito antes de meu sentimento, disse que o livro, em determinadas situações, deve ser saboreado como se fosse um amante.

Para alguns, os livros se transformam em templos de adoração, objetos de culto e devoção. Milton defendia que a morte de um livro é mais abominável do que a morte de uma pessoa: "Quem mata um homem mata uma criatura racional, feita à imagem de Deus, mas aquele que destrói um bom livro mata a própria razão, mata a imagem de Deus." Há registros de que, no pórtico da biblioteca de Alexandria, a mais famosa da antiguidade, havia o dístico: "Clínica da alma". Uma boa definição.

Não se apresse na leitura. Ou melhor, deixe que o livro indique seu tempo. Alguns livros reclamam um passo mais lento. Faz parte da experiência. Submeta-se, se quiser, a esse tempo.

Já aconteceu muitas vezes comigo de ouvir alguém dizer que "devorou" tal livro, que o leu em poucos dias, quando eu, diferentemente, sentia-me atolado na mesma obra, por semanas. Lembrava-me de um pensamento, cuja autoria desconheço, segundo o qual "o que não se consegue voando, pode-se alcançar rastejando. Afinal, a Bíblia não diz que rastejar é pecado". Se o livro te agrada, gaste o tempo que se mostrar necessário. Se chegar ao destino rastejando, não há nada de mau nisso.

Adquira livros. Deixe-se levar por impulso a uma livraria ou a um sebo (... vá lá, também pela internet). Permita-se. Há algo místico em se identificar com um livro, como num flerte, comprá-lo e apaixonar-se por ele. Atribui-se ao filósofo Diógenes o seguinte dito: "Ter livros sem lê-los é ter frutos em pintura." Pode ser. Todavia, é bom ter o livro, ainda que se demore para começar a lê-lo. Até nessa relação de potência encontra-se um saudável prazer.

É fundamental ir às livrarias. Entenda-se bem: ir fisicamente às livrarias. Frequentá-las. O catalão Jorge Carrión lançou, em 2020, um manifesto: *Contra Amazon*. Nele, indicava os diversos motivos pelos quais as pessoas deveriam, preferencialmente, adquirir livros em livrarias, embora os preços, normalmente, fossem superiores se comparados à compra desses mesmos livros em *sites*. Entre as diversas razões adotadas para fundamentar seu manifesto, Carrión indicou: "Porque a livraria nos oferece a recordação da compra."[76] Ele tem razão.

Mas há mais. Há, nas livrarias, a alegria de encontrar um livro cuja existência se desconhecia. É a tal da "serendipidade" (um anglicismo, advirta-se): achar o que não sabia que se procurava. Muitas vezes,

---

[76] Jorge Carrión, *Contra Amazon*, São Paulo, Elefante, 2020, p. 30.

numa livraria, quando se está exposto a uma ampla gama de livros, encontra-se aquilo que era necessário ler, embora isso não soubéssemos até aquele momento.

Frequentar livrarias, portanto, é um dos hábitos mais saudáveis.

Os sebos também nos salvam. Encontramos livros antigos ou apenas velhos. Por vezes, temos a impressão concreta de que são os livros que nos acham. É muito interessante ver as anotações de antigos "donos" dos livros. São reflexões, palavras, por vezes apenas pontos de exclamação ou de interrogação, marcados nas páginas. Comumente, sublinha-se uma passagem, mostrando que aquilo foi apreciado. De uma certa forma, dialogamos com outro leitor.

Por uma série de coincidências, acabei vindo a possuir parte considerável da coleção sobre Shakespeare de dois grandes especialistas no Bardo, já falecidos: a da famosa crítica teatral e tradutora Barbara Heliodora e a do brilhante advogado Nehemias Gueiros. Ambos escreviam seus comentários ao lado dos textos. Nessas preciosas glosas, deixaram pensamentos e reflexões riquíssimas, que me entretêm e ensinam. Comumente, converso, por meio dessas anotações, com esses notáveis leitores.

São famosas as anotações de Nelson Mandela no exemplar de *Júlio Cesar* de Shakespeare, disponível na sua prisão de Robben Island. Ele sublinhou fortemente a seguinte passagem da tragédia shakespeariana: "Os covardes morrem muitas vezes antes de sua morte; os valentes morrem uma única vez." Mandela fez valer esse ensinamento. A anotação de Mandela deu mais vida ao texto.

Registrar apontamentos nos livros, sem danificá-los, é apenas mais uma forma de torná-los vivos.

Reconheça-se a praticidade de ler os textos nas telas, nos kindles e afins. Contudo, a experiência do livro no papel é insubstituível. A textura da folha, o cheiro de ligina, o contato físico, tudo isso faz da leitura uma experiência também sensorial. Fora o fato, já reconhecido cientificamente, de que temos mais facilidade de recordar aquilo que lemos no papel do que em um e-book, ainda que o texto seja o mesmo. No meu caso com os livros, sou como São Tomé: preciso desse contato físico. De toda forma, ler, num pergaminho ou na tela de um telefone celular, vale.

Talvez em um futuro não longínquo os livros de papel sejam uma curiosidade. O importante — e certo — é que, enquanto houver civilização, seguirá havendo o culto à literatura.

Se puder, leia mais de um livro ao mesmo tempo. Um livro descansa o outro. Evidentemente, há vezes em que isso não é possível. Por vezes, um livro nos seduz e absorve de tal forma que demanda uma fidelidade canina.

Se um estilo te agrada, vale ler outras obras do mesmo autor. Estabelecer familiaridade com o autor é um exercício divertido e engrandecedor. Nisso, comumente, consegue-se observar o amadurecimento do artista, compreendendo a ordem cronológica de seus livros.

Reler um livro também traz enorme proveito. É como encontrar um velho amigo. Há quem sustente ser esse o maior dos prazeres literários. Fica claro que a leitura não se faz apenas do livro, mas de nós mesmos. A leitura do mesmo livro, lido em fases diferentes da vida, nos revela como mudamos. Afinal, esse ato é único, irreplicável. A conhecida máxima de Heráclito de Éfeso registra que o mesmo homem não pode banhar-se duas vezes no mesmo rio — pois as águas já passaram e o homem tampouco é o mesmo com o passar dos tempos. Pois o encontro com um livro replica esse mesmo fenômeno. Li *O senhor dos anéis* na adolescência e o reli mais tarde, quando nasceram meus filhos. Tive convicção de que se tratava de dois livros diferentes.

Como registrou Machado de Assis, "Cada homem vê as cousas com os olhos da sua idade." O mesmo texto oferece, dependendo de nós, uma experiência totalmente distinta. É uma prova irrefutável de nossas íntimas transformações. Ademais, como apontou W.H. Auden, o valor literário do livro pode ser medido pelo número de diferentes leituras que ele permite. *Hamlet*, por exemplo, é conhecido por suas infinitas leituras, a ponto de ser carinhosamente chamado de "poema ilimitado".

Ao considerar reler um livro que já se leu há muito tempo, vale refletir sobre a "síndrome de Rick Blaine", personagem de Humphrey Bogart no clássico cinematográfico *Casablanca*, de 1942. No filme, Rick encontra Elsa, com quem, num passado recente, vivera um lindo romance em Paris, tudo enquanto a França era invadida pelas forças nazistas. O mundo ruía ao mesmo tempo que o amor triunfava por aqueles amantes.

Rompida abruptamente a relação, os dois se reencontram casualmente em Casablanca, no Marrocos. Ainda se amam, mas cada um deles tem compromissos. Rick, apesar do sofrimento, conclui: é melhor não reviver o antigo amor, para evitar o risco de destruir a memória perfeita.

Reler os livros que, no passado, te emocionaram tem, de fato, esse risco de uma certa decepção, pois, afinal, a experiência jamais será a mesma. Por outro lado, essa leitura costuma proporcionar uma saudade gostosa: a saudade de nós mesmos.

Leitura é hábito, assim como escovar os dentes. Inclua a leitura na sua rotina e rápido ela se incorpora, como um afazer básico, tal como tomar banho ou pentear os cabelos. Logo, o livro se tornará seu mais constante companheiro, mantendo-se ao seu lado o tempo todo.

Alimente a sua curiosidade. Encare a curiosidade como uma dádiva. Não me refiro a algum desejo mórbido de descobrir detalhes da vida alheia, de fazer fofoca ou algo similar. Falo da curiosidade benigna: a vontade de conhecer, aprender e entender. A curiosidade leva as pessoas longe, aguça o espírito inquisidor, pavimenta o caminho, feito a partir de dúvidas, mas que chega a uma verdade sólida.

Miguel de Unamuno, filósofo espanhol, ensinou que "fé sem dúvida é fé morta". Com efeito, se não questionamos as nossas certezas, elas se enfraquecem, tornam-se fósseis. Viram um simulacro, não criam resistência. Freud, de forma análoga, disse que "um homem que duvida de seu próprio amor, pode, ou melhor, deve duvidar de qualquer coisa menos importante". Assim, devemos duvidar de tudo, para que as nossas verdades fortaleçam. Para Freud, a curiosidade (a vontade de saber e compreender as coisas) é vizinha do instinto sexual. Isso explica, para o pai da psicanálise, a potência da curiosidade.

Sem curiosidade, preso a uma inércia mental, o homem se atola.

A cultura se semeia isoladamente, mas floresce em coletividade. Não deixe de dividir suas impressões sobre o que lê com as pessoas ao seu redor. Em regra, isso funciona como forte elo de conexão.

Cícero — orador, advogado e político romano — escreveu *Sobre a amizade*, em 44 a.C. Registrou que: "Um homem não teria o menor prazer em descobrir todas as belezas do universo, mesmo no céu, a menos que tivesse um parceiro com quem pudesse compartilhar as alegrias."

Ao dividir o conhecimento e opiniões, as pessoas não apenas se integram, mas dão sentido ao próprio conhecimento adquirido.

Ademais, ao abrir a janela da troca de experiências literárias, colhem-se boas indicações de leitura, expandindo os horizontes culturais. De fato, a literatura une não apenas pessoas, mas nações. O que seria da civilização grega sem Homero? Ou da Alemanha sem a tradução que Lutero fez da Bíblia? *O apanhador no campo de centeio*, um dos livros mais sensíveis que já li, termina assim: "A gente nunca deveria contar nada a ninguém. Mal acaba de contar, a gente começa a sentir saudades de todo mundo."

Nos dias de hoje, com o crescente uso da linguagem "neotelegráfica", largamente usada pelos jovens ao se comunicarem pelos meios virtuais, os símbolos visuais voltam a ter importância. Trata-se de um retorno à escrita hieroglífica. Palavras são resumidas a ponto de apenas se tornarem cognoscíveis aos iniciados. A leitura de livros convencionais se torna um ato de resistência.

No início da minha carreira jurídica, fui convidado por um grande e consagrado advogado, Carlos Eduardo Bosísio, para uma visita à casa dele. Bosísio, um humanista, amigo dos meus pais, me conhecia desde criança. Quando lá cheguei, Bosísio me fez uma extraordinária surpresa: ele queria me doar a coleção de livros jurídicos de seu pai, outro grande advogado, Arthur Bosísio. Eram livros antigos, alguns clássicos. Fiquei maravilhado. Profundamente agradecido, fiz questão de dizer ao Bosísio que ele era um ser humano melhor do que eu, pois eu jamais seria capaz de me desfazer de uma biblioteca como aquela. O experiente advogado, homem de muita sensibilidade, me disse sorrindo: "Nem eu, na sua idade."

Lembro-me com frequência desse diálogo, avivado sempre que consulto algum desses livros — a mim, desde que os recebi, muito úteis. São muitas lições aprendidas nesse episódio. A começar pela ideia de que os livros viverão por muito tempo, muito mais do que nós, e poderão servir para muitas outras pessoas. Assim, os livros não têm apenas um "dono". Têm guardiões. Devemos cuidar deles para que sirvam a mais pessoas e possam ser, para outros, fonte de prazer e de aprendizado, como foram para nós.

Idealmente, os livros devem servir a todos. Contudo, é uma alegria possuir uma coleção de títulos, como se fosse um conjunto de amigos, a quem se pode recorrer quando quiser, por necessidade ou prazer. No meio dos livros, feliz é quem se sente como o bibliógrafo José Mindlin. Como ele contou, não sabia dizer se tinha uma biblioteca ou se a biblioteca é que o tinha.

Ler não é somente absorver dados. Naturalmente, ao ler se colhem informações, mas esse não é o objetivo. Não somos robôs para armazenar dados. Somos seres humanos que, a partir de informações, experimentamos sentimentos, temos ideias, sonhamos.

A leitura serve, em primeiro lugar, para emocionar. Presta-se, também, para aprender, para conhecer — mas não para decorar. O verdadeiro conhecimento é sentido. De certa forma, lemos também para que tenhamos mais dúvidas, mais curiosidades, mais incertezas e, assim, vivemos mais, de forma mais intensa.

O que ler? Em primeiro lugar, leia aquilo de que você gosta. A leitura é um prazer. Experimente estilos diferentes, autores que você ainda não conhece. Thomas Mann dizia que a leitura de livros bons deveria ser proibida, porque, afinal, existem os livros ótimos. Claro que isso é um exagero — embora não deixe de funcionar como um importante alerta. Na verdade, o importante é ler. Há sempre algo de bom que se pode receber dos livros, mesmo que os livros não sejam bons. Em latim, *legere* significa também colher, pois é exatamente isso o que se faz.

Leia sem preconceitos. Abra sua mente antes de começar um livro. Deixe que ele lhe diga a que veio. A ideia preconcebida sobre um autor ou uma obra apenas limita a sua compreensão e afasta a magia da arte. Permita-se, leitor, ser surpreendido.

Muitas vezes, encaramos o dilema: ler uma novidade ou ler um clássico? As novidades, normalmente, aparecem nas vitrines das livrarias. Há um enorme prazer em adquirir um livro por impulso.

Dê, entretanto, oportunidade aos clássicos da literatura. Clássicos são aqueles livros que resistiram ao tempo. Homero, Dante, Shakespeare, Goethe, Proust, Machado de Assis, Dostoiévski, Melville, entre tantos outros. Essa resiliência se justifica pela profundidade e pelo valor da obra. Normalmente, os clássicos servem de ampla e variada referência: outros livros, filmes, obras de arte e menções, aqui e ali, sobre eles. Comumente, há apenas novas vestimentas para ideias antigas.

O clássico fica imune aos modismos. Resulta numa leitura ou releitura engrandecedora em qualquer momento da vida.

Bernardo de Chartres, filósofo francês que viveu no século XII, registrou:

> Nós somos anões sentados nos ombros de gigantes. Vemos, desta forma, muito mais coisas e mais longe do que eles, não porque temos mais acuidade visual, ou porque nossa estatura é maior, mas sim porque eles (os gigantes intelectuais do passado) nos carregam e nos elevam acima de seu porte gigantesco.

Com efeito, trata-se de uma enorme vantagem poder tomar por apoio tantos "gigantes" do passado e, com isso, como na linda imagem do filósofo medieval, ver mais longe.

Com relação aos clássicos, não há tempo perdido. Eles têm sempre muito a dizer.

Ademais, a mensagem de uma obra clássica, como prova de sua vitória sobre o tempo, adapta-se, ganhando significados até antes ignorados. Ao longo dos séculos, a *Odisseia* de Homero recebeu novos sentidos e, certamente, perdeu outros. Quando Shakespeare apresentou, pela primeira vez, *O mercador de Veneza*, a peça, que narra a humilhação do judeu Shylock, foi recebida pelo público com opiniões que destoam das colhidas hoje (nesse ponto específico, o poeta W.H. Auden ponderou que, depois dos horrores da Segunda Guerra Mundial, a sociedade passaria a ver com mais ternura a situação de Shylock).

Algumas dessas grandes obras renascem, muitas vezes fortalecidas, como foi o caso de *Antígona*, de Sófocles. Apesar de mais de 2.500 anos de existência, foi censurada na Grécia dos anos 60 do século passado, no período conhecido como "ditadura dos coronéis". A mensagem da peça, de insubordinação civil, foi considerada subversiva. A obra mostrava por que era um clássico.

Uma das lições mais preciosas referentes à quantidade de excelentes livros à nossa disposição é a de que devemos ser pacientes. Mesmo os mais ansiosos — e, infelizmente, coloco-me entre eles — compreenderão: os livros têm seu próprio tempo. Ameacei ler Proust aos 18 anos, mas meu sábio pai me alertou que eu aproveitaria pouco, que era melhor aguardar, para apreciar aquele livro quando fosse mais velho, com mais experiência de vida. Como de costume, ele tinha razão.

Amar os livros também passa por respeitar esse tempo. A vida ao lado dos livros fica maior. Um livro deve ser sorvido com paciência. Sem que tenhamos percebido, muitos livros terão transformado nossas vidas.

Conta-se que, enquanto Sócrates aguardava a preparação da poção de cicuta — o filósofo foi condenado a morrer ingerindo esse poderoso veneno —, ele aprendia uma ária na flauta. "Para que lhe servirá isso agora?" — quis saber um de seus discípulos. "Para aprender esta ária antes de morrer", respondeu o filósofo. Essa passagem também poderia ser resumida com a seguinte indagação: Vale a pena viver se pararmos de aprender?

Sou um glutão de livros — um *helluo librorum*. Desde que me lembro de mim, tinha um livro ao lado. Colhi muitas lições da leitura, mas a primeira delas foi a de que o livro é um fiel e valioso companheiro.

Embora, às vezes, a gente queira ficar só — e até precise disso —, a mera ideia de solidão causa medo. Como disse Tom Jobim, é impossível ser feliz sozinho. O livro, entretanto, demonstra que jamais estaremos verdadeiramente sós, pois ele nos acompanha. Forma-se uma amizade leal, inquebrantável e generosa. O livro nos alimenta de informações, valores e sonhos. Essa relação se revela de tal forma poderosa que serve como prova da superior força da humanidade.

Em um mundo seduzido pela tecnologia, a leitura mostra que a verdadeira salvação não será trazida pela máquina, mas por nós.

Ler se relaciona à reciprocidade. Uma pessoa possivelmente gostará do livro na mesma extensão da intensidade que se entregou a ele. A boa leitura requer uma entrega, de tempo, de atenção, de espírito. Muitos livros, para que sejam adequadamente saboreados, exigem concentração. Como registrou Hermann Hesse, em *Para ler e pensar*:

"Leitura sem amor, saber sem respeito, cultura sem coração — eis alguns dos mais graves pecados contra o espírito."

Ler também é trocar. O livro nos coloca em situações de tensão, de empatia, de medo, de asco, de paixão. Somos levados a refletir e ganhamos novos horizontes. Mas, para isso, temos que nos oferecer. Para que o livro nos proporcione tudo o que pode dar, devemos, do nosso lado, nos entregar. Uma troca virtuosa: damos sem perder — e todos saem ganhando.

Ética a Nicômaco: manuscrito italiano do século XVI.

No início, falamos de *Ética a Nicômaco*, de Aristóteles. Depois de discorrer sobre uma série de preceitos morais, Aristóteles termina seu livro dizendo: "Comecemos a nossa discussão." Estas reflexões sobre os muitos proveitos da literatura devem ter o mesmo desfecho, promovendo um recomeço. Comecemos a nossa discussão.

AGRADECIMENTOS

Amigos servem também para ler originais. No caso deste ensaio, amigos solícitos, cultos e francos ajudaram sensivelmente a aprimorá-lo, com sugestões e correções — desde pequenos detalhes até mudanças de rumo. Essas ajudas confirmam minha convicção de que nada que valha a pena se faz sozinho.

Agradeço profundamente a Paulo Cesar de Barros Mello, Luiz Bernardo Rocha Gomide, Luiz Eduardo de Castro Neves, Maria Cecília de Castro Neves, Patrícia Klien Vega e José Mario Pereira. O primeiro, cultíssimo amigo que me viu crescer. Quando fiz 18 anos, Paulo me presenteou com uma linda edição de *Dom Quixote* — sem exagero, um dos presentes mais valiosos que recebi na vida. Gomide me ensinou, na juventude, a colocar as vírgulas. Dado e Cecília, irmãos em todos os sentidos que o termo pode expressar. Patrícia também, assim como os demais, recebeu o trabalho ainda bruto e devolveu corrigido. Por fim, Zé Mario, homem renascentista, leu e comentou os originais, com os olhos aguçados de experimentado editor. A ajuda de todos eles, inteligentes e sensíveis, foi inestimável.

Minha sábia e afetuosa mãe, Doris, amor incondicional, leu os originais com o cacoete de normalista. Como de costume, corrigiu excessos e me lembrou de outras referências. Recebi doces broncas e aveludados elogios, tudo, sempre, comprometido pelo sentimento mais forte que a humanidade conhece. Perto dela, tenho a constante vontade de deitar no seu colo e cantar as letras da música que Roberto Carlos fez para a mãe dele: "Me conta uma história, me faça dormir."

Devo também à Mirian Dutra, incansável assistente, que, sempre bem-humorada, incluía, no arquivo do computador, as infinitas correções ao texto que eu lançava no papel. Não raro, Mirian me alertava da falta de alguma palavra. Ela foi fundamental.

Groucho Marx dedica seu livro *Memórias de um amante desastrado* à sua mulher: "Este livro foi escrito durante as longas horas que passei esperando minha mulher se vestir para sairmos. E se ela nunca tivesse se vestido, este livro nunca teria sido escrito." Repeti muitas vezes esse chiste para a minha mulher, apenas para fazê-la rir. Aguardando-a se aprontar, sempre tinha um livro ao meu lado — e, também por isso, esperá-la, para mim, nunca foi um fardo. Mas não seria justo agradecê-la somente pelos livros que li enquanto ela tomava banho, secava o cabelo ou se maquiava. Ela merece mais. A Bel, minha fortaleza e refúgio, nunca se incomodou de minha luz ficar acesa — para que eu lesse, noite adentro, enquanto ela, linda, dormia ao meu lado. Então percebo que não teria escrito este livro, nem nenhum outro, sem o seu afeto e generosidade.

LIVROS CONSULTADOS

A canção dos nibelungos, São Paulo, Martins Fontes, 2001.
As mil e uma noites (versão de Antoine Galland), Rio de Janeiro, Ediouro, 2000.
Santo AGOSTINHO, *Confissões*, Rio de Janeiro, Petra, 2020.
Émile AJAR (ou Romain Gary), *A vida pela frente*, São Paulo, Todavia, 2019.
ALMEIDA GARRET, *Viagens na minha terra*, São Paulo, Nova Alexandria, 1992.
Ryunosuke AKUTAGAWA, *Rashomon e outros contos*, São Paulo, Civilização Brasileira, s/a.
Jean D'ALEMBERT e Denis DIDEROT, *Encyclopédie*, Tome XII, Lausanne, Chez Sociétés Typographiques, 1772.
Dante ALIGHIERI, *A divina comédia*, 4ª ed., Belo Horizonte, Itatiaia, 1994.
Isabel ALLENDE, *A casa dos espíritos*, 8ª ed., São Paulo, Difel, 1986.
Jorge AMADO, *Mar morto*, Rio de Janeiro, Record, 1996.
⸺ *Dona Flor e seus dois maridos*, Rio de Janeiro, Record, 1979.
Francisco AMARAL, "Dom Quixote", *in O que os grandes livros ensinam sobre justiça*, Rio de Janeiro, Nova Fronteira, 2019.
André Gustavo Corrêa de ANDRADE, "1984", *in O que os grandes livros ensinam sobre justiça*, Rio de Janeiro, Nova Fronteira, 2019.
Augusto dos ANJOS, *Eu*, 30ª ed., Rio de Janeiro, Livraria São José, 1965.
Joseph ANGUS, *História, doutrina e interpretação da Bíblia*, São Paulo, Hagnos, 2003.
Hannah ARENDT, *A condição humana*, 11ª ed., Rio de Janeiro, Forense Universitária, 2011.
⸺ *Sobre a revolução*, São Paulo, Companhia das Letras, 2011.
ARISTÓTELES, *Ética a Nicômaco*, 3ª ed., Brasília, Ed. UNB, 1999.
Karen ARMSTRONG, *A short history of myth*, Edinburg, Canongate, 2005.
Isaac ASIMOV, *Eu, Robô*, São Paulo, Aleph, 2014.
Erich AUERBACH, *Mimesis — the representation of reality in western literature*, Nova York, Doubleday, 1953.
Jane AUSTEN, *Orgulho e preconceito*, 21ª ed., Rio de Janeiro, Nova Fronteira, 2018.
Honoré de BALZAC, *A comédia humana*, vol. VIII, Rio de Janeiro, Editora Globo, 1956.
Manuel BANDEIRA, *Antologia poética*, 20ª ed., Rio de Janeiro, José Olympio, 1990.
Carlos Roberto BARBOSA MOREIRA, "História da grandeza e da decadência de César Birotteau", *in O que os grandes livros ensinam sobre justiça*, Rio de Janeiro, Nova Fronteira, 2019.
Elton BARKER et al., *Homer : A beginner's guide*, Londres, Oneworld, 2012.
Roland BARTHES, *Fragmentos de um discurso amoroso*, 11ª ed., Rio de Janeiro, Francisco Alves, 1991.
⸺ *Aula*, São Paulo, Cultrix, 1996.
Matsuo BASHÔ, *O eremita viajante*, Porto, Assírio & Alvim, 2019.
Georges BATAILLE, *A literatura e o mal*, Belo Horizonte, Autêntica, 2015.

Charles BAUDELAIRE, *As flores do mal*, Rio de Janeiro, Nova Fronteira, 1985.
L. Frank BAUM, *O mágico de Oz*, Rio de Janeiro, Dark Side, 2019.
Zygmunt BAUMAN et al., *O elogio da literatura*, Rio de Janeiro, Zahar, 2020.
___ *Legisladores e intérpretes*, Rio de Janeiro, Zahar, 2010.
___ *Estranho familiar*, Rio de Janeiro, Zahar, 2021.
Pierre BAYARD, *How to talk about books you haven't read*, Nova York, Bloomsbury, 2007.
Simone de BEAUVOIR, *Uma morte muito suave*, Rio de Janeiro, Nova Fronteira, 1984.
Joseph BÉDIER, *O Romance de Tristão e Isolda*, 5ª ed., São Paulo, Martins Fontes, 2014.
___ *Le Roman de Tristan et Iseut*, Paris, L'Édition D'art, 1946.
Michael BENSON, *2001: uma odisseia no espaço — Stanley Kubrick, Arthur C. Clarke e a criação de uma obra-prima*, São Paulo, Todavia, 2018.
BÉROUL, *The romance of Tristan*, Londres, Penguin, 1970.
Bruno BETTELHEIM, *A psicanálise dos contos de fadas*, Rio de Janeiro, Paz & Terra, 2021.
BÍBLIA, *Novo Testamento*, traduzido do grego por Frederico Lourenço, São Paulo, Companhia das Letras, 2017.
___ *Novo Testamento, Volume II: Apóstolos, Epístolas e Apocalipse*, traduzido do grego por Frederico Lourenço, São Paulo, Companhia das Letras, 2018.
Marc BLOCH, *Apologia da história*, Rio de Janeiro, Zahar, 2001.
Harold BLOOM, *Como e por que ler*, Rio de Janeiro, Objetiva, 2001.
___ *Onde encontrar a sabedoria*, Rio de Janeiro, Objetiva, 2005.
___ *O cânone ocidental*, 2ª ed., Rio de Janeiro, Objetiva, 1995.
___ *Gênio*, Rio de Janeiro, Objetiva, 2003.
Giovanni BOCCACCIO, *O decamerão*, 2ª ed., Rio de Janeiro, Nova Fronteira, 2018.
Stefan BOLLMANN, *Women who read are dangerous*, Nova York, Abbeville Press Publishers, 2016.
Jacques BONNET, *Fantasmas na biblioteca*, Rio de Janeiro, Civilização Brasileira, 2013.
Alfredo BOSI, *Entre a literatura e a história*, 2ª ed., São Paulo, Editora 24, 2015.
Alain de BOTTON, *How Proust can change your life*, Nova York, First Vintage, 1997.
___ *As consolações da filosofia*, Porto Alegre, L&PM, 2021.
Malcolm BRADBURY, *O mundo moderno: dez grandes escritores*, São Paulo, Companhia das Letras, 1989.
Ray BRADBURY, *Fahrenheit 451*, São Paulo, Melhoramentos, 1988.
Richard BRADFORD, *Orwell — Um homem do nosso tempo*, São Paulo, Tordesilhas, 2020.
Rutger BREGMAN, *Humanidade: uma história otimista do homem*, São Paulo, Planeta, 2021.
Emily BRONTË, *O morro dos ventos uivantes*, 5ª ed., Rio de Janeiro, Nova Fronteira, 2021.
Edward BROOK-HITCHING, *The devil's atlas*, Londres, Simon & Schuster, 2021.
Dee BROWN, *Enterrem meu coração na curva do rio*, 3ª ed., São Paulo, Círculo do Livro, 1976.
Elizabeth Barrett BROWNING, *Sonnets from the Portuguese and other poems*, Nova York, Dover, 1992.
Martin BUBER, *Histórias do rabi*, São Paulo, Perspectiva, 2012.
William BUCK, *O Mahabharata*, São Paulo, Cultrix, 2014.

Mikhail BULGÁKOV, *O mestre e margarida*, São Paulo, Editora 34, 2017.
Peter BURKE, *O polímata*, São Paulo, Unesp, 2020.
___ *O que é história cultural?*, 2ª ed., Rio de Janeiro, Zahar, 2008.
___ *Uma história social do conhecimento*, Rio de Janeiro, Zahar, 2003.
___ *Cultura popular na Idade Moderna*, São Paulo, Companhia das Letras, 2010.
___ *A arte da conversação*, São Paulo, Editora da Universidade Estadual Paulista, 1995.
Jacob BURCKHARDT, *Judgements on history and historians*, Nova York, Routledge, 2007.
___ *O Estado como obra de arte*, São Paulo, Penguin Classics Companhia das Letras, 2012.
___ *A cultura do renascimento na Itália*, São Paulo, Companhia das Letras, 2009.
Dino BUZZATI, *O deserto dos tártaros*, 8ª ed., Rio de Janeiro, Nova Fronteira, 2020.
João CABRAL DE MELO NETO, *Morte e vida severina*, São Paulo, Objetiva, 2007.
Roberto CALASSO, *A literatura e os deuses*, São Paulo, Companhia das Letras, 2004.
Sacha CALMON, *A história da mitologia judaico-cristã*, São Paulo, Noeses, 2010.
Italo CALVINO, *Por que ler os clássicos*, São Paulo, Companhia das Letras, 1993.
___ *As cidades invisíveis*, São Paulo, Companhia das Letras, 1990.
___ *Se um viajante numa noite de inverno*, São Paulo, Companhia das Letras, 2020.
Luís de CAMÕES, *Os Lusíadas*, Porto, Porto Editora, 1997.
Albert CAMUS, *A peste*, 8ª ed., Rio de Janeiro, Record, 1993.
Joseph CAMPBELL, *O poder do mito*, São Paulo, Palas Athena, 1990.
Joseph CAMPBELL et al., *Mitos, sonhos e religião*, Rio de Janeiro, Ediouro, 2001.
Jean CANAVAGGIO, *Cervantes*, São Paulo, Editora 34, 2005.
Antonio CANDIDO, "O direito à literatura", *in Livros para todos*, Rio de Janeiro, Nova Fronteira, 2021.
Benjamin N. CARDOZO, *A natureza do processo judicial*, São Paulo, Martins Fontes, 2004.
John CAREY, *A little history of poetry*, New Haven, Yale University Press, 2021.
Jairo CARMO, "Dom Casmurro", *in O que os grandes livros ensinam sobre justiça*, Rio de Janeiro, Nova Fronteira, 2019.
Dale CARNEGIE, *Como fazer amigos e influenciar pessoas*, 52ª ed., São Paulo, Companhia Editora Nacional, 2012.
Geraldo Carneiro, *Folias metafísicas*, Rio de Janeiro, Relume-Dumará, 1995.
___ *Folias de aprendiz*, Rio de Janeiro, Intrínseca, 2022.
Otto Maria CARPEAUX, *História da Literatura Ocidental*, vol. IV, São Paulo, Leya, 2011.
Jorge CARRIÓN, *Contra Amazon*, São Paulo, Elefante, 2020.
___ *Livrarias*, Rio de Janeiro, 2ª ed., Bazar do Tempo, 2020.
Lewis CARROLL, *Alice no país das maravilhas*, Rio de Janeiro, Zahar, 2002.
Sheldon CASHDAN, *Os sete pecados capitais nos contos de fadas*, Rio de Janeiro, Campus, 2000.
Baldassare CASTIGLIONE, *The book of the courtier*, Nova York, Anchor, 1959.
Ruy CASTRO, *O leitor apaixonado*, São Paulo, Companhia das Letras, 2009.
José Paulo CAVALCANTI FILHO, *Fernando Pessoa — uma quase autobiografia*, Rio de Janeiro, Record, 2011.

Miguel de CERVANTES, *O engenhoso fidalgo Dom Quixote de la Mancha*, Belo Horizonte, Itatiaia, 1984.
Gabriel CHALITA, *Monteiro Lobato: pintor de palavras*, São Paulo, Imprensa Oficial do Estado de São Paulo, 2020.
Roger CHARTIER, *Um mundo sem livros e sem livrarias?*, São Paulo, Letraviva, 2020.
Geoffrey CHAUCER, *Os contos de Canterbury*, São Paulo, Editora 34, 2014.
Ron CHERNOW, *Alexander Hamilton*, Rio de Janeiro, Intrínseca, 2020.
David CHRISTIAN, *Maps of time*, Berkeley, University of California Press, 2011.
Scott CHRISTIANSON et al., *100 books that changed the world*, Nova York, Rizzoli, 2018.
Antônio CÍCERO, *A poesia e a crítica*, São Paulo, Companhia das Letras, 2017.
___ *Poesia e filosofia*, Rio de Janeiro, Civilização Brasileira, 2012.
Arthur C. CLARKE, *2001: uma odisseia no espaço*, São Paulo, Aleph, 2013.
Albert COHEN, *Bela do Senhor*, Rio de Janeiro, Nova Fronteira, 1985.
Richard COHEN, *Making history: the storytellers who shaped the past*, Nova York, Simon & Schuster, 2022.
Michael COLLINS et al.,*Books that changed history*, Londres, DK, 2017.
Carlo COLLODI, *As aventuras de Pinóquio*, 2ª ed., São Paulo, Martin Claret, 2016.
Fábio Konder COMPARATO, *Ética*, São Paulo, Companhia das Letras, 2006.
CONFÚCIO, *Os Analectos*, São Paulo, Martins Fontes, 2000.
Joseph CONRAD, *O coração das trevas*, Rio de Janeiro, Nova Fronteira, 2017.
Alberto da COSTA E SILVA, *A enxada e a lança*, 7ª ed., Rio de Janeiro, Nova Fronteira, 2021.
André CHOURAQUI, *A Bíblia — no princípio*, Rio de Janeiro, Imago, 1995.
Carlos Heitor CONY, *Quase memória*, 8ª ed., São Paulo, Companhia das Letras, 1995.
Carlos Nelson COUTINHO, *Literatura e humanismo*, Rio de Janeiro, Ed. Paz e Terra, 1967.
Michael Lynn CREWS, *Books are made out of books*, Austin, University of Texas Books, 2017.
David CRYSTAL, *A little book of language*, New Haven, Yale University Press, 2011.
Antônio Geraldo da CUNHA, *Dicionário etimológico da língua portuguesa*, 4ª ed., Rio de Janeiro, Lexikon, 2010.
San Tiago DANTAS, *D. Quixote: Um apólogo da alma ocidental*, Brasília, Ed. Universidade de Brasília, 1997.
Kenneth C. DAVIES, *Tudo o que precisamos saber, mas nunca aprendemos sobre mitologia*, Rio de Janeiro, Difel, 2015.
Claudio DELL'ORTO, "Fahrenheit 451", *in O que os grandes livros ensinam sobre justiça*, Rio de Janeiro, Nova Fronteira, 2019.
Jean DELUMEAU, *História do medo no Ocidente*, São Paulo, Companhia das Letras, 2009.
David DENBY, *Grandes livros*, Rio de Janeiro, Record, 1998.
Peter D'EPIRO et al., *Sprezzatura*, Nova York, Anchor, 2001.
Jared DIAMOND, *Colapso: como as sociedades escolhem o fracasso ou o sucesso*, Rio de Janeiro, Record, 2005.
Denis DIDEROT, *Discurso sobre a poesia dramática*, São Paulo, Cosac & Naify, 2005.
Michael DIRDA, *O prazer de ler os clássicos*, São Paulo, Martins Fontes, 2010.

Hernâni DONATO, *História dos usos e costumes do Brasil*, São Paulo, Melhoramentos, 2005.
Fiódor DOSTOIÉVSKI, *Crime e castigo*, 4ª ed., São Paulo, Editora 34, 2002.
Carlos DRUMMOND DE ANDRADE, *Antologia poética*, São Paulo, Companhia das Letras, 2013.
___ *Reunião*, Rio de Janeiro, José Olympio, 1969.
Lélia Parreira DUARTE, *Ironia e humor na literatura*, São Paulo, Alameda, 2006.
Dennis DUNCAN, *Index, a history of the*, Dublin, Penguin, 2021.
Will DURANT et al., *12 lições da história para entender o mundo*, Barueri, Faro, 2018.
Ronald DWORKIN, *Uma questão de princípio*, São Paulo, Martins Fontes, 2005.
Terry EAGLETON, *Como ler literatura*, Porto Alegre, L&PM, 2019.
Umberto ECO, *Sobre a literatura*, Rio de Janeiro, Record, 2003.
___ *O nome da rosa*, 27ª ed., Rio de Janeiro, Nova Fronteira, 1983.
___ *Como se faz uma tese*, São Paulo, Perspectiva, 2019.
___ *Arte e beleza na estética medieval*, 2ª ed., Rio de Janeiro, Globo, 1989.
Mircea ELIADE, *O sagrado e o profano*, São Paulo, Martins Fontes, 1992.
Nelson EIZIRIK, "A marca humana", *in O que os grandes livros ensinam sobre justiça*, Rio de Janeiro, Nova Fronteira, 2019.
Ralph Waldo EMERSON, *Homens representativos*, Rio de Janeiro, Imago, 1996.
ÉSQUILO, *Tragédias*, São Paulo, Fapesp, 2009.
___ *Agamenon* de Ésquilo, São Paulo, Perspectiva, 2007.
___ *Coéforas*, São Paulo, Iluminuras, 2013.
___ *Eumênides*, São Paulo, Iluminuras, 2013.
___ *The Oresteia*, Londres, Bloomsbury, 2014.
Anthony EVERITT, *Cicero*, Nova York, Random House, 2003.
Antonio FAGUNDES, *Tem um livro aqui que você vai gostar*, Rio de Janeiro, Sextante, 2020.
Joaquim FALCÃO, "Morte e vida severina", *in O que os grandes livros ensinam sobre justiça*, Rio de Janeiro, Nova Fronteira, 2019.
Boris FAUSTO, *Vida, morte e outros detalhes*, São Paulo, Companhia das Letras, 2021.
Francis FERGUSSON, *The human image in dramatic literature*, Nova York, Doubleday Anchor Books, 1957.
Niall FERGUSON, *A praça e a torre*, São Paulo, Planeta, 2018.
Abel FERNANDES GOMES, "As aventuras de Pinóquio", *in O que os grandes livros ensinam sobre justiça*, Rio de Janeiro, Nova Fronteira, 2019.
Millôr FERNANDES, *The Cow Went to the Swamp*, São Paulo, Record, 1989.
Marcelo Roberto FERRO, "Alfred Dreyfuss", *in Os grandes julgamentos da história*, Rio de Janeiro, Nova Fronteira, 2018.
Gustave FLAUBERT, *Madame Bovary*, São Paulo, Ediouro, 1998.
Jean de La FONTAINE, *Fábulas*, São Paulo, Landy, 2003.
Michel FOUCAULT, *A verdade e as formas jurídicas*, Rio de Janeiro, Nau, 2001.
___ *A coragem das verdades*, São Paulo, Martins Fontes, 2014.
FREI BETTO, *Parábolas de Jesus*, Petrópolis, Vozes, 2017.

Sigmund FREUD, *Tempos de guerra e de morte,* Rio de Janeiro, Nova Fronteira, 2021.
―― *A interpretação dos sonhos,* Porto Alegre, L&PM, 2013.
Gilberto FREYRE, *Casa-grande & senzala,* 4ª ed., Rio de Janeiro, José Olympio Editora, 1943.
Jean FROISSART, *Chroniques,* Bruxelas, Victor Devaux, 1870.
Erich FROMM, *A linguagem esquecida,* 5ª ed., Rio de Janeiro, Zahar, 1973.
Robert FROST, *The Road not Taken [A estrada que não trilhei],* Nova York, Penguin, 2016.
Northrop FRYE, *Código dos códigos — A Bíblia e a literatura,* São Paulo, Boitempo, 2004.
Lon FULLER, *O caso dos exploradores de cavernas,* Rio de Janeiro, Nova Fronteira, 2020.
John Lewis GADDIS, *As grandes estratégias,* São Paulo, Planeta do Brasil, 2019.
Pierre GIBERT, *A Bíblia, o livro, os livros,* Lisboa, Quimera, 2003.
Eduardo GIANNETTI, *Autoengano,* São Paulo, Companhia das Letras, 1997.
A epopeia de Gilgamesh, São Paulo, Martins Fontes, 2001.
J.W. GOETHE, *Fausto,* Rio de Janeiro, Agir, 1968.
―― *Os anos de aprendizado de Wilhelm Meister,* 3ª ed., São Paulo, Editora 34, 2020.
―― *Os sofrimentos do jovem Werther,* Rio de Janeiro, Ediouro, s/a.
―― *Trilogia da paixão,* Rio de Janeiro, Rocco, 2009.
Laurentino GOMES, *Escravidão,* vol. II, Rio de Janeiro, Globo Livros, 2021.
Ana Maria GONÇALVES, *Um defeito de cor,* Rio de Janeiro, Record, 2011.
Jacob e Wilhelm GRIMM, *Grimm: Os 77 melhores contos,* Rio de Janeiro, Nova Fronteira, 2017.
―― *Contos de fadas,* Belo Horizonte, Villa Rica, 1994.
Keila GRINBERG et al., *Para conhecer Machado de Assis,* Rio de Janeiro, Zahar, 2005.
H.A. GUERBER, *Mitologia nórdica,* Rio de Janeiro, Nova Fronteira, 2021.
Michael HARRINGTON, *A revolução científica e a decadência contemporânea,* Rio de Janeiro, Civilização Brasileira, 1967.
Milton HATOUM, *Dois irmãos,* São Paulo, Companhia das Letras, 2006.
Arnold HAUSER, *História social da literatura e da arte,* São Paulo, Editora Mestre Jou, 1972.
―― *História social da arte e da literatura,* São Paulo, Martins Fontes, 1998.
Ernest HEMINGWAY, *The old man and the sea,* Londres, Jonathan Cape, 1953.
Hermann HESSE, *Sidarta,* Rio de Janeiro, Record, 2020.
―― *Para ler e pensar,* 5ª ed., Rio de Janeiro, Record, 1971.
―― *Francisco de Assis,* Rio de Janeiro, Record, 2019.
HOMERO, *Odisseia,* Rio de Janeiro, Nova Fronteira, 2015.
―― *Ilíada,* Rio de Janeiro, Nova Fronteira, 2015.
Luiz Paulo HORTA, *A Bíblia, um diário de leitura,* Rio de Janeiro, Zahar, 2011.
Johan HUIZINGA, *O outono da Idade Média,* São Paulo, Cosac & Naify, 2010.
―― *Nas sombras do amanhã,* Goiânia, Caminhos, 2017.
Ben HUTCHINSON, *Comparative literature,* Oxford, Oxford University Press, 2018.
Werner JAEGER, *Paideia: a formação do homem grego,* São Paulo, Martins Fontes, 1993.
Karl JASPERS, *A questão da culpa,* São Paulo, Todavia, 2018.
Rudolf von JHERING, *A luta pelo direito,* 12ª ed., Rio de Janeiro, Forense, 1992.

Carl. G. JUNG, *O homem e seus símbolos*, Rio de Janeiro, Nova Fronteira, 1996.
José Luiz JOBIM et al., *A biblioteca de Machado de Assis*, 2ª ed, Rio de Janeiro, Topbooks, 2008.
Marçal JUSTEN FILHO, "O nome da rosa", *in O que os grandes livros ensinam sobre justiça*, Rio de Janeiro, Nova Fronteira, 2019.
Eric KARPELES, *Paintings in Proust*, Londres, Thames & Hudson, 2020.
Frank KERMODE, *Shakespeare's language*, Nova York, Farrar, Straus & Giroux, 2000.
Heinrich von KLEIST, *Michael Kohlhaas*, Rio de Janeiro, Civilização Brasileira, 2014.
Milan KUNDERA, *A arte do romance*, Rio de Janeiro, Nova Fronteira, 1998.
___ *A insustentável leveza do ser*, 2ª ed., Rio de Janeiro, Nova Fronteira, 1995.
Bruno Amaro LACERDA et al., *Imagens da Justiça*, São Paulo, LTR, 2010.
LAO TSÉ, *Tao Te King*, 2ª ed., São Paulo, Attar, 1995.
Tomasi di LAMPEDUSA, *O leopardo*, 2ª ed., Porto Alegre, L&PM, 1983.
Otto LARA RESENDE, *Bom dia para nascer*, São Paulo, Companhia das Letras, 1993.
Bruce LAWRENCE, *O corão*, Rio de Janeiro, Zahar, 2008.
Harper LEE, *O sol é para todos*, 15ª ed., Rio de Janeiro, José Olympio, 2016.
Min Jin LEE, *Pachinko*, Rio de Janeiro, Intrínseca, 2020.
Edward H. LEVI, *Uma introdução ao raciocínio jurídico*, São Paulo, Martins Fontes, 2005.
C.S. LEWIS, *The discarded image*, Cambridge, Cambridge University Press, 1964.
Clarice LISPECTOR, *A hora da estrela*, 20ª ed., Rio de Janeiro, Francisco Alves, 1992.
___ *A paixão segundo G.H.*, 16ª ed., Rio de Janeiro, Francisco Alves, 1991.
Monteiro LOBATO, *As melhores aventuras do Sítio do Pica-pau Amarelo*, vol. II, Rio de Janeiro, Nova Fronteira, 2019.
Hendrik Willem van LOON, *A história da Bíblia*, Rio de Janeiro, Nova Fronteira, 2020.
Daniel LOUZADA et al., *Livros para todos*, Rio de Janeiro, Nova Fronteira, 2021.
Marco LUCANO, *Civil war*, Londres, Penguin, 2005.
Marco LUCCHESI, *Nove cartas sobre a divina comédia*, Rio de Janeiro, Casa das Palavras, 2013.
Emil LUDWIG, *Goethe: histoire d'un homme*, Paris, Édition Victor Attinger, 1950.
Georg LUKÁCS, Ensaios sobre Literatura, Rio de Janeiro, Civilização Brasileira, 1968.
Ana Maria MACHADO, *Como e por que ler os clássicos universais desde cedo*, Rio de Janeiro, Objetiva, 2002.
Antonio MACHADO, *Poesías completas*, Madri, Espasa, 1989.
Joaquim Maria MACHADO DE ASSIS, *Dom Casmurro*, Porto Alegre, L&PM, 2012.
___ "A Igreja do Diabo", *in Todos os Contos*, vol. II, Rio de Janeiro, Nova Fronteira, 2019.
___ "O espelho", *in Todos os Contos*, vol. I, Rio de Janeiro, Nova Fronteira, 2019.
___ *Memórias póstumas de Brás Cubas*, Rio de Janeiro, Garnier, 1988.
James MADISON et al., *Os artigos federalistas*, Rio de Janeiro, Nova Fronteira, 1993.
Valter Hugo MÃE, *As doenças do Brasil*, Porto, Porto Editora, 2021.
___ *O filho de mil homens*, São Paulo, Biblioteca Azul, 2016.
Marcos MAFFEI, *Os escritores*, São Paulo, Companhia das Letras, 1988.
John MAN, *A história do alfabeto*, 2ª ed., Rio de Janeiro, Ediouro, 2002.

Giorgio MANGANELLI, *Pinóquio: um livro paralelo*, São Paulo, Companhia das Letras, 2002.
Alberto MANGUEL, *Uma história da literatura*, São Paulo, Companhia das Letras, 1997.
___ *Encaixotando a minha biblioteca*, São Paulo, Companhia das Letras, 2021.
___ *Ilíada e Odisséia de Homero*, Rio de Janeiro, Zahar, 2008.
___ *A cidade das palavras*, São Paulo, Companhia das Letras, 2008.
Thomas MANN, *Doutor Fausto*, São Paulo, Companhia das Letras, 2015.
___ *A morte em Veneza/ Tonio Kröger*, São Paulo, Companhia das Letras, 2015.
___ *O escritor e sua missão*, Rio de Janeiro, Zahar, 2011.
Nicolau MAQUIAVEL, *O príncipe*, 14ª ed., Rio de Janeiro, Bertrand, 1990.
Sándor MÁRAI, *As brasas*, São Paulo, Companhia das Letras, 2006.
Christopher MARLOWE, *A trágica história do doutor Fausto*, Rio de Janeiro, Difel, 2009.
Gabriel García MÁRQUEZ, *Cem anos de solidão*, Rio de Janeiro, Record, 2000.
Judith MARTINS-COSTA, "A concha do marisco abandonada e o nomos", *in Narração e Normatividade*, Rio de Janeiro, GZ Editora, 2013.
Groucho MARX, *Memórias de um amante desastrado*, São Paulo, Marco Zero, 1990.
Arthur MARWICK, *Uma história da beleza humana*, São Paulo, Senac, 2009.
Robert MCCRUM, *Shakespearean: on life & language in times of disruption*, Londres, Picador, 2020.
Cecília MEIRELES, *Antologia poética*, Porto Alegre, Editora do Autor, 1963.
Herman MELVILLE, *Moby Dick*, Londres, Penguin, 1994.
___ *Billy Budd*, Nova York, Digireds, 2017.
___ *Moby Dick*, Rio de Janeiro, José Olympio, 1982.
Prosper MÉRIMÉE, *Contos*, São Paulo, Cultrix, 1986.
Stephen M. MILLER et al., *The Bible: A History*, Pensilvânia, Good Books, 2004.
John MILTON, *Paraíso perdido*, Lisboa, Cotovia, 2006.
José MINDLIN, *Uma vida entre livros*, São Paulo, Edusp, 1997.
MO YAN, *As rãs*, São Paulo, Companhia das Letras, 2015.
MOLIÉRE, *Tartufo*, Rio de Janeiro, Civilização Brasileira, 1959.
Sylvia MOLLOY, *Viver entre línguas*, Belo Horizonte, Relicário, 2018.
Michel de MONTAIGNE, *Os ensaios*, São Paulo, Martins Fontes, 2000.
Rosa MONTEIRO, *Nós, Mulheres*, São Paulo, Todavia, 2020.
___ *Paixões*, Rio de Janeiro, Ediouro, 2005.
MONTESQUIEU, *O espírito da leis*, São Paulo, Martins Fontes, 1993.
Vinicius de MORAES, *Todo amor*, São Paulo, Companhia das Letras, 2013.
Robert MUCHEMBLED, *Une histoire du diable*, Paris, Éditions du Seuil, 2000.
Vladimir NABOKOV, *Lições de literatura*, São Paulo, Fósforo, 2021.
___ *Lições de literatura russa*, São Paulo, Fósforo, 2021.
Pablo NERUDA, *Antologia poética*, 15ª ed., Rio de Janeiro, José Olympio, 1997.
Scott NEWSTOK, *How to think like Shakespeare*, Nova Jersey, Princeton University Press, 2021.
Renato NOGUEIRA, *Por que amamos*, Rio de Janeiro, Harper Collins, 2021.

Adauto NOVAES et al., *Ética*, São Paulo, Companhia das Letras, 2007.
Martha C. NUSSBAUM, *A fragilidade da bondade: fortuna e ética na tragédia e na filosofia grega*, São Paulo, Martins Fontes, 2008.
José ORTEGA Y GASSET, *A desumanização da arte & outros escritos*, Campinas, Vide editorial, 2021.
George ORWELL, *1984*, Nova York, Signet, 1955.
__ *A literatura, os escritores e o leviatã*, Rio de Janeiro, Nova Fronteira, 2021.
François OST, *Contar a lei: as fontes do imaginário jurídico*, São Leopoldo, Unisinos, 2005.
OVÍDIO, *Metamorfoses*, 2ª ed., São Paulo, Martin Claret, 2013.
__ *Les Amours*, Paris, Garnier, 1925.
Amós OZ, *De amor e trevas*, São Paulo, Companhia das Letras, 2005.
__ *Os judeus e as palavras*, São Paulo, Companhia das Letras, 2015.
Orhan PAMUK, *Istambul*, São Paulo, Companhia das Letras, 2007.
Giovanni PAPINI, *Dante vivo*, Porto Alegre, Edição da Livraria do Globo, 1935.
Octavio PAZ, *O arco e a lira*, Rio de Janeiro, Nova Fronteira, 1982.
Marcos da Veiga PEREIRA, "A imunidade de impostos sobre livros", *in Livros para todos*, Rio de Janeiro, Nova Fronteira, 2021.
Charles PERRAULT et al., *Contos de fadas*, Rio de Janeiro, Zahar, 2013.
Andrew PETTEGREE et al., *The library: a fragile history*, Londres, Profile Book, 2021.
Luciana Stegagno PICCHIO, *História da literatura brasileira*, Rio de Janeiro, Nova Aguilar, 1997.
Giovanni PICO DELLA MIRANDOLA, *Discurso sobre a dignidade do homem*, 6ª ed., Lisboa, Edições 70, 2019.
Nélida PIÑON, *Um dia chegarei a Sagres*, Rio de Janeiro, Record, 2020.
Jaime Nogueira PINTO, *Hegemonia*, Lisboa, Planeta, 2021.
Luigi PIRANDELLO, *Assim é (se lhe parece)*, São Paulo, Tordesilhas, 2011.
Robert M. PIRSIG, *Zen e a arte da manutenção de motocicletas*, 9ª ed., Rio de Janeiro, Paz e Terra, 1984.
PLATÃO, *Fédon*, 3ª ed., Belém, Edufpa, 2011.
__ *Apologia de Sócrates*, Porto Alegre, L&PM, 2013.
PLUTARCO, *Como tirar proveito de seus inimigos*, São Paulo, Martins Fontes, 1997.
Richard A. POSNER, *Law & Literature*, 3ª ed., Cambridge, Harvard University Press, 2009.
Karen Swallow PRIOR, *On reading well*, Michigan, Brazos, 2018.
Marcel PROUST, *No caminho de Swan*, 11ª ed., Rio de Janeiro, Globo, 1987.
Martin PUCHNER, *The written world*, Nova York, Randon House, 2017.
Eça de QUEIRÓS, *A relíquia*, in *Obra completa*, Vol. 1, Rio de Janeiro, Nova Aguilar, 1997.
Gustav RADBRUCH, *Filosofia do direito*, São Paulo, Saraiva, 1947.
Otto RANK, *O mito do nascimento do herói*, São Paulo, Cienbook, 2015.
Miguel REALE, *Verdade e conjectura*, Rio de Janeiro, Nova Fronteira, 1983.
John REED, *Dez dias que abalaram o mundo*, 2ª ed., Rio de Janeiro, Nova Fronteira, 2017.
Ernest RENAN, *Vie de Jésus*, Paris, Calmann-Lévy, 1928.
Leo Gilson RIBEIRO, *O continente submerso*, São Paulo, BestSeller, 1988.

Rainer Maria RILKE, *Cartas a um jovem poeta*, Porto Alegre, Editora Globo, 1983
Víctor Gabriel RODRÍGUEZ, *Argumentação jurídica*, São Paulo, Martins Fontes, 2005.
Paulo RÓNAI, *O universo de Guimarães Rosa*, Rio de Janeiro, Bazar do Tempo, 2020.
Colin A. RONAN, *História ilustrada da ciência*, Rio de Janeiro, Zahar, 2001.
Guimarães ROSA, *Grande sertão: veredas*, Rio de Janeiro, Nova Aguilar, 1994.
Roberto ROSAS, *Lembranças do mundo jurídico*, Rio de Janeiro, GZ, 2021.
Edmond ROSTAND, *Cyrano de Bergerac*, São Paulo, Martin Claret, 2009.
Erasmo de ROTERDÃ, *Elogio da loucura*, Rio de Janeiro, Edições de Ouro, 1958.
Philip ROTH, *A marca humana*, São Paulo, Companhia das Letras, 2018.
___ *Por que escrever?*, São Paulo, Companhia das Letras, 2022.
Claudia ROTH PIERPONT, *Roth libertado*, São Paulo, Companhia das Letras, 2015.
Sérgio Paulo ROUANET, *Riso e melancolia*, São Paulo, Companhia das Letras, 2007.
Denis de ROUGEMONT, *O amor no Ocidente*, Rio de Janeiro, Guanabara, 1988.
J.K. ROWLING, *Harry Potter e a pedra filosofal*, Rio de Janeiro, Rocco, 2000.
John RUSKIN, *As pedras de Veneza*, São Paulo, Martins Fontes, 1992.
Bertrand RUSSELL, *História da filosofia ocidental*, Livro 3, Rio de Janeiro, Nova Fronteira, 2015.
Ernesto SÁBATO, *O escritor e seus fantasmas*, Rio de Janeiro, Francisco Alves, 1982.
J.D. SALINGER, *O apanhador no campo de centeio*, 13ª ed., Rio de Janeiro, Editora do Autor, s/a.
Tercio SAMPAIO FERRAZ JR., "Michael Kohlhaas", *in O que os grandes livros ensinam sobre justiça*, Rio de Janeiro, Nova Fronteira, 2019.
Michael SANDEL, *A tirania do mérito: o que aconteceu com o bem comum?*, Rio de Janeiro, Civilização Brasileira, 2020.
José SARAMAGO, *Ensaio sobre a cegueira*, São Paulo, Companhia das Letras, 2004.
Walter SCHEIDEL, *Violência e a história da desigualdade*, Rio de Janeiro, Zahar, 2020.
Arthur SCHOPENHAUER, *Como vencer um debate sem precisar ter razão*, Rio de Janeiro, Topbooks, 1997.
Germano SCHWARTZ, *A Constituição, a Literatura e o Direito*, Porto Alegre, Livraria do Advogado, 2006.
Nora SCOTT, *Pequenas fábulas medievais*, São Paulo, Martins Fontes, 1995.
André SEFFRIN et al., *Revolta e protesto na poesia brasileira*, Rio de Janeiro, Nova Fronteira, 2021.
SÊNECA, *Como manter a calma*, Rio de Janeiro, Nova Fronteira, 2020.
Mônica SETTE LOPES, *Uma metáfora: música e direito*, São Paulo, LTR, 2006.
___ *Os juízes e a ética do cotidiano*, São Paulo, LTR, 2008.
William SHAKESPEARE, *Obras completas*, vol. I, Rio de Janeiro, Nova Aguilar, 1995.
___ *Romeu e Julieta*, São Paulo, Melhoramentos, s/a.
___ *Romeu e Julieta*, Porto Alegre, L&PM, 2010.
___ *Romeu e Julieta*, Rio de Janeiro, Ministério da Educação e Saúde, 1940.
___ *Tome VII, Les amants tragiques*, Paris, Pagnerre Libraire-Éditeur, 1860.
___ *Romeu e Julieta*, Rio de Janeiro, Lacerda Editora, 2004.

James SHAPIRO, *Shakespeare in a divided America*, Nova York, Penguin, 2020.
Mary SHELLEY, *Frankenstein ou o prometeu moderno*, 4ª ed., Rio de Janeiro, Nova Fronteira, 2020.
Isaac Bashevis SINGER, *O penitente*, Porto Alegre, L&PM, 1997.
SÓFOCLES, *A trilogia tebana*, Rio de Janeiro, Zahar, 2011.
___ *Édipo Rei*, O Melhor do Teatro Grego, Rio de Janeiro, Zahar, 2013.
___ *Antígona*, Lisboa, Editorial Inquérito, 1984.
___ *Antígona*, 10ª ed., Lisboa, Calouste Gulbenkian, 2012.
___ *Édipo Rei*, 4ª Ed., Lisboa, Editorial Inquérito, 1984.
W. SOMERSET MAUGHAM, *Ten novels and their authors*, Middlesex, Penguin, 1969.
Miguel SOUZA TAVARES, *Equador*, Rio de Janeiro, Nova Fronteira, 2004.
Baruch SPINOZA, *Ética*, São Paulo, Perspectiva, 2014.
Robert Louis STEVENSON, *O médico e o monstro*, Rio de Janeiro, Nova Fronteira, 2020.
STENDHAL, *O vermelho e o negro*, São Paulo, Cosac & Naify, 2003.
Laurence STERNE, *Uma viagem sentimental*, São Paulo, Hedra, 2018.
Bram STOKER, *Drácula*, 5ªed., Rio de Janeiro, Nova Fronteira, 2020.
Gottfried von STRASSBURG, *Tristan and Isolde*, Londres, Penguin, 1960.
Paul STRATHERN, *The florentines*, Londres, Atlantic Books, 2021.
Ariano SUASSUNA, *Romance d'A Pedra do Reino e o Príncipe do Sangue do Vai-e-Volta*, 17ª ed., Rio de Janeiro, Nova Fronteira, 2021.
SUETÔNIO, *A vida dos doze césares*, 2ª ed., São Paulo, Ediouro, 2002.
John SUMMERSON, *A linguagem clássica da arquitetura*, São Paulo, Martins Fontes, 2014.
Pedro SÜSSEKIND, *Hamlet e a filosofia*, Rio de Janeiro, 7 Letras, 2021.
John SUTHERLAND, *Uma breve história da literatura*, Porto Alegre, L&PM, 2017.
Italo SVEVO, *A consciência de Zeno*, Rio de Janeiro, O Globo, 2003.
Telford TAYLOR et al., *Três interpretações de justiça*, Rio de Janeiro, Forense Universitária, 1975.
Adriana da Costa TELES, *Machado & Shakespeare*, São Paulo, Perspectiva, 2017.
J.R.R. TOLKIEN, *O senhor dos anéis*, 3ª ed., Sintra, Publicações Europa-América, 1966.
Liev TOLSTÓI, *O diabo e outras histórias*, São Paulo, Companhia das Letras, 2020.
___ *Anna Kariênina*, São Paulo, Cosac & Naify, 2005.
___ *Shakespeare and the Drama*, Londres, The Free Age Press, 1907.
Henri TROYAT, *Tolstoy*, Londres, Pelican, 1970.
Barbara W. TUCHMAN, *A marcha da insensatez*, 5ª ed., Rio de Janeiro, José Olympio, 1999.
___ *A prática da história*, Rio de Janeiro, José Olympio Editora, 1991.
Mark TWAIN, *As aventuras de Huckleberry Finn*, Rio de Janeiro, Zahar, 2019.
Mario VARGAS LLOSA, *Sabres e utopias*, Rio de Janeiro, Objetiva, 2010.
Martim VASQUES DA CUNHA, *A poeira da glória*, Rio de Janeiro, Record, 2015.
Pero VAZ DE CAMINHA, *A carta do descobrimento: ao rei D. Manuel*, Rio de Janeiro, Nova Fronteira, 2017.
Lawrence VENUTI, *A invisibilidade do tradutor*, São Paulo, Unesp, 2021.

Erico VERISSIMO, *Um certo capitão Rodrigo*, 6ª ed., Porto Alegre, Editora Globo, 1981.
José VERÍSSIMO, *História da literatura brasileira*, São Paulo, Letras & Letras, 1998.
Jean-Pierre VERNANT, *O universo, os deuses, os homens*, São Paulo, Companhia das Letras, 2000.
Itamar VIEIRA JUNIOR, *Torto arado*, São Paulo, Todavia, 2019.
Leonardo da VINCI, *Histórias, aforismos e profecias*, Rio de Janeiro, Nova FRONTEIRA, 2021.
Joseph VINING, *From Newton's Sleep*, New Jersey, Princeton University Press, 1995.
VIRGÍLIO, *Les Auters Latins, L'Énéide*, Paris, Hachette, s/a.
VOLTAIRE, *Cândido ou o Otimismo*, São Paulo, Club Litterae, 2021.
Frans de WAAL, *O último abraço da matriarca*, Rio de Janeiro, Zahar, 2021.
Derek WALCOTT, *Omeros*, 2ª ed., São Paulo, Companhia das Letras, 2011.
James Boyd WHITE, *The legal imagination*, Chicago, the University of Chicago Press, 1985.
Benjamin WIKER, *10 livros que estragaram o mundo*, Campinas, Vide Editorial, 2015.
Oscar WILDE, *O retrato de Dorian Gray*, 2ª ed., Rio de Janeiro, Ediouro, 2001.
Edmund WILSON, *O castelo de Axel*, São Paulo, Cultrix, 1993.
Simon WINCHESTER, *O professor e o demente*, Rio de Janeiro, Record, 1999.
Tom WOLFE, *A fogueira das vaidades*, Rio de Janeiro, Rocco, 2018.
Francis WOLFF, *Pensar com os antigos*, São Paulo, Unesp, 2021.
Virginia WOOLF, *Orlando*, São Paulo, Companhia das Letras, 2014.
XENOFONTE, *Ditos e feitos memoráveis de Sócrates*, Bauru, Edipro, 2006.
Carlos Ruiz ZAFÓN, *A sombra do vento*, Rio de Janeiro, Objetiva, 2004.
Zohar, Nova York, Press of the Kabbalah Centre, 2002.
Émile ZOLA, *Acuso!*, Rio de Janeiro, Edições Atlanta, s/a.
___ *Germinal*, Rio de Janeiro, Nova Fronteira, 2017.
William ZINSSER, *Como escrever bem*, São Paulo, Fósforo, 2021.
Christiane ZSCHIRNT, *Livros*, São Paulo, Globo, 2006.
Stefan ZWEIG, *Tolstói (Os pensamentos vivos de)*, Rio de Janeiro, Nova Fronteira, 2020.

CRÉDITOS DAS CAPAS

Salvo naqueles outros casos em que as artes também se caracterizam, em razão do tempo transcorrido, como peças em domínio público, todas as imagens utilizadas nesta obra foram obtidas do repositório da Wikimedia Commons. As exceções vêm das capas a seguir, para cuja reprodução as respectivas editoras deram sua autorização.

A casa dos espíritos, de Isabel Allende
© Editora Bertrand Brasil
Designer: Angelo Allevato Bottino
Foto: WIN-Initiative, by Getty Images

O filho de mil homens, de Valter Hugo Mãe
© Biblioteca Azul/Globo Livros
Capa: Bloco Gráfico

Torto arado, de Itamar Vieira Junior
© Todavia, 2019
Capa: Elisa v. Randow
Ilustração de capa: Aline Bispo (inspirada na fotografia de Giovanni Marrozzini para a série *Nouvelle semence*, 2010.

Dois irmãos, de Milton Hatoum
© Companhia das Letras
Capa: Angelo Venosa

O último abraço da matriarca, de Frans de Waal
© Jorge Zahar
Capa: Rafael Nobre

Dona flor e seus dois maridos, de Jorge Amado
© Companhia das Letras
Capa: Kiko Farkas e Elisa Cardoso/Máquina Estúdio

A marca humana, de Philip Roth
© Companhia das Letras
Capa: Jeff Fisher

A insustentável leveza do ser, de Milan Kundera
© Companhia das Letras
Capa: Alceu Chiesorin Nunes

OUTRAS OBRAS DO AUTOR
PUBLICADAS PELA NOVA FRONTEIRA:

Medida por medida – O direito em Shakespeare

A invenção do direito

Como os advogados salvaram o mundo

O espelho infiel

Shakespeare e os Beatles: o caminho do gênio

Os grandes julgamentos da história (org.)

Os advogados vão ao cinema (org.)

O que os grandes livros ensinam sobre justiça (org.)

Brasileiros (org.)

O mundo pós-pandemia (org.)

O advogado do século XXI (org.)

Música e direito (org.)

DIREÇÃO EDITORIAL
Daniele Cajueiro

EDITOR RESPONSÁVEL
Hugo Langone

PRODUÇÃO EDITORIAL
Adriana Torres
Laiane Flores
Juiana Borel

COPIDESQUE
Clarice Goulart

REVISÃO
Fernanda Lutfi
Kamila Wosniak
Letícia Côrtes
Mariana Lucena

PESQUISA ICONOGRÁFICA
Priscila Serejo

DIAGRAMAÇÃO E PROJETO GRÁFICO
Sérgio Campante

ESTE LIVRO FOI IMPRESSO
EM 2023, PELA REPROSET,
PARA A NOVA FRONTEIRA.